Kornkreise für Anfänger

Die Entdeckung der Musik der Geometrie

Kontakt: www.HarryEilenstein.de / Harry.Eilenstein@web.de
Impressum: Copyright: 2011 by Harry Eilenstein – Alle Rechte, insbesondere auch das der Übersetzung, vorbehalten. Kein Teil des Buches darf ohne schriftliche Genehmigung des Autors und des Verlages (nicht als Fotokopie, Mikrofilm, auf elektronischen Datenträgern oder im Internet) reproduziert, übersetzt, gespeichert oder verbreitet werden.
Herstellung und Verlag: BoD - Books on Demand, Norderstedt
ISBN: 9783750498327

Inhaltsverzeichnis

I Geschichte

Kornkreise sind Flächen im meist reifen Getreide, die flachgelegt sind. Im Gegensatz zum Windbruch, also Getreideflächen, die durch Wind flachgedrückt worden sind, haben die Flächen der Kornkreise jedoch sehr scharfe Ränder.

Der früheste Bericht stammt von 1590 in Lothringen in Frankreich aus einer Anklageschrift gegen einige Männer und Frauen, die durch einen Tanz auf einem Getreidefeld einen Kornkreis verursacht haben sollen. Augenzeugen dieses vermuteten Tanzes sind nicht bekannt.

Um 1678 wurde in England über Kornkreise berichtet, die von einem mähenden Teufel verursacht worden sein sollten.

Um 1686 wurden in Südengland Kreisflächen im Gras als „Feenringe" bezeichnet.

Möglicherweise sind die Feenringe und die Elfenringe aus den Sagen und Märchen auch solche Kornkreise, sie könnten jedoch auch Hexenringe sein, also Pilze, die einen Kreis bilden.

Im 19. Jahrhundert wurden solche Kreise in England als „Devils Twist", also als „Teufels-Kreise" bezeichnet. Die Kornkreise müssen also immerhin so häufig vorgekommen sein, daß sich für sie ein Name etabliert hat. Deutsche Einwanderer in England haben sie „Hexentanz" und „Teufelskreis" genannt. Aus diesem Jahrhundert gibt es mehrere Berichte über Kornkreise sowohl aus England als auch aus Deutschland.

Die ersten Kornkreis-Photos stammen von 1932 und 1937. Es handelt sich um einen Einzelkreis und um ein Arrangement aus vier Kreisen, von denen der innere Kreis einen Durchmesser von 36m hatte.

Seit ca. 1960 wurden die Kornkreise oft scherzhaft „UFO-Nester" genannt und mit UFOs in Verbindung gebracht.

Um ca. 1965 gab es in Kanada und in Australien mehrere Kornkreise in Schilf-Flächen und in Zuckerrohr-Feldern.

1978 wurden von Doug Bower und Dave Chorley einige einfache, runde Kornkreise in Südengland von Hand geschaffen. Dies waren die ersten Kornkreise, die mit Sicherheit von Menschen hergestellt worden waren.

Ab 1980 erschienen in Südengland in der Grafschaft Wiltshire jährlich 150-300 Kornkreise. Dies war und ist das Hauptverbreitungsgebiet der Kornkreise.

Seit 1990 sind die Formen der Kornkreise deutlich größer, vielfältiger und detailreicher geworden. Sie stellen teilweise komplexe mathematische Gebilde wie die Mandelbrot-Menge oder über 100m lange Strukturen dar. Seit dieser Zeit treten die Kornkreise vermehrt auch in anderen Feldern auf – z.B. als „Raps-Kreise".

Seit 1990 fertigen Rod Dickinson und John Lundberg sowie einige weitere Mitarbeiter auch im Auftrag von Firmen die von ihnen gewünschten Kornkreise an.

1992 wurde von verschiedenen Personen und Organisationen ein Wettbewerb veranstaltet, bei dem verschiedene Gruppen ein vorgegebenes Muster als Kornkreis anfertigen mußten, was diesen Gruppen auch recht gut gelang.

2003 lag die Hälfte der englischen Kornkreise innerhalb eines Radius von 15km um die Steinkreise von Avebury.

Ab 2004 nahmen die Kornkreise in Deutschland deutlich zu – vor allem in Schleswig-Holstein, Hessen, Nordvorpommern und auf Rügen. Sie machten ca. ein Viertel der jährlichen Kornkreise aus.

Mittlerweile sind ca. 10.000 Kornkreise aus 60 Ländern bekannt. Der bisher längste Kornkreis war 756m lang. Der komplexeste Kornkreis hatte einen Durchmesser von 240m und bestand aus 409 einzelnen Kreisen.

Ein großer Teil der Kornkreise in England entstand in der Nähe von Steinkreisen, Hügelgräbern, dem White Horse und ähnlichen Orten mit prähistorischer Bedeutung.

II Entstehung

Die Erklärung der Entstehung eines solchen auffälligen Phänomens wie der Kornkreise ist naturgemäß sehr umstritten.

II 1. Natürliche Ursachen

Die ältesten Kornkreise, die vor 350 Jahren entstanden sind, wurde dem damaligen Weltbild entsprechend als Werk des Teufels oder seiner Anhänger interpretiert. Vor 50 Jahren wurden die Kornkreise als Landeplätze von UFOs angesehen. Man erklärt oft das Unverstandene mit dem Unbekannten, also mit dem, was außerhalb des bekannten und zugänglichen Bereiches liegt – mit dem Teufel bzw. mit den Außerirdischen und ihren UFOs.

Die Versuche, die Kornkreise durch Wetterphänomene wie Wirbelwinde, Fallwinde, Tornados, Blitzen oder Kugelblitzen zu erklären, sind bisher nur eine sehr vage Theorie geblieben, der zum einen eine schlüssige Darlegung des Vorganges und zum anderen die Beobachtung eines solchen Phänomens fehlt.

Auch der Versuch, die Kornkreise durch die Brunsttänze von Rehböcken oder durch das Umherirren von Kängurus, die Opium-haltigen Mohn gefressen haben, ist nicht sehr überzeugend, weil dadurch nicht die komplexen Muster und die scharfen Grenzen von Kornkreisen erklärt werden können.

Schließlich gibt es seit spätestens 1978 auch Kornkreise, die von Menschen hergestellt worden sind. Teilweise wurden dabei auch Kornkreise in der Form von Autos bestimmter Marken, Firmen-Logos u.ä. hergestellt, die offensichtlich Auftragsarbeiten an Kornkreis-Macher sind, die von den entsprechenden Firmen bezahlt worden sind.

In einem Fall ist ein Kornkreis auch im Verlauf von zwei Nächten entstanden. Da der Kornkreis dabei nach der ersten Nacht nicht fertig aussah und in der zweiten Nacht durch weitere Elemente ergänzt worden ist, sondern nach der ersten Nacht wie eine Baustelle ausgesehen hat, sind in diesem Fall recht sicher Menschen am Werk gewesen.

Es ist auch auffällig, daß in muslimischen Ländern so gut wie keine Kornkreise gibt, sondern vor allem in der westlichen Zivilisation und in Japan. Das spricht zumindestens für eine Koppelung der Kornkreise an das „westliche" Weltbild.

In der Regel entstehen die Kornkreise über Nacht – warum auch immer …

II 2. Widersprüche in den „natürlichen Erklärungen"

Man könnte angesichts dieser Lage nun schlußfolgern, daß alle Kornkreise von Menschen erschaffen worden sind.

Für die frühen Kornkreise wird dies jedoch kaum zutreffen, da es damals lebensgefährlich gewesen ist, mit solchen Phänomenen und folglich auch mit dem Teufel assoziiert zu werden – die Scheiterhaufen sind noch nicht so sehr lange erloschen.

Dann gibt es noch fünf Phänomene, die gegen eine Herstellung durch Menschen sprechen:

- Es ist bisher auch noch keine nicht-menschliche Entstehung eines Kornkreises direkt beobachtet worden. Allerdings gibt es einige Fälle, in denen die Kornkreise innerhalb von einer Stunde entstanden sein müssen – was ihre Herstellung durch Menschen ausschließt.

- Manche Kornkreise sind so groß und so komplex, daß die Herstellung durch Menschen innerhalb einer Nacht zumindestens fraglich erscheint. Dazu gehören u.a. Flächen, die nicht einfach aus flachgelegten Halmen bestehen, sondern in denen die Halme geflochten oder gewebt worden sind. Auch Reihen von einzeln stehenden Halmen sind zwar nicht unmöglich per Hand anzufertigen, aber doch sehr aufwendig. Schließlich gibt es noch Muster, die sehr komplizierte Symmetrien oder Formen darstellen.

Es ist jedoch unklar, wozu Menschen letztlich in handwerklicher Hinsicht alles fähig sind.

- Bei manchen Kornkreisen sind die Halme nicht mitsamt den Wurzeln umgebogen worden und auch nicht umgeknickt oder abgebrochen worden, sondern an einem Knoten des Halmes umgebogen worden – so als seien die Halme dort aufgeweicht und dann wieder fest geworden.

Für dieses Phänomen gibt es bislang noch keine „normale" Erklärung – dieses Phänomen läßt sich nicht absichtlich herstellen.

- Ein sehr großer Teil der Kornkreise hat eine gemeinsame Qualität, die durch Menschen nur schwer zu erschaffen ist. Man könnte sie eine „überpersönliche Schönheit und Harmonie" nennen. Diese Qualität findet man deutlich eher in Blüten, in einem Regenbogen, in dem Verlauf eines Flusses, in den Wellen, die der Wind in Sand geweht hat u.ä. In individuellen Kunstwerken eines Menschen ist diese Qualität normalerweise nicht vorhanden.

Diese Form der Richtigkeit und Schönheit wird zwar von vielen Menschen wahrgenommen, aber sie ist nicht in allen Kornkreisen vorhanden. Man kann natürlich auch nicht mit Gewißheit sagen, daß diese Qualität nicht auch von Menschen hergestellt werden kann. Es ist jedoch auffällig, daß so viele Kornkreise diese Qualität haben.

- Dann gibt es noch ein nur subjektiv feststellbares Phänomen: In frischen Kornkreisen herrscht eine große Spannung, die der „Ladung" von manchen alten Götterstatuen u.ä. Dingen gleicht und die man z.B. auch in einem intensiven Ritual erleben kann. Diese Lebenskraft wird auch von Menschen gespürt, die kaum magische oder spirituelle Erfahrungen haben. Diese „Kornkreis-Ladung" verschwindet nach einigen Tagen.

Dieses Phänomen ist, wie gesagt, jedoch nur dadurch erlebbar, daß man selber einen frischen Kornkreis aufsucht. Es ist auch unbekannt, ob dieses Phänomen in allen Kornkreisen auftritt.

Insgesamt kann man sagen, daß es durch die vielen menschengemachten Kornkreise kaum noch möglich ist, aus den Kornkreisen selber zu schließen, daß sie mehr als nur „Menschenwerk" sind.

Selbst wenn sich nachweisen ließe, daß einige Kornkreise nicht menschengemacht sind, wäre es schwierig herauszufinden, welche Kornkreise das dann wären.

II 3. Kollektive Telekinese

Um überhaupt weiter über Kornkreise nicht nur als menschliche Kunstwerke reden zu können, sondern auch als möglicherweise magisch-spirituelles Phänomen, muß man daher einen anderen Weg einschlagen.

Man muß zunächst einmal nachweisen, daß es Telekinese gibt – was sich glücklicherweise recht einfach mit dem „paper-wheel"-Versuch machen läßt. Dieses „paper-wheel" wird auch „PSI-Wheel" genannt. Versuche dieser Art lassen sich unter diesen Suchbegriffen auf youtube finden. Eine ausführliche Untersuchung der Telekinese findet sich auch in meinem Buch „Telekinese für Anfänger".

Neben diesen einfach durchzuführenden grundlegenden Telekinese-Versuchen gibt es auch Phänomene, bei denen sich größere Dinge bewegen, materialisieren oder dematerialisieren. Diese Phänomene kann man jedoch nicht so einfach herbeiführen.

Wenn man selber so viele Versuche zu diesem Thema durchgeführt hat, daß man sich sicher ist, daß es Telekinese gibt, kann man sich von einem anderen Ausgangspunkt aus wieder den Kornkreisen zuwenden.

Die Frage lautet nun nicht mehr „Können Kornkreise telekinetisch entstanden sein?", sondern „Gibt es einen Sinn, einen Teil der Kornkreise als telekinetisch entstanden zu betrachten?"

Um diese Frage beantworten zu können, müßte man eine plausible Antwort auf zwei weiter Fragen finden: „Wer übt diese Kornkreis-Telekinese aus?" und „Warum übt er sie aus?"

Es gibt zunächst einmal verschiedene mögliche Urheber der Kornkreise:

- ein einzelner Mensch für alle Kornkreise,
- verschiedene Menschen für verschiedene Kornkreise,
- eine Gruppe von Menschen,
- die Menschen insgesamt als Gruppe,
- die jeweilige Pflanzenart als Gruppenbewußtsein,
- die Erde als Ganzes (Gaia), und
- Außerirdische.

Es läßt sich recht sicher ausschließen, daß ein bestimmter einzelner Mensch alle nicht-menschengemachten Kornkreise telekinetisch erschaffen hat. Wer sollte eine solche Macht haben und warum sollte dieser Mensch das tun, ohne sich jemals zu zeigen?

Dieselbe Argumentation gibt es auch bezüglich mehrerer Menschen, die die Kornkreise unabhängig voneinander erschaffen haben. Hier wäre es sogar noch unwahrscheinlicher, daß niemand von ihnen seine telekinetischen Fähigkeiten öffentlich zeigt.

Auch eine kleine Gruppe von Menschen ist als Urheber recht unwahrscheinlich, denn man sollte annehmen, daß auch diese Gruppe sich irgendwann einmal gezeigt hätte – und was sollte ihre Motivation sein?

Auch Außerirdische sind als Urheber sehr unwahrscheinlich, denn wenn sie sich schon die Mühe machen, auf der Erde Kornkreise zu erschaffen, kann man sich fragen, was sie damit bezwecken und warum sie sich nicht zeigen und eine pragmatischere Form der Kommunikation wählen – schließlich sollte es doch recht mühsam sein, uns Menschen in der Weite des Weltalls überhaupt zu finden und aufzusuchen …

Somit bleiben zunächst einmal nur noch drei der sieben möglichen Verursacher der Kornkreise, die eben aufgezählt worden sind, übrig:

- die Menschen insgesamt als Gruppe,
- die jeweilige Pflanzenart als Gruppenbewußtsein, und
- die Erde als Ganzes (Gaia).

Diese drei Möglichkeiten haben eine Gemeinsamkeit, die nicht gleich auf den ersten Blick auffällt, aber von Bedeutung ist: Es handelt sich jedesmal um ein Kollektiv –

alle Menschen, alle Pflanzen einer Art oder gleich die gesamte Erde. Dies sind drei Formen des kollektiven Unterbewußtsein:

- das kollektive Unterbewußtsein der Menschen,
- das kollektive Unterbewußtsein einer Pflanzenart („Elf"), und
- das kollektive Unterbewußtsein der gesamten Erde („Gaia").

Diese drei möglichen Urheber haben alle eine große „Substanz", also alle Menschen, alle Getreidepflanzen bzw. die gesamte Erde.

Die Experimente mit Telepathie und Telekinese zeigen, daß die Telepathie die „Augen" des Unterbewußtseins eines Menschen sind und daß die Telekinese die „Hände" des menschlichen Unterbewußtseins sind. Da das kollektive Unterbewußtsein aus dem telepathischen Zusammenschluß der Unterbewußtseine aller lebenden und auch aller verstorbenen Menschen besteht, sollte es einen solchen Zusammenschluß auch in Bezug auf die Telekinese aller Menschen geben: die kollektive Telekinese des kollektiven Unterbewußtseins der Menschen.

Das wäre dann eine ausreichend starke Telekinese, die auch solche Phänomene wie die Kornkreise bewirken können sollte. Diese These hätte auch den Vorteil, daß es in ihr niemanden gibt, der sich melden und zeigen könnte, daß er all diese Kornkreise verursacht hat.

Auf dieselbe Weise könnte man auch für das kollektive Unterbewußtsein des Getreides und für das kollektive Unterbewußtsein der gesamten Erde argumentieren. Zunächst einmal scheint das kollektive Unterbewußtsein der Menschheit am plausibelsten zu sein, da es zunächst einmal nicht sonderlich klar wäre, warum der „Getreide-Elf", der „Raps-Elf"; der „Schilf-Elf" usw. oder die Erde Kornkreise fabrizieren sollten, die komplexe mathematische Muster darstellen.

Aber zum einen weiß man natürlich nicht, was der „Getreide-Elf" alles weiß, und auch nicht, worüber Gaia so alles nachdenkt – oder sie beide einfach telepathisch „mithören", was die Menschen so alles denken.

Und es gibt auch noch das ständige Problem, daß bekannt ist, daß zumindestens ein Teil der Kornkreise von Menschen gemacht worden sind. Das ist nicht gerade die Ausgangssituation, die man sich als Forscher so wünscht – aber es ist nun einmal so, wie es ist.

Der Kornkreis-Forscher muß folglich auch ein Detektiv sein …

Es stellt sich auch noch eine weitere Frage: Was hat das kollektive Unterbewußtsein der Menschen, des Getreides oder der Erde denn mit seinen Telekinese-Fähigkeiten gemacht, bevor es Kornkreise erschaffen hat? Hat dies kollektive Bewußtsein erst vor 350 Jahren entdeckt, daß es telekinetische Fähigkeiten hat? Das scheint doch sehr unwahrscheinlich zu sein …

Wenn ein Teil der Kornkreise tatsächlich durch eine Form der kollektiven Telekinese erschaffen worden ist, dann sollten diese Kornkreise eigentlich nur ein Beispiel für eine größere Gruppe von kollektiv-telekinetischen Phänomenen sein, die sich deutlich weiter zurückverfolgen lassen müßten als nur 350 Jahre.

Woran könnte man ein solches Phänomen erkennen? Es sollte 1. telekinetisch sein, 2. sich auf ein Kollektiv beziehen, und 3. die Menschen faszinieren. Dieser dritte Punkt ist wahrscheinlich vorhanden, aber er ist keine zwingend notwendige Eigenschaft der gesuchten Phänomene.

Auf der Suche nach solchen Phänomenen stößt man vor allem auf Wunder wie Marien-Erscheinungen, sich bewegende Statuen u.ä., aber auch auf Phänomene, die im Schamanismus auftreten wie z.B. in die Erde gesteckte Stäbe, die sich eigenständig bewegen und dem Schamanen Hinweise darauf geben, mit welchem Geist er dem Ratsuchenden, der zu ihm gekommen ist, helfen kann. Auch die z.B. im Spiritismus hin und wieder auftretenden Materialisierungen zählen zu diesem Thema.

Diese Fälle von Telekinese sind kollektive Magie, da nicht ein einzelner Mensch ein Wunder vollbringt, sondern etwas geschieht, was von Maria, von dem durch die Statue dargestellten Wesen oder von den Geistern ausgeht.

Es wäre somit denkbar, daß diese früheren Formen von kollektiver Telekinese gelegentlich auch einfache, runde Kornkreise haben entstehen lassen, aber das erst ihre Assoziation mit den UFOs der kollektiven Telekinese einen Anstoß zu einer weiteren Verbreitung gegeben hat. Die Außerirdischen sind an die Stelle der Heiligen getreten – beides sind die „Mächtigen, die von außerhalb des zugänglichen Bereiches auf unser Leben einwirken". Diese Parallele ist so genau, daß es recht wahrscheinlich ist, daß die Kornkreise eine Fortführung der früheren „religiösen Wunder" in einer „zeitgemäßen Form" sind.

Nachdem diese Form der kollektiven Telekinese erst einmal in Gang gekommen ist, hat sie sich dann in immer komplexere Formen ausdifferenziert.

II 4. Die Motivation

Läßt es sich näher eingrenzen, wer oder was dieses Kollektiv ist, das diese Telekinese ausübt? Bisher kam das kollektive Unterbewußtsein der Menschen, des Getreides und der Erde in Frage.

Ein üblicher Ansatz bei der Suche nach der Antwort auf eine derartige Frage ist in der Kriminalistik die Prüfung der möglichen Motivation. Die Motivation für eine Handlung läßt sich wiederum an den Folgen dieser Handlung ablesen – das erreichte Ergebnis ist das, was die Motivation beabsichtigt hat. Zunächst einmal kann man sagen, daß die einzige erkennbare konkrete Wirkung der Kornkreise ihre Faszination für viele Menschen ist.

Das wäre für den Getreide-Elf als das kollektive Unterbewußtsein, das die Kornkreise herstellt, ein sehr mageres Motiv. Warum sollte das Getreide das tun? Welchen Vorteil hätte es davon? Oder was könnte das Getreide dazu motivieren? Hier ist zunächst einmal kein Motiv erkennbar.

Bei dem „Gaia" genannten kollektiven Unterbewußtsein der Erde liegt der Fall etwas schwieriger, weil Gaia auch das kollektive Unterbewußtsein des Getreides und der Menschen umfaßt. Alles, was auf der Erde geschieht, ist auch ein Teil von dem, was in Gaia, also in dem kollektiven Unterbewußtsein der Erde geschieht. Mit dieser Feststellung kommt man einem Verständnis der Kornkreise zunächst einmal nicht näher.

Auch die Frage, was die Erde denn zu dem Erschaffen der Kornkreise bewegen könnte, läßt sich erst einmal nicht beantworten. Da nur die Menschen das Phänomen der Kornkreise bewußt wahrnehmen (aber nicht die Möwen oder die Buchen), sollte es eine Botschaft der Erde an die Menschen sein. Diese Botschaft wäre jedoch von ihr ziemlich unverständlich verfaßt worden – das wäre nicht gerade eine effektive Form der Kommunikation …

Auch die mögliche Motivation der Erde für eine solche Botschaft wäre sehr unklar. Sie sollte sich auf etwas beziehen, was die Menschen auf der Erde machen und was die Erde anders haben will – immer vorausgesetzt, daß die Erde tatsächlich eine Vorliebe dafür hat, was auf ihr geschehen soll. Wenn man jedoch bedenkt, daß es schon einige Eiszeiten gegeben hat, daß die Saurier ausgestorben sind und generell immer wieder neue Spezies entstehen, kann man sich fragen, was Gaia dazu bewegen könnte, den Menschen Botschaften zu senden. Das einzige, was sich finden läßt, wäre die vollständige Vernichtung jeglichen Lebens auf der Erde durch die Atombomben – aber auf diese Möglichkeit findet sich nirgendwo ein Bezug in den Kornkreisen …

Somit bleibt das kollektive Unterbewußtsein der Menschen als Verursacher übrig. Auch hier stellt sich die Frage, was dieses kollektive Unterbewußtsein denn eigentlich mit den Kornkreisen erreichen will. Oder will es mit ihnen möglicherweise gar nichts erreichen?

Es gibt schließlich auch noch die Möglichkeit, daß es in dem kollektiven Unterbewußtsein Bilder gibt, die durch die große Aufmerksamkeit der Menschen auf diese Bilder „aufgeladen" werden, woraufhin das kollektive Unterbewußtsein dann von diesen Bildern „kollektiv träumt". Da das kollektive Unterbewußtsein nicht nur über die Telepathie als Wahrnehmung, sondern auch über die Telekinese als Handlungsmöglichkeit verfügt, wäre es denkbar, daß sich Bilder in dem kollektiven Unterbewußtsein, die sehr stark aufgeladen worden sind, auch in telekinetischen Phänomenen ausdrücken – sozusagen „telekinetisch wirksame Träume des kollektiven Unterbewußtseins".

In dieser Deutung haben die Kornkreise keine Botschaft, sondern wären einfach ein Ausdruck von dem, was die Menschen in emotionaler Hinsicht gerade kollektiv am meisten beschäftigt – eben kollektive Träume, die sich einen telekinetischen Ausdruck suchen.

II 4. Astrologie

Man kann sich fragen, warum gerade ab ca. 1940 die Kornkreise vermehrt aufgetreten sind. Eine Möglichkeit ist es, zu schauen, ob es seit dieser Zeit astrologische Aspekte gibt, die zu einem solchen Phänomen passen.

Seit ca. 1942 hat der Pluto ein Sextil zum Neptun, das bis heute weiterbesteht und erst 2039 enden wird. Pluto ist das Intensive, das Kollektive, das Extreme, die Verwandlung, die maximale Motivation, die Einsgerichtetheit usw. Neptun ist die Kunst, das Soziale, die Magie, die Religion, die Ökologie, die Grenzauflösung usw. Wenn diese beiden Planeten ein Sextil zueinander haben, d.h. wenn sie zusammenwirken, entstehen künstlerische, soziale, ökologische, magische Impulse, die eine existentielle Intensität haben.

Dies zeigt sich in der Geschichte auch sehr deutlich ab ca. 1960, als die ersten Menschen, die mit diesem Pluto/Neptun-Sextil in ihrem Horoskop geboren worden sind, 18 Jahre alt geworden waren. Ab dieser Zeit entstanden dann solche Pluto/Neptun-Phänomene wie die Hippies, die Grünen, die Erforschung der Drogen, das Interesse für andere Kulturen, ein vergrößertes soziales Engagement, die Globalisierung usw.

Die deutlich vermehrte Entstehung von Kornkreisen würde also gut in die astrologische Phase dieses Pluto/Neptun-Sextils passen, die von 1942 bis 2039 dauert. Das erklärt natürlich zunächst einmal nichts, aber es zeigt, daß man das Phänomen der Kornkreise sinnvollerweise innerhalb eines größeren Zusammenhanges betrachten kann und sollte.

Die weitverbreitete Ansicht, daß die Kornkreise eine Botschaft der Erde an die Menschen sind, paßt präzise zu diesem Pluto/Neptun-Aspekt, der sich ja zu einem großen Teil auf kollektive Vorgänge bezieht. Diese Botschaft wird im allgemeinen als eine Warnung vor der Zerstörung der Erde aufgefaßt – was ebenfalls ein Pluto/Neptun-Thema ist.

Auch das kollektive Unterbewußtsein ist ein Konzept, das gut zu diesem astrologischen Aspekt paßt und ebenso das ökologische und globale Denken.

In der Kunst fördert dieser Aspekt das Streben nach einem Ausdruck, der über das Individuum hinausgeht und kollektive Inhalte sichtbar werden läßt – was exakt die

Qualität ist, die die Kornkreise für viele Menschen so faszinierend macht.

Die Kornkreise selber enthalten zwar keine erkennbare ökologische, soziale, künstlerische oder magisch-spirituelle Botschaft, aber die Kornkreise werden auf vielfache Weise mit eben diesen Themen assoziiert. Das zeigt deutlich, daß die Kornkreise in einem engen Zusammenhang mit dem derzeitigen Pluto/Neptun-Sextil stehen.

Die Kornkreise sind daher sehr wahrscheinlich keine telekinetische Botschaft der Erde an uns Menschen, sondern eher ein kollektiver Selbstausdruck der Menschen, der durch das von 1942 bis 2039 dauernde Pluto/Neptun-Sextil geprägt ist. Man kann also davon ausgehen, daß das Erscheinen von Kornkreisen noch bis ca. 2039 andauern wird – vermutlich wird es mit einiger Verzögerung enden.

Solch ein Sextil macht nebenbei auch die kollektive Telekinese deutlich wahrscheinlicher und kraftvoller: Pluto ist die Einsgerichtetheit, die für jede effektive Magie notwendig ist, und Neptun löst die Grenzen auf und läßt diese Einsgerichtetheit auch in der materiellen Welt und nicht nur im Bewußtsein wirken.

III Formen

Nach diesen einleitenden Betrachtungen ist es sinnvoll, sich die Formen der Kornkreise einmal genauer anzusehen und zu schauen, ob sich aus ihnen etwas über ihre Entstehung und Bedeutung herleiten läßt.

III 1. Einfache konzentrische Formen

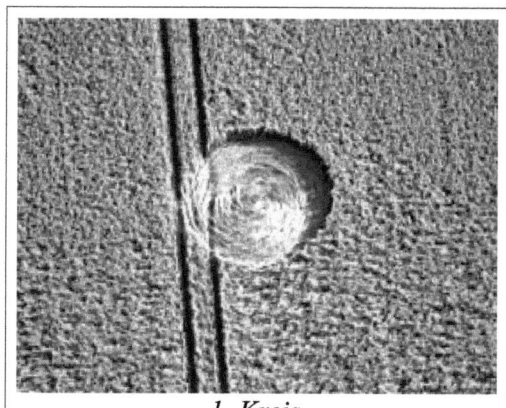

1. Kreis
(Wiltshire, England, 2000)

Die ursprüngliche, einfachste und lange Zeit auch häufigste Form der Kornkreise war die Kreisfläche, die halb scherzhaft auch „UFO-Nest" genannt worden ist. Diese Form hat diesem Phänomen auch den Namen „Kornkreis" gegeben – eine kreisförmige Fläche aus meist spiralförmig flachgelegtem Getreide in einem Kornfeld.

Die Größe der Kornkreise auf den Photos läßt sich recht einfach anhand der Trecker-Spuren in dem Getreide einschätzen – sie sind ca. 2,5m breit. Der Kornkreis links hat folglich einen Druchmesser von ca. 10m.

- *  * -

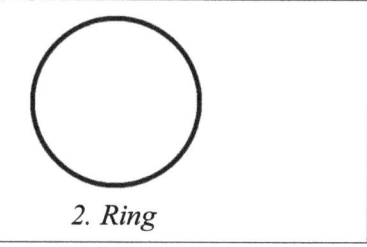

2. Ring

Der Ring ist als isolierte Form nur sehr selten aufgetreten, obwohl dies eigentlich die zweit-einfachste Form nach der Kreisfläche ist.

Dreiecke, Quadrate, Fünfecke, Linien u.ä. hat es lange Zeit nicht gegeben, sondern nur runde Formen.

- *  * -

17

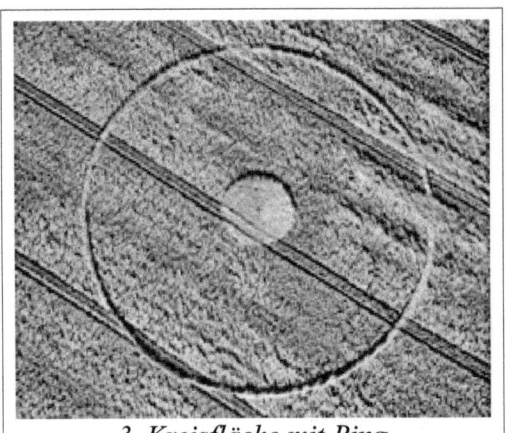

Die Kreisfläche mit einem Ring ist eine der ersten Formen gewesen, die mehr waren als nur eine schlichte Kreisfläche. Sie kam anfangs recht häufig vor.

3. Kreisfläche mit Ring
(Ort und Jahr unbekannt)

Die nächste Stufe an Vielfalt war die Kreisfläche, die von mehreren konzentrischen Ringen umgeben ist.

Der abgebildete Kornkreis ist vollkommen konzentrisch – er sieht nur durch die Perspektive beim Photographieren so „schief" aus.

4. Kreisfläche mit mehreren Ringen
(Wiltshire, England, 2005)

- * ❀ * -

5. Kreisfläche mit vier kleinen Kreisen

Die Kreisfläche, die von vier „Satelliten" umgeben ist, ist anfangs eine Sensation gewesen, da diese Form eine Struktur hatte, die über die Konzentrik hinausging.

Dies ist die Grundform der meisten Mandalas: die Sonne und die vier Richtungen bzw. die Quintessenz und die vier Elemente.

- *  * -

6. Kreisfläche mit Ring
und vier kleinen Kreisen
(Wiltshire, England, 2008)

Dies war die komplexeste Form, die sich aus den bisher aufgetretenen Elementen aufbauen ließ.

III 2. Einfache langgestreckte Formen

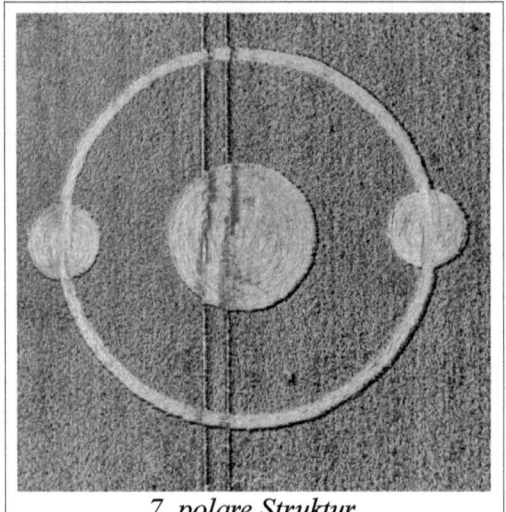

7. polare Struktur
(Wiltshire, England, 2019)

Dies ist die einfachste langgestreckte Form: Die beiden Außen-Kreise auf dem Ring betonen zwei gegenüberliegenden Richtungen, wodurch es eine Längsachse gibt, die in diesem Kornkreis durch die drei Kreis-Mittelpunkte verläuft.

- * ❀ * -

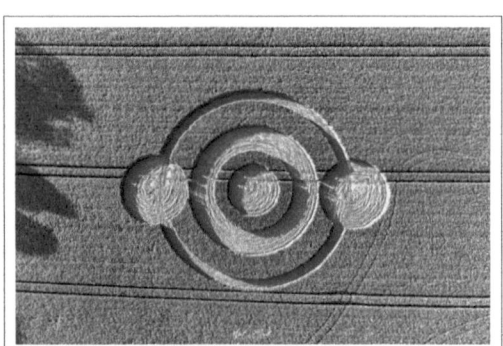

8. polare Struktur
(Wiltshire, England, 2019)

Hier ist die Grundform des länglichen Kornkreises mit einem zweiten, inneren Ring kombiniert worden. Die Kornkreise begannen sich allmählich zu komplexeren Formen zu entwickeln …

- * ❀ * -

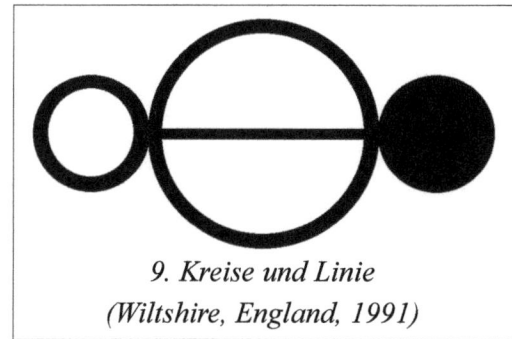

*9. Kreise und Linie
(Wiltshire, England, 1991)*

Dieser Kornkreis, den ich in Wiltshire in Südengland gesehen habe, zeigt deutlich den polaren Aufbau dieses Kornkreises: ein offener Kreis, ein geschlossener Kreis sowie eine Verbindungslinie und ein Zentralkreis.

Das entspricht dem astrologischen Zeichen für den Oppositions-Aspekt, also für den Ergänzungs-Gegensatz: ♂

Als ich diesen Kornkreis betreten habe, ist mir aufgefallen, daß sich der Ring auf der linken Seite wie ein Berg anfühlt und die Kreisfläche auf der rechten Seite wie eine Höhle – Strahlen und Saugen, nach außen und nach innen, hell und dunkel usw. Das bestätigt die Deutung dieser Struktur als Ergänzungsgegensatz.

Auf der Linie zwischen diesen beiden Polen war eine große, konstante Spannung zu spüren – eben das, was man zwischen zwei Polen auch erwarten sollte.

Der große Ring in der Mitte war mir jedoch zunächst ein Rätsel: Er fühlte sich an jeder Stelle anders an und dieselbe Stelle war auch nach drei Minuten nicht mehr so wie vorher. Schließlich habe ich erkannt, daß in diesem Ring etwas fließt, kreist, pulsiert, rotiert.

Das hat mich an die Dreigliederung von Rudolf Steiner erinnert: ein Pol, der verfestigt („Ahriman"), ein Pol, der auflöst („Luzifer"), und dazwischen ein pulsierendes System („Christus").

Der Ring in der Mitte ist auch der Tierkreis, auf dem die Planeten entlangwandern, wobei zwei Stellen, die sich auf dem Tierkreis gegenüber liegen, auch entgegengesetzte, aber sich ergänzende Qualitäten haben.

Diese Struktur war also auch eine Variante des Yin/Yang-Zeichens: ☯ Dieses Symbol stellt die beiden Pole Yin und Yang dar sowie den ewigen Wandel, der durch sie entsteht und der im I Ging beschrieben wird.

Dieser Kornkreis hat also eine logisch nachvollziehbare Struktur, die sich in verschiedenen anderen Systemen wiederfindet.

- *  * -

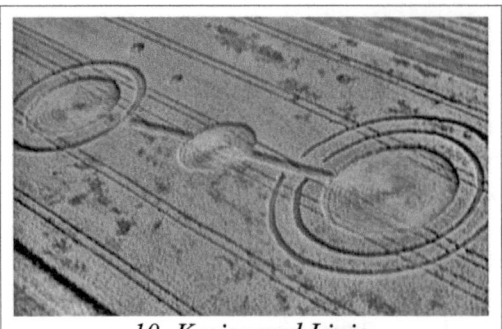

10. Kreise und Linie
(Ort und Jahr unbekannt)

Diese Anordnung hat es in vielen Varianten gegeben.

Dieser Kornkreis besteht aus vier Elementen: 1. einer Kreisfläche an einem Ende, 2. eine etwas anders gestalteten Kreisfläche an dem anderen Ende, 3. eine Verbindungslinie und 4. einem Kreis im Zentrum.

Links oben sind noch zwei kleine Kreisflächen zu sehen.

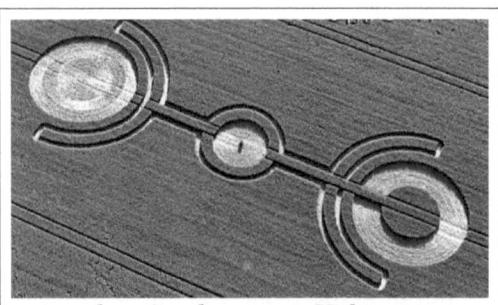

11. polare Struktur mit „Halterungen"
(Wiltshire, England, 2017)

Dieser Kornkreis ist eine Variante der eben beschrieben Struktur. Auch hier sind die beiden Außenkreise polar – der eine ist leer, der andere gefüllt.

Als zusätzliches Element erscheinen hier die halbkreisförmigen „Halterung" der beiden Außenkreise.

Das ganze wirkt geradezu wie ein technisches Element.

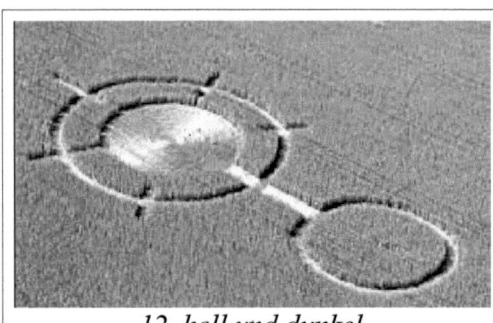

12. hell und dunkel
(Wiltshire, England, Jahr unbekannt)

Hier ist die polare Struktur sehr deutlich – ein Kreis strahlt, der andere nicht.
Der Mittelkreis fehlt.

Man könnte diese Struktur auch einem Magneten mit seinem Nordpol und seinem Südpol vergleichen oder auch einer Batterie mit ihrem „+/-"– Polen. Diese Polaritäten beruhen beide auf der elektromagnetischen Kraft.

- * ❀ * -

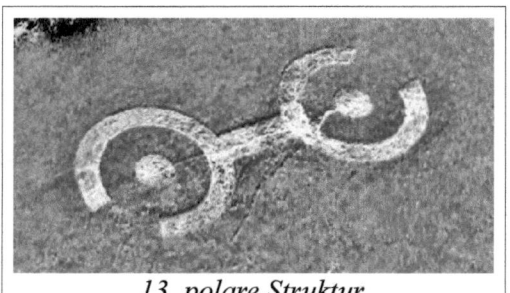

Hier wird die Polarität nur noch durch die Lage der Öffnung an den beiden Außenkreisen angedeutet. Der Mittelkreis fehlt.

13. polare Struktur
(USA, 2013)

- * ❀ * -

Hier werden die beiden Pole nicht mehr unterschieden. Der Mittelkreis stellt auf graphisch gesehen elegante Weise die Spannung zwischen den beiden Polen dar.

Die beiden kleinen Kreise sind ein neues Element. Zusammen mit den Zentren der beiden Pol-Kreise bilden sie vier Kreise auf der Außenlinie des Zentralkreises – sind das die vier Elemente oder auch die vier Richtungen?

14. polare Struktur
(Wiltshire, England, 2010)

- * ❀ * -

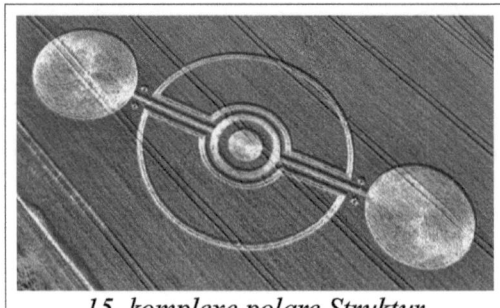

*15. komplexe polare Struktur
(Wiltshire, England, 2011)*

Auch bei diesem Kornkreis sind die beiden Seiten genau identisch. Wie bei dem Kornkreis 11 ist die Verbindungslinie zwischen den drei Kreisen von einer weiteren Linie eingehüllt, die hier mit dem großen Ring um den Mittelkreis verbunden worden ist. Dadurch entsteht eine neue geometrische Form: der „umrandete halbe Ring".

Links und rechts von der Geraden ist vor den Außenkreisen ein Paar von „Punkten" zu sehen, die aus einer sehr kleinen Kreisfläche mit einem Punkt in der Mitte (ein Getreidebündel) bestehen. Sie wirken wie zwei Befestigungspunkte.

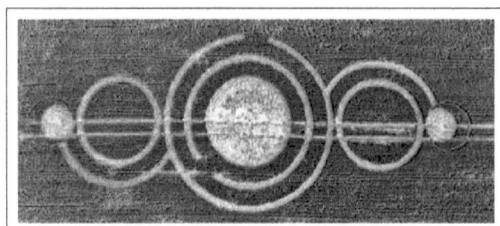

*16. Struktur aus fünf Kreisen
(Wiltshire, England, 2020)*

Hier sind die beiden Ringe um den Mittelkreis unterbrochen worden – der Grund dafür ist nicht ersichtlich.

Die beiden Außenkreise unterscheiden sich durch die Richtung, in der die halben Ringe bei ihnen weisen. Diese Ringe enden in einem zusätzlichen Kreis, um den herum sich ein sehr schmaler, dezentraler Ring befindet. Die beiden Halbkreise bilden zusammen ein „S".

Dieser Kornkreis enthält recht viele „moderne" Elemente im Gegensatz zu den „klassischen" Kornkreisen.

- * ❀ * -

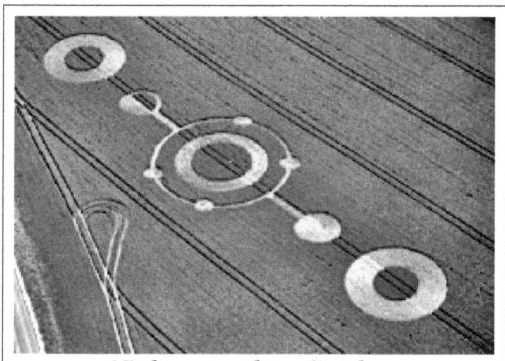

17. lange polare Struktur
(Wiltshire, England, 1999)

Hier wird die Souveränität des Zentrums durch zwei kleine Ringe und vier kleine Kreisflächen auf ihnen betont.

Von dem äußeren Ring gehen zwei Polaritäts-Linien zu zwei mittelgroßen kreisen, von denen der eine hell und der andere halb hell und halb dunkel ist, wodurch ihre entgegengesetzte Polarität dargestellt wird.

Ganz außen ist ein zweites Paar von Kreisringen.

- *  * -

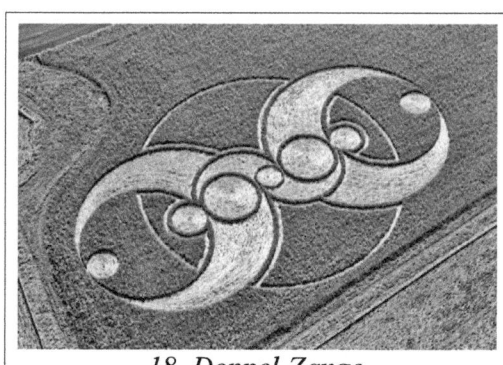

18. Doppel-Zange
(Wiltshire, England, 2012)

Auch hier finden sich wieder die beiden Pole (die gleich dargestellt werden) und der Mittelkreis sowie zusätzlich in der Mitte eine S-förmige Fläche, die möglicherweise die Verbundenheit der beiden Pole darstellt.

Hier sind gleich sechs zusätzliche kleine Kreise zu sehen sowie ein siebter kleiner Kreis, der die Mitte markiert.

- * ❀ * -

19. Bogen-Dreiecke
(Wiltshire, England, 1996)

Hier sind die beiden Pol-Kreise zusammengeschoben worden und der Mittelkreis hüllt sie fast ein. Die Polarität der beiden Kreise ist graphisch ähnlich wie beim Yin/Yang-Zeichen dargestellt worden.

Die dunkle Fläche zwischen den beiden Pol-Kreisen („Bogen-Dreiecke") könnte die Spannung zwischen den beiden Polen darstellen.

Die beiden Sicheln ergeben zusammen zwei „S"-Formen – einmal die beiden miteinander verbundenen Außenseiten der Sicheln und einmal die beiden miteinander verbundenen Innenseiten der Sicheln.

- * ❀ * -

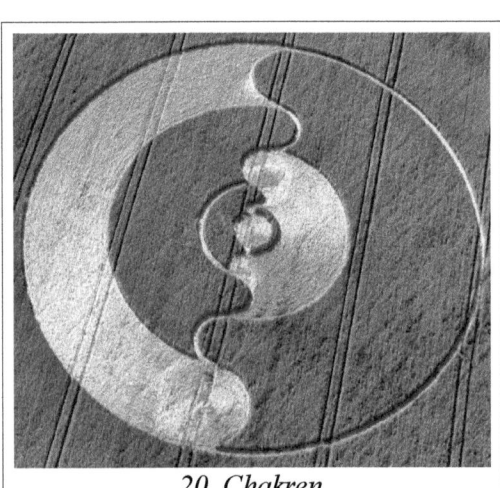

20. Chakren
(Wiltshire, England, 2001)

Die beiden Pole sind deutlich zu sehen: ein Kreis aus flachgelegtem Getreide am unteren Ende der rechten, großen Fläche und ein Kreis aus stehendem Getreide am oberen Ende der rechten großen Fläche.

Auch die übrigen Flächen sind polar dargestellt. Von außen nach innen hin sind die Kreise: oben gefüllt – unten leer; oben nach rechts hin gefüllt – unten nach links hin gefüllt; oben leer – unten gefüllt; oben nach rechts hin gefüllt – unten nach links hin leer; in der Mitte ein Kreis mit Ring.

Dieses Arrangement muß man eine Weile betrachten, um seine Symmetrie zu erkennen. Es ist ein Zentralkreis mit einem schmalen Ring, um den herum sich vier Ringe befinden.

Diese Struktur läßt sich besser erkennen, wenn man einige Hilfslinien einzeichnet:

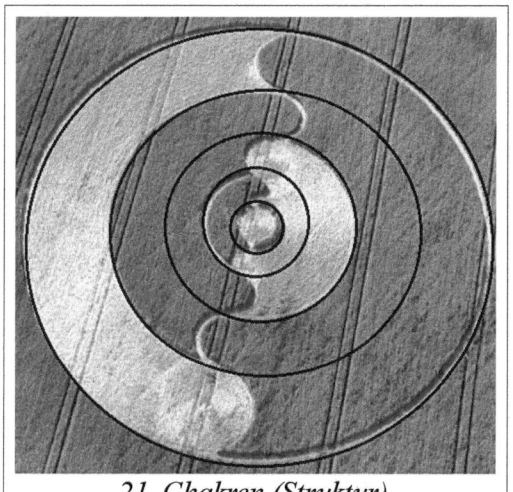

21. Chakren (Struktur)
(Wiltshire, England, 2001)

Der äußere Ring dreht sich gegen den Uhrzeigersinn;

der zweitäußere Ring dreht sich im Uhrzeigersinn;

der drittäußere Ring dreht sich gegen den Uhrzeigersinn;

die viertäußere Ring dreht sich im Uhrzeigersinn.

Dies ist ein regelmäßiger Wechsel.

Links ist der äußere Ring allein.

Rechts sind der äußere und der zweitäußere Ring gemeinsam.

Links sind der zweitäußere und der drittäußere Ring gemeinsam.

Rechts ist der drittäußere und der viertäußere Ring gemeinsam.

Links ist der viertäußere Ring mit dem schmalen Ring des Mittelkreises verbunden.

Auch dies ist ein regelmäßiger Wechsel.

Insgesamt ergibt sich hier das Bild von Kreisringen, die wie Wellen von innen nach außen wandern.

Auf der gedachten senkrechten Linie von unten nach oben befinden sich 9 Kreise. Sie könnten eine Entsprechung im Yoga haben. Dann wären sie von unten nach oben hin: Kundalini-Feuer – Wurzelchakra – Hara – Sonnengeflecht – Herz-chakra – Halschakra – Drittes Auge – Scheitelchakra – Bindhu-Licht. Es ist jedoch recht unsicher, ob diese Analogie hier beabsichtigt ist.

- *  * -

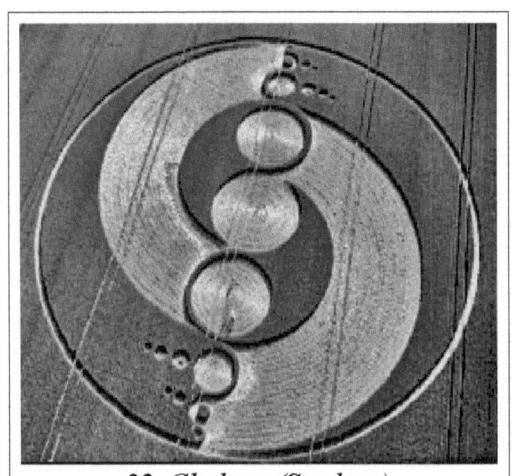

22. Chakren (Struktur)

Dieser Kornkreis stammt aus derselben Grafschaft und aus demselben Jahr wie der vorige Kornkreis (21).

Seine Mittelachse hat genau denselben Aufbau wie die Achse des vorigen Kornkreises. Durch die veränderte Verteilung der hellen und der dunklen Flächen entsteht jedoch der Eindruck des Rotierens. Auch die beiden dunklen „Bogen-Tropfen" im Zentrum sowie die beiden Paare von 2 bzw. 3 Punkten tragen zu diesem Eindruck bei.

Die sieben Chakren plus Kundalini und Bindhu sind in ständigem Fluß und in ständiger Veränderung …

- *  * -

23. polare Struktur
(Wiltshire, England, 2008)

Hier bestehen die beiden Pole aus zwei Kreisen, die ihrerseits aus je 24 kleinen Kreisen bestehen, (die mittleren drei Kreise gehören zu beiden Kreisen). Hat die Zahl „2·12=24" hier eine tiefere Bedeutung?

Ihre Polarität wird durch die kleinen „Flammen" veranschaulicht, die bei dem linken Kreis nach außen zeigen und bei dem rechten Kreis nach innen. Wenn man die beiden Kreise als eine liegende „8" auffaßt, also als das Unendlichkeits-Zeichen (∞), dann zeigen die „Flammen" immer nach derselben Seite der Kreisreihe.

Im Zentrum ist ein Ring mit vier großen und vier kleinen Kreisen – möglicherweise stellen sie die beiden Pole, die Grenze zwischen diesen Polen und die vier Zwischenrichtungen dar. Er könnte auch ein Hinweis auf das Ruhen in der eigenen Mitte, in dem Zentrum, in der eigenen Seele sein. Im Vergleich zu der großen „∞" aus Kreisen ist diese Mitte recht klein dargestellt worden. Dieser Kornkreis zeigt also mehr das „Yin und Yang" als das „Tao".

- *  * -

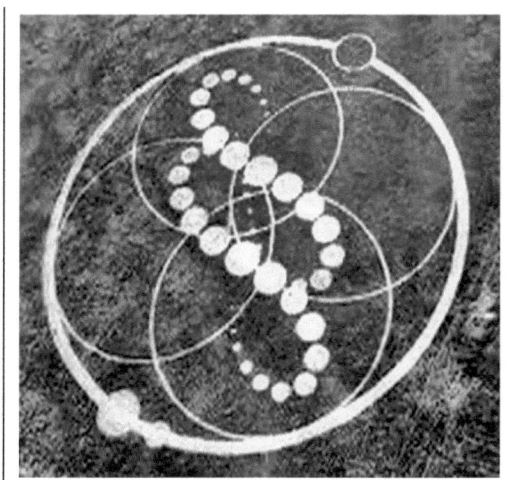 

| *24. komplexe polare Struktur* *(Südkorea, 2008)* | *25. komplexe polare Struktur* *(die kleinen, kaum sichtbaren Punkte* *sind durch eine Linie ergänzt worden)* |

Die beiden Pole sind hier zu einem großen Ring sowie zu einem kleinen Ring (oben) und einem kleinen Kreis (unten) auf diesem großen Ring geschrumpft.

Die beiden Enden der doppelten S-Form in der Mitte sind durch kleine Kreise, die durch das Zentrum des Kornkreises laufen, verbunden. Wenn man die vier kleinen Kreise in der Mitte bei beiden Kreis-Reihen mitzählt, haben sie wieder ein Länge von $2·12=24$ Kreisen, was vermutlich kein Zufall ist. Ist das ein Hinweis auf die 12 Tierkreiszeichen?

Die vier dünnen Ringe bilden in der Mitte ein Quadrat, also eine Vierer-Form – wie in dem vorigen Kornkreis.

- * ❀ * -

26. Polarität
(Somerset, England, 2010)

Hier ist wieder die schon mehrfach auf-getretene 5er-Reihe von Kreisen mit einem Zentralkreis zu sehen. Hier ist die Rotation des ganzen Systems sehr an-schaulich durch 2mal 6 Kreise dargestellt, die – wenn man sie verlängern würde – einen Ring bilden würden.

- * ❀ * -

27. Polarität
(Wiltshire, England, 2008)

Hier sind die beiden Pole und die beiden „S" dargestellt, die vermutlich die Zusam-mengehörigkeit der beiden Pole symbo-lisieren – eine geschwungene Linie ähn-lich wie im Yin/Yang-Zeichen. Der große Kreis stellt den Rhythmus dar, der durch die Polarität entsteht.

Die beiden Pol-Punkte kann man auch als Wurzelchakra und Scheitelchakra be-trachten und den Punkt im Zentrum als das Herzchakra. Das „S" wäre dann der Lebenskraftfluß der Kundalini. Dieser Aufbau aus einem Zentrum und zwei Po-len entspricht auch dem indisch-buddhis-tischen Vajra-Symbol.

Außen an dem Ring sind innen 25 Halb-kreise und außen 25 Halbkreise sowie 25 Punkte. Eine spezielle Symbolik der Zahlen „25", „50" und „75" ist nicht bekannt. Insgesamt wird diese ornamental wirkende Umrandung jedoch den Rhythmus dar-stellen, der durch die beiden Pole entsteht.

- * ❀ * -

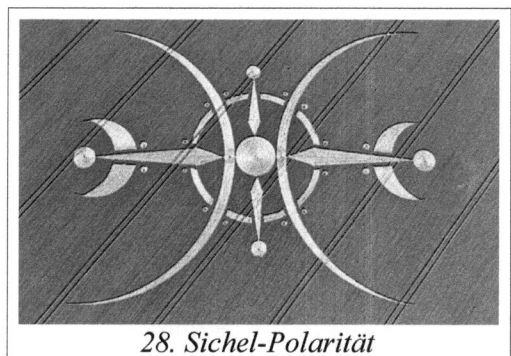

*28. Sichel-Polarität
(Wiltshire, England, 2015)*

Hier findet sich im Zentrum ein viergeteilter Kreis – die Sonne und die vier Himmelsrichtungen bzw. die Quintessenz und die vier Elemente. Der zentrale Kreis ist auch das Herzchakra.

Die beiden Kreisflächen links und rechts ganz außen sind die beiden Pole.

Die Sicheln entsprechen den „Halterungen" des Kornkreises 9 und den Sicheln des Kornkreises 13 und 14. Auf beiden Seiten werden je zwei Sicheln zum Haltgeben, als Trennung und als Verbindung benutzt.

Auf beiden Seiten sind je vier Punktpaare zu sehen, die hier wie Schrauben wirken, die das Ganze an ihrem Platz halten.

*29. Sichel-Polarität
(Wiltshire, England, 2015)*

Dieser Kornkreis ist eine Variante des vorigen Kornkreises 28. Er stammt aus derselben Grafschaft und aus demselben Jahr – hat hier jemand geübt?

Es fehlen hier die Kreisfläche und der Ring in der Mitte sowie die 8 Punkt-Paare.

Dadurch wirkt dieser Kornkreis deutlich weniger zentriert und stabil wie der vorige.

Es läßt sich leider nicht mehr erkennen, ob die Gerade zu dem Kornkreis gehört, oder ob sie nur ein Pfad ist, den die Besucher dieses Kornkreises in das Getreide getreten haben.

- * ❀ * -

30. Doppelspirale
(Wiltshire, England, 2011)

Hier ist der bei den meisten Kornkreisen recht große zentrale Kreis/Ring zu einem winzigen Kreis zwischen den beiden Spiralen geschrumpft.

Die untere Spirale ist eine Doppelspirale, d.h. sie wechselt in ihrem Zentrum ihre Drehrichtung. Die obere Spirale ist eine einfache Spirale. Wenn man den Weg durch diese beiden Spiralen von unten nach oben verfolgt, beginnt man unten gegen den Uhrzeigersinn, aber endet oben im Uhrzeigersinn. Hier ist die Polarität auf eine sehr kreative Weise dargestellt worden.

Die Spiralen enden oben und unten in je vier Kreisen, die, wenn man sie alle acht miteinander verbindet, auch durch die Zentren der beiden Spiralen und durch den Mittelkreis laufen. Diese hier nur angedeutete Linie entspricht der bei andern Kornkreisen deutlicher dargestellten Längsachse.

- *  * -

31. spitze Polarität
(Wiltshire, England, 2008)

Bei diesem Kornkreis sind der Mittelkreis und die beiden Polkreise dargestellt worden.

Von unten und von oben laufen je zwölf lange, schmale Dreiecke zu der gemeinsamen Achse der drei Kreise. Die „12" ist die Zahl der Sonne bzw. der Ausstrahlung der Sonne: die Sonne und der zwölfteilige Tierkreis um sie herum.

Der Mittelkreis liegt ganz innerhalb dieser Dreiecks-Strahlen; die beiden Polkreise liegen zu einem kleinen Teil außerhalb dieser Strahlen.

Man kann diesen Strahlen-Bereich wohl am ehesten als das „Magnetfeld" auffassen, das durch die Polarität der beiden Außenkreise entsteht.

- *  * -

32

32. Yin und Yang
(Somerset, England, 2007)

Hier ist die klassische Yin/Yang-Polarität zu sehen. Ist dieses Zeichen von Menschen gemacht worden oder hat hier das kollektive Unterbewußtsein ein allgemein bekanntes Symbol benutzt?

Man würde eigentlich außen um das Yin/Yang-Zeichen herum die acht Trigramme des I Ging erwarten, in die sich Yin und Yang ausdifferenzieren. Es finden sich jedoch 12 identische Zeichen, weshalb man das Ganze wohl als das pulsierende Sonnenchakra (Herzchakra) im Zentrum mit dem Tierkreis („Sonnen-Aura") ringsum auffassen kann.

Die 12 Zeichen bestehen aus vier parallelen Linien, einem Dreieck und einem Punkt im Zentrum dieses Dreiecks. Sollen das die 4 Elemente (Feuer, Wasser, Luft, Erde) und die 3 Dynamiken (kardinal = erschaffend; fix = gestaltend; beweglich = nutzend) sein, aus denen sich die 3·4=12 Tierkreiszeichen ergeben? Die Punkte in dem Symbol würden dann jeweils die Identität („Herz") des jeweiligen Tierkreiszeichens andeuten.

III 3. Varianten der einfachen langgestreckten Form

33. polare Struktur
(Ort und Jahr unbekannt)

Hier ist die Polarität sehr deutlich: Eine „Halterung" enthält einen Ring, die andere Halterung ist leer.

Die beiden kleineren Kreisflächen, die sich auch bei dem 7. Kornkreis finden, sind hier symmetrisch angeordnet. Sie wirken wie „Stabilisatoren" oder etwas ähnliches. Sie finden sich auch bei den Kornkreisen 12 und 13.

- *  * -

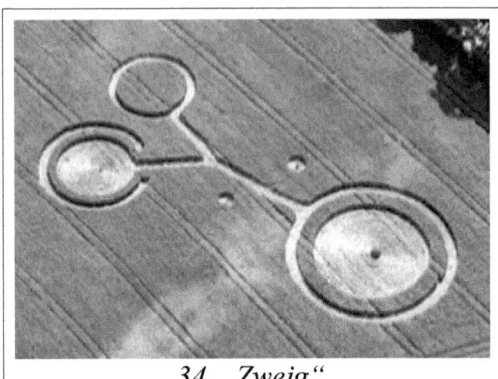

34. „Zweig"
(Ort und Jahr unbekannt)

Hier liegen die beiden polaren Kreise auf der linken Seite und der große, „pulsierende Ring" rechts, also nicht mehr zwischen ihnen. In der Mitte sind die beiden kleinen Kreisflächen zu sehen.

Diese unsymmetrische Form wirkt nicht sonderlich überzeugend – solche „Weggabelungen" wie hier kommen ansonsten bei den Kornkreisen nicht vor.

Vermutlich ist dieser Kornkreis daher Menschen-gemacht – doch das kann man natürlich nicht sicher sagen …

34

III 4. Sehr lange Formen

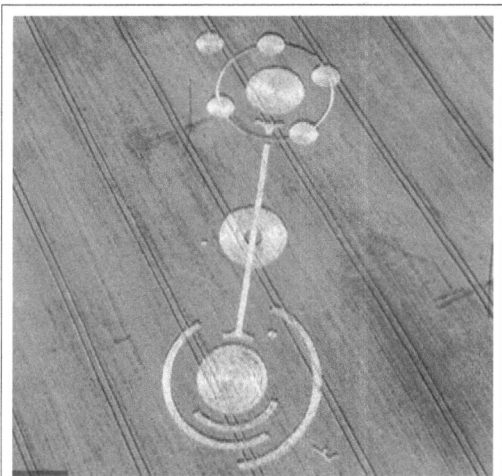

35. polare Struktur mit Ergänzungen
(Ort und Jahr unbekannt)

Einige Jahre lang sind langgestreckte Kornkreise entstanden, die z.T. über 700m lang waren.

Zunächst bestanden sie aus der schon bekannten polaren Struktur, deren einer Pol hier auf eine neue Weise markiert worden ist (drei Kreisbögen).
Die Vierer-Struktur ist aus dem Zentrum zu dem oberen Pol verschoben worden (vier Kreise auf einem Ring).

Es gibt mehrere neue Elemente: den mittelgroßen Kreis oben links, den sehr kleinen Kreis links neben dem Zentralkreis, das „T" in dem oberen Kreisring sowie das „F" links unten.

Dieser Kornkreis ist ca. 130m lang.

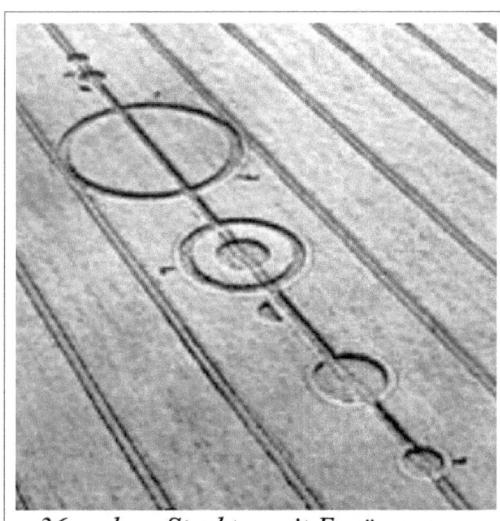

36. polare Struktur mit Ergänzungen
(Hampshire, England, 1999)

Das Zentrum ist der Kreis mit dem hellen und dem dunklen Ring.

Von ihm gehen zwei Geraden nach entgegengesetzter Richtung aus – sie ist nur daran zu erkennen, daß bei ihr in der Trecker-Spur der helle Mittelsstreifen aus stehendem Getreide fehlt.

Die beiden Pole sind eine kleine Kreisfläche und ein großer Ring.

An sie schließen sich zwei sehr kleine Kreise bzw. ein kleiner Kreis an.

Es gibt verschiedene „Anhängsel". Dies sind von oben nach unten: ein Punkt, eine unklare Form, ein „F" am großen Ring, ein „L" am Zentralkreis, ein Halbkreis und ganz unten noch ein „L". Die Bedeutung dieser „Anhängsel" ist unklar.

Dieser Kornkreis ist ca. 130m lang.

37. polare Struktur mit Ergänzungen
(Wiltshire, England, 1990)

Auch hier ist die Herleitung von der polaren Form noch gut erkennbar: Kreis mit Ring in der Mitte, links und rechts davon je eine Kreisfläche und dann ganz außen eine große Kreisfläche mit Ring und als Gegenpol auf der anderen Seite ein kleiner Ring.

Die zentrale Achse geht jedoch über den kleinen Kreis hinaus.

Es finden sich drei „F-"-Formen, zwei kurze gerade Linien parallel zu der Achse (links vom Zentralkreis) sowie rechts unten eine weitere kleine Kreisfläche mit zwei Kreisringen und zwei Mini-Kreisen.

Dieser Kornrkeis ist ca. 220m lang.

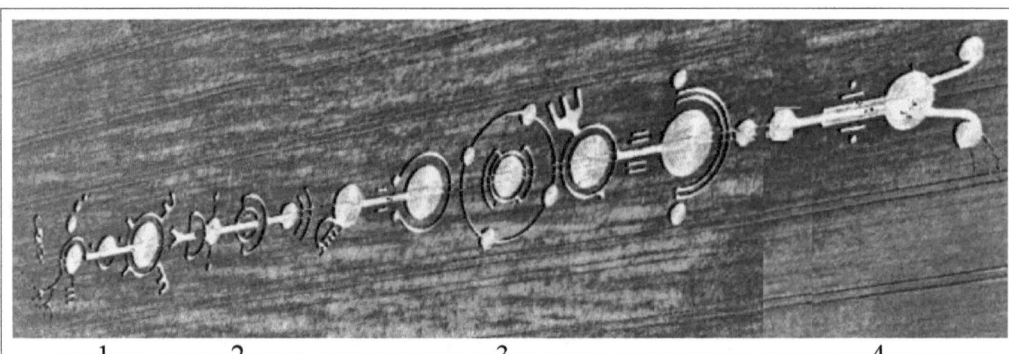

----1---- -------2------ -------------------3----------------------- -----------4-----------

38. polare Struktur mit Ergänzungen
(Wiltshire, England, 1999)

Dieser Kornkreis hat eine Länge von ca. 350 m. Auch derartig lange Kornkreise bauen sich weitgehend aus den schon besprochenen Elementen auf.

Die drei Teile 1, 2 und 3 sind Polarstrukturen, die hier anscheinend wie Batterien oder wie Magnete hintereinander geschaltet worden sind, um eine höhere Spannung zu erreichen. Teil 4 hat einen anderen Aufbau und scheint das zu sein, was von der Spannung, die die drei anderen Teile erzeugen, angetrieben wird.

Der zentrale Teil des Kornkreises ist unter dem Photo mit „--3--" gekennzeichnet. Er besteht aus einem Zentralkreis mit einem inneren und einem äußeren Ring und vier „Monden".

An dem inneren Ring befinden sich noch zwei Viertelbögen, die in Achsenrichtung weisen. Das erinnert sehr an die beiden Magnete in einem Elektromotor – was ja auch passend ist, da in dem mittleren Ring zwischen den beiden Polringen die Energie rotiert.

An den Zentralkreis schließt sich links und rechts jeweils ein Doppelkreis an – direkt am Zentralkreis ein Kreis mit Ring und weiter fort vom Zentralkreis ein Kreis ohne Ring. An den Geraden zwischen ihnen befinden sich ein Paar von Geraden als „Stabilisatoren" zwischen den beiden Pol-Kreisen auf jeder Seite des Zentralkreises. Links sind es 2·1 Gerade, rechts 2·2 Geraden.

In dem mit „--2--" gekennzeichneten Teil des Kornkreises ist eine zweite Polar-Struktur zu sehen. Bei ihr fallen die vier Halbkreise auf. Die beiden Halbkreise rechts scheinen die Energie von Teil 2 an Teil 3 weiterzusenden – auch die drei kleinen Kreise an ihm vermitteln diesen Eindruck. Der mittlere Halbkreis scheint den Zentral-kreis von Teil 2 auf den Teil 3 auszurichten. Der Halbkreis links scheint die Energie von Teil 1 zu empfangen.

In dem mit „--1--" gekennzeichneten Teil fallen vor allem die beiden symmetrisch angeordneten „F" auf, die die Spannung von Teil 1 an Teil 2 weiterzugeben scheinen.

Teil 4 ist keine polare Einheit, sondern nur ein Kreis-Paar, das mit einem weiteren kleinen Kreis mit Teil 3 verbunden ist. Die beiden auffälligsten Strukturen an ihm sind die beiden „6".

Ganz links ist quer zu der Hauptachse des Kornkreises noch ein kleines polares System zu sehen.

Dieser Kornkreis wirkt wie ein Lebewesen: Teil 4 wirkt wie Hals und Kopf. Teil 3 mit dem Zentralkreis wirkt wie die Brust mit dem Herzchakra. Teil 2 wäre dann der Unterleib und Teil 1 der Schwanz dieses Lebewesens. Die beiden „6" wirken in dieser Struktur wie zwei Fühler.

Die vielen „Anhängsel" sind schwierig zu deuten. Teilweise scheinen sie „Stabili-satoren" zu sein, teilweise auch so etwas wie „Antennen" oder „Sinnesorgane".

- * ❀ * -

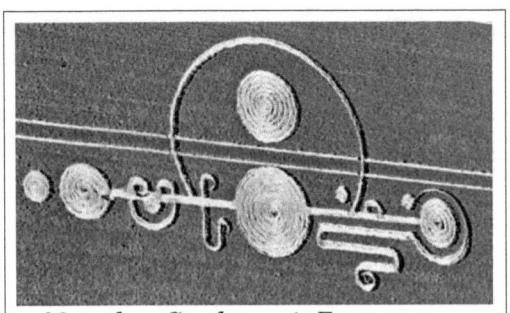

39. polare Struktur mit Ergänzungen
(Wiltshire, England, 2008)

Bei diesem Kornkreis ist die Struktur „Pole und Mittelkreis" zwar vorhanden, aber durch ziemlich viele „Schnörkel" und einen nur teilweise dargestellten exzentrischen Ring ergänzt worden.

Dieser Kornkreis ist ca. 75m lang.

III 5.   Schmetterlinge

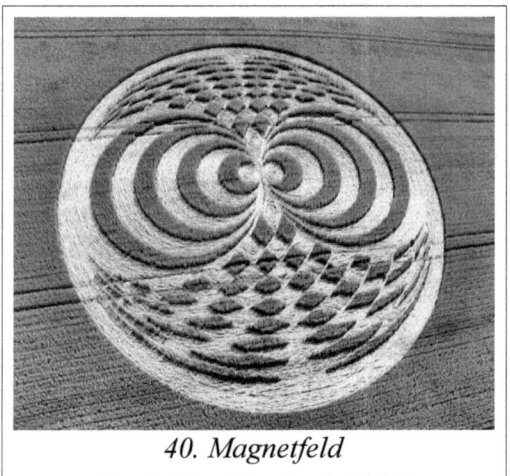

40. Magnetfeld
(Berkshire, England, 2006)

Dieser Kornkreis ist ein polares System, nur ist es anders dargestellt worden. Aus den beiden Polen ergibt sich die Spannung der Gegensatz-Ergänzung, die durch die 2·4 Sicheln dargestellt wird. Das weitere Feld dieser Spannung wird durch die 2·40 Rauten symbolisiert. Der Zentralkreis erscheint hier als der (nicht markierte) Mittelpunkt und der äußere Ring.

- * ❀ * -

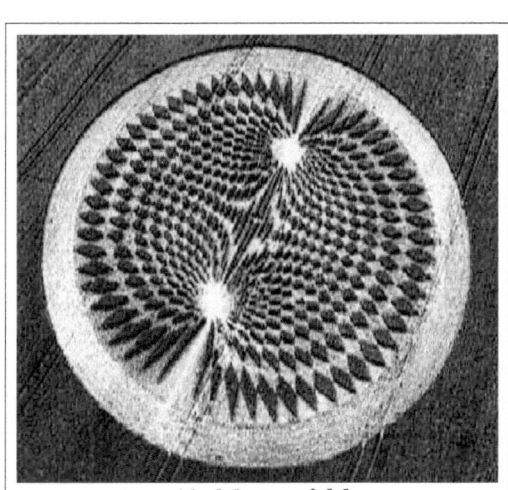

41. Magnetfeld
(Wiltshire, England, 2000)

Hier ist die „polare Struktur mit Mittelkreis" sehr naturalistisch dargestellt worden – auch sie gleicht einem Magnetfeld.

- * ❀ * -

*42. abstrakter Schmetterling
(Berlin, BRD, 2016)*

Ob man diesen Kornkreis als die stilisierte Darstellung eines Magnetfeldes oder als schematisch dargestellten Schmetterling auffassen soll, ist zunächst einmal nicht ganz klar. Da sich die beiden oberen Mondsichelpaare in den Kreisflächen von den beiden unteren Paaren unterscheiden, ist es wohl eher ein Schmetterling – falls dieser Unterschied nicht auf die Polarität hinweisen soll …

Die Linie in der Mitte ist entweder der Stabmagnet, dessen Feld hier abgebildet worden ist, oder der Leib des Schmetterlings.

Für die Deutung als Schmetterling spricht auch, daß ein Stabmagnet keine 4 Pole, sondern nur 2 Pole hat – die Inspiration dieses Schmetterlings durch die Magnetfeld-Kornkreise ist jedoch nicht zu übersehen.

- *  * -

*43. Schmetterling
(Oxfordshire, England, 2009)*

Dieser Kornkreis hat außen 18 Strahlen, die jeweils in einem kleinen Kreis mit zwei Stabilisiserungs-Ringen und einem „Sende-Ring" an der Spitze enden. Auch in den Winkeln zwischen zwei Spitzen findet sich innen ein kleiner Ring und davor ein Punkt.

In der Mitte ist die 3D-Darstellung von 18 Dreiecken zu sehen, die sich genau in der Mitte des Kreises treffen. Die Spitzen dieser 18 Dreiecke liegen aufgrund der 3D-Darstellung nach oben hin verschoben.

Man kann jedoch auch die beiden unteren Dreiecke als den Leib, die beiden oberen Dreiecke als die Fühler und die jeweils 7 Dreiecke links und rechts als die beiden Flügel eines Schmetterlings ansehen.

Es fällt noch auf, daß die Dreiecke der Strahlen ganz außen oben und unten länger sind als an den beiden Seiten – das ist keine perspektivische Verzerrung.

Hier ist auf geschickte Weise eine vollkommen Punkt-symmetrische Form durch die 3D-Darstellung zu dem Bild eines Tieres geworden.

44. Schmetterling
(Oxfordshire, England, 2007)

Dieser Kornkreis ist deutlich als Mischung aus Magnetfeld und Schmetterling erkennbar. Die beiden Kreisflächen in den Flügeln könnten den beiden Zusatz-Kreisflächen entsprechen, die sich auch bei einigen der polar aufgebauten Kornkreise finden.

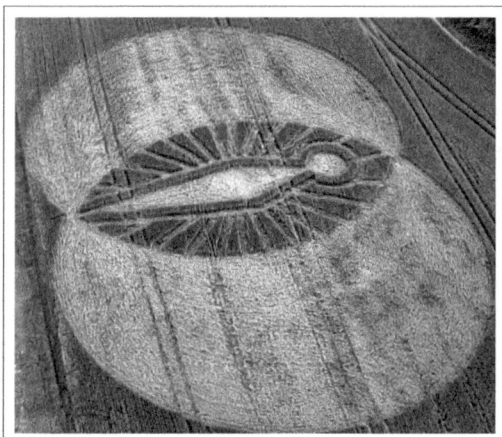

45. Schmetterling
(Dorset, England, 2017)

Ist das der Leib eines Schmetterlings? Dann wäre er ein leuchtender Schmetterling – er hat auf jeder seiner beiden Seiten 12 Strahlen. Da die „12" die Zahl der Sonne ist (zwölf Tierkreiszeichen im Kreis um die Sonne), wäre dies dann ein „Sonnen-Schmetterling": der Sonnenaufgang oder ein gerade geschlüpfter Schmetterling.

Bei den Indianern ist der Schmetterling auch ein Symbol der Seele, die oft auch der Sonne verglichen wird.

46. Schmetterlings-Göttin
(Wiltshire, England, 2008)

Ist dies wieder ein Schmetterling, der die Sonne zwischen seinen Fühlern hält? Dann müßte die Sichel jedoch an dem oberen „Kopf-Kreis" und nicht an dem „Brust-Kreis" ansetzen.

Daher ist dies wohl eher das weltweit bekannte Motiv der Erdgöttin, die morgens die Sonne an den Himmel emporhebt.

Sie scheint hier einem Schmetterling verglichen zu werden – wenn die Sonne bzw. die Seele ein Schmetterling ist, muß auch die Mutter der Sonne bzw. der Seelen, also die Jenseitsgöttin, die Gestalt eines Schmetterlings haben. Auf diese Weise ist die Jenseitsgöttin auch zu einer Vogelgöttin bzw. geflügelten Göttin geworden – sie ist schließlich die Mutter der Seelenvögel.

- * ❀ * -

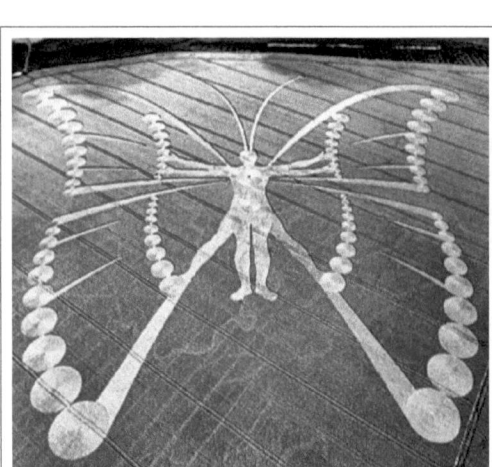

47. Schmetterlings-Mensch
(Niederlande, 2009)

Diese Form ist eindeutig als ein Mensch mit Schmetterlingsflügeln erkennbar. Wenn es eine Frau sein sollte, wäre dies die Schmetterlingsgöttin, wenn es ein Mann sein sollte, wäre es die Sonne oder eine Seele in der Gestalt eines Schmetterlings.

Auf den Flügeln finden sich innen insgesamt vier Reihen von je 9 Kreisen. Außen am Rand der Flügel finden sich vier Reihen von 10 Kreisen: 9 Kreise plus ein Kreis auf der Linie, die sich in der Nähe des anderen Flügels befindet.

Die Arme sind verdoppelt und befinden sich in der Haltung von Leonardo da Vincis berühmter Studie über die Proportionen des Menschen. Da Leonardo in dieser Studie einen Mann und nicht eine Frau dargestellt hat, wird hier vermutlich auch ein Schmetterlingsmann abgebildet sein – sicher ist das jedoch nicht, da es auch

48. Schmetterlings-Gottheit: Detail

einfach ein Schmetterlings-Mensch sein könnte.

Durch die Art und Weise, wie das Getreide flachgelegt worden ist, sind auf dem Leib des Schmetterlings-Menschen der Kopf, das Herzchakra und das Hara markiert worden: die Erkenntnis, die Identität und der innere Halt.

III 6. Insekten

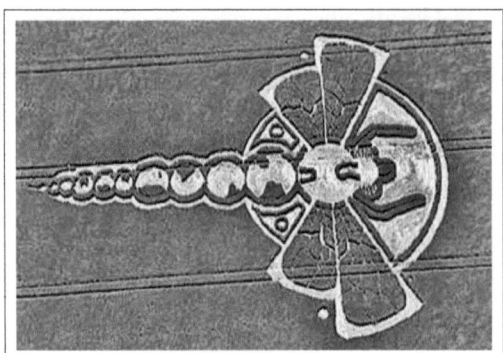

49. Libelle
(Wiltshire, England, 2009)

Diese Libelle ist gut erkennbar dargestellt worden. Sie ist jedoch etwas stilisiert worden: Die Flügel sind zu kurz. Der Hinterleib besteht hier aus 10 Kreisen, die auf unregelmäßige Weise markiert worden sind – in natura besteht der Libellen-Hinterleib aus 7-9 Segmenten.

Das auffälligste Element ist die große Kreisfläche – ist das der Rest des ursprünglichen Kornkreises oder ist das eine Betonung des Herzchakras wie bei dem Schmetterlingsmenschen (Kornkreis 28)?

Auch der Zentralkreis bei den polaren Strukturen läßt sich als Herzchakra interpretieren – dann wären die beiden Pole das Wurzelchakra und das Scheitelchakra. Für diese Deutung spricht auch die Darstellung von zwei weiteren Chakren auf dem Schmetterlings-Menschen (Kopf und Hara) – wobei sich die Deutungen als Magnet, Batterie und Chakrensystem ja keineswegs ausschließen, sondern ergänzen: Sie sind dieselbe Form der Polarität in verschiedenen Bereichen.

Zwischen den beiden Flügelpaaren finden sich die inzwischen gut bekannten zwei kleinen „Begleiter-Kreisflächen".

- * ❀ * -

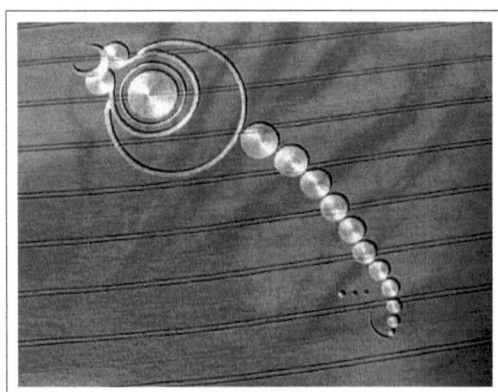

50. Libelle
(Wiltshire, England, 1994)

Hier fehlen zwar die Flügel der Libelle und der Hinterleib hat 11 Segmente, aber da die großen Augen und die Greifzangen der Libelle sehr deutlich dargestellt worden sind, ist sie klar zu erkennen. Auch die „Zange" am Ende des Hinterleibes der Libelle ist angedeutet worden.

Die Kreisfläche scheint auch hier das Herzchakra zu kennzeichnen.

Unten links neben dem Hinterleib sind drei kleine Kreisflächen nebeneinander zu sehen. Ähnliche kleine Formen, die neben dem Hauptbild stehen und fast wie eine

Unterschrift wirken, gab es auch schon bei einigen anderen bereits betrachteten Kornkreisen.

51. Libelle
(Wiltshire, England, 2004)

Hier findet sich eine weitere Libelle mit Kopf, großen Fühlern, einem 4-teiligen Brust-Bereich und einem 3-teiligen Schwanz-Bereich.

Diese Libelle blickt auf das White Horse im Hintergrund, daß eine Darstellung ist, die vermutlich aus der Jungsteinzeit stammt. Sie entsteht dadurch, daß regelmäßig das Gras und der Humus abgetragen werden und dadurch der darunter liegende weiße Kalkboden sichtbar wird.

Solche Bezüge der Kornkreise zu Hügelgräbern, Steinkreisen und ähnlichem, an denen Wiltshire ausgesprochen reich ist, finden sich sehr häufig.

*52. Skarabäus
(Wiltshire, England, 2005)*

Hier ist ein Skarabäus zu sehen, der wie in der ägyptischen Mythologie die Sonne über den Himmel rollt.

Die Verbindung des Schmetterlings, der Libelle und des Skarabäus zu der Sonne bei den Kornkreisen ist mittlerweile sehr deutlich geworden.

Auch bei den Ägyptern ist die Sonne mit dem Herzchakra assoziiert worden, da es sozusagen das „Sonnen-Chakra" ist, da es sich im Zentrum des Chakrensystem befindet. Aus diesem Grund ist bei der Mumifizierung auch stets ein Skarabäus-Amulett über das Herzchakra des Toten gelegt und mit eingewickelt worden.

- * ❁ * -

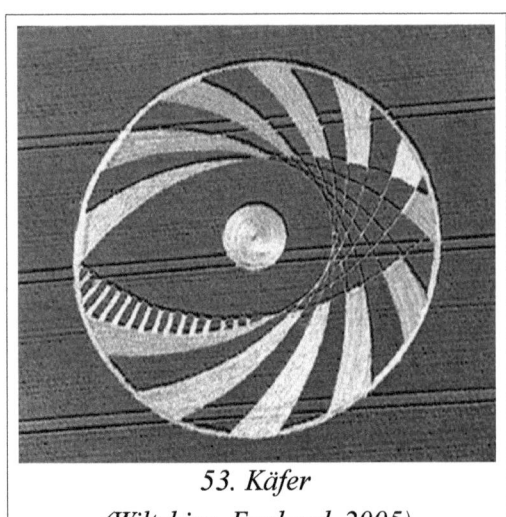

*53. Käfer
(Wiltshire, England, 2005)*

Diese stark stilisierte Form ist möglicherweise ein Käfer. Der Vorderleib und der Hinterleib sind gut erkennbar. Er hat zu viele Beine – aber vielleicht sollen sie auch Strahlen darstellen. Falls das zutreffen sollte, wäre der zentrale Kreis wieder die Sonne und der Käfer daher vermutlich ein Skarabäus.

Die gestrichelte Fläche am Hinterleib des Käfers ergibt sich aus graphischen Gründen. Man hätte auch am Kopfende des Kornkreises zwei kleine dunkle Dreiecke stehen lassen können – dann wären die hellen und die dunklen Flächen an der Unterseite vertauscht gewesen. Allerdings wäre dann der Leib des Käfers schmaler geworden.

Nun ja … das ist vermutlich ganz einfach künstlerische Freiheit …

- * ❁ * -

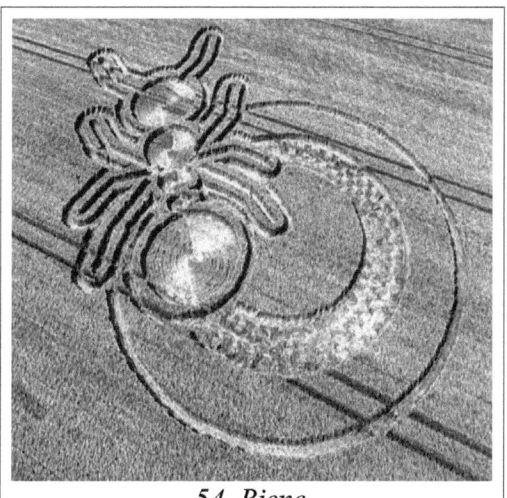

54. Biene
(Surrey, England, 2019)

Hier ist vermutlich eine Biene zu sehen, die über einen Kreis mit Ring krabbelt.

Das Getreide in dem flachgelegten Ring ist kunstvoll in einem Muster niedergelegt worden.

III 7. Vögel

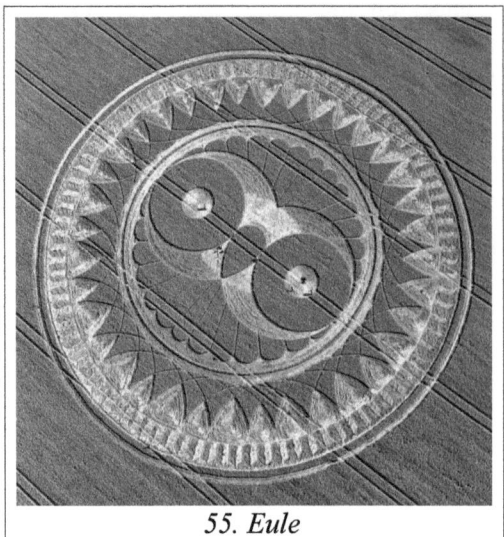

55. Eule

(Wiltshire, England, 2009)

Diese Eule ist auf eine schlichte und effektive Weise dargestellt worden.

Um den Kopf herum sind vermutlich 36 Federn zu sehen, die den 36 Strahlen rings um den Kopf herum entsprechen werden. Die Zahl „36" ergibt sich aus „3·12". Die „12" ist allerdings die Sonnenzahl – und die Eule ist eindeutig ein Tier der Nacht. Sollte sie die Sonne in der nächtlichen Unterwelt darstellen? In der Mythologie gibt es einige Hinweise auf ein derartiges Eulen-Mmotiv.

Die Strahlen sind jedoch nicht regelmäßig angeordnet, sondern es bilden immer zwei Strahlen ein Paar, die etwas näher aneinander stehen als ihr Abstand zu dem nächsten Paar ist. Es sollen also möglicherweise nicht „3·12" Strahlen, sodnern „2·18" Strahlen sein – wobei die „18" jedoch keine weitverbreitete Symbolik hat.

Das Getreide ist am Außenrand wieder kunstvoll flachgelegt worden, sodaß es ein Muster ergibt, das aus ungefähr 90 Spitzen besteht. Zu jedem der 18 Strahlenpaare gehören 2 Spitzen und zwischen jedem der 18 Strahlenpaare befinden sich 3 Spitzen – es sind also insgesamt „18·(2+3)=90" Spitzen.

Die größte gemeinsame Zahl, die in 18, 36 und 90 enthalten ist, ist die „9", die zumindestens bei den nostratischen Völkern (Indogermanen, Ägypter, Semiten, Hamiten, Kreter, Sumerer usw.) die Bedeutung „Tod, Jenseits, Jenseitsreise, Nacht, Winter" gehabt hat und somit präzise zu der allgemeinen Symbolik der Eule paßt.

Dabei ist zu beachten, daß diese Symbolik der „9" heute eigentlich nicht mehr zu dem Allgemeinwissen zählt – falls dieser Kornkreis von Menschen hergestellt worden sein sollte, müßten diese Menschen über ungewöhnlich gute mythologische Kenntnisse verfügt haben.

- * ❀ * -

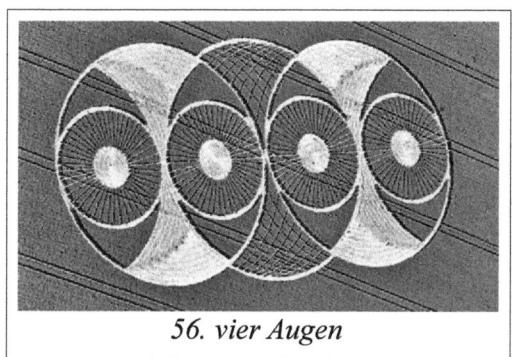

56. vier Augen
(Wiltshire, England, 2008)

Diese Form ist offenbar das Bindeglied zwischen den Polar-Kornkreisen und dem Eulen-Motiv.

Der große dunkle Zentralkreis mit den beiden Augen in ihm (die beiden Pole) ist der Ursprung – die beiden großen hellen Außenkreise sind die Ergänzung. Sollen sie einfach ein zweites Mal die Polarität darstellen? Dieses zweite Paar von Kreisen neben den Polarkreisen ist ja schon bei mehreren Kornkreisen vorgekommen.

Die dunklen Bogen-Rauten oben und unten zwischen den beiden mittleren Augen sind jeweils 8 Rauten hoch – es sind jeweils 64 Rauten: „1+2+3+4+5+6+7+8 +7+6+5+4+3+2+1". Diese Rauten sind jedoch ganz außen so klein, daß sie kaum noch dargestellt worden sind.

„64" ist eine Zahl aus der binären Reihe „1, 2, 4, 8, 16, 32, 64". Auch die „4" der Augen und die „8" der Bogen-Dreiecke über den Augen stammt aus dieser Reihe.

Die Augen haben jedoch jeweils 50 Strahlen, was nicht zu dieser Reihe paßt. Bei dem Kornkreis 75 bilden 50 Halbkreise einen Außenring – auch hier bilden die 50 Strahlen einen Außenring.

In den weißen Flächen oberhalb und unterhalb der beiden äußeren Augenpaare ist das Korn jeweils in 12 Wellen gelegt worden – vermutlich ein Hinweis auf den Tierkreis.

- *  * -

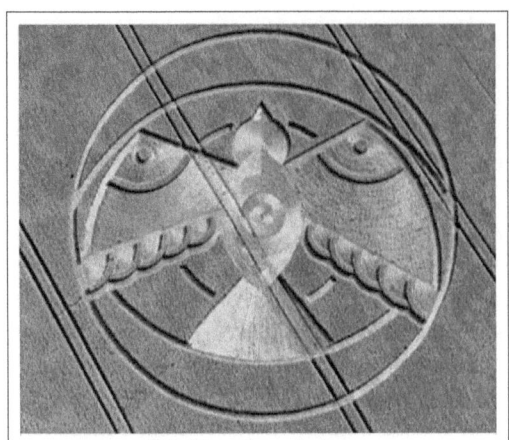

57. Vogel und Auge
(Warwickshire, England, 2015)

Die genaue Art dieses Vogels ist nicht erkennbar. Er scheint jedoch auch ein Sonnenvogel zu sein – er befindet sich in einem Kreis und in seiner Mitte ist ein Kreis zu sehen.

Zudem befindet er sich in einem Auge – die beiden Kreisbögen über und unter ihm ergeben das Auge, der zentrale Kreis die Iris und der Kreis in der Mitte des Vogels, der sich aus der Art des Niederlegens des Getreides ergibt, ist die Pupille. Die Sonne ist wiederum in vielen Religionen als das „Auge Gottes" angesehen worden.

Möglicherweise sind die beiden Punkte auf den Flügelspitzen die beiden mittlerweile schon gut bekannten Begleiter-Punkte.

- *  * -

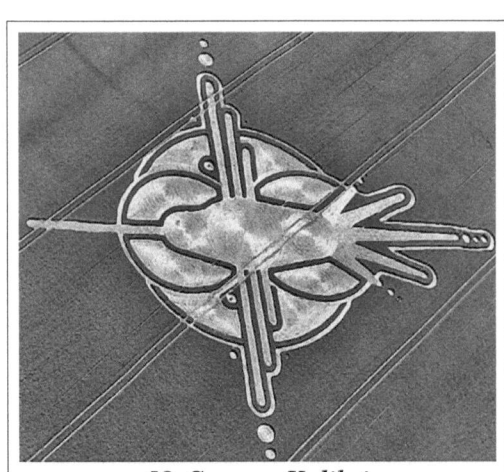

58. Sonnen-Kolibri
(Wiltshire, England, 2009)

Hier ist sehr wahrscheinlich ein Kolibri zu sehen. Auch er befindet sich in einer Sonne und ist daher vermutlich ein Sonnenvogel. Diese bei den Kornkreisen so häufig auftretende Verbindung von Vogel/Insekt und Sonne ist aus der Mythologie vor allem als Flügelsonne bekannt. Sie spielt vor allem bei den Ägyptern, den Persern und teilweise auch bei den Griechen (oben am Hermes-Stab) eine große Rolle.

An den Ecken zwischen Flügeln und Sonne finden sich wieder die beiden Begleiter-Punkte; An den Spitzen der Flügel und an den Spitzen von zwei Schwanzfedern sind jeweils zwei Punkte zu sehen. Am Ende der mittleren Schwanzfeder finden sich drei Punkte.

Auch das Polaritäts-Prinzip ist abgebildet worden: ein Kopfpol-Kreis um das Scheitelchakra herum, ein Unterleibspol-Kreis um das Wurzelchakra herum und der

Sonnen-Kreis mit dem Herzchakra (Sonnenchakra) als Zentrum. Diese drei Punkte sind zusätzlich durch das im Kreis gelegte Getreide im Kopf, am Herzchakra und am Unterleib dargestellt worden.

Zwischen den Flügeln und dem Kopfkreis finden sich noch einmal die beiden Begleiter-Punkte.

- *  * -

59. Sonnen-Adler
(Wiltshire, England, 2009)

Hier ist ein Sonnen-Adler zu sehen, bei dem das Zentrum des Hauptkreises in seinem Herzchakra liegt.

Diese Art der Darstellung findet man auch oft bei Buddha-Darstellung, der in einer Kreisfläche sitzt, die seine leuchtende Aura darstellt und deren Zentrum sich in Buddhas Herzchakra befindet. Man könnte Buddhas Lehre auch als „Leben aus dem Herzchakra heraus" zusammenfassen.

Der Kopfpol des Adlers ist durch einen Kreis gekennzeichnet. Auch der untere Pol ist gekennzeichnet worden: Flammen, die aus seinen Schwanzfedern emporlodern. Diese Darstellung entspricht genau den Darstellungen aus dem Yoga und aus dem Buddhismus: Das Kundalini-Feuer kommt von unten, das Gottes-Licht kommt von oben und beides zusammen läßt im Herzchakra die innere Sonne erstrahlen.

Das von oben kommende Gotteslicht, das im Yoga „Bindhu" genannt wird, ist hier durch den Kreis über dem Kopf des Adlers dargestellt worden. Die drei kleinen Kreise rings um diesen Kreis könnten den ewigen Zyklus und die endlose Verwandlung und somit auch die Sonne darstellen – zumindestens ist die die Symbolik der „3" in ganz Eurasien.

Die Dreiergruppe von kleinen Kreisen wird durch die beiden Kreis-Dreiergruppen zwischen Flügeln und Kopfkreis wiederholt. Dadurch ergeben sich ein Dreieck aus drei Dreiergruppen, in dessen Mittelpunkt sich der Kopf des Adlers befindet.

Der Adler hat je 12 Flügelfedern – was wieder die Zahl der Sonne ist. An seinem Schwanz hat er 16 Federn – was wie die „8" weltweit die Zahl der Vollständigkeit und sekundär daher auch der Vollkommenheit ist.

Diese Symbolik der „8" und davon abgeleitet auch die Symbolik der „16" und der

51

„32" liegt darin begründet, daß es in der späten Altsteinzeit und in der frühen Jungsteinzeit ein binäres Zahlensystem gab: Man benutzte nur die Zahlen „1", „2", „4", und „8". Aus ihnen setze man alle benötigten konkreten Zahlen zusammen: 6=4+2, 13=8+4+1, 15=8+4+2+1. Größere konkrete Zahlen brauchte man damals nicht. Die „8" als die größte Zahl erhielt daher auch die Bedeutungen „alle" und schließlich auch „richtig".

Es ist beeindruckend, wie einheitlich die Symbolik der Kornkreise bei näherer Betrachtung ist. Das spricht dagegen, daß die Kornkreise alle von Menschen geschaffen worden sind, denn diese Symboliken sind kaum jemandem bekannt.

- *  * -

60. „Phönix"
(Wiltshire, England, 2009)

Dieser Vogel ist stark abstrahiert worden. Der Zentralkreis als Sonne, vier konzentrische Kreise, je vier Flügelfedern, fünf Schwanzfedern.

Aufgrund der Schlichtheit des Diagramms sind allerdings auch keine weiteren Aussagen aus der Struktur ableitbar – außer vielleicht, daß der Vogel offenbar singt …

Ist er der wiedergeborene Phönix? Die Phönix-Symbolik stammt aus Ägypten – er hieß damals „Bennu-Vogel", d.h. der „aufsteigende Vogel". Das Feuer war das Morgenrot und der Vogel selber war die wiedergeborene Sonne. Es wird zwar nicht berichtet, daß der Phönix beim morgendlichen Aufsteigen als Flügelsonne gesungen hat, aber da Vögel morgens singen, wird der Phönix vermutlich am Morgen mit den anderen Vögeln mitgesungen haben – so wie es hier abgebildet worden ist.

- *  * -

61. Sonnen-Vogel
(England, 2015)

Dieser Vogel ist sehr ornamental gebildet worden. Der Stil dieser Ornamentik ist eine Mischung aus dem Stil der Mayas, der Chinesen, der Griechen und der Perser. Er hat allerdings eine größere Strenge als der Stil in diesen vier Kulturen.

In dem Kopf befindet sich das chinesische Symbol für „Glück, Segen".

Der Schnabel des Vogels ist stark stilisiert worden. Hinter dem Kopf befindet sich ein einzelner Begleiter-Punkt.

Der Umrandungskreis besteht aus zwei Teil-Kreisringen: Der obere Halbkreis hat sein Zentrum in der oberen Brust – auf dieses Zentrum weisen auch die 10 Strahlen auf der Brust des Vogels hin. Der untere Halbkreis hat sein Zentrum ungefähr im Wurzelchakra.

Der obere Halbkreis betont die Mitte des Herzchakras, der untere Halbkreis betont den unteren Pol des Wurzelchakras und die Kreisfläche über dem Kopf betont den oberen Pol des Scheitelchakras.

Wenn man die Ornamente in dem Kopf, in den Flügeln und in dem Schwanz des Vogels genauer betrachtet, kann man sehen, daß sie allesamt aus Spiralen bestehen – sie sind das Symbol der nach innen gewandten Selbsterkenntnis und der nach außen gerichteten Entfaltung – Sonnenuntergang und Sonnenaufgang.

- *  * -

62. Sonnen-Reiher
(Wiltshire, England, 2012)

Dieser recht abstrakte Kornkreis wirkt wie ein Reiher, der auf die Sonne zu fliegt.

Der zentrale Kreis mit dem Ring ist der Kopf, die 7 Kreise davor der lange Schnabel, die gerade Linie der Hals, der große Kreis der Leib, die 11 Kreise links und die 10 Kreise rechts sind die Flügel, die vier Kreise hinter dem Leib sind der Schwanz und die 33 Kreise rechts oben sind die Sonne.

Auf den ersten Blick sind diese Zahlen recht merkwürdig, aber sie haben System: $3 \cdot 11 = 33$ Sonnenkreise; 10 Flügelkreise + 11 Flügelkreise + 1 Leibkreis = 22 Kreise; 7 Schnabelkreise + 4 Schwanzkreise = 11 Kreise. Es stellt sich allerdings die Frage, was hier mit der Betonung der „11" gemeint sein kann, da die „11" keine allgemeine Symbolik hat – lediglich eine ganz vage Symbolik als „Auflösung der 10", die im Dezimalsystem die Rolle der „vollkommenen Zahl" übernommen hat. Die „11" wäre dann wie die „9" (die die vollkommene „8" auflöst), eine Zahl des Todes und der Verwandlung. Das würde immerhin zu der Symbolik des Phönix und der Flügelsonne passen.

- *  * -

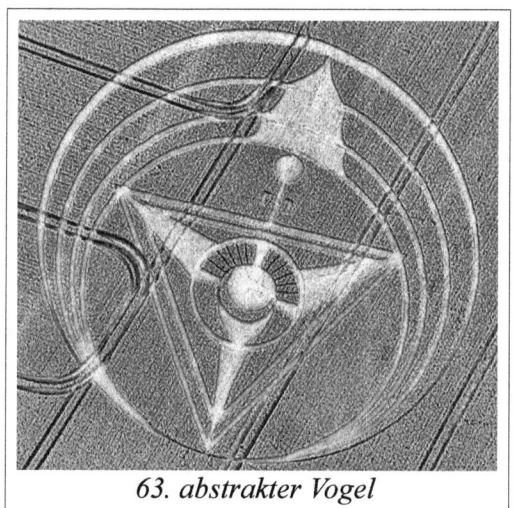

63. abstrakter Vogel
(Wiltshire, England, 2013)

Diese Form muß man zunächst einmal in ihre Bestandteile zerlegen, um sie zu verstehen.

Es gibt einen Außenkreis, der alles umschließt.

Es gibt eine Achse von unten nach oben, die an manchen Stellen unterbrochen ist.

Es gibt zwei Dreiecke mit drei hellen Dreieck-Flächen in ihm und im Zentrum einen Kreis mit einem unvollständigen Kreuz, einer Sichel an der fehlenden Kreuz-Linie sowie 12 (Sonnen-)Strahlen.

Dann gibt es eine Art Kopf, von dem drei weitere Ringe ausgehen, die sich alle an der unteren Spitze des Dreiecks treffen.

An dem „Hals" hinter dem Kopf befindet sich eine Kreisfläche und zwei kleine Geraden parallel zur Achse.

Die Achse bildet mit der waagerechten Linie des Dreiecks ein Kreuz, dessen Schnittpunkt genau im Zentrum des großen Kreises liegt.

Die Kreisfläche in dem Ring in dem Dreieck sieht aus wie eine aufgehende Sonne, über die ein Kreuz gelegt worden ist, dessen Mitte sich im Zentrum der Sonne befindet. Dieses Arrangement wird wieder das Zentrum der Quintessenz bzw. der Sonne sein, die von den vier Elementen bzw. den vier Richtungen umgeben ist. Die Sichel unter der Sonne könnte das Meer sein, aus der die Sonne morgens aufsteigt oder auch die Erdgöttin, die des Morgens die Sonne wiedergebiert.

Wenn dieser Zentral-Kreis das Herzchakra darstellt, was aufgrund der Sonnensymbolik sehr wahrscheinlich ist, müßte das gesamte Dreieck-Symbol der Leib sein. Die drei spitzen Dreiecke in dem Dreieck wären die Flügel und der Schwanz eines Vogels.

Die beiden kurzen geraden Striche links und rechts des Halses des Vogels werden den beiden Strichen neben der Hauptachse der Kornkreise 37 und 38 entsprechen. Vermutlich sind sie auch identisch mit der zweifachen Halterung, der doppelten Sichel und den Punkten-Paaren. Sie alle scheinen so etwas wie Stabilisatoren zu sein.

Ist der Kreis an dem Halsansatz des Vogels das Halschakra? Dann müßte er eigentlich dort sein, wo die beiden kurzen Geraden sind. Von ihrer Lage her entsprecht der Kreis eher dem Atlas-Wirbel an der Schädelbasis.

Die drei Kreise, die von dem Kopf ausgehen, könnten die allgemeine eurasiatische Symbolik der „3" haben: „Zyklus" und sekundär daher auch „Sonne".

Dieser Kornkreis stellt offenbar einen Sonnenvogel dar.

55

64. Schwalben
(Wiltshire, England, 2003)

Hier sind drei Vögel zu sehen, die Flügel und V-förmige Schwänze wie Schwalben und Mauersegler haben. Der Schwanz des vorderen Vogels liegt jeweils an einem Kreis an, dessen Mitte an der Schnabelspitze des Vogels hinter ihm liegt.

Diese drei Vögel folgen also einander. Ist hier die Zyklus-Symbolik der „3" gemeint? Falls ja, wäre das wieder ein Hinweis auf die Sonne, die das Urbild des Zyklus ist. Die drei Vögel würden dann den Kreisen am Kopf des Vogels bei dem vorigen Kornkreis entsprechen.

Wenn man die Kreise, die sich hinter den Schwalben befinden, von einer Seite zur anderen hin zählt, findet man die Zahlenfolge „6 – 4 – 2 – 6 – 2 – 4 – 6". Diese sieben Reihen von Kreisflächen sind jeweils durch eine dünne Linie miteinander verbunden. Insgesamt sind es 30 Kreisflächen.

Die übliche Symbolik der drei Zahlen führt allerdings nicht viel weiter: 2 = Gegensatz-Ergänzung; 4 = Himmelrichtungen = überall; 6 = Gruppe.

65. Vogelschwarm
(Wiltshire, England, 2008)

Hier sind dieselben Schwalben bzw. Mauersegler zu sehen wie auf dem vorigen Kornkreis. Diesmal sind es 12 – die Zahl des Tierkreises und somit indirekt auch der Sonne.

Hinter den Schwänzen der Vögel sind insgesamt $6 \cdot 2 = 12$ Federpaare zu je 4 langen Federn zu sehen – insgesamt 48 Federn.

In der Mitte sind hinter den Vogelschwänzen insgesamt $6 \cdot 2 = 12$ Federpaare zu je 4 kurzen Federn zu sehen – insgesamt wieder 48 Federn.

An der waagerechten Mittellinie finden sich $6 \cdot 2 = 12$ Sicheln.

Oben und unten finden sich zusammen $2 \cdot 6 = 12$ fast symmetrische Bogen-Dreiecke.

In der Mitte finden sich 6·2=12 asymmetrische Bogendreiecke.

In der Mitte sind sechs dunkle Mandel-Formen und drei helle Mandel-Formen.

Die „12" ist in diesem Kornkreis auf extreme Weise betont worden. Insgesamt finden sich im Außenbereich 12·12=144 Formen: 12 Vögel, 48 lange Federn, 48 kurze Federn, 12 Sicheln, 12 symmetrische Bogen-Dreiecke und 12 asymmetrische Bogen-Dreiecke. Dazu kommen noch auf der Mittellinie die 9 Mandel-Formen.

Es ist anzunehmen, daß auch diese Schwalben Sonnenvögel sind.

III 8. Sonstige Tiere

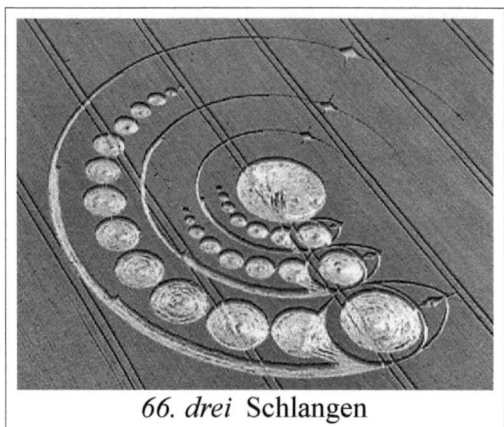

66. drei Schlangen
(Wiltshire, England, 2012)

Bei diesem Kornkreis scheinen drei Schlangen um einen Zentralkreis zu kriechen. Diese Schlangen erinnern jedoch auch sehr stark an die Darstellung der Schwalben in den vorigen Kornkreisen.

Die äußere Schlange hat den größten Kopf-Kreis; die mittlere Schlange hat den mittleren Kopf-Kreis; die innere Schlange hat den kleinsten Kopf-Kreis. Alle drei haben einen sichelförmigen, fast vollständigen Ring um ihren Kopf-Kreis.

Vor den Köpfen der Schlangen könnten die Zungen der Schlangen dargestellt sein.

Die äußere Schlange hat 12 Kreise hinter sich; die mittlere 7 und die innerste 6.

Die Außenlinie an dem Kreisbogen hinter der äußeren Schlange wird 4mal stufenweise schmaler; der Kreisbogen der mittleren Schlange 3mal und der Kreisbogen der inneren Schlange 2mal.

Wenn man durch den Zentralkreis und durch die drei Kopf-Kreise eine Linie zieht, kann man von hier aus die verschiedenen Winkel betrachten:

- Die Kopfspitzen reichen ca. 22,5° nach vorn, d.h. ungefähr 1/16 Kreis.
- Die erste Stufe auf dem Kreisbogen der innersten Schlange liegt bei ca. 90°, d.h. bei einem 1/4 Kreis hinter dem Kopf.
- Die drei „Sterne" am Ende der drei Kreisbögen liegen ca. 225° hinter den Köpfen, d.h. bei 5/8 Kreis hinter den Köpfen.
- Die Enden der Kreisbögen liegen bei ca. 247,5°, d.h. bei 11/16 Kreis.
- Auch die verschiedenen Bögen-Stufen liegen alle bei einem mehrfachen von einem 1/16-Kreis.

Der Kornkreis scheint auf einem 16-strahligen Stern zu beruhen. Wenn man mit der Kopfspitze beginnt, kommt man auf die folgende Positionen:

- 0/16 Kreis: Kopfspitze
- 1/16 Kreis: Kopfmitte
- 2/16 Kreis (1/18 Kreis): -
- 3/16 Kreis: -

- 4/16 Kreis (1/4 Kreis): 1. Stufe mittlerer und äußerer Kreisbogen
- 5/16 Kreis: 1. Stufe äußerer Kreisbogen
- 6/16 Kreis (3/8 Kreis): 2. Stufe äußerer Kreisbogen
- 7/16 Kreis: 2. Stufe mittlerer Kreisbogen
- 8/16 Kreis (1/2 Kreis): 3. Stufe äußerer Kreisbogen
- 9/16 Kreis: -
- 10/16 Kreis (5/8 Kreis): letzte Stufe aller drei Kreisbögen
- 11/16 Kreis: drei Sterne
- 12/16 Kreis (3/4 Kreis): -
- 13/16 Kreis: Ende der drei Kreisbögen
- 14/16 Kreis (7/8 Kreis): -
- 15/16 Kreis: -
- 16/16 Kreis (1 Kreis): Kopfspitze

Die „16" ist wie die „8" ein Symbol der Vollständigkeit und der Vollkommenheit und wird daher in Eurasien, Australien und in Amerika als Sonnensymbol benutzt.

Die Symbolik der drei „Sterne" ist unklar. Insgesamt wird hier aber wieder dieselbe Sonnenvogel-Symbolik wie auch bei dem vorigen Kornkreis dargestellt worden sein.

- *  * -

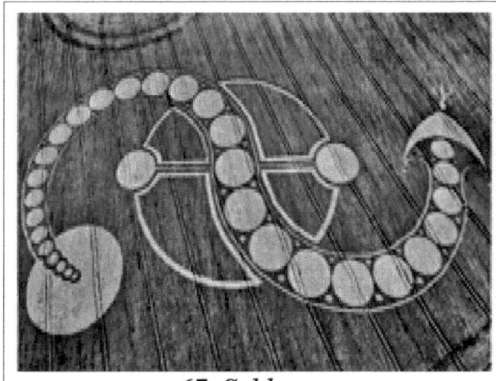

67. Schlange
(Wiltshire, England, 2011)

Hier ist ganz deutlich eine Schlange zu erkennen. Auch sie hat das von den Schwalben-Kornkreisen bekannte Bogen-Dreieck als Kopf.

Der Hintergrund wird von einem Polar-System gebildet: ein Ring mit zwei Kreisen auf ihm.

Die Schlange selber, die die Form eines „S" hat, stellt anscheinend den Energie-fluß dar, der durch das polare System bewirkt wird – das Magnetfeld, den fließenden Strom, den Blutkreislauf, die Kundalini usw.

Wenn man die Form der Schlange wei-terzeichnen würde, würde man das ∞-Symbol erhalten, zu dem das „S" bereits bei dem Kornkreis 23 erweitert worden ist. Dies könnte auf den endlosen Fluß der Lebenskraft hinweisen.

Auf der Schlange sind 29 Kreise zu sehen – eine Symbolik dieser Zahl ist nicht bekannt. Allerdings hat der Mensch 29 Rückenwirbel, was die Deutung der Schlange als Kundalini recht wahrscheinlich macht, da sie innerhalb des Körpers von dem Wurzelchakra zwischen Genitalien und After aus vor den Rückenwirbeln entlang bis zum Scheitelchakra oben auf dem Kopf aufsteigt.

Schlangen haben weitaus mehr Wirbel – im Schnitt sind es ca. 200 Wirbel, aber es können auch bis zu 435 Wirbel sein.

Zwischen diesen Kreisen sind jeweils 2 Punkte zu sehen, die wie Stabilisatoren oder Teile von Gelenken wirken. Man kann diese Kreiskombinationen auch als die Rückenwirbel der Schlange auffassen.

Der Kreis, aus dem die Schlange herauskommt, wird das Wurzelchakra sein, von dem aus sie aufsteigt. Es könnte auch mit dem Nest oder dem Ei der Schlange assoziiert sein. Zudem hat „Kundalini" die Bedeutung „die in der Grube (kunda) liegt". Dieser Kreis wird daher die „Grube" der Kundalini sein.

- * 🍥 * -

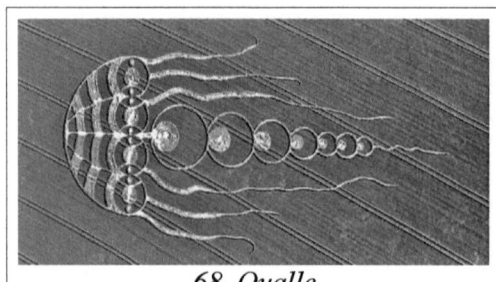

68. Qualle
(Oxfordshire, England, 2008)

Auf den ersten Blick ist dies einfach eine Qualle – auf den zweiten Blick ist da jedoch noch mehr zu sehen.

Das Interessanteste findet sich an der Grundlinie der Halbkugel links, also dem „Kopf" der Qualle. Er besteht aus vier Kreisen nebeneinander, die alle denselben inneren Aufbau haben: ein großer zentraler Kreis und daneben links und rechts zwei kleinere polare Kreise, die von dem Zentralkreis durch je eine Sichel abgetrennt sind.

Dieses Arrangement ist bereits von den polaren Kornkreisen gut bekannt. Hier sind offenbar vier solche polare Kornkreise hintereinander geschaltet worden. Das erinnert an vier Magneten oder Batterien, die hintereinander gelegt werden, um ihre Leistung zu verstärken.

Kann man sich diesen Quallenkopf als Halbkugel vorstellen, bei dem insgesamt acht solcher Polar-Kornkreise in einem Kreis hintereinander geschaltet sind? Was wäre dann die Wirkung von acht solchen im Kreis angeordneten Batterien oder Magneten?

Wenn die Analogie zu dem Magneten stimmen sollte, müßte in der Mitte der Magneten senkrecht zu der Fläche, auf der sie sich befinden, ein strahlenförmiges Magnetfeld entstehen. Solch ein strahlenförmiges Magnetfeld, das an den Rotations-Polen austritt, besitzt jede Sonne und jeder Planet – sie werden „Jets" genannt.

Diese Jets haben eine interessante Analogie im Yoga: die senkrechte Linie im

Körper, durch die die Lebenskraft fließt und an der sich die sieben Chakren befinden. Dieser „Lebenskraft-Jet" wird im Yoga „Sushumna" genannt.

Bei der Qualle sind an der Stelle, wo man diesen Jet erwarten sollte, sieben Kugeln zu sehen. Diese Kugeln enthalten alle ein kleine Kugel, die sich nicht im Zentrum, sondern am Rand zum „Quallen-Kopf" hin befindet. Ist diese Verschiebung der Kreisfläche in dem Ring zum „Quallen-Kopf" hin ein Hinweis auf die „magnetische" Anziehung durch die hintereinander geschalteten Polar-Kornkreise? Es würde zumindestens gut passen.

Es gibt interessanterweise genau 12 dunkle Flächen auf dem Quallenkopf – sie sind die schon so oft aufgetretene Zahl der „Sonnen-Aura", also des Tierkreises.

Es gibt nicht nur 7 Kugeln in dem „Quallen-Schwanz", sondern auch 7 Fäden an der Qualle und ihrem Schwanz. Da die 7 Kugeln sich in einer Reihe befinden und die Fäden zudem als „3+1+3"-Gruppe angeordnet sind, könnte sich diese Zahl auf die Chakren beziehen, die ebenfalls eine „3+1+3"-Gruppe sind – und die sich auf dem Jet (Sushumna) befinden.

Die Chakren sind wie folgt aufgebaut:

Der Aufbau des Chakrensystems			
Chakra	*Lage*	*Qualität*	*Symmetrie*
Scheitelchakra	auf dem Kopf	geistiger Kontakt	
Drittes Auge	zwischen den Augenbrauen	äußere Struktur: Orientierung	
Halschakra	Kehlkopf	sozialer Selbstausdruck	
Herzchakra	Brustmitte	Identität, „Tempel der Seele"	
Sonnengeflecht	unter dem Rippenbogen	körperlicher Selbstausdruck	
Hara	kurz unter dem Nabel	innere Struktur: innerer Halt	
Wurzelchakra	zwischen Genitalien und After	körperlicher Kontakt	

Ein Zentrum wirkt in drei Schritten nach außen: (Zentrum) – Impuls – Form – Kontakt.

Diese drei Schritte finden sich auch bei dem Sonnensystem: (Sonne) – Sonnenwind – Stoßfront – Bugwelle.

Sie werden auch durch das indische Vajra-Symbol dargestellt: (Kugel) – Lotus – Elefantenkopf – Elephantenrüssel.

(Eine genauere Beschreibung dieser Systeme und Zusammenhänge findet sich in meinem Buch „Chakra-Magie für Anfänger".)

Die Anordnung der 7 Tentakel der Qualle als „3+1+3"-Gruppe wird daher kaum ein Zufall sein, sondern mithilfe des ästhetisch schönen Bildes der Qualle das Chakra-System und seine Dynamik darstellen.

Es ist zum einen beeindruckend, wie einheitlich und schlüssig die Symbolik der Kornkreise bei genauerem Hinsehen ist, und zum anderen auch, mit welcher Eleganz diese Strukturen und Zusammenhänge dargestellt werden. Man könnte sie ein wenig poetisch als „Bilder der inneren Dynamik des Lebens" bezeichnen.

- * ❀ * -

69. Sonnen-Katze
(Wiltshire, England, 2016)

Hier ist der weitgehend naturalistisch dargestellte Kopf einer Katze zu sehen. Über ihm befindet sich eine Kreisfläche – vermutlich wieder die Sonne.

In Ägypten wurde die Panthergöttin Sachmet und teilweise auch die Katzengöttin Bastet als die Kraft der Sonne angesehen. Sachmet wird auch fast immer mit der Sonnenscheibe als Krone dargestellt. Das Großraubtier (Großkatzen und Bären) hat bei so gut wie allen Völkern die Symbolik der Stärke und wird des öfteren mit der Sonne assoziiert.

Dieser Katzenkopf hat zwei Flügel – ein geläufiges Motiv bei ägyptischen Göttinnen. Diese beiden Flügel haben je 17 Federn. Eine allgemeine Symbolik der „17" ist nicht bekannt.

Hier scheint nur die Stärke der Sonne dargestellt worden zu sein.

- * ❀ * -

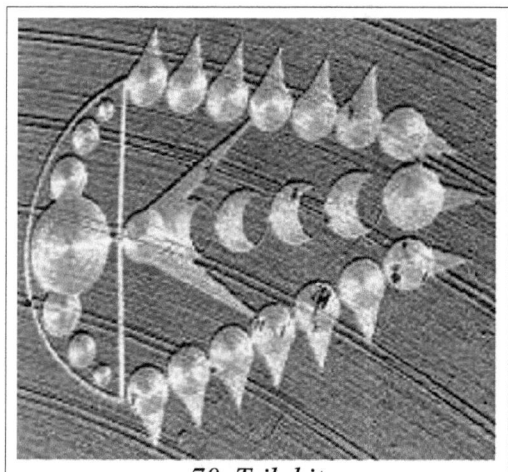

70. Trilobit
(Wiltshire, England, 2009)

Trilobiten sind Meerestiere mit einem Außenskelett wie bei den Krebsen. Sie haben einst die Ozeane bevölkert, aber sind schon lange ausgestorben. Sie entsprechen von ihrem Aussehen her sehr genau diesem Kornkreis.

Auf der Kopfplatte des Trilobiten findet sich ein großer zentraler Kreis sowie links und rechts davon je drei kleinere Kreise. Das wird man als Hinweis auf die sieben Chakren mit dem Herzchakra im Zentrum auffassen können.

Diese Siebenzahl auch wird links und rechts an dem Leib des Trilobiten durch die je sieben „Kreise mit Zacken" dargestellt. Dies entspricht den Haken-förmigen Beinen des Trilobiten – er hatte allerdings auf beiden Seiten 10 und nicht 7 Beine – die „7" ist hier also aus symbolischen Gründen gewählt worden.

Auf der Mittelachse des Trilobiten finden sich wieder 7 Kreise – wenn man den zentralen Kopfkreis und den Kreis in dem Bogen-Dreieck mitzählt.

Das Bogen-Dreieck weist mit seinen drei Spitzen interessanterweise von dem mittleren Kreis (Herzchakra) auf dem Kopf zu den beiden mittleren Kreisen (Herzchakra) an den Seiten.

Von den 7 Kreisen in der Mitte enthalten 4 Kreise jeweils eine Sichel – stellen sie den Zusammenhalt dieser Kreise dar („Rückenwirbel") oder sollen sie wie die Kreise bei der Qualle auf die „magnetische Anziehung" auf der Mittelachse hinweisen? Evtl. beides …

- * ❀ * -

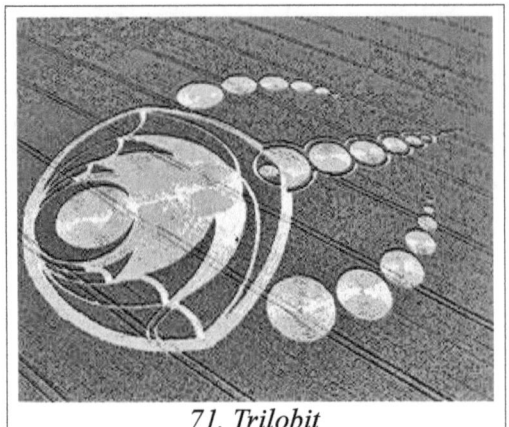

71. Trilobit
(Wiltshire, England, 2004)

Dieser Trilobit ist etwas stärker stilisiert worden als der vorige, doch auch seine drei Körpersegmente werden durch je sieben Kreise dargestellt. Die mittleren Kreise sind jeweils von einem Ring umgeben, die miteinander zu einer Art Hülle der Kreise verschmolzen sind.

Hier werden wieder die 7 Chakren dargestellt. Der siebte Kreis der mittleren Reihe befindet sich schon in dem „Kopf" und ist nur als Muster in dem flachgelegten Getreide zu sehen.

Möglicherweise kann man die drei Reihen von Kreisen auch als eine Entsprechung zu dem zentralen Lebenskraft-Kanal Sushumna und den beiden Lebenskraft-Seitenkanälen Ida und Pingala im Yoga auffassen.

Die Darstellung des Kopfes des Trilobits ist auf den ersten Blick etwas verwirrend. Die Struktur erinnert an eine Blüte mit je drei Blütenblättern auf beiden Seiten, in dessen Zentrum sich eine Kugel befindet. Dieses Motiv ist aus Ägypten, Indien und Mittelamerika bekannt: ein Lotus bzw. eine Seerose, die aus der Wasserunterwelt aufsteigt und die Seele bzw. die Sonne wieder ins Diesseits bringt – die Wiedergeburt der Seele bzw. der Sonne.

Der Kopf-Kreis ist bei genauerem Hinsehen eine Mandel-Form und kein Kreis.

Man wird diesen Zentralkreis und die zweimal 3 Blütenblätter wieder als eine Darstellung der 7 Chakren mit dem „Sonnenchakra" im Zentrum auffassen können.

In der mittleren Kreis-Reihe enthält der zweitoberste Kreis einen kleineren Kreis, der sich an der Stelle befindet, wo die Schädelbasis auf dem Atlaswirbel aufliegt. Dieses Arrangement fand sich auch schon bei dem Kornkreis 63, der einen Vogel darstellt, sowie bei dem Kornkreis 68, der die Form einer Qualle hat (dort befindet sich eine kurze Linie zwischen Schwanz und Kopf).

Was hat es mit diesem Punkt auf sich? Er ist aus dem Yoga als eine Stelle bekannt, an der man beim Aufsteigen der Kundalini oft Probleme bekommt, da sich dort die Vorstellungen der eigenen Eltern darüber befinden, wie man sich in sozialen Zusammenhängen benehmen sollte. Dies ist die Rückseite des Dritten Auges. Der Grund für die Betonung dieses Punktes in drei verschiedenen Kornkreisen ist jedoch vorerst noch unklar.

- * ❀ * -

72. Trilobit
(Wiltshire, England, 2010)

Dies ist ein sehr einfacher Trilobit. Es finden sich wieder die 7 Kopf-Kreise (rechts), der Herzchakra-Kreis und zusätzlich ein großer Kreis (links) anstelle der differenzierten Darstellung des Leibes. Die zweimal 7 Beine sind hier naturalistischer als bei den beiden anderen Trilobiten dargestellt worden.

III 9. Augen

Das Motiv des Auges fand sich bereits bei dem Kornkreis 53, wo es aber auch ein Käfer mit seinem Herzchakra sein könnte, sowie bei dem Kornkreis 57, wo es auf dem Leib eines Vogels erscheint und auch eher das Herzchakra darstellt.

- - -

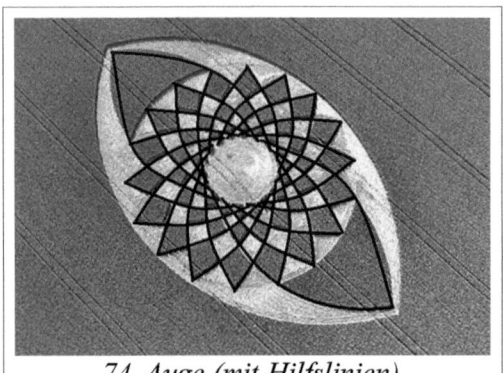

73. Auge
(Wiltshire, England, 2005)

Dieser Kornkreis stellt unmißverständlich ein Auge dar. Allerdings gibt es einige Besonderheiten, die es sich näher zu betrachten lohnt.

Links und rechts von der Iris des Auges sollte man eigentlich das Weiße des Auges erwarten. Stattdessen finden sich hier zwei Bogen-Dreiecke – wie bei den Kornkreisen 64 und 65, wo sie sowohl Vogelkörper als auch Lücken darstellen, bei Kornkreis 66 Vogel- oder Schlangenköpfe, und bei Kornkreis 67 einen Schlangenkopf.

Das Motiv der „Schlange im Auge" ist von den Germanen, den Indern und den Chinesen bekannt: die ins Dritte Auge aufgestiegene Kundalini-Schlange. Diese Deutung ist jedoch vorerst noch sehr unsicher, da sie lediglich auf der Form des Bogen-Dreiecks beruht.

74. Auge (mit Hilfslinien)

Die Iris des Auges besteht aus vier Ringen von je 18 Bogen-Rauten. Diese Rauten ergeben sich, wenn man von der Pupille des Auges aus 18 Bögen zeichnet, die im Uhrzeigersinn nach außen geben und 18 Bögen, die gegen den Uhrzeigersinn nach außen gehen. Diese 36 Bögen überschneiden sich in regelmäßigen Abständen und formen die insgesamt 72 Rauten.

Dieses Muster wird deutlicher, wenn man diese Hilfslinien in den Kornkreis einzeichnet (siehe Abbildung 74).

66

Warum sind es 4·18=72 Rauten? Sind damit eigentlich 9·8=72 Rauten gemeint? Dann wäre es die Verwandlung oder der Tod („9") der Vollkommenheit („8"). Das könnte auch ein Umschreibung für den Sonnenzyklus sein – und die Sonne wird oft als Himmels-Auge aufgefaßt. Diese Deutung ist zunächst aber erst einmal nur eine vage Vermutung.

75. Auge
(Warwickshire, England, 2010)

Dieses Auge ist anders dargestellt worden. Seine Iris ist eine einheitliche Fläche, aber das Weiße des Auges ist hier durch Bögen in Bogen-Rauten aufgeteilt worden.

Von innen nach außen hin gezählt sind es „9+7+5+3+1" Raute, also insgesamt 25 Rauten. Wenn man beide Seiten zusammen nimmt, sind es 50 Rauten. Bei dem Kornkreis 27 gab es 2·25=50 Halbkreise. Ob dieser Zahl in beiden Kreise dieselbe Symbolik zugrundeliegt, ist zunächst einmal unklar – immerhin umgeben beiden „2·25=50" Formen ein Zentrum, das auch als Sonne aufgefaßt werden kann.

Die Bogen-Rauten bei diesem Auge entstehen durch 2·10 statt durch 2·18 Bögen. Auch hier ist zunächst einmal unklar. ob die Zahlen eine Bedeutung haben.

Das Auge wird von 12 dunklen Bogen-Streifen und von 12 hellen Bogen-Streifen umgeben. Diese Streifen ergeben als Ganzes einen Wirbel – wenn man sich das Auge fortdenkt und den Hintergrund entsprechend der Streifen ergänzt, wird dieser Wirbel sichtbar. Die Deutung des Auges als Sonnenauges ist somit recht sicher – die „12" ist der Tierkreis, der die Sonne umgibt.

Die „12" ist nicht nur in der Astrologie die grundlegende Struktur, sondern auch in der Physik: Die grundlegende Einheit in der heutigen Physik ist der Superstring („Superstring-Theorie"), der ein Kreis ist, der aus 12 gleichgroßen Abschnitten besteht, die eine stehende Welle bilden. Die Wichtigkeit und die Symbolik der „12" ist also gut verankert.

- * ❀ * -

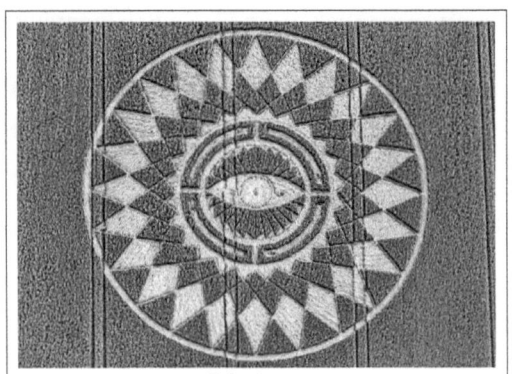

76. Auge

(Wiltshire, England, 2014)

Dieses Auge ist das naturalistischste der drei Kornkreis-Augen.

Über dem Auge befinden sich (wie zu erwarten) 12 Strahlen. Unter dem Auge befinden sich jedoch unerwarteterweise 14 Strahlen. Warum? 2·7 Chakren? Oder machen auch Kornkreis-Schöpfer Fehler? Oder hat dies noch einen anderen Grund?

Um das Auge herum sind zwei Ringe mit vier „Toren", die den vier Richtungen bzw. den vier Elementen entsprechen werden.

Außen um diese beiden viermal unterbrochenen Ringe befinden sich zwei Reihen von jeweils 24 Bogen-Rauten – insgesamt also 48 Bogen-Rauten. Diese Zahl gab es auch bei dem Vogelschwarm in Kornkreis 65, in dem 48 lange und 48 kurze Federn dargestellt worden sind, die auch Sonnenstrahlen sein könnten.

Angesichts der Viererteilung des Kreisrings um die Sonne sowie der Zwölferteilung dieses Ringes, wäre die „48" die Kombination dieser beiden Symboliken.

Wenn man die hellen Rauten ganz außen mitzählt, kommt man auf 72 Rauten – auch das Auge im Kornkreis 73 ist von 72 Rauten umgeben. Das scheint kein Zufall zu sein.

III 10.   Fraktale

Ein Fraktal ist eine bestimmte mathematisch-geometrische Form, die sehr komplex sein kann. Ihr Grundprinzip ist jedoch recht einfach: Ein bestimmter Vorgang wird endlos wiederholt. So kann man z.B. an die Seiten eines Dreiecks immer wieder ein kleines Dreieck setzen, dessen Seite nur ein Drittel so lang ist – immer und immer wieder. Dann entsteht die folgende Reihe:

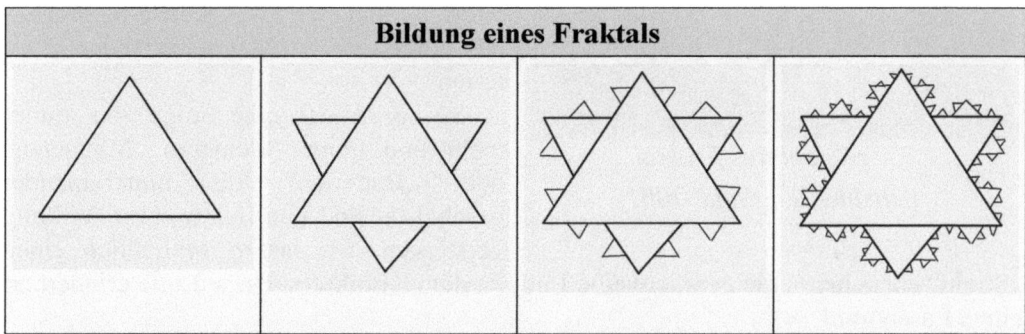

Bildung eines Fraktals

In der Natur sind Fraktale sehr weit verbreitet – so entstehen z.B. Schneeflocken in Fraktal-Form und auch die Blätter einer Blüte sind oft als Fraktal angeordnet. Je nachdem welche Regel immer aufs Neue angewendet wird, können natürlich völlig verschiedene Formen entstehen.

Das Fraktal ist ein einfaches Wachstums-Prinzip, das eine Sache nach derselben Regel immer weiter ausdehnt.

- - -

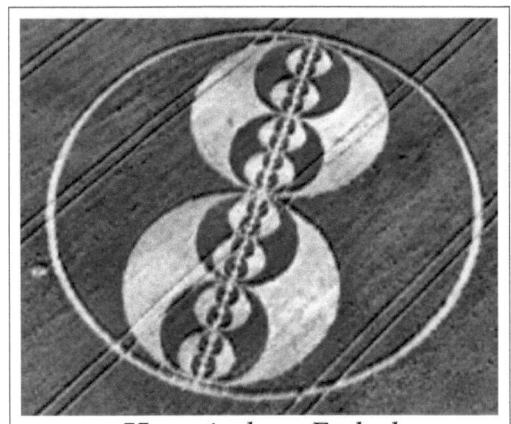

*77. zweipolares Fraktal
(Wiltshire, England, 2001)*

In einem Ring befinden sich zwei Kreise: das polare System – der „Magnet" bzw. die „Batterie".

Jeder der 2 Kreise ist wiederum ein Ring, in dem sich zwei Kreise befinden – ein Folge von zwei „Magneten" oder „Batterien".

Jeder der 4 Kreise ist wiederum ein Ring, in dem sich zwei Kreise befinden – ein Folge von 8 „Magneten" oder „Batterien".

So ergibt sich eine Folge von immer mehr und immer kleineren „Magneten" oder „Batterien", die hintereinander geschal-tet sind und sich in ihrer Wirkung verstärken. Sie lassen schließlich einen „Strahl" entstehen – die gerade weiße Linie in dem Kornkreis. Diese Linie erinnert an einen Laserstrahl.

- * ❀ * -

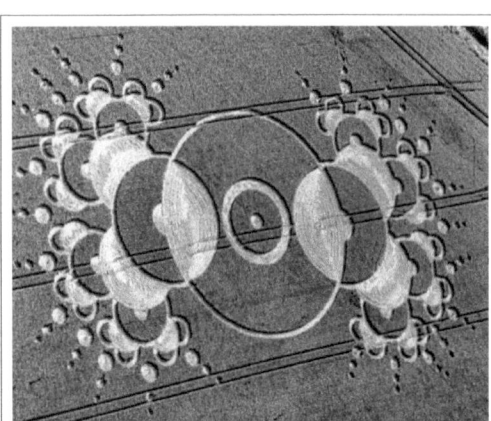

*78. zweipolares Fraktal
(Hampshire, England, 2000)*

Die Ausgangsform dieses Fraktals ist die gut bekannte Struktur aus zwei Pol-Kreisen und einem Zentral-Kreis.

Die Fraktal-Formel bei diesem Kornkreis ist denkbar einfach: Füge an jeden Kreis zwei weitere, knapp halb so große Kreise so an, daß alle Kreise denselben Abstand voneinander haben.

Das trifft auf den Zentralkreis zu – die beiden Pol-Kreise liegen sich gegenüber.

Dann bilden die Pol-Kreise wie der Zentralkreis ein Zentrum, das als Halbkreis zu sehen ist, und lassen aus sich zwei weitere Kreise heraussprießen.

Dieser Vorgang wird mehrmals wiederholt:

70

- 1 Zentralkreis
- 2 Polkreise
- 4 Polkreise
- 8 Polkreise
- 16 Polkreise
- 32 Polkreise

Ganz außen finden sich dann 2·13=26 Reihen zu je 3 Punkten mit abnehmender Größe. Diese ungerade Zahl ergibt sich dadurch, daß sich einige der äußeren Kreise überlagern. Man könnte das als drei Dreischritte auffassen, also als „Impuls – Form – Kontakt". Es ist jedoch nicht sicher, ob das hier gemeint ist.

- *  * -

79. vierpolares Fraktal
(Mammendorf, BRD, 2016)

Dieses Fraktal ist 4-polar, aber nicht so regelmäßig wie das vorige. Es kommen verschiedene Schritte vor:

- 1 Kugel-„Knospe" (Verlängerung)
- 2 Kugel -„Knospen" (Zweig)
- 3 Kugel-„Knospen" (Ergänzung zum Sechseck)
- 4 Kugel-„Knospen".

Diese Form wirkt daher zwar wie ein Fraktal, aber ist letztlich keins …

- *  * -

71

80. Baum-Fraktal
(Hampshire, England, 2002)

Die Regel in diesem Fraktal lautet: „Teilung am Ende einer Linie in zwei halb so lange Linien, die im 60°-Winkel nach links und rechts weisen". Daraus ergibt sich die Form eines Baumes.

Die Hexagone (Waben) an den Enden dieser Linien wirken wie Blätter oder Äpfel.

Da durch den Winkel von 60°, in dem die neuen Linien von der alten Linie abzweigen, zwischen diesen 3 Linien 3 120°-Winkel entstehen, paßt das Hexagon, das ebenfalls auf dem 120°-Winkel beruht, am besten zu dieser Art von „Baum".

Die Winkel sind nicht ganz präzise eingehalten worden – sonst würde dieser Kornkreis noch symmetrischer wirken.

Hier zeigt sich ein weiteres Prinzip, das mit dem Fraktal eng verwandt ist: die Selbstähnlichkeit. Dieses Prinzip bedeutet, daß sich in einem System an den verschiedensten Stellen dieselben Strukturen wiederfinden.

- *  * -

*81. zweipolares Fraktal
(Wiltshire, England, 2009)*

Hier ist das „S" die prägende Form. Die beiden Reihen von 6 Kreisen werden durch sieben dünne Linien, die über den Mittelkreis verlaufen, miteinander verbunden.

Die beiden Pol-Kreise enthalten auch jeder ein „S".

Insgesamt finden sich auf der Mittelachse ein großer zentraler Kreis sowie darüber und darunter jeweils drei kleine Kreise – die sieben Hauptchakren mit dem Herzchakra in der Mitte.

Das große „S" sowie die beiden kleineren „S" stellen insgesamt anscheinend den Fluß der Lebenskraft in den Chakren dar: die Kundalini.

Warum das große „S" jedoch aus zweimal 6 Kreisen und einmal 7 Linien besteht, ist nicht so recht klar: Ist bei den sechs Kreisen das Herzchakra nicht mitgezählt worden? Oder sollen die zunehmend größer werdenden Kreise die Fließgeschwindigkeit darstellen, die dann im Herzchakra am größten wäre? Das würde dazu passen, daß das Herzchakra vermutlich die Pumpe in dem Lebenskraft-Kreislauf ist.

Ob man den Aufbau dieses Kornkreises als Fraktal auffassen kann, ist unklar. Die Struktur „Zentralkreis + 2 Polar-Kreise" wird zwar rein graphisch in den beiden Polarkreisen wiederholt, wodurch die zweimal 3 Außenkreise entstehen, aber inhaltlich sind die beiden äußeren Dreiergruppen von Kreisen die Ausdehnung und der Selbstausdruck des Zentralkreises, also des Herzchakras.

- * ❀ * -

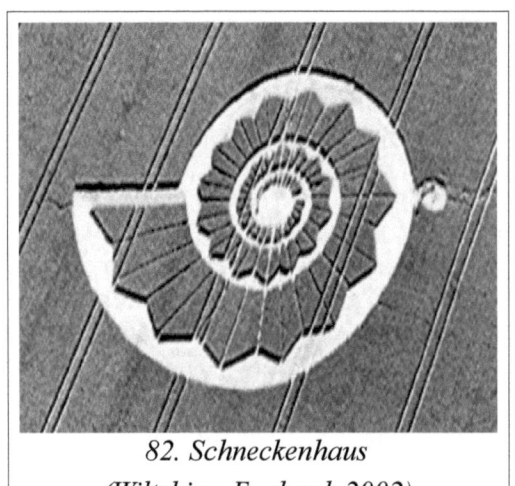

82. Schneckenhaus
(Wiltshire, England, 2002)

Dieses Schneckenhaus entfaltet sich als Spirale – eine der einfachsten Fraktal-Formen. Jedes Glied der Spirale besteht aus zwei unregelmäßigen Rechtecken, die zusammen einen Strahl bilden. Es scheinen 50 solcher Strahlen zu sein – die genaue Anzahl läßt sich jedoch nicht erkennen.

Genaugenommen sieht man zwar, zunächst „Strahlen", aber wenn man sich das „offene Ende" des Schneckenhauses anschaut, wird deutlich, daß die Einheiten eigentlich „Einbuchtungen" sind.

Rechts liegt eine kleine Kreisfläche an der Schnecke. Ihre Bedeutung ist unbekannt.

Die Schnecke hat ziemlich genau 3 Windungen. Die „3" hat die Symbolik der Entwicklung – was ja ausgesprochen gut zu den Windungen eines Schneckenhauses paßt.

- * ✿ * -

83. Spirale
(Italien, 2012)

Diese Spirale besteht aus ca. 69 Kreisen.

Die 20 ersten, größeren Kreise sind von einem Ring umgeben. Die Kreise befinden sich in diesen Kreisringen jedoch am hinteren Ende und nicht in der Mitte. Dieses Arrangement, das sich u.a. auch bei dem Trilobit (Kornkreis 70) findet, stellt offenbar so etwas wie Rückenwirbel, also einen anatomischen Zusammenhalt dar.

Im Zentrum ist ein großer Kreis zu sehen, neben dem sich ein kleiner Kreis befindet. Ist der große Kreis das Zentrum, von dem diese Spiralbewegung ausgeht? Und was bedeutet der kleine Kreis, der sich auch neben dem Schneckenhaus (Kornkreis 82) befindet?

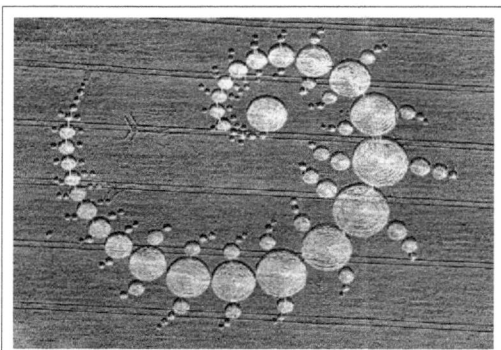

84. einpolare Julia-Menge
(Wiltshire, England, 1996)

Eine Julia-Menge ist eine bestimmte mathematische Form, die in den meisten Fällen auch ein Fraktal ist. Sie ist eine Variante der Spirale. Der Mathematiker, der diese Menge entdeckt hat, hieß Gaston Maurice Julia.

Die hier abgebildete Julia-Menge besteht aus einer einzelnen Linie, die aus einem Zentralkreis sowie 35 kleineren Kreisen besteht. An diesen Kreisen befinden sich links und rechts kurze Reihen aus kleinen Kreisen.

Von dem Zentralkreis aus gesehen sind dies:

- 1 Zentralkreis ohne Begleiter
- 2 Kreise ohne Begleiter
- 4 Kreise mit 2mal 1 Begleiter
- 6 Kreise mit 2mal 2 Begleitern
- 8 Kreise mit 2mal 3 Begleitern
- 6 Kreise mit 2mal 2 Begleitern
- 4 Kreise mit 2mal 1 Begleiter
- 5 Kreise ohne Kreise

Die Symmetrie ist offensichtlich – wenn man einmal davon absieht, daß die einfachen Kreise ohne Begleiter am Ende immer kleiner werden und daher eine größere Anzahl als die erwarteten „2" haben.

- *  * -

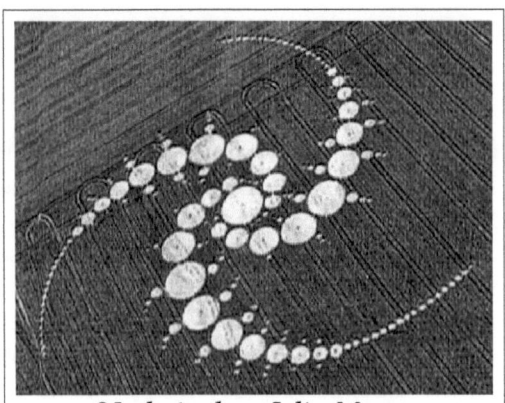

85. dreipolare Julia-Menge
(Wiltshire, England, 1996)

Hier hat die Julia-Menge drei Arme. Die Arme haben auch einen anderen Aufbau:

- 1 Zentralkugel, die von 3 großen Kreisen und 9 kleinen Kreisen umgeben ist
    - 2 Kreise ohne Begleiter
    - 1 Kreis mit 1 Begleiter
    - 1 Kreis mit 2 Begleitern
    - 3 Kreise mit 3 Begleitern
    - 3 Kreise mit 2 Begleitern
    - 2 Kreise mit 1 Begleiter
    - 18 Kreise ohne Begleiter

Dies sind die Zahlen für den unteren Arm. Die beiden anderen Arme weichen davon leicht ab. In Klammern steht die Länge der Begleiter-Reihen.

- unterer Arm: 2 (0) – 1 (1) – 1 (2) – 3 (3) – 3 (2) – 2(1) – 18 (0)
- rechter Arm: 2 (0) – 1 (1) – 1 (2) – 4 (3) – 1 (2) – 1(1) – 18 (0)
- linker Arm: 2 (0) – 1 (1) – 1 (2) – 3 (3) – 2 (2) – 1(1) – 18 (0)

Man könnte diese Form als „dreifache Ausdehnung", also als die Entstehen der 3 Chakra-Paare aus dem Herzchakra heraus auffassen.

- *  * -

86. sechspolare Julia-Menge
(Wiltshire, England, 2001)

Diese sechsfache Julia-Menge könnte man entsprechend der vorigen Deutung als die Entstehung der sechs äußeren Chakren aus dem Herzchakra heraus ansehen.

Die einfache Julia-Menge wäre dann die Ausdehnung an sich, die dreifache Julia-Menge, die drei Schritte nach außen und die sechsfache Julia-Menge die Entstehung der sechs Außenchakren. Da keine zweifachen, vierfachen, fünffachen oder siebenfachen Julia-Mengen als Kornkreis bekannt sind, kann man diese Deutung erst einmal so stehenlassen.

Alle sechs Arme sind einheitlich aufgebaut. Die Zahlen in den Klammern geben die Länge der Begleiter an: 1 (1) – 3 (2) – 5 (3) – 4 (2).

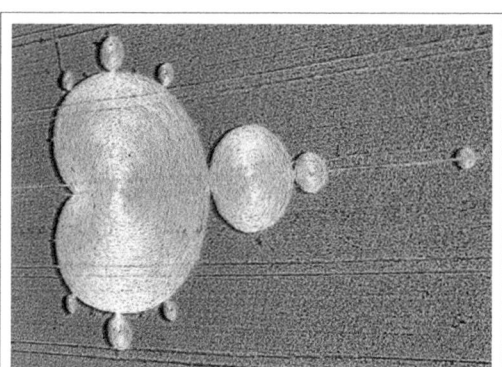

87. Mandelbrot-Menge
(Oxfordshire, England, 1991)

Dieses Fraktal ist nach dem Mathematiker Benoit Mandelbrot benannt worden, der in Oxford lebt, wo dieser Kornkreis auch erschienen ist.

Die Mandelbrot-Menge ist ein Fraktal und sowohl mit der Julia-Menge als auch mit der Chaostheorie eng verwandt.

Sie ist ein Bild aus den sehr komplexen und vielfältigen Formen, die entstehen, wenn man ein einfaches Prinzip ständig wiederholt – sie ist also ein Fraktal-Bild … vermutlich die einprägsamste Fraktal-Form.

Auch Lebewesen entstehen nach dem Fraktal-Prinzip: Wenige Regeln ergeben durch ihr geordnetes Zusammenspiel komplexe lebende Formen – also Lebewesen.

III 11. Der kabbalistische Lebensbaum

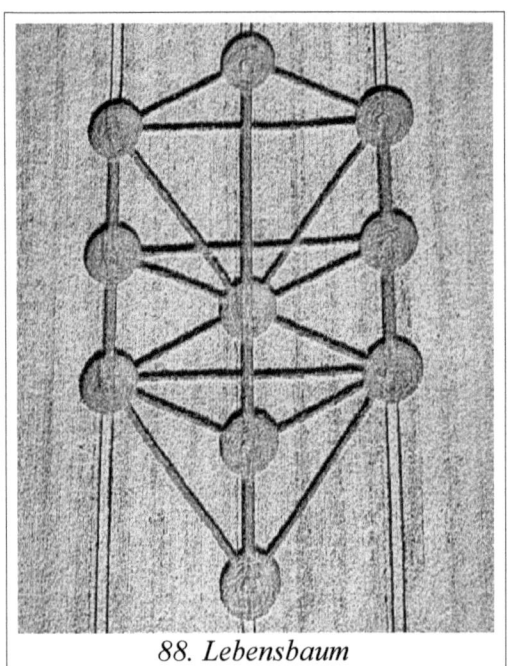

88. Lebensbaum
(Wiltshire, England, 1997)

Der kabbalistische Lebensbaum ist den Fraktalen in gewisser Weise verwandt. Er ist eine Struktur, die sich in allen Systemen wiederfinden läßt, da sie auf dem einfachsten aller Fraktal-Prinzipien beruht: auf dem bereits mehrfach genannten Dreischritt „Impuls – Form – Kontakt". Die beiden Pole dieser Struktur sind die Einheit (obere Kugel) und die Vielheit (untere Kugel), zwischen denen das organische System, also das Herzchakra steht (mittlere Kugel).

Das System ist jedoch zu komplex, um es hier zu erklären.

Es fällt auf, daß die drei „Säulen" des Lebensbaumes genau auf drei Trecker-Spuren liegen.

- * ❁ * -

89. Lebensbaum
(Wiltshire, England, 2017)

Hier ist wieder der Lebensbaum zu sehen, der durch einige Hilfslinien ergänzt worden ist, die zum einen ein Pentagramm bilden, das mit einer Spitze nach unten zeigt, und zum anderen ein Dreieck, das nach oben zeigt. Diese beiden Formen gehören nicht zur klassischen Gestalt des kabbalistischen Lebensbaumes.

Der Lebensbaum beruht zwar wie die Entstehung der Chakren und wie viel Formen in den Kornkreisen auf dem „Dreischritt", aber er ist eine von Menschen entwickelte Form. Daher sollte man in Betracht ziehen, daß er vielleicht von Menschen erschaffen worden ist.

- *  * -

90. Dreischritt
(Wiltshire, England, 1991)

Hier ist ein Teil des Dreischrittes dargestellt worden, auf dem u.a. auch der Lebensbaum beruht. Rechts oben ist der Ausgangspunkt (zentraler Punkt) zu sehen, unten die Ausdehnung (sechs Flammen) und links die Struktur (sechs Winkel).

Der Ausgangspunkt rechts oben entspricht dem Herzchakra, die Expansion unten dem Sonnengeflecht und dem Halschakra, und die Struktur links oben dem Hara und dem Dritten Auge. Die Entsprechung zu den beiden Kontakt-Chakren (Wurzel- und Scheitelchakra) sind nicht in dieser Graphik dargestellt.

Diese Form paßt auch auf die Kugeln in der Lebensbaum-Graphik: die Kreis oben rechts entspricht der Kugel an der Spitze des Lebensbaumes (hebräischer Name: „Kether"), der Kreis unten der Kugel oben rechts auf dem Lebensbaum (hebräischer Name: „Chokmah"), und der Kreis oben links der Kugel oben links auf dem Lebensbaum (hebräischer Name: „Binah").

Das Dreischritt-Prinzip wird in dem Kornkreis gleich vierfach dargestellt:

    - durch die drei Kreise,
    - durch das Dreieck,
    - durch den Kreis und die beiden Ringe, sowie
    - durch die drei Linien, die von den drei Kreisen ausgehen und sich in der Mitte treffen.

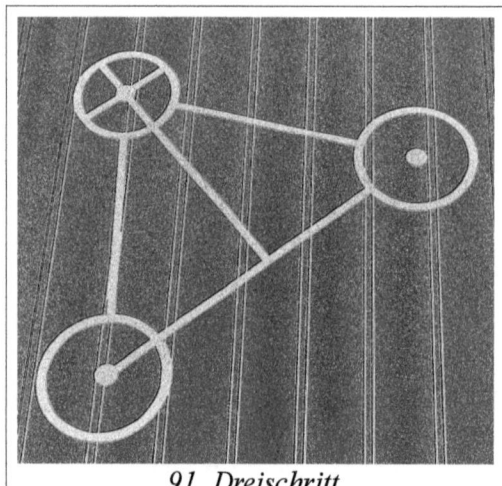

91. Dreischritt
(Ort und Jahr unbekannt)

Hier ist das obere Dreieck des Lebensbaumes in etwas anderer Form dargestellt worden: Punkt = Ursprung („Kether"); Linie = Ausdehnung („Chokmah"); Kreuz = Form („Binah"),

Die senkrechte Linie paßt zwar graphisch in das Bild, aber wenn es ein Ausschnitt aus dem Lebensbaum sein sollte, müßte sie von dem rechten Kreis (Spitze des Lebensbaumes) zu der Mitte der gegenüberliegenden Linie verlaufen (siehe Lebensbaum-Graphik).

80

92. Dreischritt
(Niederlande, 2013)

Hier ist der Dreischritt oder die Drei-polarität durch das Dreieck, durch drei Linien, durch drei Kreise sowie durch drei kleine Kreise an jedem Kreis dargestellt worden.

Die Expansions-Dynamik der „3" wurde hier durch den zusätzlichen kleinen Kreis an den drei Spitzen ausgedrückt, durch die der Kornkreis etwas Strahlendes erhält.

- *  * -

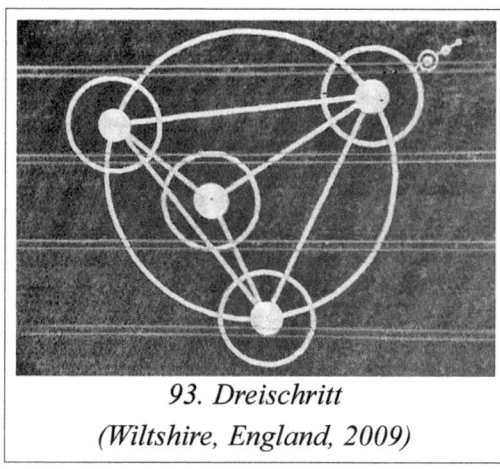

93. Dreischritt
(Wiltshire, England, 2009)

Hier ist noch einmal dasselbe Prinzip dargestellt worden, diesmal jedoch ohne Markierungen der Qualitäten der drei Kreise.

In dem großen Kreis, der die Zentren der drei äußeren Kreise miteinander verbindet, befindet sich eine Dreieck-Pyramide, deren Spitze dezentral ist und sich über einem weiteren Kreis befindet. Die Bedeutung dieses Punktes ist unklar und unterscheidet sich sowohl von den Strukturen des kabbalistischen Lebens-baumes als auch von den bisher gefundenen Kornkreis-Strukturen. Die Spitze aus den drei Kreisen rechts oben ist hingegen Kornkreis-typisch.

Man kann diesen Kornkreis auch als eine 3D-Darstellung eines Tetraeders (gleich-seitige Dreiecks-Pyramide) auffassen. Dann wäre die Darstellung schlüssig.

81

III 12. Mandalas

Ein Mandala ist eine konzentrische und symmetrische magisch-spirituelle Land-karte, die in Meditationen und Ritualen verwendet wird. Mittlerweile werden jedoch die meisten konzentrisch-symmetrischen Strukturen „Mandala" genannt.

III 12. a) Mandalas – einpolar

Einpolare Kornkreise bestehen nur aus einer Kreisfläche und einem oder mehreren Kreisringen. Dies ist die einfachste Form des Mandalas. Sie entspricht in der Astrologie der Konjunktion und in der Physik der Gravitation – beide ziehen alles zu einer Einheit zusammen.

III 12. b) Mandalas – zweipolar

Die zweipolaren Mandalas sind schon besprochen worden – dies sind die polar aufgebauten Kornkreise, die aus zwei Polen bestehen, die einen Kreislauf, ein Pulsieren, ein Rotieren o.ä. in Gang bringen. Sie entsprechen in der Astrologie der Opposition und in der Physik der elektromagnetischen Kraft.

III 12. c)   Mandalas – dreipolar

Es gibt mehrere dreipolare Strukturen in der Welt. Sie haben erfreulicherweise alle die Qualität des festen Zusammenhalts, die man daher auch bei dreipolaren Mandalas voraussetzen kann. Die beiden wichtigsten dieser Strukturen sind das astrologische Trigon (120° = Drittelkreis) und die starke Wechselwirkung, die auch „Farbkraft" genannt wird und drei Polaritäten hat, die gemeinsam den neutralen Zustand ergeben. Diese Kraft wird „Farbkraft" genannt, weil ihre drei Pole gerne „rot", „gelb" und „blau" genannt werden, die zusammen das neutrale „weiß" ergeben.

Diese Qualität des festen Zusammenhalts findet sich auch in der Steinheilkunde bei der trigonalen Kristallisationsform.

Zu den dreipolaren Mandalas gehören auch die Kornkreise, die aus drei Kreisen bestehen und bereits in dem Kapitel über den Lebensbaum beschrieben worden sind (Kornkreis 90, 91, 92 und 93).

- - -

94. Drei Achsen
(Wiltshire, England, 2018)

Dieser schlichte Kornkreis stellt vermutlich lediglich den festen Zusammenhalt dar, der in dreipolaren Systemen besteht.

In einem Proton werden z.B. das „rote" Quark, das „gelbe" Quark und das „blaue" Quark durch die Farbkraft zusammengehalten und bilden zusammen den nach außen hin neutralen, „weißen" Zustand. Wenn man ein Quark aus dieser Verbindung herausnehmen will, muß man so viel Energie aufwenden, daß daraus drei neue Quarks entsteht, d.h. ein neues Proton entsteht – und das Proton, dem man ein Quark entreißen wollte, unverletzt bleibt. Noch mehr Zusammenhalt geht nicht …

Man kann diesen Kornkreis also als ein Proton bzw. Neutron mit den drei Quarks in ihm auffassen, die durch die Farbkraft zusammengehalten werden.

- * ❀ * -

95. Drei Pole
(Wiltshire, England, 2000)

Hier ist der Zusammenhalt noch eindrücklicher dargestellt worden:

In den drei Richtungen sind jeweils die Zentren der drei Pole zu sehen. Sie sind jeweils von zwei hellen Linien umgeben, die zusammen mit dem Zentrum eine Dreiheit bilden.

Die beiden inneren Linien laufen um die gesamte Form herum und bilden zusammen mit dem Zentrum der gesamten Form eine weitere Dreiheit.

Schließlich betont der große Ring, der durch die drei Pol-Zentren verläuft und seinen eigenes Zentrum in der Mitte der Gesamtform hat, noch einmal die Einheit der drei Pole.

- * ❀ * -

96. drei Zentren
(Ammersee, BRD, 2014)

Auch hier sind wieder die drei Pol-Kreise und der Zentralkreis zu sehen. Die drei Pole bestehen hier aus einem Zentrum und drei Kreisringen. Ist das eine Anspielung auf das Zentrum und die drei Schritte der Entfaltung (Impuls – Struktur – Kontakt)?

Um sie herum ist etwas dargestellt, was wie das Kraftfeld dieses Arrangements aussieht und anscheinend das Ganze zusammenhält. Dieses Kraftfeld besteht aus den inzwischen schon gut bekannten Bogen-Rauten. Es sind jeweils 1+3+5+7 =16 Bogen-Rauten. Wurde hier absichtlich die Vollkommenheits-Symbolik der „16" angestrebt?

Zusammen haben die drei Kraftfelder 48 Rauten – diese Zahl fand sich auch schon bei den Rauten rings um das Auge (Kornkreis 76) und bei den kurzen und langen Federn des Vogelschwarms (Kornkreis 65). Da die Zahl „48" bei diesen drei Kornkreisen auf verschiedene Weisen zustande kommt, also nicht auf derselben

Geometrie beruht, könnte sie beabsichtigt sein. Es könnte daher die „4·12=48"-Symbolik gemeint sein, die die 4er-Teilung des Kreises um das Zentrum mit der 12er-Teilung des Tierkreises, der ebenfalls ein Kreis um ein Zentrum ist, kombiniert.

- *  * -

97. drei Strahlen
(Hampshire, England, 2016)

Dieser Kornkreis ist nicht so einfach zu deuten.

In seinem Zentrum befinden sich drei Blätter, die wie Tabak-Blätter aussehen. Zwischen ihnen sprießen drei kleine Blätter – es ist also der Übergang zur sechspolaren Form angedeutet. An den Zentralkreis schließen sich drei weitere Blätter an, die nur um Umriß dargestellt worden sind.

Der Blatt-Bereich ist von einem Muster aus Bogen-Dreiecken hinterlegt, deren Spitzen zu der Mitte des Kornkreises zeigen.

Um diesen Blatt-Bereich herum sind 20 Symbole zu sehen, die ein wenig wie tibetische oder indische Buchstaben wirken. Es scheinen 10·2 Zeichen zu sein – es stehen sich mehrmals gleichen Zeichen genau gegenüber. Ihre Bedeutung ist vollkommen unklar.

Die Außengrenze des Kornkreises besteht aus zwei Kreisringen, von denen der äußere 33 Verbindungen nach außen hat. Es entsprechen also je 11 solche Verbindungen jedem der drei Drittel des Kreises.

Dieser Kornkreis weist gleich drei ungewöhnliche Elemente auf: die Tabakblätter, den nicht-konzentrischen Hintergrund aus Bogen-Dreiecken und die Buchstaben. Er könnte daher ein Kandidat für die Gruppe der Menschen-gemachten Kornkreise sein.

- *  * -

Zu diesem schlichten Kornkreis läßt sich nicht viel sagen. In ihm ist durch drei Sicheln eine rotierende Bewegung dargestellt worden, die durch eine schmalen Ring Stabilität erhält.

Das Zentrum ist ein Bogen-Dreieck.

98. drei Sicheln
(Wiltshire, England, 1999)

- *  * -

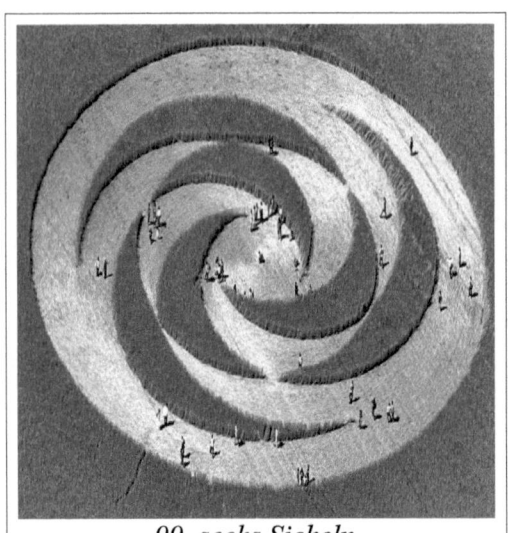

Dieser Kornkreis ist eine Variante des vorigen Kornkreises: drei Paare von Sicheln bilden ein dreipolares Mandala, das durch die Anordnung der Sicheln zu rotieren scheint.

Hier ist der Ring fortgelassen worden. Das Zentrum ist ein Kreis.

99. sechs Sicheln
(Schweiz, 2007)

- * ❀ * -

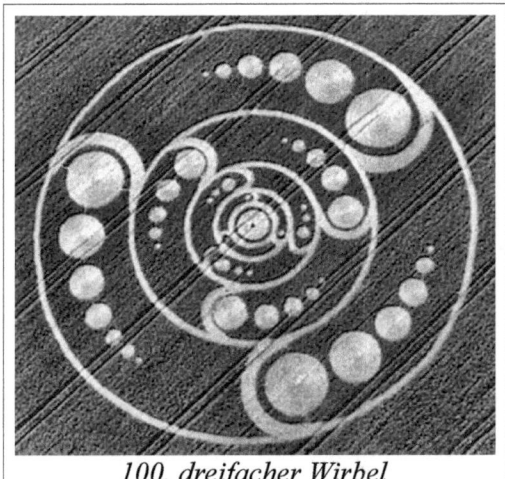

100. dreifacher Wirbel
(Wiltshire, England, 2001)

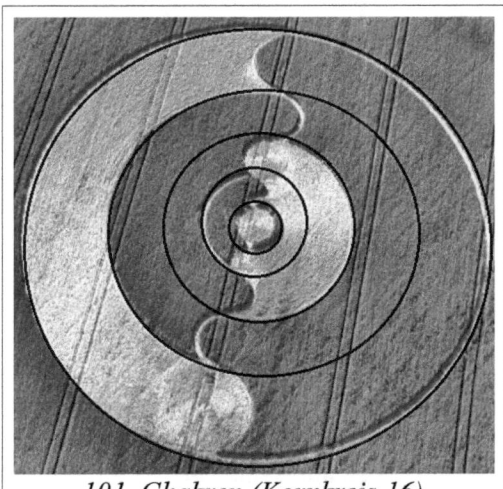

101. Chakren (Kornkreis 16)

Hier ist ein Zentralkreis und um ihn herum vier Ringe zu sehen, die wiederum aus drei Dritteln bestehen. Jedes Drittel besteht aus einem Kreis sowie einer Sichel vor ihr und einigen Kreisen hinter ihr: Im äußeren Ring sind es insgesamt je 6 Kreise, im zweitäußersten Ring je 5 Kreise, im zweitinnersten Ring 3 Kreise, und im innersten Ring 1 Kreis – statt der zu erwartenden 2 Kreise.

Hier wird die Dreipolarität vierfach dargestellt. Alle Ringe rotieren in derselben Richtung.

Das Prinzip „Zentrum und 4 Ringe" fand sich schon einmal in ganz ähnlicher Weise, jedoch ohne die Dreipolarität bei dem links noch einmal abgebildeten Kornkreis 21. Dort ist diese Struktur als die 7 Chakren plus Kundalini-Feuer (unten) und Bindhu-Licht (oben) gedeutet worden.

Dies läßt sich auch auf den Kornkreis 100 übertragen, wobei dann nicht die einzelnen Chakren, sondern nur die Bereiche dargestellt worden wären:
- Zentrum: Herzchakra
   - innerer Ring: Sonnengeflecht und Halschakra
   - zweitinnerer Ring: Hara und Drittes Auge
   - zweitäußerer Ring: Wurzelchakra und Scheitelchakra
   - äußerer Ring: Kundalini-Feuer und Bindhu-Licht

Diese Deutung erklärt allerdings noch nicht, warum die vier Ringe dreigeteilt sind und warum in ihnen verschieden viele Kreise abgebildet worden sind. Ist hier vielleicht etwas ganz anderes gemeint? Oder steht die Dreiteilung für die Entwicklung aus dem Herzchakra heraus?

- * ❀ * -

*102. dreifacher Wirbel
(Wiltshire 2016)*

Ästhetisch ansprechend und intellektuell verwirrend … Im Zentrum ein dreipolares Gebilde und außen zwei viergeteilter Ringe mit Symbolen.

Die Symbole in den beiden Kreisringen treten in 4er- und 12-er-Gruppen auf. Das wird ein Hinweis auf die übliche 4er-Teilung (Richtungen, Elemente) und 12er-Teilung (Tierkreis, Superstring) der Ringe sein.

Der Außenkreis ist vollkommen identisch mit dem Außenkreis des Kornkreises 229, in dem sich zwei Flügel befinden.

Der Ring ist durch je zwei dicke Flächen in vier gleiche Bereiche unterteilt. Jedes Viertel enthält 2·12= 24 Striche, 2·2=4 Quadrate und 4 Doppelspiralen – die komplexen Symbole befinden sich in der Mitte.

Was bedeuten diese Doppelspiralen? Wenn das Wasser eines Baches in einen See fließt, bilden sich Doppelspiralen – dasselbe gilt überall dort, wo ein Impuls in ein ruhiges Medium gelangt. Auch der Penis und die Eierstöcke haben diese Form.

Man kann also davon ausgehen, daß diese Doppelspirale anzeigt, daß ein Impuls von innen nach außen geht und dabei diesen Doppelwirbel erzeugt. Die Lage der Doppelspiralen auf dem Außenkreis zeigt, daß der Impuls von innen kommt und nach außen geht.

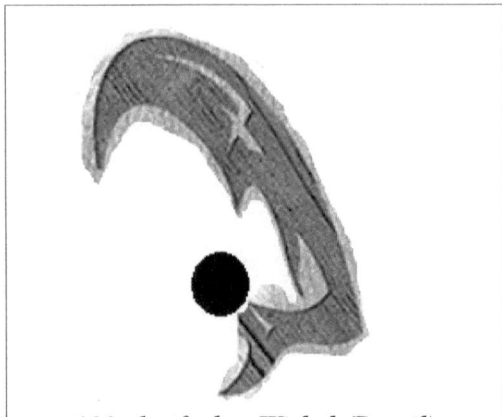

103. dreifacher Wirbel (Detail)

Wenn die 4 Doppelspiralen die durch den eindringenden Impuls ausgelösten Doppelwirbel sind, dann wären die 12 Striche links und rechts davon Wellen, die von ihm ausgehen und die 2 Quadrate in den beiden Ecken Flächen, die weitgehend ruhig bleiben. Die Ornamente auf dem Außenkreis sind also ein Strömungsbild.

Die dreifache Form in der Mitte ist schwierig zu deuten. Links ist ein einzelnes Element dieser dreifachen Form abgebildet. Der schwarze Kreis stellt das

Zentrum dar. Am ehesten erinnert die Form noch an einen Fisch – der Kopf links oben und die Schwanzflosse unten.

Die Deutung dieses sehr ungewöhnlichen Motivs muß erst noch einmal offen bleiben.

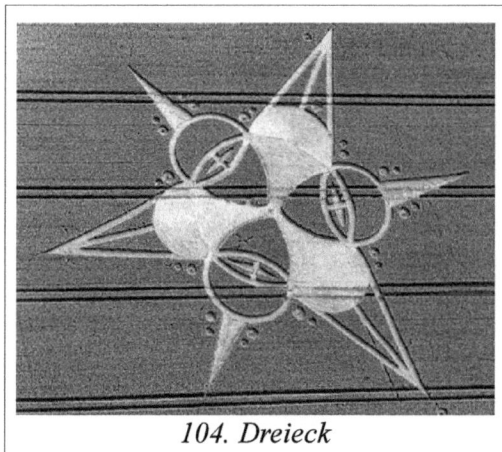

104. Dreieck
(Wiltshire, England, 2011)

Das Kernstück dieses Kornkreises besteht aus den drei Polar-Kreisen und dem Zentralkreis, der nur als Ring, der durch die Zentren der drei Polar-Kreise verläuft, dargestellt worden ist.

Die drei hellen Polarkreise sind durch drei weitere, dunkle Kreise zu einem Sechseck ergänzt worden.

Von jedem dieser sechs Kreise ragt ein spitzes Dreieck nach außen, wobei die Dreiecke, die zu den hellen und zu den dunklen Kreisen gehören, zwei verschiedene Formen haben. Die drei Linien der Dreiecke, die zu den hellen Kreisen gehören, betonen noch einmal die „3".

Die drei dunklen tropfenartigen Formen erwecken fast den Eindruck von drei Gesichtern, die zur Mitte blicken. Diese Form hat sich zu dem „Alien-Gesicht" weiterentwickelt, das später noch besprochen wird.

An den Ecken zwischen den Kreisen und den Dreiecken finden sich je 2 Punkte – insgesamt also 24 Punkte. Sie machen auch hier wieder den Eindruck von Befestigungs-Schrauben.

III 12. d)   Mandalas – vierpolar

In der Astrologie stellt das Quadrat, also der 90°-Aspekt, die Trennung und dadurch das Aufspannen eines Raumes und die Stabilität einer Form dar. Dasselbe findet sich auch in der Physik: die elektrische Welle eines Photons steht immer im rechten Winkel (90°) zu der magnetischen Welle eines Photons – wenn die eine Welle bei ihrem Maximum ist, ist die andere stets bei „0". In der Steinheilkunde hat die kubische Kristallisationsform die Eigenschaft des Trennens, Formens des Raum-Schaffens und des Ordnens.

- - -

105. Mandala
(Wiltshire, England, 2002)

Dies ist das grundlegende 4-polare Mandala: ein Zentrum und ein 4-geteilter Umraum. Dies kann die Sonne und die 4 Himmelsrichtungen sein, die 4 Elemente und die Quintessenz, die 5 Dhyani-Buddhas, Osiris und die vier Horus-Söhne usw.

- * ❋ * -

90

106. „Spielbrett"
(Oxfordshire, England, 2008)

Dieses 4-polare Mandala ist sehr harmonisch aufgebaut:

- Von dem Zentralkreis gehen in die 4 Richtungen je 5 Kreise aus, die in regelmäßiger Weise größer werden.

- Von den Kreisen dieser 4 „Arme" gehen nach links und rechts jeweils 0, 1, 2 und 3 Kreise ab, die regelmäßig kleiner werden.

- In den Ecken ist ein noch kleinerer Punkt zu sehen. Bis auf diese 4 Eckpunkte und den Mittelpunkt sind die Diagonalen „Kreis-frei".

An den Winkeln zwischen zwei Kreisen sowie an den Spitzen der Kreisreihen befindet sich jeweils ein Stabilisierungs-Punkt.

107. keltischer Knoten
(Wiltshire, England, 2017)

Hier ist eine helle zentrale Kreisfläche und ein heller Ring um sie herum zu sehen. Das dunkle Band formt einen zweiten zentralen Ring sowie vier angelagerte Kreise. Dieses Band ist 4-mal unterbrochen und wird an diesen Stellen anscheinend durch jeweils 2 Punkte zusammengehalten.

- * ❁ * -

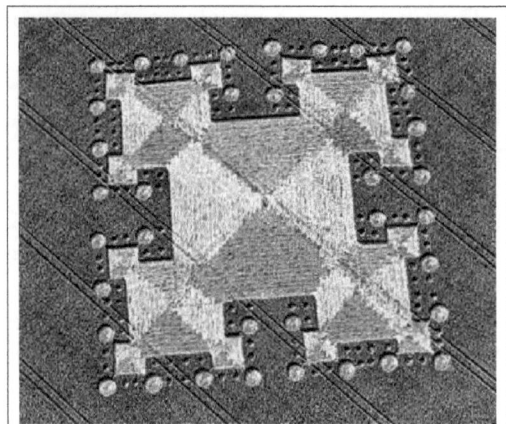

108. Quadrat-Fraktal
(Wiltshire, England, 1999)

Dies ist ein schlichtes quadratisches Fraktal. Seine Konstruktionsformel lautet: „An jede Ecke wird ein Quadrat angefügt, dessen Seitenlänge 1/3 so groß ist." Durch diesen Vorgang sind drei Größen von Quadraten entstanden.

In allen Quadraten ist das Getreide in quadratischen Mustern niedergelegt worden. Bei dem großen Quadrat scheint das Getreide in 16 Reihen zu liegen, bei den mittelgroßen Quadraten in 8 Reihen, und bei den kleinen Quadraten in 4 Reihen. Das ist offensichtlich Absicht.

Um das Quadrat herum sind kleine Kreise und sehr kleine Kreise in einem quadratischen Muster angeordnet worden. So wie die Quadrate jeweils nur noch 1/3 so groß wie ihr Bezugs-Quadrat sind, so wird der Raum durch zwei kleine Kreise und zwei sehr kleine Kreise (sie nehmen zusammen eine genausogroße Fläche ein wie ein kleiner Kreis) ebenfalls in Drittel eingeteilt.

Es sind insgesamt 17 Quadrate und 156 Punkte, was keinerlei weitere Symbolik erkennen läßt.

- *  * -

109. vier Kanten
(Wiltshire, England, 1999)

Dieses Mandala wirkt auf den ersten Blick wie ein Fraktal, doch es ist keins. Es ist im Grunde auch kein Mandala, da es keine symmetrische Betonung des Mittelpunktes hat. Es daher lediglich eine regelmäßige Form, die 4 Richtungen hat.

Die Winkel an vier Seiten werden durch Kreise ausgefüllt. Die sich so ergebenden neuen Winkel werden wiederum durch große Punkte ausgefüllt. Dies wird noch einmal mit kleinen Punkten wiederholt. Dieses Verfahren entspricht dem Fraktal-Prinzip.

- *  * -

110. Glücks-Symbol
(Dorset, England, 2015)

In der Mitte ist das bekannte chinesische Symbol für Glück und Segen abgebildet worden, das sich auch auf dem Kopf des Sonnenvogels (Kornkreis 61) befindet.

Die vier Kreise außen sind so angefügt worden, daß das Ganze einen rotierenden Eindruck macht.

- *  * -

111. Kraftfeld
(Wiltshire, England, 2006)

Dieser Kornkreis hat eine 4er-Struktur, aber er wirkt doch wie eine polare Struktur mit Ergänzung. Der obere und der untere Kreis besteht aus 3+4 Sicheln, während die beiden anderen Kreise aus zwei Kreisringen bestehen (oder aus einem Zentralkreis mit 3 Kreisringen). Vermutlich sind die Kreise links und rechts die 2 Pole (Zentrum + 3 Ringe) und die beiden 7-teiligen Ringe das Kraftfeld, das durch die beiden Pole entsteht.

Das Chakrensystem besteht aus dem Herzchakra im Zentrum sowie je zwei Chakren in den drei Kreisringen drumherum – also 1 Zentralchakra und 3 Chakra-Paare.

- * ❀ * -

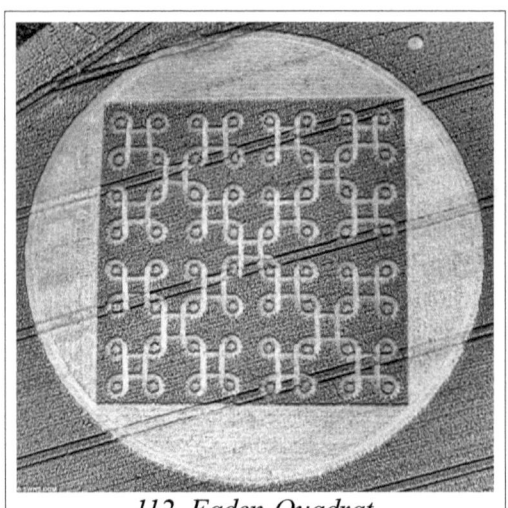

112. Faden-Quadrat
(Hampshire, England, 2012)

In der Mitte ist ein Quadrat aus 4·4=16 Quadraten, die wiederum aus je 4 Kreisen, also insgesamt 64 Kreisen bestehen. Diese 64 Kreise werden von einem einzigen langen Faden wie bei einem keltischen Flechtmuster zusammengehalten und bilden daher eine Einheit – was auch durch den Kreis, der das Quadrat umgibt, ausgedrückt wird.

Eine weitere Struktur läßt sich hier nicht erkennen.

Oben rechts ist wieder einmal ein kleiner Begleiter-Kreis angefügt worden.

- * ❀ * -

*113. Blüten-Burg
(Wiltshire, England, 2009)*

Dieser Kornkreis besteht aus einem großen Kreis, von dem je ein Achtel in der Mitte der vier Seiten zu sehen ist.

An den vier Ecken befindet sich jeweils gut die Hälfte eines kleineren Kreisrings.

An den Übergängen ist jeweils ein kleiner Befestigung-Punkt angebracht worden.

Die Fläche um das Quadrat im Zentrum ist sorgfältig in Mustern flachgelegt worden.

Ganz innen befindet sich ein Kreis aus vier Blättern. Um ihn herum sind vier vierblättrige Blüten zu sehen, deren innere Blatt um 90° gekippt worden ist, sodaß es den Kreis in der Mitte bildet. Alle diese Blätter bestehen aus zwei Viertelkreisen.

Um dieses Zentrum herum befinden sich zwölf Blüten, die jeweils wieder aus zwölf Blättern bestehen.

Von der Mitte nach außen hin ist also eine Fülle an 4er-, 8er- und 12er-Formen zu finden:

In Zentrum 1 Karo mit 4 Ecken.
Darum herum ein Kreis aus 4 Blättern.
Darum herum 4 Blüten mit insgesamt 12 Blättern.
Darum herum 12 Blüten mit jeweils 12 Blättern.
Ganz außen 1 großer Kreis mit 4 mittelgroßen Kreisen.
Daran angelagert 8 kleine Halterungs-Punkte.

Offenbar hat man es hier darauf angelegt, die 4er- und 12er-Struktur möglichst vielfältig darzustellen.

- * ✿ * -

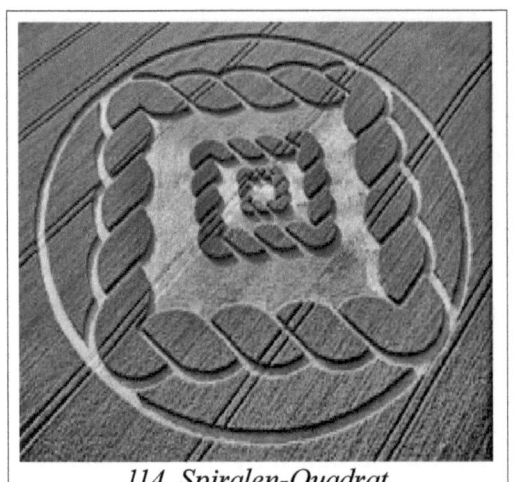

114. Spiralen-Quadrat
(Wiltshire, England, 2002)

Dieses Mandala besteht aus 3 Schnüren zu 8, 12 und 16 Windungen. Man kann diese Schnüre auch als 8, 12 und 16 „S", also als einen Energiefluß ansehen.

- * ❁ * -

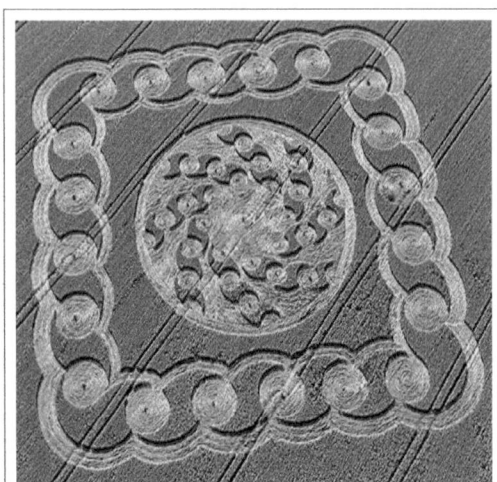

115. Spiralen-Quadrat
(Oxfordshire, England, 2020)

Die Außenfläche ist quadratisch, der Mittelteil ist achtpolar.

Sowohl die 8 Spiral-Arme in der Mitte als auch die 4 Spiral-Geraden außen bestehen aus Kreisen und der „S"-Form: feste Punkte und der Fluß der Energie bzw. der Lebenskraft.

Innen sind es jeweils 3 Kreise und 3 mal ein „S" – die 3 Entwicklungsschritte „Impuls – Form – Kontakt". Außen sind es insgesamt 20 mal ein Kreis und ein „S".

Der Gesamteindruck ist daher „gebändigte und in sich ruhende Energie in einer festen Form". Kreise und Quadrat = Form; „S" = fließende Energie; Quadrat = Ruhe, Schutz, Stabilität; Zentralkreis = Autonomie.

- * ❁ * -

96

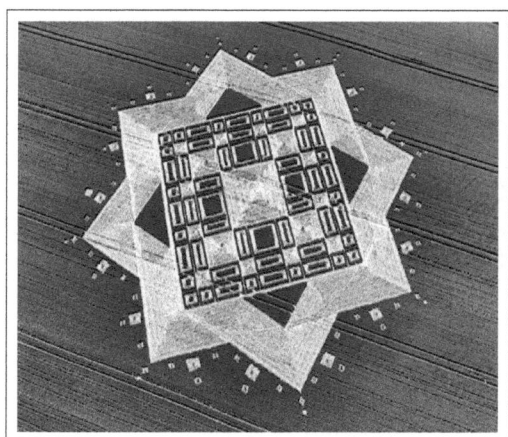

116. Quadrat-Fraktal
(Wiltshire, England, 2005)

Wenn das Quadrat in der Mitte nicht wäre, müßte man diese Form zu den Achtecken zählen – das gleich zweimal als Umrandung dargestellt worden ist.

Das Quadrat hat jedoch eine so markante Füllung, daß es die Hauptqualität dieses Kornkreises zu sein scheint.

Die Zahlen in der folgenden Übersicht sind nur Hilfseinheiten – das kleinste Quadrat in dem Mittel-Quadrat dieses Kornkreises wird hier der Einfachheit und der Übersicht halber als „1·1-Quadrat" bezeichnet.

In der Mitte ist ein 4·4-Quadrat, dann folgt an jeder Ecke ein 2·2-Quadrat, das wieder an jeder Ecke ein 1·1-Quadrat hat. Das sind die hellen Quadrate, die wie in einem Fraktal angeordnet sind.

An den übrigen Flächen finden sich „ausgefüllte Quadrate". Dies sind 20 1·1-Quadrate, 36 2·1-Rechtecke und 4 2·2-Quadrate.

Ganz außen findet sich an jeder der 16 Seiten des 8-Eck-Sternes 1 kleines Quadrat und darum herum noch 3 ganz kleine Quadrate. Das ergibt 16 kleine Quadrate plus 48 ganz kleine Quadrate, macht insgesamt 64 Außenquadrate – alles inzwischen gut bekannte Zahlen, die sich hier aber einfach aus der Geometrie ergeben.

- *  * -

*117. Herzchakra und Sushumna
(Hampshire, England, 2005)*

Es ist ein Ring zu sehen, der in regelmäßige quadratische Flächen aufgeteilt worden ist. Die Größe der dunklen Quadrate in diesen Flächen nimmt von innen nach außen hin ab – die Mittelpunkte der Quadrate in einer Reihe liegen jedoch alle auf derselben Geraden. Es sind insgesamt 80 Quadrate in dem Kreis.

Sowohl nach oben als auch nach unten hin gibt es einen „Berg" mit links und rechts sechs Stufen, wodurch sich wieder die bekannte „12" ergibt – die Zahl des Umraumes (Tierkreis, Superstring).

Das Ganze wirkt wie ein Herzchakra mit der Sushumna (Lebenskraft-Kanal) – wobei bei dieser Deutung die Betonung der „4" verwundert.

- * ❀ * -

118. polypolares Mandala
(Oxfordshire, England, 2005)

119. polypolares Mandala
Spiralen-Schema

Ist dieser Kornkreis primär 4-polar, 6-polar oder ein Kreis?

Die „6" im Zentrum ist schlicht durch 6 Rauten dargestellt, die durch den Punkt in ihren Mitten recht lebendig wirken – die Punkte sehen aus wie die Zellkerne in sechs Zellen.

Zwischen den Rauten befinden sich außen jeweils 10 Strahlen oder Blütenblätter. Wenn man die leeren Flächen als jeweils 2 Strahlen zählen würde, käme man auf 6·12 Strahlen – aber es sind eben nur 10 Strahlen dargestellt worden.

Darum herum befindet sich ein Quadrat, das aus 16 Quadraten besteht, die wiederum aus je 8 Rechtecken bestehen, die eine Spirale bilden. Wenn man diese Spiralen genauer betrachtet, kann man sehen, daß sie sich alle gegen den Uhrzeigersinn drehen und daß sich der äußere Ansatzpunkt der Spiralen immer um eine Ecke weiterverschiebt (gegen den Uhrzeigersinn gesehen ist, wechseln die Ansatzpunkte von links unten nach rechts unten nach rechts oben nach links oben nach links unten usw.).

Ganz außen sind 4·18 Strahlen zu sehen (die 19 Strahlen links oben werden wohl ein Fehler sein). Ist mit den 72 Strahlen hier wieder die „9·8"-Symbolik des Sonnenzyklus gemeint?

Generell scheinen die 4er-Mandals wenig Dynamik zu haben – sie sind eben vor allem eine räumliche Struktur wie das astrologische Quadrat und der rechte Winkel in der elektromagnetischen Welle.

- * ❀ * -

99

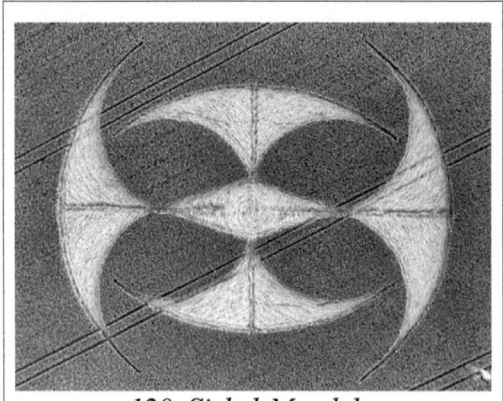

120. Sichel-Mandala
(Auchy-les-Mines, Frankreich, 2019)

1 Raute und 4 Bogen-Dreiecke bilden eine unregelmäßige, 4-polare Struktur.

Die Außenlinie der beiden großen Bogen-Dreiecke sind zwei Viertel eines großen, gemeinsamen Kreises.

Die Außenlinien der beiden inneren (waagerechten) Bogen-Dreiecke treffen genau die Mitte des äußeren Bogens der beiden äußeren (senkrechten) Bogen-Dreiecke und bilden somit das schon bekannte Augen-Symbol.

Zur Verdeutlichung ist der Kornkreis unten noch einmal mit Hilfslinien abgebildet. Die Grundform läßt sich mit drei großen Kreisen entwerfen; die Feinheiten lassen sich mit sechs weiteren Kreisen konstruieren, die auf zwei Achsen liegen; zu ihnen kommen dann noch die vier Geraden der Raute im Zentrum hinzukommen.

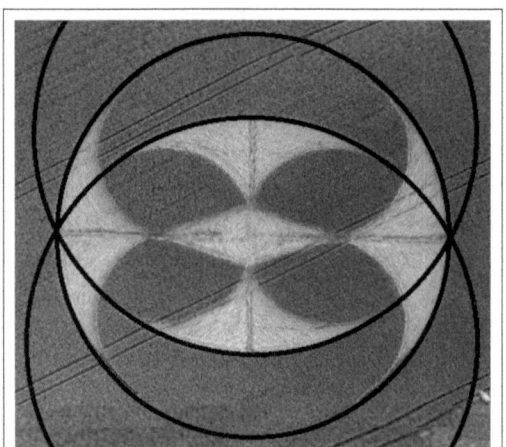

121. Sichel-Mandala (mit Hilfslinien)
„Auge"

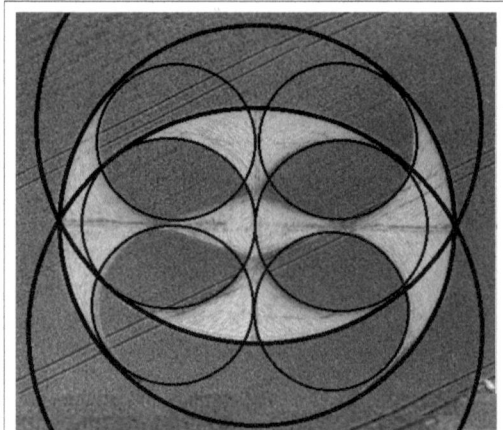

122. Sichel-Mandala (mit Hilfslinien)
Konstruktions-Schema

III 12. e)   Mandalas – fünfpolar

Die „5" hat keine traditionelle Symbolik – sie wird jedoch spätestens seit Leonardo da Vinci als Symbol für den Menschen verwendet. In der Magie ist das Pentagramm ein wichtiges Anrufungs- und Bannungs-Symbol. Das Pentagramm und das Pentagon werden auch beide mit dem Mars assoziiert – deshalb hat das Verteidigungs-Ministerium der USA die Form eines Pentagons.

- - -

123. Strahlen-Pentagramm
(Wiltshire, England, 2017)

Bei diesem Pentagramm befindet sich in jeder Ecke (außer in den sehr schmalen Innen-Spitzen) ein Kreis mit verwirbelten Getreidehalmen.

Diese Kreise sind von 2 Befestigungs-Punkten sowie zwei Strahlen-Punkten umgeben.

Dies ist ein sehr einheitlich strukturierter Kornkreis.

- * ✻ * -

Ein Pentagramm mit 5 unregelmäßigen Anzahlen von Strahlen (von unten aus im Uhrzeigersinn): 25, 24, 23, 21, 25. Jeweils 5·5=25 Strahlen wären schlüssig gewesen.

124. Strahlen-Pentagramm
(Bedfordshire, England, 2003)

- * ❀ * -

In der Mitte ist ein Pentagramm mit einem Zentralpunkt. Darum herum befinden sich Flächen, die erst verständlich werden, wenn man die Hilfslinien einzeichnet.

Außer der wirklich sehr geschickten geometrischen Konstruktion und ihrer Umsetzung als Kornkreis gibt es leider nichts zu entdecken.

125. Doppel-Pentagramm
(Wiltshire, England, 2020)

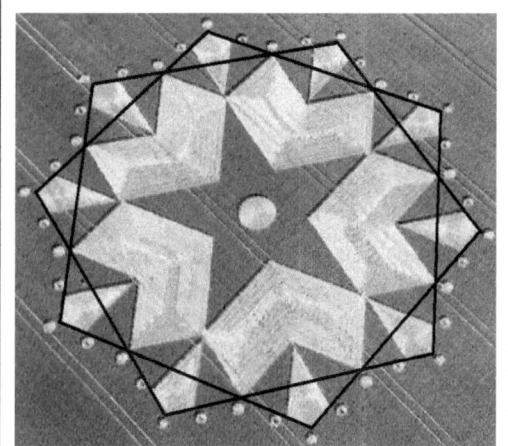

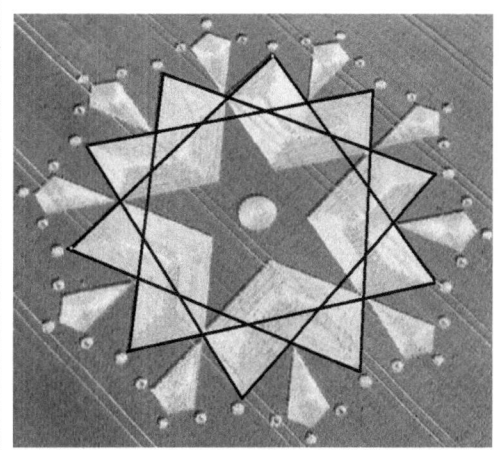

126. Doppel-Pentagramm (Hilfslinien)
2 Pentagone

127. Doppel-Pentagramm (Hilfslinien)
10-strahliger Stern

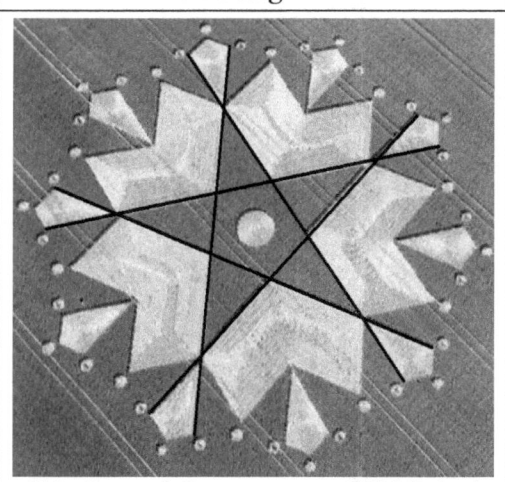

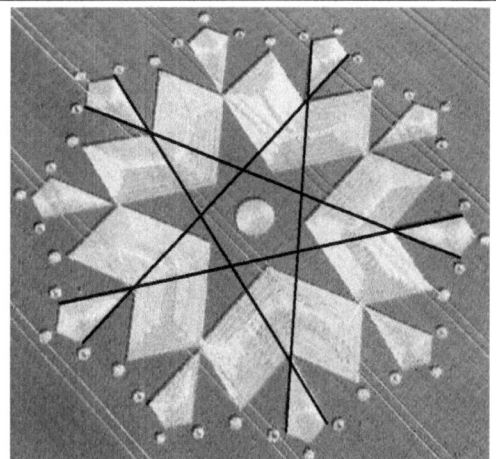

128. Doppel-Pentagramm (Hilfslinien)
Pentagramm 1

129. Doppel-Pentagramm (Hilfslinien)
2 Pentagramm 2

- * ❀ * -

130. Pentagon-Pentagramm
(East Sussex, England, 2014)

Dieser Kornkreis ist hingegen sehr schlicht konstruiert: ein Pentagramm und darum herum abwechselnd ein Kreis und ein Pentagon

Insgesamt sind das 5 Fünferformen (1 Pentagramm und 4 Pentagone) sowie 5 Kreise.

Das Konstruktion ist zwar schlüssig, aber nicht besonders interessant.

Auch hier findet sich vor allem geometrisches Geschick. Wenn man diesen Kornkreis genau genug betrachtet, findet man:

1 großes Pentagramm,
1 halbgroßes Pentagramm
5 mittlere Pentagramme,
16 kleine Pentagramme
1 großes Pentagon,
10 mittlere Pentagone,
16 kleine Pentagone.

Die gesamte Form ist ausschließlich aus Pentagrammen und Pentagonen konstruiert worden. Sie ist ein Beinahe-Fraktal.

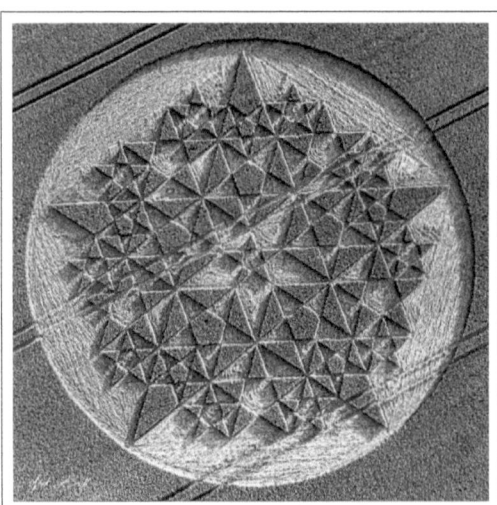

131. Pentagon-Familie
(Wiltshire, England, 2018)

- * ❀ * -

132. Pentagon-Pentagramm
(Wiltshire, England, 2003)

Ein Pentagramm in der Mitte von Pentagrammen, die zusammen ein Pentagramm bilden in einem Pentagon in einem Pentagon … ein schlüssiger Aufbau …

- * ❀ * -

133. stachliges Pentagramm
(Wiltshire, England, 2007)

Ein Pentagramm in einem Pentagon aus Pentagon-Sternen in einem Pentagon mit Pentagramm-Spitzen …

Es hat den Anschein, als ob Pentagramme zum Spielen einladen würden …

- * ❀ * -

134. Pentagramm-Stern
(Hampshire, England, 2001)

Ein zentraler Kreisring in einem Pentagramm aus 5 Dreiecken, zwischen denen jeweils 5 Kreise 5 Strahlen bilden in einem Ring – die meisten 5-polaren Kornkreis-Mandalas haben durchaus eine Vielfalt und einen schlüssigen Aufbau, aber wenig innere Dynamik.

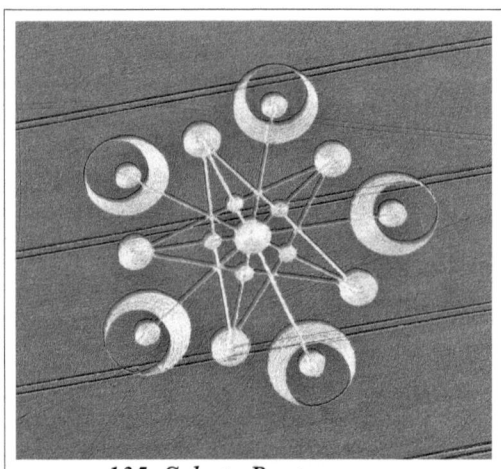

135. Schutz-Pentagramm
(Dorset, England, 2014)

Hier ist ein etwas komplexeres Pentagramm mit einem deutlichen Zentralkreis zu sehen.

Es hat an seinen Spitzen jeweils einen mittelgroßen Kreis, was ihm Stabilität und etwas Rundes gibt.

Dort, wo die 5 Verbindungslinien zwischen der Mitte und den 5 Spitzen das Pentagramm schneiden, befinden sich 5 weitere, kleinere Kreise, dem Ganzen noch mehr Stabilität verleihen.

Zwischen diesen 5 Strahlen gehen weitere 5 Strahlen von Mitte nach außen, die in einer Sichel mit Zentralkreis enden. Diese Sicheln haben in Bezug auf den Mittelkreis vor ihnen etwas Tragendes, wodurch das Pentagramm etwas Beschützendes bekommt.

136. Waffe
(Wiltshire, England, 2003)

Dieser Kornkreis, der 11 Jahre vor dem vorigen Kornkreis entstanden ist, vermittelt ein anderes Gefühl.

Auch er ist zentralisiert, aber bei ihm finden sich die Sicheln an den Spitzen und haben keinen Mittelkreis. Die 5 Zacken des Pentagramms sind nicht durch weitere Linien strukturiert, sondern sind eben spitze Rauten, was den Eindruck einer spitzen Waffe macht. Die Sicheln sind zwar rund, aber sie vermitteln trotzdem den Eindruck von etwas Scharfem, Spitzem, Wehrhaftem.

Lediglich die doppelte Linie um den Mittelkreis, die entlang der fünf Strahlen in den Außenkreis übergeht, vermittelt etwas Ruhendes, Rundes, Ganzes, Stabiles.

- *  * -

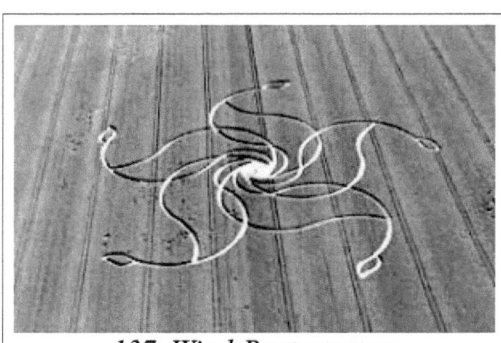

137. Wind-Pentagramm
(Dissenhofen, Schweiz, 2008)

Dieser Kornkreis ist zwar 5-polar, aber er vermittelt im Gegensatz zu den bisher betrachteten 5-polaren Kornkreisen etwas sehr Bewegtes und Luftiges.

Er besteht aus einem Mittelkreis und 5 „S"-Formen, die in einem „Blatt" enden. Durch dieses „Blatt" wirken die „S" nicht spitz.

Das Ganze macht den Eindruck einer Blüte und von etwas Rotierendem.

- *  * -

138. Fünf Gesichter
(Wiltshire, England, 2010)

In der Mitte dieses Kornkreises findet sich das einzige mir bekannte Bogen-Pentagon. Es enthält einen Zentralkreis, einen Zentral-Ring sowie 5 kleine „Befestigungs-Punkte".

Die 5 Außenkreise sind unregelmäßig dick, sodaß sie fast zu Sicheln werden. Dadurch scheinen sie ihre Kraft in der Mitte zu konzentrieren und nach außen hin zu strahlen.

Die fünf Kreisflächen sehen aus wie Gesichter. Die Augen erinnern das chinesische Glücks-Symbol. Der Strich von der Nase zum Scheitel und weiter bis zu dem zentralen Ring vermittelt den Eindruck, als würden die fünf Gesichter den Willen des Zentralkreises ausführen.

Die Drehrichtung der Doppelspiralen zeigt, daß hier ein Impuls von unten nach oben über das Dritte Auge zum Scheitelchakra emporsteigt.

Über den Augenbrauen ist links und rechts des senkrechten Striches jeweils ein „Befestigungs-Punkt". Diese Punkte vermitteln zusammen mit der Geraden den Eindruck von Entschlossenheit. Mit dieser „Fünfer-Bande" würde man sich nicht anlegen wollen …

Dies ist der kreativste der fünfstrahligen Kornkreise.

III 12. f)   Mandalas – sechspolar

Es gibt eine große Anzahl an 6-polaren Kornkreisen – so wie es auch eine große Anzahl an 6-polaren Formen in der Natur gibt. Die 6-polare Form ergibt sich, wenn man Kugeln gleicher Größe möglichst eng lagert – z.B. gleichgroße Klickern in einem Eimer oder Neutronen und Protonen in einem Atomkern. In der Ebene lagern sich immer sechs gleichgroße Kreise an einen zentralen Kreis von derselben Größe an.

In der Astrologie beschreibt der Sextil-Aspekt (60°) die Zusammenlagerung von Gleichen zu einer Gruppe. In der Natur lagern sich Wasser-Moleküle zu Schneeflocken zusammen. Auf der Umlaufbahn eines Planeten können zwei Monde fliegen, wenn sie 60° auseinander stehen – es passen somit maximal 6 Monde auf dieselbe Umlaufbahn. Im Kleinen können sechs Elektronen auf einem d-Orbital um einen Atomkern kreisen. Auch in der Steinheilkunde hat die hexagonale Kristallisationsform der Mineralien diesen kooperativen Gruppen-Charakter.

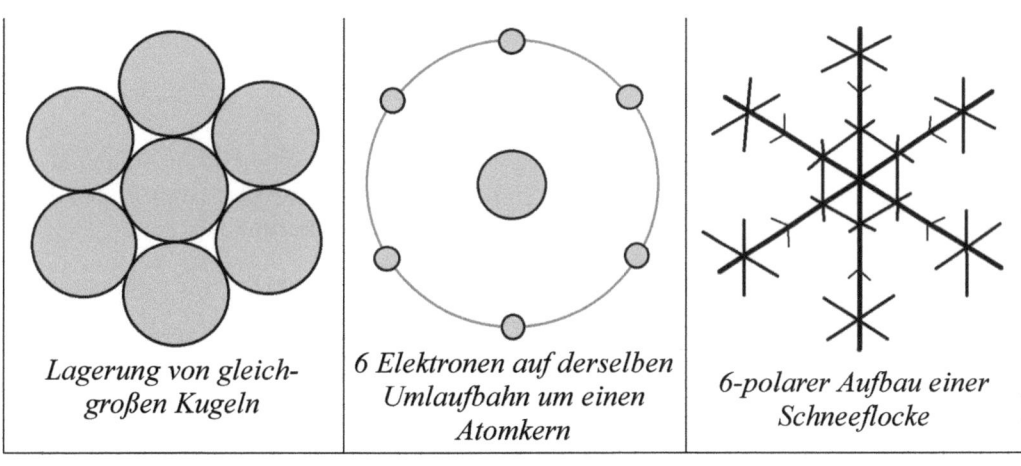

Lagerung von gleich- großen Kugeln	6 Elektronen auf derselben Umlaufbahn um einen Atomkern	6-polarer Aufbau einer Schneeflocke

- - -

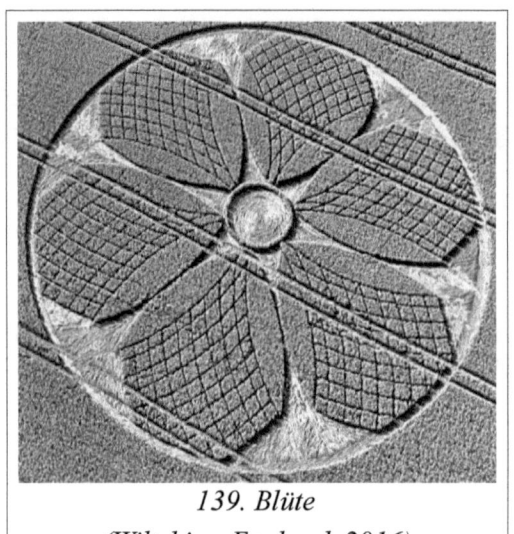

139. Blüte
(Wiltshire, England, 2016)

Hier ist ein Zentralkreis mit sechs Blütenblättern zu sehen.

Auf den Blättern gehen von beiden Seiten her 9 Reihen von Rauten aus. Auf einem Blatt sind 72 Rauten – eine inzwischen gut bekannte Zahl. Insgesamt sind in der Blüte folglich 442 Rauten.

- * ❀ * -

140. Blüte
(Oxfordshire, England, 2008)

Auch dies ist eine Blüte – diesmal mit schmalen Blütenblättern und einem breiten Ring außen herum.

- * ❀ * -

141. Kreise
(Warwickshire, England, 2012)

Dies ist ein Hexagramm mit Pentagramm-Qualität: Durch die 5 Rauten und die 6·12=72 Dreiecke hat es etwas sehr Spitzes. Die helle, runde Fläche im Zentrum, die durch die seitlichen Ecken der Rauten sowie die Grundflächen der inneren Dreiecke begrenzt wird, nimmt diesem Kornkreis ein bißchen etwas von der üblichen ruhenden Qualität der Hexagramme.

- * ❀ * -

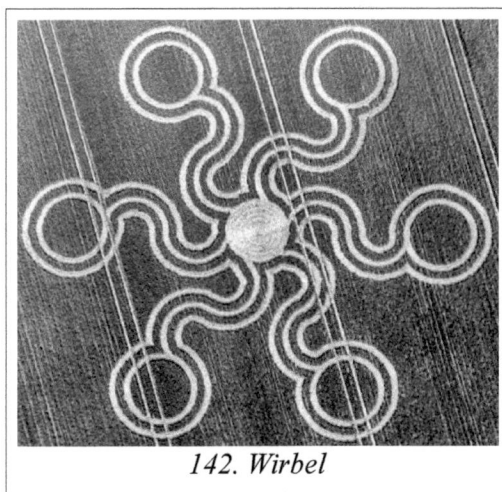

142. Wirbel
(Wiltshire, England, 2019)

Von dem Zentralkreis gehen 6 „S"-Formen aus, die wiederum in sechs Kreisen enden.

Das wird vermutlich die äußere Form sein (6 Kreise), die durch die Ausstrahlung („S") des Zentralkreises (Mitte) entsteht.

Sind die „S" vielleicht Spermien oder Schlangen?

- * ❀ * -

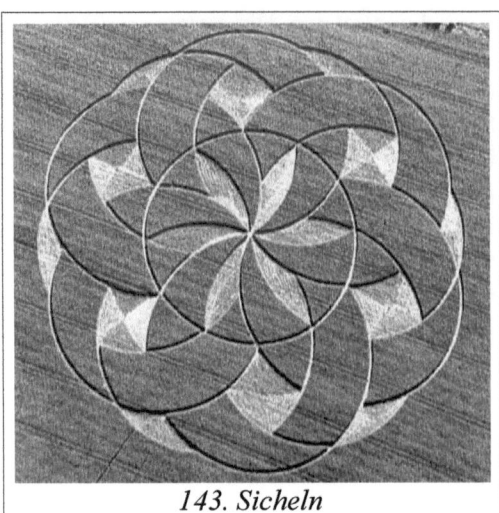

143. Sicheln
(England, 2014)

Dieser Kornkreis läßt sich in 3 Schritten konstruieren:
- ein Zentralkreis:
- sechs genauso große Kreise, deren Mittelpunkt stets auf dem Schnittpunkt eines Außenkreises mit dem Mittelkreis liegt;
- noch einmal 6 genauso große Kreise, deren Mittelpunkt immer genau zwischen den Schnittpunkten der vorigen sechs Kreise liegen.

Aus dere Art, in der die so entstandenen Flächen verbunden oder getrennt werden, ergibt sich der Eindruck eines Wirbels.

Innen am Rand des Innenkreises sind sechs der inzwischen gut bekannten Bogen-Dreiecke zu sehen. Sie finden sich auch am Außenrand.

Die hellen Flächen sind teilweise kunstvoll-symmetrisch flachgelegt worden.

- *  * -

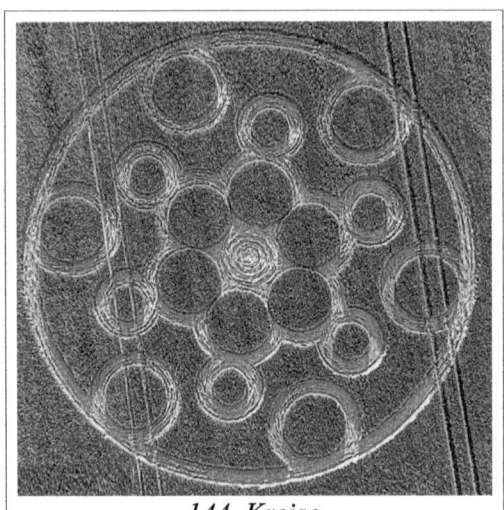

144. Kreise
(Wiltshire, England, 2017)

Hier ist ein 6-polarer Kornkreis aus 1 Zentralkreis und 3·6=18 Ringen zu sehen. Durch ihre Anordnung und ihre verschiedene Größe hat dieser Kornkreis, obwohl er nur aus Kreisen besteht, etwas Unruhiges.

- * 🌀 * -

Der große Zentralkreis wird von 6 kleineren Kreisen hintereinander umgeben, deren Mittelpunkte auf dem Umfang des Zentralkreises liegen.

Alle 7 Kreise enthalten je zwei Ringe. Die äußeren Ringe sind so gestaltet worden, daß eine kreisende Bewegung entsteht. Zwischen den sechs Außenringen befindet sich jeweils ein Befestigungs-Punkt.

145. Kreise
(Wiltshire, England, 2007)

- * 🌀 * -

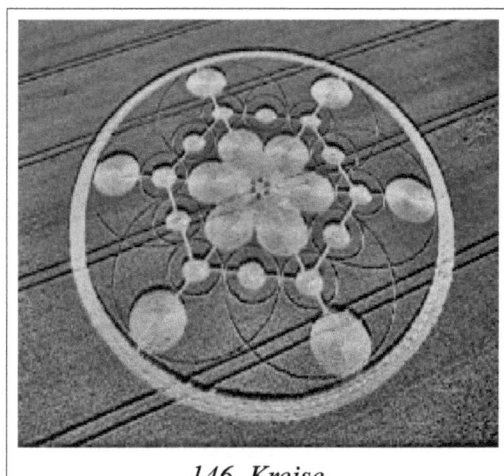

Auch hier wurden hauptsächlich Kreise verwendet. Lediglich das zentrale Hexagon und seine 6 Strahlen enthalten andere Elemente. Eine zusätzliche, eher dezente Struktur entsteht durch die 12 kleinen und die 6 großen Ringe. Durch die Schnittflächen der großen Ringe entstehen „Mandeln".

Insgesamt wirkt dieser Kornkreis recht organisch.

146. Kreise
(Wiltshire, England, 2003)

- * 🌀 * -

147. hexagonales Fraktal
(Wiltshire, England, 1997)

Dieser Kornkreis ist als Fraktal konstruiert worden. Die äußere Form ist ein Hexagramm mit angelagerten Dreiecken. Die innere Form ist ein sechsstrahliger Stern mit angelagerten Hexagonen. Ganz außen sind kleine Kreise hinzugefügt worden – an den Hauptspitzen je 3, an den Nebenspitzen je 2.

Es sind 42 Hexagone zu sehen und 156 Punkte. Das Quadrat-Fraktal (Kornkreis 108) ist auch von 156 Punkten umgeben. Ob das jedoch eine tiefere Bedeutung hat, ist fraglich.

- *  * -

148. hexagonales Kreis-Fraktal
(Wiltshire, England, 2010)

Dieser Kornkreis ist ansatzweise fraktal gestaltet: ein zentraler Kreis, der von 6 Kreisen umgeben ist, die wiederum von je 6 Kreisen umgeben sind.

Zwischen diesen Kreisen befinden sich jeweils vier Punkte. Die 2 Punkte auf der Achse der beiden Kreise wirken wie Verbindungs-Elemente – die beiden Punkte links und rechts daneben wie Stabilisierungen.

Die Mittelpunkte der Kreise liegen alle auf je drei Achsen, die durch den Kornkreis verlaufen (die drei Richtungen der sechspolaren Struktur).

Drei der Achsen, die von links unten nach rechts oben verlaufen, sind als dünne Linien eingezeichnet. Warum gibt es diese Unregelmäßigkeit?

Die Seiten der 6 Bogen-Dreiecke sind Teile von der Ringe rings um die 7 Hauptkreise. Es sind insgesamt 205 Kreise und Punkte zu sehen – eine Fleißarbeit …

149. *sechspolares Magnetfeld*
(Wiltshire, England, 2002)

Hier ist die 6-Polarität als Kraftfeld dargestellt worden.

In der Mitte befindet sich ein Hexagramm aus sechs Rauten. Darum herum ist ein Hexagon zu sehen, daß durch gerade Linien in verschiedene Rauten gegliedert wird. Daran anschließend befinden sich 6 außen abgerundete Flächen, die durch gerade Linien in verschiedenförmige Rauten zerlegt werden. Diese Linien enden in den 66 Rauten, die den Außenkreis bilden.

Es gibt 6 Linien, die durch den gesamten Kornkreis einschließlich des Hexagramms in der Mitte und der sechs weißen Pole verlaufen.

- * ❀ * -

150. *Blüten und Kreise*
(Wiltshire, England, 2010)

Der Mittelkreis und die 6 Außenkreise werden durch Mandel-förmige Blütenblätter miteinander verbunden. Sie setzen am Rand des Innenkreises an und ragen in die Außenkreise hinein – dadurch ist der Mittelkreis der Ausgangspunkt und die Außenkreise die Ausgestaltung der Qualität des Mittelpunkte.

Der äußere Ring wird durch je 5 Punkte zwischen den sechs großen Außenkreisen gebildet.

Der innere Ring besteht aus halbierten Kreisflächen, die durch ihre Anordnungen zu einer Reihe von „S" werden und daher den Fluß einer Kraft suggerieren.

Neben dem Kreis unten rechts befindet sich ein Begleiter-Ring.

- * ❀ * -

151. Hexagon
(Wiltshire, England, 2011)

Hier ist ein Hexagramm mit 12 Dreieckspyramiden gefüllt worden.

Das flachgelegte Getreide in dem Außenring ist in drei Reihen zu je $6 \cdot 19 = 114$ mal einer hellen und einer dunklen Fläche verwoben worden. Dies sind also insgesamt 3 Reihen · 114 Flächen = 342 Flächen. Eine Bedeutung dieser Zahl ist nicht ersichtlich.

Die 114 läßt sich als $2 \cdot 3 \cdot 19$ darstellen, was jedoch auch keine erkennbare Symbolik hat.

152. Sechstrahl-Kreise
(Wiltshire, England, 2007)

Ein sehr schlichter Kornkreis: 1 Zentralkreis, 5 Ringe, 6 Strahlen. Die Strahlen sind abwechseln flachgelegtes und stehendes Getreide.

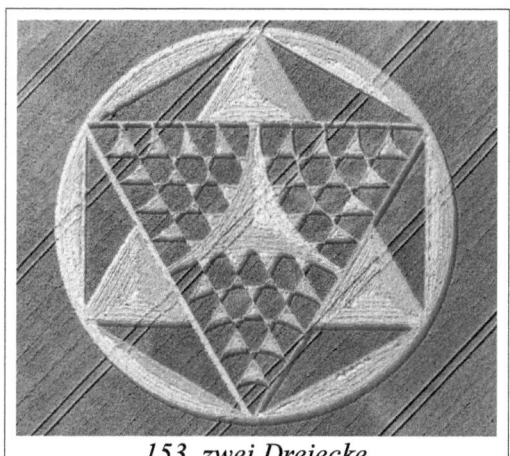

153. zwei Dreiecke
(Hampshire, England, 2019)

Hier ist betont worden, daß das Hexagramm aus zwei Dreiecken mit verschiedener Qualität besteht. Im Tierkreis sind dies z.B. das Dreieck der drei Feuerzeichen in Kombination mit dem Dreieck der drei Luftzeichen. (bzw. Wasser- und Erdzeichen).

Das Hexagramm befindet sich in einem Hexagon (Wabe) und dieses in einem Kreis.

Die Formen in dem Dreieck sind interessant. Sie werden durch je 5 Kreisbögen gebildet, deren Zentrum in den drei Ecken des Dreiecks liegen, sowie je 4 Geraden, die parallel zu den Seiten des Dreiecks liegen.

Dadurch entsteht im Zentrum das gut bekannte Bogen-Dreieck sowie $3 \cdot 15 = 45$ weitere Formen. An dem Rand des Dreiecks sind dies $3 \cdot 9$ Bogen-Quadrate, in der Mitte $3 \cdot 6$ Bogen-Hexagone.

Hier wird also dargestellt, daß sowohl die Seiten des Dreiecks zur Mitte hin wirken (4 geraden „Wellen") als auch die Ecken des Dreiecks zur Mitte hin wirken ($3 \cdot 5$ gebogene „Wellen").

Es handelt sich also um einen introvertierten, meditativen Kornkreis.

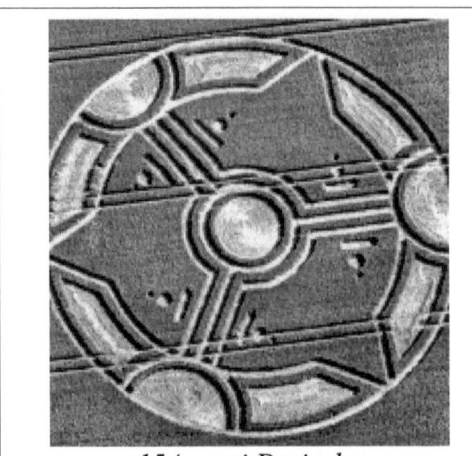

154. zwei Dreiecke
(Borough of Swindon, England, 1999)

Wie bei dem vorigen Kornkreis ist auch hier das Hexagramm in zwei Dreiecke zerlegt worden. 3 Spitzen sind hier als „spitz und strahlend" charakterisiert worden – die 3 anderen Strahlen als „rund und empfangend".

Durch den großen Mittelkreis und die Betonung von nur 3 der 6 Achsen wirkt der Kornkreis sehr stabil.

Die Stabilisatoren-Paare an jeder der drei Strahlen bestehen aus einer Geraden sowie aus einem großen und einem kleinen Punkt. Sie sind in dieser Form ein neues Element, da ansonsten nur einfache Geraden, doppelte Geraden und Punktpaare als Stabilisatoren aufgetreten sind.

155. Drei, Sechs und Zwölf
(Dorset, England, 2014)

Das Hexagon mit den drei Kreisringen in der Mitte wirkt sehr kraftvoll. Es ist von einem zweiten Hexagon-Ring umgeben, der zunächst eher unauffällig ist. An dieses Hexagon schließen sich 6 Dreiecke an, die kein Hexagramm bilden, sondern länger und schmaler sind und daher stärker nach außen drängen.

Dies ist im Gegensatz zu dem vorigen Kornkreis ein extrovertierter, handelnder Kornkreis.

Von den Ecken und den Seitenmitten des inneren Hexagons geht je eine Linie nach außen, also insgesamt 12 Strahlen (Tierkreiszeichen).

3 Dreiecke enthalten je 7 Strahlen (Chakren); die 3 anderen Dreiecke enthalten nur einen einzelnen Strahl. Hier wird wieder die Verschiedenartigkeit der beiden Dreiecke betont, aus denen sich das Hexagramm zusammensetzt.

Die übrigen 6 Strahlen werden von einem „Doppel-S", also von einer Schlangenlinie umwunden. Sie strahlen Kraft nach außen, was den extrovertierten Charakter dieses Kornkreises verstärkt.

- * ❀ * -

156. Zwölfer-Hexagramm
(Wiltshire, England, 1999)

Hier ist ein kombiniertes Hexagramm-Hexagon zu sehen. In dem Hexagramm sind ein Zentralkreis und zwei Ringe. Die Strahlen bestehen aus je 6 Kreisen und 4·2 Begleiter-Punkten.

Die Form wirkt sehr schlüssig, aber sie hat wie die meisten Kornkreis-Mandalas kaum Eigendynamik.

- * ❀ * -

157. Spitzen-Mandala
(Wiltshire, England, 2013)

Es ist ein Ring zu sehen, auf dem 6 kleine Kreise liegen. Jeder der 6 Kreise befindet sich in einem spitzen Dreieck. Diese Dreiecke haben in der Mitte einen Winkel von 40°, d.h. von einem Neuntel-Kreis. Die Lücken zwischen diesen Dreiecken haben innen einen Winkel von 20°. Der Kreis ist also zunächst in 18 Segmente zu je 20° aufgeteilt worden.

Die dunklen Dreiecke sind an ihrer Außenseite um ein gleichseitiges Dreieck reduziert worden, dessen Spitze in dem kleinen Kreis liegt.

Das ganze Arrangement macht einen „bissigen" Eindruck, der für 6-polare Formen sehr untypisch ist. Dies liegt u.a. daran, daß der prägenden Winkel nicht 60°, sondern nur 40° ist, was einer Aufteilung in 9 Neuntel statt in 6 Sechstel entspricht.

119

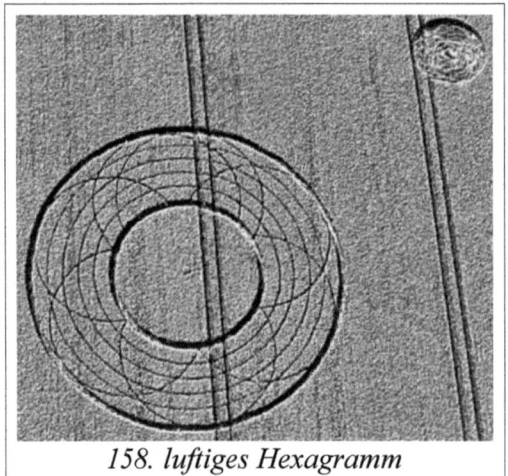

158. luftiges Hexagramm
(Wiltshire, England, 2017)

Im wesentlichen ist dies ein kleiner Ring in einem großen Ring, der einen kleinen Kreis als Begleiter hat (rechts oben).

Diese 2 etwas breiteren Ringe werden durch 4 schmale Ringe ergänzt – es sind also insgesamt 6 Ringe.

Über diese 6 Ringe sind 6 weitere, kleinere Ringe gezeichnet worden, deren Durchmesser halb so groß ist wie der des großen Rings und deren Mittelpunkte alle auf dem kleinen Ring liegen. Durch diese Anordnung entstehen 6 Blütenblätter.

Ist die Ausführung dieses Entwurfs nicht präzise gewesen? Am oberen Ende des Kornkreises passen die 6 kleineren Ringe nicht genau zusammen, sodaß ein doppelter Ring entstanden ist. Das sieht nach „Menschenwerk" aus …

Dieser Kornkreis ist hingegen auf Hexagramm-typische Weise sehr harmonisch.

Er ist wie die „Blume des Lebens" aus gleichen Kreisen konstruiert worden: ein Kreis in der Mitte, auf dessen Rand sich die Mittelpunkte von 6 weiteren Kreisen von derselben Größe befinden. Ihre Zentren liegen stets auf dem Schnittpunkt eines Außenkreises mit dem Innenkreis.

Diese Form ist dann noch durch einige Bögen ergänzt worden, die dieselbe Länge und Krümmung haben wie die Bögen, die sich aus der Anfangskonstruktion ergeben haben.

159. Große Blüte
(Wiltshire, England, 2003)

160. Sichel-Kranz
(Warwickshire, England, 2010)

Dieser Kornkreis, der aus 6 Sicheln besteht, erinnert an Christi Dornenkrone.

Das kunstvolle Blüten-artige Hexagramm im Zentrum ist kaum zu sehen (3 Mandeln und Kreis im Zentrum).

Soll das eine von Stacheln umgebene Blüte sein?

161. Blüte
(Italien, 2010)

Dieser Kornkreis wirkt weich wie eine Blüte und leicht wie ein Schmetterling.

Seine geometrische Grundlage ist ein dünner Ring der durchdie Zentren der 6 kleinen Kreisringe und durch die innersten Kreise der Blütenblattränder verläuft.

Durch sechs weitere Ringe mit demselben Radius wie der Zentralring entstehen die Mandel-förmigen Blütenblätter. Von diesen Ringen sind jedoch immer nur 2/3 zu sehen – der Rest, der außerhalb der Blüte liegen würde, ist nicht ausgeführt worden.

Der Zentralstern besteht aus einem kleinem Kreis sowie aus 12 schmalen Mandeln, die auf den Linien der 6 äußeren Ringe liegen.

Die Ränder der Blütenblätter bestehen

aus jeweils 6 großen und 8 kleinen Kreisen sowie einem weiteren großen Kreis an der Spitze.

Auch die 6 Ringe in den Blütenblättern sind interessant, da sie unterschiedliche Anzahlen von Punkten in unterschiedlicher Anordnung enthalten. Von unten aus im Uhrzeigersinn sind dies: 13, 6, 15, 7, 15, 13. Ein System ist hier nicht erkennbar. Diese Unregelmäßigkeit trägt deutlich zu der Leichtigkeit dieses Kornkreises bei.

- *  * -

Dieser Kornkreis ist bereits bei den quadratischen Mandalas besprochen worden (Kornkreis 94). Es ist wird hier noch einmal wegen des schönen Hexagramms in seinem Zentrum angeführt.

162. Vier, Sechs und Zwölf
(Oxfordshire, England, 2013)

- * * -

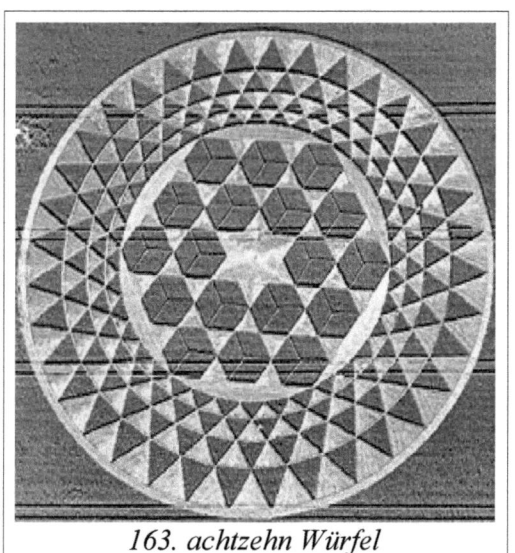

163. achtzehn Würfel
(Wiltshire, England, 2007)

Rings um das zentrale Hexagramm sind 18 Hexagone zu sehen, die zu 3D-Würfeln gestaltet worden sind. Soll das mehr als nur ein optischer Gag sein? Wenn ja, was?

Außen sind 4 Reihen von jeweils 36 Dreiecken zu sehen. Das sind insgesamt also $12 \cdot 12 = 144$ Dreiecke, was eine Anspielung auf die „12" des Tierkreises sein wird.

Die Dreiecke werden von innen nach außen hin größer, was einen strahlenden Eindruck hervorruft.

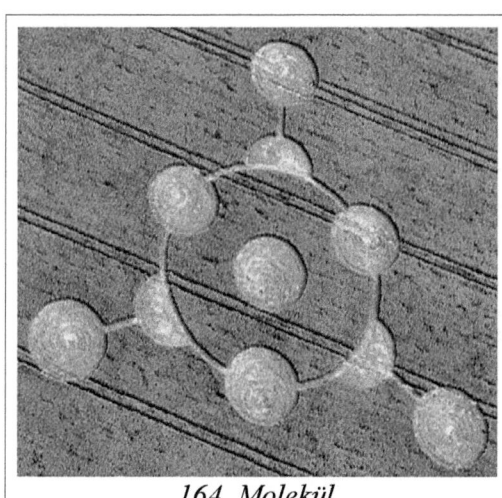

164. Molekül
(Wiltshire, England, 2009)

Hier wird wieder die Verschiedenartigkeit der beiden Dreiecke betont – 3 der Kreise auf dem Ring sind ganz und 3 nur halb zu sehen. Auch die 3 Kreise ganz außen betonen diese Verschiedenartigkeit.

Man weiß nicht, ob hier die „Gruppe"-Qualität der 6 oder die „Zusammenhalt"-Qualität der 3 das prägendere Element ist.

Stellt dieser Kornkreis das (ungenaue) 3D-Modell eines Benzol-Rings (C_6H_6) mit den anhängenden Wasserstoffatomen dar? Dann würde allerdings 3 H fehlen. Es wäre ein C_6H_3 – also Benzenetriyl. Allerdings wäre dann noch immer der zentrale Kreis zu viel.

- * ❀ * -

165. Dreiecks-Pyramiden
(Wiltshire, England, 2012)

Dieses Hexagramm besteht aus 2 Drei-ecks-Paramiden, die mit ihrem Boden auf-einander liegen – es ist nur die Spitze des oberen Dreiecks zu sehen.

- * ❀ * -

166. Dreieck-Pyramiden
(Wiltshire, England, 2017)

Die Mitte dieses Kornkreises (oberes Dreieck) ist aus 4 Dreieckspyramiden konstruiert worden. Die 3 Spitzen des unteren Dreiecks passen nicht so recht zu dieser 3D-Darstellung.

Das Hexagramm ist von einem kaum sichtbaren Ring umgeben. An den 6 Spitzen des Hexagramms befindet sich je ein Kreis. zwischen diesen Kreisen sind wieder 2 Verbindungskreise zu sehen wie z.B. auch bei den Kornkreisen 87, 88, 112 und 114. Sie sind nur halb gefüllt, aber bilden kein dynamisches „S", sondern sind statisch. Auch die nur zur Hälfte sichtbaren Ringe um die 6 äußeren Kreise verstärken den Eindruck einer Barock-Festungsanlage.

- * ❀ * -

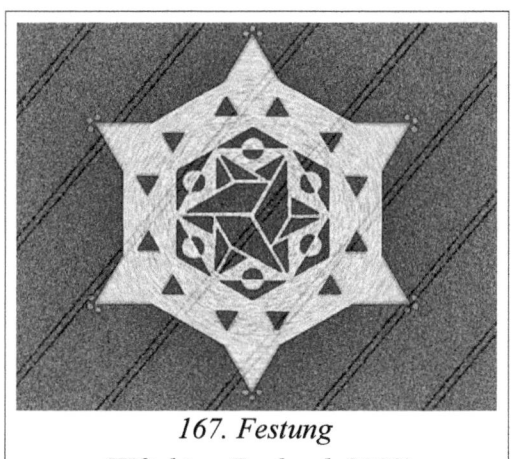

167. Festung
(Wiltshire, England, 2008)

Dieser Kornkreis erweckt noch stärker den Eindruck einer Barock-Festung.

Das Hexagramm im Zentrum ist als Wirbel gestaltet worden, der wieder von den statischen und „defensiven" halbierten Kreisen umgeben ist, die auf einem Hexagon liegen, das von einem zweiten Hexagon umgeben ist. Die Außenlinie des Kornkreises wird von einem 3. Hexagon gebildet.

Die 12 Dreiecke in dem äußeren Hexagon wirken wie Verteidiger und die 6 Dreiecke außen an dem Hexagon wie Bastionen. Vor der Spitze einer jeden Bastion sind drei kleine Kreise zu sehen.

Der Gesamteindruck: geballte Kraft in einer Festung.

- * 🌀 * -

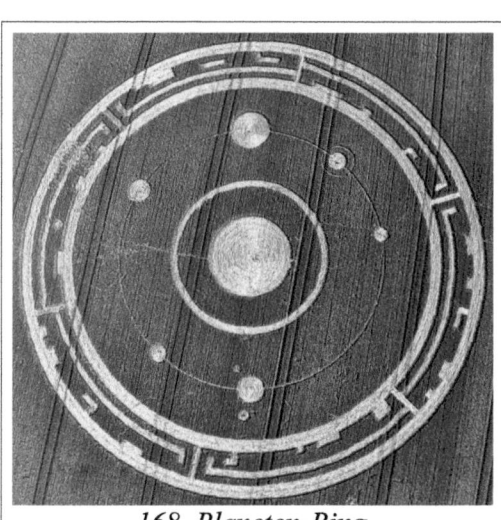

168. Planeten-Ring
(Dorchester, England, 2015)

Hier ist die 6-Polarität erst auf den zweiten Blick sichtbar: Der Außenkreis ist in 6 Sechstel unterteilt. Prägend ist hingegen der Zentralkreis, der innere Ring, der mittlere Ring mit den „Planeten" und der äußere Ring, die insgesamt einen auf das Zentrum hin ausgerichteten Eindruck machen.

Die Sechstel des Kreisrings enthalten zwar alle dasselbe langgezogene „L", aber unterschiedliche zusätzliche kleine Elemente, die ein wenig wie Schriftzeichen oder ein Code wirken.

Bei den 6 „Planeten" fällt auf, daß sie unregelmäßig verteilt sind und sich nicht in der stabilen Postion mit einem Abstand von jeweils 60° befinden – das kann nicht lange halten … Der „Planet" rechts oben hat einen „Ring" und der „Planet" links unten hat 2 „Monde".

Wollte hier jemand den Eindruck erwecken, daß dies eine Botschaft von einem anderen Sternensystem ist? Die Wahrscheinlichkeit, daß dies ein Menschengemachter Kornkreis ist, ist ausgesprochen groß.

- * ❁ * -

169. einliniges Hexagramm
(Dorset, England, 2014)

Dieses Hexagramm ist vermutlich ebenfalls von Menschen angefertigt worden – vermutlich von Crowleyanern, da dieses Hexagramm die Form des „einlinigen Hexagramms" hat, das von Aleister Crowley entworfen worden ist.

Das auffällige stilisierte Gesicht, das sonst in dieser Form nicht vorkommt, paßt zu dieser Annahme.

III 12. g) Mandalas – siebenpolar

Die „7" wird zwar allgemein mit den 7 Planeten assoziiert, aber da dies nur eine traditionelle Symbolik ist, die auf der zufälligen Anzahl der mit bloßem Auge sichtbaren Planeten beruht, hat die „7" keine grundlegende Struktur wie die „2", die „3", die „4" oder die „6". Sie ist daher der „5" vergleichbar, die zwar auch eine traditionelle, aber keine strukturelle Symbolik hat.

Das gilt jedoch nur für die 7-Polarität – die 7er-Reihe entspricht in der Regel den 7 Chakren, deren Aufbau eine grundlegende Struktur in der Welt sind.

- - -

Dieser Kornkreis besteht von innen nach außen hin gesehen aus einem Heptagon, 7 Blütenblättern (Rauten), einem Heptagramm, einer Sichel und einem Kreis mit 2 Reihen zu je 7·12=84 Quadraten – der übliche Hinweis auf den Tierkreis als die Struktur des Umraums („Aura"), der das Zentrum umgibt.

Die „7" wird in der Magie mit der Venus assoziiert. Die Venus und teilweise auch der Mond gehören zu der sumerischen Göttin Inanna. Sollte das evtl. Absicht sein?

*170. spitzes Heptagramm
(Wiltshire, England, 2016)*

- *  * -

127

171. Sternblume
(Italien, 2011)

Hier ist innen die Kombination aus Ring und Heptagramm zu sehen, um das Linien-Blütenblätter und darum herum Flächen-Blütenblätter gelagert sind. Das Ganze macht den Eindruck einer „Sternblume".

Auf den äußeren Blütenblättern sind in verschiedenen Anordnungen verschieden viele Punkt – von unten im Uhrzeigersinn sind dies: 4, 4, 5, 3, 3, 4 und 4 Punkte – insgesamt 27 Punkte. Eine Systematik ist hier nicht ersichtlich. Die Wirkung dieser Punkte besteht darin, daß sie die Strenge der Form auflösen – so wie dies auch die gebogenen Formen der Blütenblätter („Bogen-Dreiecke") bewirken.

Zwischen den äußeren Blütenblättern befinden sich Reihen von je 7 Punkten, die teilweise gefüllt (1) und teilweise leer (0) sind. Von der Punkte-Reihe unten links ausgehend finden sich verschieden Folgen (von innen nach außen gezählt). Ganz rechts ist bei der Übersicht gezeigt, welche Folgen gleich sind.

$$
\begin{array}{lll}
\text{1. Reihe:} & 0\ 0\ 1\ 0\ 1\ 0\ 0 & => 2 \cdot 1 \\
\text{2. Reihe:} & 1\ 0\ 0\ 0\ 0\ 0\ 1 & => 2 \cdot 1 \\
\text{3. Reihe:} & 0\ 1\ 1\ 1\ 0\ 1\ 0 & => 4 \cdot 1 \\
\text{4. Reihe:} & 0\ 0\ 1\ 1\ 1\ 1\ 0 & => 4 \cdot 1 \\
\text{5. Reihe:} & 0\ 1\ 1\ 1\ 0\ 1\ 0 & => 4 \cdot 1 \\
\text{6. Reihe:} & 0\ 0\ 1\ 0\ 0\ 0\ 1 & => 2 \cdot 1 \\
\text{7. Reihe:} & 0\ 1\ 0\ 1\ 0\ 0\ 0 & => 2 \cdot 1 \\
\end{array}
$$

Wenn die 6. Reihe ein wenig anders wäre, wären diese Folgen symmetrisch um die Folge 4 herum angeordnet. Die 1. Reihe entspricht der 7. Reihe und die 3. Reihe entspricht der 5. Reihe.

Die Bedeutung der Punkte auf den Blütenblättern und der gefüllten Punkte auf den Punkt-Linien ist unbekannt.

Jede Seite der 7 Blütenblätter ist von 12 Punkten umgeben – die klassische Tierkreis-Symbolik. Da die Endpunkte dieser Punktreihen jeweils zu 2 Blättern gehören, sind dies insgesamt $14 \cdot 11 = 151$ Punkte.

– * ✿ * –

128

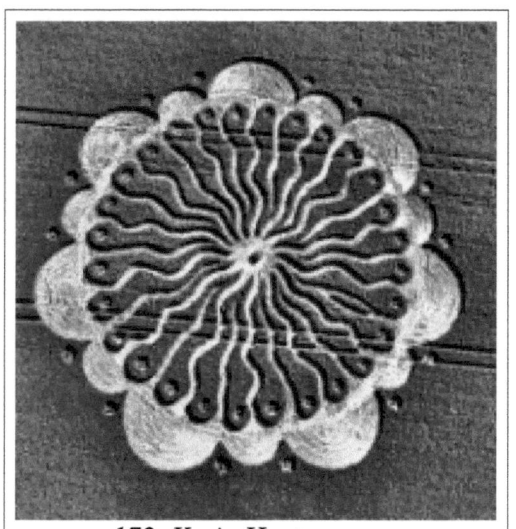

172. Kreis-Heptagramm
(Wiltshire, England, 2009)

Die äußere Form besteht aus 7 großen Kreisen, die durch 7 kleine Kreise verbunden werden. Die Mittelpunkte dieser 14 Kreise liegen alle auf demselben Ring. An den Ecken zwischen diesen Kreisen befindet sich jeweils ein Befestigungs-Punkt.

Im Zentrum ist ein Punkt zu sehen, von dem aus 7·4=28 „Würmer" nach außen hin kriechen. Man könnte sie auch für Schlangen, Larven, Spermien ö.ä. halten. Sie stellen auf jeden Fall eine „organische Expansion" dar. Sie sind auch eine organische Variante des „S", das den Fluß einer Kraft darstellt.

Dieser Kornkreis wirkt weich und lebendig – was eher eine Mond-Symbolik als eine Venus-Symbolik ist.

- *  * -

173. Stern-Heptagramm
(Dorset, England, 2018)

Ein Hexagramm, das von einem Ring mit 14 griechischen Spiralen umgeben ist, von denen je ein Paar, das chinesische Glücks-Symbol darstellt.

Außen sind noch 7 weitere Kreisflächen vor den Spitzen des Heptagramms zu sehen.

- *  * -

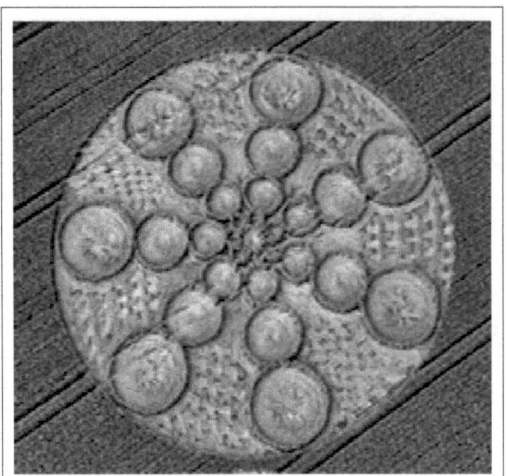

7 Reihen von je 4 Kreisringen gehen von 1 Zentralkreis aus.

Das Auffällige an diesem Kornkreis ist das gewebte Getreide in den Flächen zwischen den Kreisringen.

174. Kreise-Heptagramm
(Wiltshire, England, 1999)

- *  * -

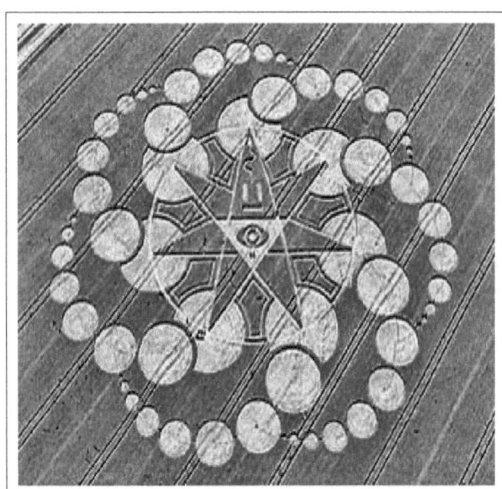

175. komplexes Heptagramm
(Wiltshire, England, 2008)

Hier ist deutlich mehr los … aber es ist unklar, wo bei diesem Kornkreis oben und wo unten ist – es ist kein vollständig symmetrisches Mandala. Da unklar ist, von welcher Seite her man diesen Kornkreis betrachten sollte, sind hier beide Möglichkeiten angeführt.

Bei der Version 175 befindet sich im Zentrum ein Auge in einem Dreieck – ein bekanntes Gottes-Symbol. Allerdings steht das Dreieck auf dem Kopf – ist daher der Teufel gemeint?

Das Heptagramm steht mit der Spitze nach oben, strebt also nach oben.

In der oberen Spitze des Heptagramms sind eine waagerechte und zwei senkrechte Linien sowie eine aufsteigende Schlange zu sehen. Sind das ein Fundament, zwei Stützen und die aufsteigende Kundalini? Oder das Wurzelchakra, Ida, Pingala und Sushumna/Kundalini? Die Schlange entspricht den „Würmern" in dem Kornkreis 172 – auch dort bewegen sie sich von innen nach außen hin.

Die Spitzen des Heptagramms enden in Kreisen, deren Mittelpunkte alle auf einem Ring liegen. Dieser Ring trennt den inneren von dem äußeren Bereich dieses Kornkreises.

Von den 7 Kreisen gehen 8 weitere Kreise in einer gebogenen Linie aus – also insgesamt jeweils 9 Kreise. Die Ringe, von denen diese gebogenen Linien ein Teil sind, verlaufen alle durch das Zentrum des Kornkreises. Diese Bögen aus jeweils 9 Kreisen geben dem Kornkreis den Eindruck, als ob er rotieren würde.

Schließlich sind noch die dunklen Flächen zwischen den Spitzen des Heptagramms interessant. Sie wirken einerseits fast organisch und sehen andererseits wie Pfeilspitzen aus und erinnert entfernt an einen Penis.

176. komplexes Heptagramm

Wenn man diesen Kornkreis umdreht (Version 176), steht das Auge in einem aufrechten Dreieck, was das übliche Gottessymbol ergibt.

Allerdings kriecht die Schlange dann nach unten – und die Symbolik einer absteigenden Schlange ist nicht bekannt. Sollte sie vielleicht anstelle der Erleuchtungs-Symbolik der aufsteigenden Schlange die Inkarnation, also die Zeugung darstellen? Das würde zu den Schlangen bzw. Spermien aus dem Kornkreis 172 passen.

Also die „7" als Zahl der Muttergöttin, die den Menschen ihre Inkarnation ermöglicht? Vermutlich ist das zu mythologisch gedacht …

131

III 12. h) Mandalas – achtpolar

Es sind schon einige achtpolare Formen betrachtet worden – vor allem im Zusammenhang mit den quadratischen Mandalas: aus zwei Quadraten ergibt sich ein Oktagramm. Die „8" hat seit der Altsteinzeit die Symbolik der Vollständigkeit und der Vollkommenheit. Sie findet sich in späten Ausformungen z.B als Einteilung der germanischen Sonnenscheiben und als Grundriß der romanischen Kirchen. Buddha hat aus diesem Grund seine Lehren auch als „achtfachen Pfad" bezeichnet.

- - -

177. Oktagon
(Ort und Jahr unbekannt)

Die 8-Polarität wirkt sehr statisch – und sie ist es auch. Sie ist sozusagen die „geordnete Vielfalt der entspannten Formen eines Ganzen". Der Kornkreis links illustriert diese Qualität sehr anschaulich.

Innen ist ein Kreis, darum herum folgt ein Ring, dann zwei Oktagramme (jeweils zwei kombinierte Quadrate) und ganz außen wieder ein Ring.

- * ❁ * -

132

*178. Oktagramm-Blüte
(Wiltshire, England, 2000)*

In der Mitte und außen befindet sich je-weils ein Oktagramm. Ihre Spitzen wer-den jeweils durch ein Mandel-förmiges Blütenblatt verbunden.

Das Ganze erhält durch einen breiten äußeren Ring Halt und Zusammenhalt.

- * ❀ * -

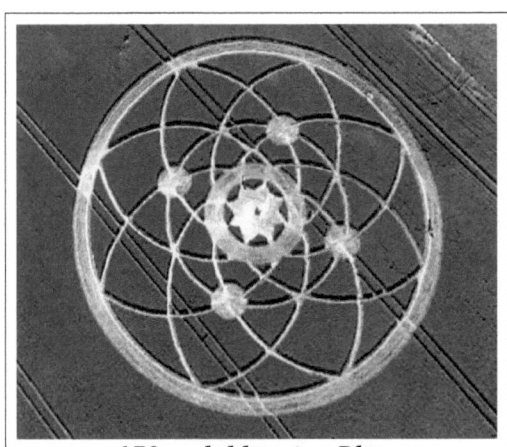

*179. achtblättrige Blüte
(Wiltshire, England, 2013)*

Hier ist eine weichere und organische Variante der 8-Polarität zu sehen.

In der Mitte befindet sich ein Okta-gramm und darum herum ein dicker Ring. Diese beiden Formen vermitteln den Ein-druck eines stabilen, geordneten, ruhen-den und beständigen Mittelpunktes.

Um dieses Zentrum herum sind 8 Mandel-förmige Blätter zu sehen, deren äußere Spitze auf dem äußeren Ring liegt und deren innere Spitze auf der gegen-überliegenden Seite des inneren Kreis-rings liegt.

Die inneren Schnittpunkte dieser Blätter sind mit einem weiteren Ring verbunden worden, auf dem sich 4 weitere Kreise

befinden. Von der Geometrie her hätten es 8 solcher Kreise sein können, da es 8 gleiche Schnittpunkte gibt. 8 solcher Kreise hätten jedoch nicht einen solch starken

133

Eindruck von Stabilität vermittelt wie die Beschränkung auf vier Kreise – Stabilität ist eine Eigenschaft der „4".

Das Ganze ergibt das Bild einer stabilen, gewachsenen Form.

Dies ist ein Oktagramm aus einer einzigen durchlaufenden Linie. Diese Linie ist nach dem Escher-Prinzip der „unmöglichen geometrischen Form" gestaltet worden.

180. Escher-Oktagramm
(Fürstenfeldbruck, BRD, 2015)

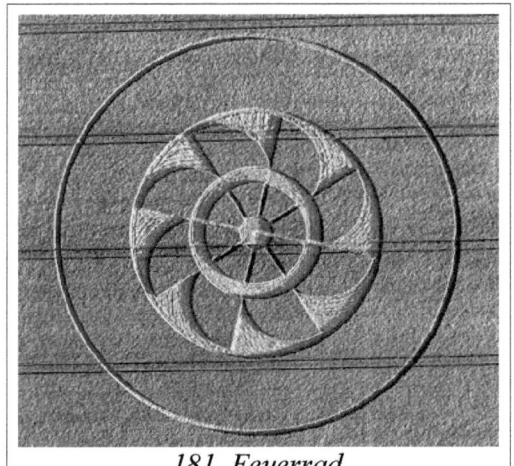

181. Feuerrad
(Hampshire, England, 2019)

Man kann diesen Kornkreis als ein sich drehendes achtspeichiges Rad ansehen, das außen von Flammen umgeben ist: das feurige Sonnenrad der Indogermanen, die die Sonne als ein solches Rad aufgefaßt haben.

Dieser Kornkreis ist eine doppelte Swastika, also das Symbol, das einst die Sonne, das Rad, die Vollständigkeit, die Richtigkeit und die Vollkommenheit dargestellt hat.

- *  * -

Dieser Kornkreis besteht aus einem Mittelkreis mit 8 rotierenden Blättern und mit 8 Krallen. Diese 8-polare Form wirkt erstaunlich aggressiv.

182. Krallen
(Wiltshrie, England, 2008)

- *  * -

183. Doppel-Vier
(Italien, 2013)

Dieser Kornkreis ist auf den ersten Blick recht schlicht: ein weißer Zentralkreis, ein schmaler achtgeteilter Ring, ein weißer Ring, ein breiter achtgeteilter Ring, ein Oktagramm (achtstrahliger Stern) und ein schmaler Ring. Durch den Wechsel von hellen und dunklen Dreiecken ganz außen entsteht zudem ein Kreuz – eine Betonung der „4".

Der innere Ring enthält jedoch einen „Code". Wenn man unten in der Mitte beginnt, lautet er: oloo – llol – oloo – looo – oloo – oloo – olol – ooll. „oloo" kommt dreimal vor, die anderen Kombinationen nur einmal.

An einem der Achtel-Segemente dieses Kreisringes befindet sich ein Dreieck, an einem anderen ein Doppel-Dreieck.

In dem hellen Dreieck links oben sind zudem sechs kleine Dreiecke zu sehen.

Die Bedeutung von beiden „Codes" (wenn es denn welche sind) ist unbekannt.

- * ❁ * -

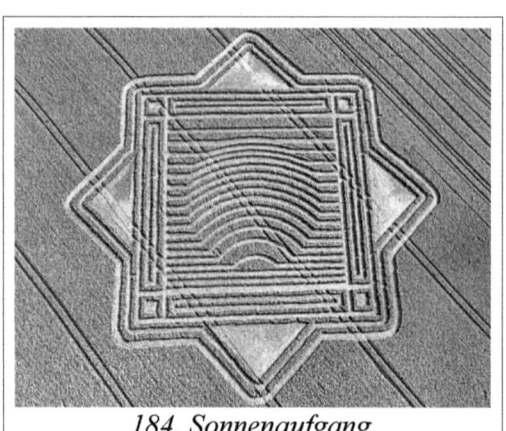

184. Sonnenaufgang
(Wiltshire, England, 2010)

Hier ist aus zwei Quadraten ein Oktagramm gebildet worden.

In dem inneren Quadrat ist durch die Biegung der Querlinien auf geschickte Art ein Kreis eingezeichnet worden. Dadurch, daß die Linien unten schmal und oben breit sind, entsteht der Eindruck eines Sonnenaufgangs im Nebel.

Bei dem Quadrat sind die Ecken und die Seiten betont.

- * ❁ * -

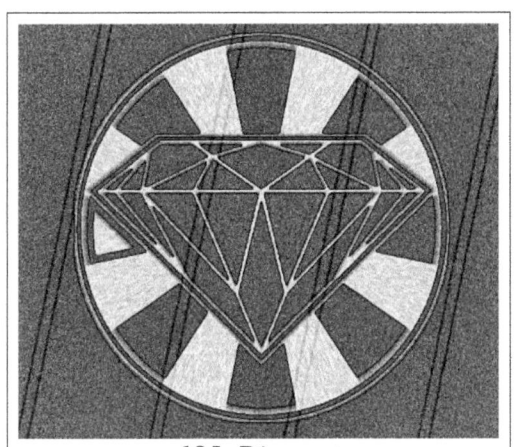

185. Diamant
(Wiltshire, England, 2008)

Der Hintergrund sind acht Strahlen in einem Kreis, wobei auffällt, daß der dunkle Strahl links im Gegensatz zu den anderen Strahlen „hohl" ist – warum? Da sich diese Abweichung nirgendwo wiederholt und auch keine andere Abweichung zu sehen ist, läßt sie sich nicht deuten.

Der Diamant hat ein Oktagon als Grundfläche, wie man anhand des dargestellten Schliffes sehen kann. Ein Oktagon als zentrale Fläche ist bei vielen verschiedenen Diamantschliffen üblich.

III 12. i) Mandalas – neunpolar

Da die „8" die Ideal-Zahl ist, ist die „9" die Zerstörung dieses idealen, richtigen Zustandes – der Tod. Nachdem die „12" während der mittleren Jungsteinzeit die „8" verdrängt hat und zur Ideal-Zahl geworden war, ist die „13" die „Zerstörerin der 12" geworden – Judas, der 13. Apostel.

Ob sich diese Todes-Symbolik der „9" auch bei den 9-polaren Mandalas findet, muß erst noch geprüft werden – schließlich handelt es sich dabei nicht um eine natürliche Symbolik, sondern um eine traditionelle Symbolik (wenn auch um eine sehr alte).

- - -

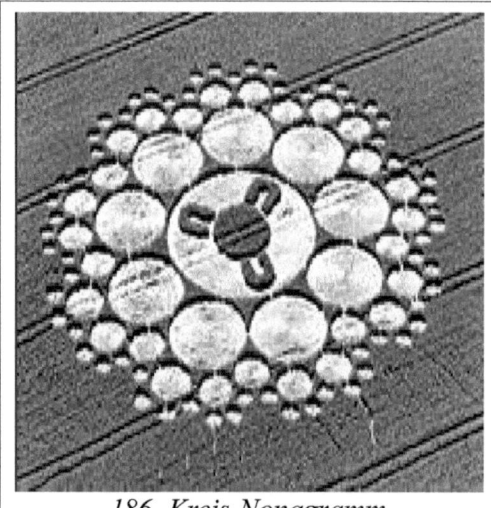

186. Kreis-Nonagramm
(Wiltshire, England, 1998)

Das Zentrum ist ein Kreis, der von einem großen Ring umgeben wird, in dem sich drei „U" befinden. Diese „U" wirken wie Knospen oder Hufeisenmagneten – wie die Kraft des Zentralkreises.

Um den Ring herum liegen 9 große Kreise. In dem Außenwinkel zwischen ihnen liegt jeweils ein mittlerer Kreis, die durch zwei weitere Kreise miteinander verbunden werden.

Dasselbe Prinzip wird ganz außen noch einmal mit den meisten der kleinen Kreise wiederholt.

Dadurch ergibt sich von Innen nach Außen hin eine Folge, die durch die Multiplikation mit „3" entsteht: 1 Kreis – 3 „U" – 9 Kreise – 27 Kreise (– 63 Kreise).

In diesem Mandala fallen zwar die 9 Kreise am meisten als Struktur auf, aber er ist im Grunde ein 3-polarer Kreis.

- * ❀ * -

187. Wirbel-Nonagramm
(Wiltshire, England, 2001)

Hier ist die 9-Polarität hingegen sehr deutlich: 1 Zentralkreis, 9 Außenkreise, 9 Bögen, 2 Ringe.

- * ⟐ * -

188. neun Hexagramme
(Wiltshire, England, 2015)

Ist dieser Kornkreis nicht ganz fertig geworden? Oben und oben links hängen je 2 Formen der 9 Hexagramme noch zusammen.

Um den Kreis in der Mitte sind zwei Kreise aus je 9 hellen und 9 dunklen Rechtecken zu sehen.

Was soll dieser recht eigenwillige Kornkreis ausdrücken? 9 Individuen, die sich zu einer Gruppe (Symbolik der „6") zusammenschließen? Es sollten eigentlich eher 9 Gruppen sein – aber was tun die gemeinsam?

- * ⟐ * -

139

189. Nonagramm-Festung
(Wiltshire, England, 2007)

Hier ist der Kern ein wieder ein Kreis, der von einer „3" umgeben ist – hier ein Dreieck. Darum herum ist ein 9-strahliger Stern zu sehen.

In dem folgenden Ring befindet sich eine Sichel – ähnlich wie bei dem 7-Stern im Kornkreis 170. Was bedeutet die Sichel, die doch recht häufig auftritt? Es ist keine Mondsichel, sondern ein Ring, der verschieden dick ist. Er schafft eine Verschiebung, eine Dynamik zu einer Seite hin, einen Anschluß, einen Kontakt.

In dem Ring, der das Nonagramm und die Sichel umgibt, sind die drei Hauptrichtungen, die durch das Dreieck in der Mitte festgelegt werden, durch drei kleine Dreiecke markiert.

Der Außenring besteht aus 9 Bogensegmenten, die wiederum aus je 2 „L" zusammengesetzt sind – ist dies ein „eckiges S", also ein Energiefluß? Oder Minimal-Spiralen mit derselben Symbolik?

Ganz außen befinden sich 9 Dreiecke, die die 9 „Tore" zwischen den Ring-Segmenten „schützen".

III 12. j)   Mandalas – zehnpolar

Die „10" ist zwar die prägende Zahl im Dezimalsystem und sie erscheint auch in der Tierwelt als 10 Finger und 10 Zehen sowie als die 10 Gliedmaßen der frühen Teire mit Außenskelett (Vorläufer der Krebse, Insekten und Spinnen), aber sie hat keine strukturelle Symbolik.

- - -

190. Spinnen-Netz
(Wiltshire, England, 1994)

Ein 10-polares Spinnennetz … Die symmetrischen Spinnennetze in der Natur bestehen aus ca. 20 radialen Fäden und einem Spiralfaden, der ebenfalls ca. 20 Windungen hat. Die Spiral-Fäden hängen auch nicht alle zur Mitte hin wie bei diesem Kornkreis, sondern eben nach unten.

Das Spinnenetz-Prinzip ist bei dem Kornkreis jedoch klar ersichtlich.

Die Sonne im Zentrum entspricht dann vermutlich der Spinne.

III 12. k) Mandalas – zwölfpolar

Die „12" ist die Zahl des Tierkreises und der Superstrings und somit die Zahl der Struktur des Umraumes, der Struktur der Aura (Lebenskraft-Körper). Unter den bisher betrachteten Kornkreisen haben schon etliche eine 12er-Struktur enthalten.

- - -

Diese 12er-Struktur ist recht schlicht: ein Ring innen und ein Ring außen, 12 Dreiecke um den inneren Ring herum und daran anschließend 12 Blatt-artige Gebilde. Die Konstruktion des Blattes ist in Abbildung 192s dargestellt.

191. Blätter-Kreis
(Wiltshire, England, 2020)

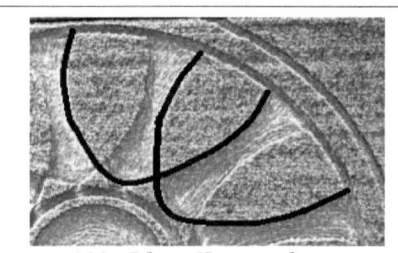

192. Blatt-Konstruktion

- * ❀ * -

142

193. Spitzen-Kreis
(Andechs, Bayern, BRD, 2012)

1 Mittelkreis, 12 6-strahlige Dreiecke, ein komplexer Außenring – abgesehen von der Form der Dreiecke, die sehr spitz und dynamisch wirkt, ist an diesem Kornkreis nichts Auffälliges zu sehen.

Der Außenrand besteht aus 3 Reihen von dunklen Quadraten. Es sind 12·13= 156 Quadrate in einer Reihe – 468 insgesamt. Sollte man diese Quadrate evtl. als je einen Strahl aus 3 Quadraten vor jeder Spitze plus 3 Reihen zu 12 Quadraten dazwischen auffassen?

Der Kornkreis 151 besteht aus einem Hexagon, der von einem ähnlichen äußeren Ring umgeben ist – hier sind es 3·114 Quadrate, also 19 Quadrate von der einen zur nächste Spitze des Hexagramms (6·19=114).

Der Aufbau ist denkbar schlicht: Eine Kreisfläche wird von 4 Kreisen zu je 12 „Sägezähnen" umgeben. Die Kombination der „4" mit der „12" findet sich sehr häufig.

194. Sägeblatt
(Italien, 2014)

- * ❀ * -

*195. ornamentaler Kreis
(Oxfordshire, England, 2009)*

Dieser Kornkreis ist deutlich komplexer als der vorige.

Ein Zentrum in der Mitte, darum herum 12 Bereiche, die aufgrund ihrer rechteckigen Form stabil und abgegrenzt wirken, die durch den Punkt in ihnen souverän und lebendig erscheinen, und die durch die Lage des Punktes zur Außenkante strahlend und expandierend aussehen.

Dann folgt zwei Ringe aus jeweils annähernd 12·4=48 Quadraten – es sind innen 49 und außen 53 Quadrate. Bei den beiden Kreisringen ganz außen sind es innen 72 und außen 75 Quadrate – sollen das beidemale 12·6=72 Quadrate sein?

Zwischen den beiden Kreisringen sind 12 Blüten aus je 4 Blättern zu sehen, die jeweils durch einen kleinen Ring verbunden werden. Die Blütenblätter werden jeweils von 4 sehr kleinen Befestigungs-Punkten umgeben, die hier Ringe sind.

Das Ganze wirkt erdhaft-harmonisch.

- *  * -

*196. Dreiecks-Kreis
(Wiltshire, England, 2011)*

Auf den ersten Blick sieht dieser Kornkreis sehr regelmäßig aus: Zentralkreis, zwölf mehrteilige Strahlen, Außen-Ring.

Hinzu kommt noch ein innerer Ring, der aus 12 Bogen-Quadraten besteht, die alle eine kleine Kreisfläche mit einem zentralen Punkt enthalten. Das wirkt wie ein Stabilisierungs-Ring. Von diesen Bogen-Quadraten geht jeweils ein dunkler Strahl von gleicher Länge nach außen hin aus.

Die dunklen Strahlen, die von innen her ausgehen, sind jedoch verschieden lang. Wenn man links unten bei dem kurzen Strahl beginnt und im Uhrzeigersinn geht, reichen diese Strahlen nur den jeweils den folgenden Bruchteil in die weiße Fläche hinein: 1/4 – 1/2 – 2/3 – 1/3 – 2/3 – 1/3 – 1/2 – 1/4 – 2/3 – 1/2 – 3/4 – 2/3. Die einzige Regelmäßigkeit in diesem „Code" ist, daß sich niemals zwei gleichlange Strahlen nebeneinander befinden.

197. Zacken-Kreis
(Wiltshire, England, 2015)

Ein Zentralkreis, darum ein breiter Ring, dann 12 Strahlen, ein weiterer, schmaler Ring, 12 Zacken (Blitze? eckige „S"?), ein Ring mit 4 Verdickungen, die je einen Kreis enthalten (Sonnenaufgänge?), 4 Zacken-Linien, die bis nach außen durchgehen, und abschließend ein Ring.

Von dem Zentralkreis strahlt 12-fach Energie nach außen, die durch vier Kreisflächen auf einem „Podest" stabilisiert wird.

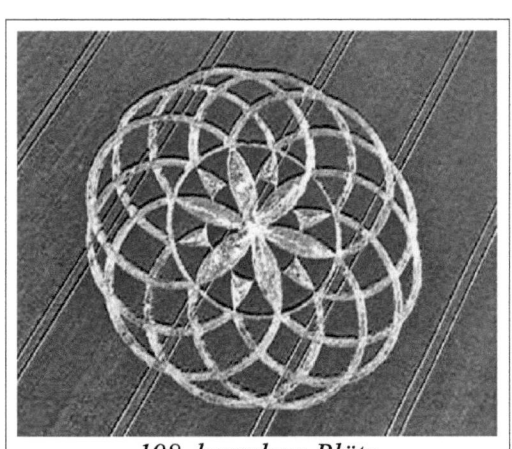

198. komplexe Blüte
(Wiltshire, England, 2009)

Hier ist eine 6-blättrige Blüte um 6 halbe Blätter zu einer 12-blättrigen Blüte erweitert worden – dies Motiv gab es schon des öfteren.

Die Bögen außen ergeben sich, wenn man die Außenbögen der 12 Blätter zu Kreisen erweitert – ein sehr schlichtes Konzept.

145

199. 3D-Tierkreis
(Wiltshire, England, 2006)

Die Mitte ist ein einfacher 12-strahliger Stern, doch die Strahlen, die von ihm ausgehen, sind quadratische 3D-Säulen.

Sie sind in 3 Gruppen von 4 Säulen mit anwachsender Größe angeordnet. Dies entspricht vermutlich den Tierkreiszeichen, die durch die 3 Dynamiken (kardinal, fix, beweglich) der 4 Elemente (Feuer, Wasser, Luft, Erde) entstehen.

Eine drastische Darstellung, die ein wenig an Graffiti-Kunst erinnert.

III 12. l)   Mandalas – dreizehnpolar

Die „13" hat die Symbolik der „Zerstörung der Ordnung der 12": der Tod und die Verwandlung. Dies ist jedoch eine traditionelle und keine strukturelle Symbolik, d.h. sie findet sich nicht in der Natur, sondern nur in der Mythologie.

- - -

200. Sonnenblume
(Wiltshire, England, 2003)

Dieser Kornkreis erinnert ein wenig an eine 13-blättrige Sonnenblume. Der Gesamteindruck dieses Kornkreises ist etwas unruhig Strahlendes: bei der 13-Polarität gibt es keine Regelmäßigkeiten, an denen sich der Blick ausruhen könnte, da die „13" eine Primzahl ist.

Während die Dreiecke innen noch recht friedlich wirken, machen die Rauten außen einen latent-aggressiven Eindruck, der jedoch von den 13 Kreisen ganz außen wieder abgeschwächt wird.

Ohne den schmalen Ring um das Ganze würde es an Zusammenhalt fehlen.

- * ❀ * -

147

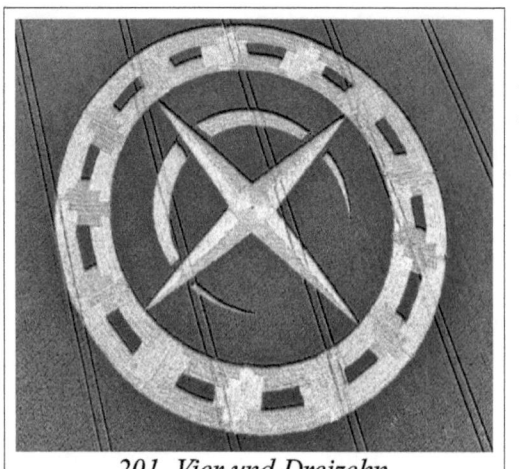

201. Vier und Dreizehn
(Wiltshire, England, 2015)

Hier ist ein vierstrahliger Stern mit einer Sichel kombiniert worden. Sie werden von einem Ring mit 13 Bogensegmenten umgeben – warum auch immer …

III 12. m) Mandalas – sechzehnpolar

Die „16" teilt die Symbolik der „8" und ist eine größere Version von ihr: Vollständigkeit und Vollkommenheit. Sie ist eine traditionelle Symbolik, keine strukturelle Symbolik.

- - -

202. Acht und Sechzehn
(Warwickshire, England, 2011)

Dieses Kornkreis-Mandala hat außen 16 Strahlen, aber als Kern einen 8-strahligen Stern.

Interessant ist vor allem der Übergang zwischen beiden Sternen: sowohl die 8 Rauten innen als auch die 8 Blütenblätter in der Mitte und die 8 Dreiecke außen sind jeweils geteilt – die Dreiecke sogar zweifach.

Bedeutet die Teilung eine Polarität? Die Blütenblätter sind auf der Höhe der Spitzen der Rauten geteilt. Bei der Raute und dem dazugehörigen Dreieck wechselt sich die hell/dunkel-Markierung regelmäßig ab.

Auch bei der Gestalt dieser drei geometrischen Formen gibt es einen Wechsel: Rauten = technisch-eckig; Blätter organisch-rund; Dreiecke = technisch-eckig.

Auch die 8 langen Dreiecke außen sind zweifarbig – die 8 kurzen Dreiecke sind hingegen alle einfarbig-dunkel.

In der Mitte sind durch Art des Flachlegens des Getreides noch ein Zentralkreis und zwei Ringe markiert worden.

- * ✿ * -

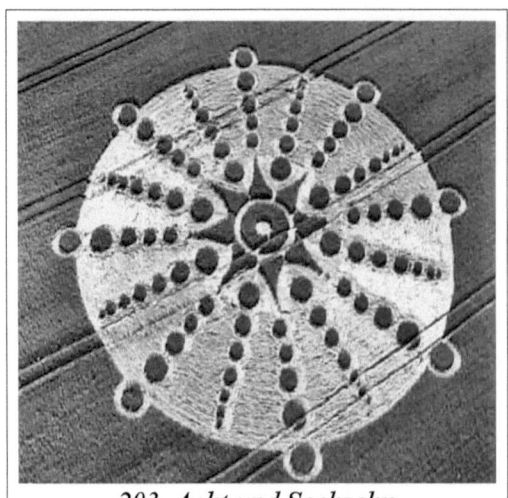

203. Acht und Sechzehn
(Wiltshire, England, 2011)

Hier findet sich ein ähnliches Prinzip wie bei dem vorigen Kornkreis-Mandala: innen ein 8-strahliger Stern, außen ein 16-strahliger Stern.

Durch den dunklen Ring im Zentrum wirkt dieses Mandala zentrierter und durch die Bogen-Dreiecke des 8-strahligen Sterns auch etwas aggressiver.

Die Kreisreihen, die von den Spitzen des 8-Sterns ausgehen, bestehen aus 5 Kreisen, deren Größe zunimmt und deren größter Kreis sich außen an der Gesamt-Kreisfläche dieses Mandalas befindet – das wirkt wie der Aufbruch zu einer Eroberung.

Dazwischen befinden sich Reihen mit 7 Kreisen, deren Größe abnimmt. Die 5er-Reihen wirken wie eine Expansion nach außen hin, die 7er-Reihen wie ein normales Strahlen.

Möglicherweise sollte man diesen Kornkreis als 8-polar ansehen und nicht als 16-polar, da die 7er-Reihen wie die Lücken zwischen den Strahlen der 5er-Reihen wirken.

- *  * -

150

204. Sechzehn
(Turin, Italien, 2015)

Dieser Kornkreis hat außen 16 Bogen-Dreiecke und ist folglich ein richtiges 16-polares Mandala. Zwischen diesen „Blütenblättern" ist jeweils noch ein Strahl aus acht kleinen Kreisen, sodaß dieser Kornkreis auch noch eine 32-polare Struktur hat.

Die Kreise in diesen Strahlen sind teilweise gefüllt und teilweise leer. Es ist keine Regelmäßigkeit in der Verteilung der Füllungen zu erkennen.

Auch der innere Ring besteht aus 16 Elementen. In jedem Segment befinden sich zwei kleine Dreiecke, die nach innen weisen – also insgesamt 32 Dreiecke. Sie wirken konzentrierend und auf die große Kreisfläche in der Mitte bezogen.

Ebenso ist der mittlere Ring aus 16 Segmenten zusammengesetzt. Jedes Segment enthält jedoch zwei kleine Dreiecke und hat daher auch eine 32er-Struktur. Diese mit der Spitze nach außen weisenden Dreiecke vermitteln den Eindruck von Einigkeit und Ausrichtung. Sie weisen auf die kleinen Dreiecke in dem Außenring, die die Basis der Strahlen sind.

Der äußere Ring besteht hingegen aus 16 großen Dreiecken, die die Basis der Blätter bilden und aus 16 kleinen Dreiecken, deren Spitze die Strahlen „aussenden".

205. Sechzehn (anderes Photo)

Durch die Kombination der Dreiecke in dem äußeren Ring mit den Blütenblättern und den Strahlen wirkt die Dreieck/Blätter-Kombination passiv-verteidigend und die Dreieck/Strahl-Kombination aktiv-expansiv.

In diesem Kornkreis-Mandala findet sich eine harmonische Ausgewogenheit zwischen Konzentration, Schutz und Expansion.

Das Halschakra hat in den traditionellen Darstellungen 16 Blütenblätter – sollte hier ein heiles Halschakra dargestellt worden sein? Also die Fähigkeit, sich anderen zu zeigen und auch andere sehen zu können? Das wäre dann der ungehinderte soziale Selbstausdruck …

Auf dem Detailbild (205) ist erkennbar, daß die Füllungen in den Strahlen, sie aus 8 kleinen Kreisen bestehen, unregelmäßig verteilt sind. Auch die beiden gegenüberliegenden Strahlen links unten und rechts oben, die hier sichtbar sind, sind verschieden.

Die Verteilung der kleinen Dreiecke in dem inneren und dem mittleren Ring ist ebenfalls unregelmäßig.

Wenn man „•" für ein gefülltes Dreieck nimmt, „o" für ein leeres Dreieck, „-" für das Fehlen eines Dreiecks und unten beginnt und dann im Uhrzeigersinn fortfährt, ergeben sich die beiden folgenden Reihen:

Innenkreis: oo •- -- -- •• •• oo •o oo oo •o oo •• oo oo •o
Mittelkreis: oo oo oo oo -- -- -- •o o• o• •• •o •• oo oo •o

206. Sechzehn (Detail)

Es ist weder eine Regelmäßigkeit innerhalb dieser Folgen noch eine Ähnlichkeit zwischen diesen beiden Folgen erkennbar. Lediglich die Folge •• oo oo •o oo ist in beiden vorhanden (die letzten 4 Paare plus das erste Paar).

Ob die verschiedenen Arten von „Code" in diesen Kornkreisen eine Bedeutung haben, bleibt so lange unklar, bis jemand eine schlüssige Deutung findet – was angesichts der insgesamt doch sehr wenigen Code-Zeichen und dem Mangel an Hinweisen zu ihrer möglichen Bedeutung recht unwahrscheinlich ist. Daher bleiben diese vielfältig-unregelmäßigen Elemente in den Kornkreisen vorerst einmal lediglich „Elemente, die die geometrische Strenge auflockern".

In dem Detail-Bild 204 läßt sich erkennen, in welch sorgfältiger Weise das Getreide in den Blütenblättern flachgelegt worden ist.

III 12. n)   Mandalas – achtzehnpolar

Die „18" hat keine strukturelle oder traditionelle Bedeutung. Sie wird manchmal als eine „doppelte 9" aufgefaßt, aber auch das kommt nur extrem selten vor.

- - -

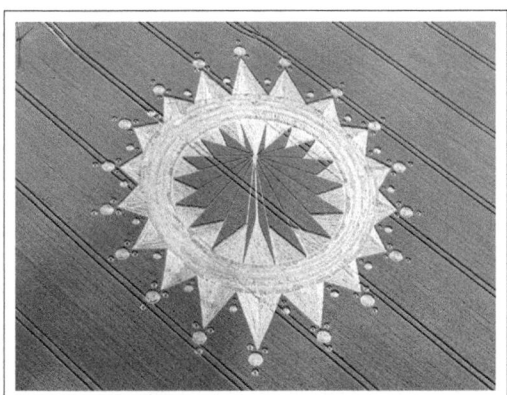

207. Schmetterling
(Oxfordshire, England, 2009)

Dieser 18-polare Kornkreis, der an einen Schmetterling erinnert, ist bereits als Kornkreis 43 besprochen worden.

- * ❀ * -

208. Blüte
(Wiltshire, England, 2007)

Dieser Kornkreis besteht aus vier Reihen von Blütenblättern: die innere Reihe hat die „Mandel-Form", die aus 2 Bögen besteht, während die drei äußeren Reihen die Form von Dreiecken haben, die aus 3 Bögen bestehen.

Die „Schräge" des Musters dieses Kornkreises ist nur durch die Verzerrung durch den Photographie-Winkel entstanden.

153

III 12. o) Mandalas – zwanzigpolar

Eine allgemeine Symbolik der „20" ist nicht bekannt.

- - -

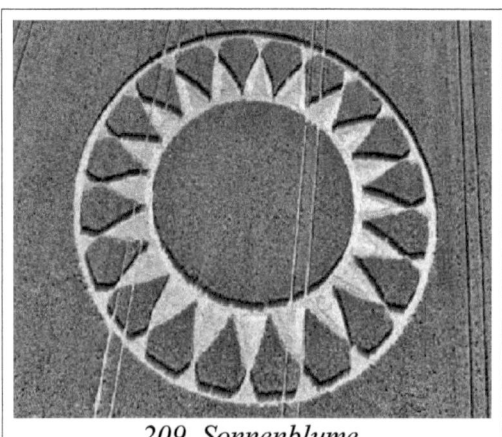

209. Sonnenblume
(Warwickshire, England, 2016)

Dieser Kornkreis hat eine ausgesprochen große innere Kreisfläche, die in Kombination mit den 20 hellen Blütenblättern wie eine Sonnenblume wirkt.

Außen sind 20 fünfeckige „Diamanten" zu sehen.

Wenn man die Linien der Diamanten bzw. der Blütenblätter verlängert, ergeben sich 4 Pentagramme. Das ist nicht notwendigerweise so: Es hätten auch 5 Quadrate, 2 Zehnsterne, ein durchlaufender Zwanzigstern oder gar keine geometrische Form sein können – das hängt von dem gewählten Blattwinkel ab.

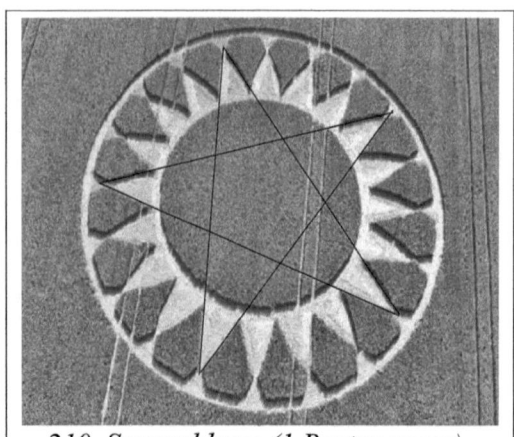

210. Sonnenblume (1 Pentagramm)

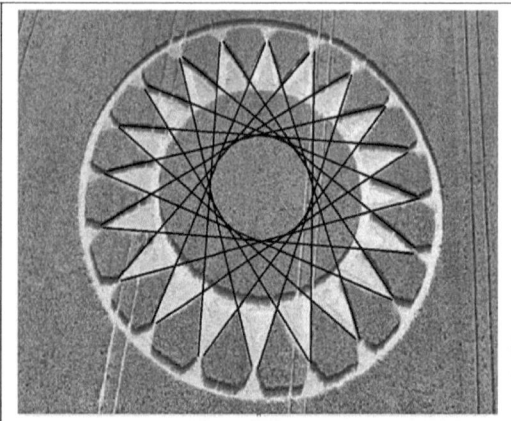

211. Sonnenblume (4 Pentagramme)

Die Kombination von 4 Pentagrammen erinnert natürlich an das „Kleine Pentagramm-Ritual", das auf einem Mandala aus einem Kreis und 4 Pentagrammen besteht – aber ob das hier gemeint ist, ist doch fraglich.

- * ❀ * -

Auch der Kornkreis 97 ist 20-polar: an seinem Rand stehen 20 „Buchstaben".

III 12. p)   Mandalas – zweiundzwanzigpolar

Die „22" hat keine bekannte Symbolik – wenn man einmal von den 22 Pfaden auf dem kabbalistischen Lebensbaum und den davon abgeleiteten 22 „Großen Arkana" der Tarotkarten absieht, die doch eine sehr spezielle Symbolik sind.

- - -

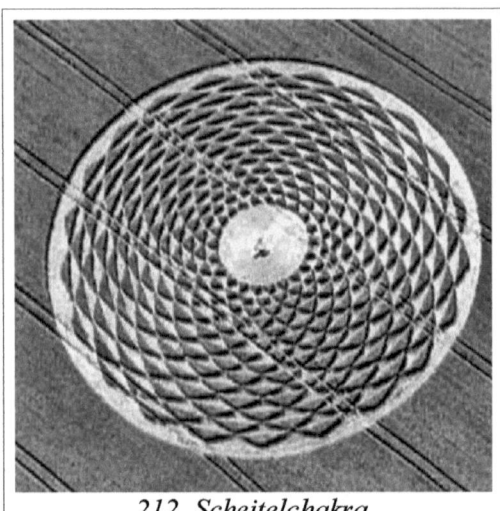

212. Scheitelchakra
(Wiltshire, England, 2000)

Dieser Kornkreis erinnert durch seinen Aufbau aus vielen Bogen-Dreiecken an die Darstellungen des Scheitelchakras.

Diese „große Blüte" besteht aus 14 Reihen zu jeweils 22 Dreiecken, also aus insgesamt 308 Dreiecken.

156

III 13. Kubische Formen

Es gibt eine Reihe von 3D-Darstellungen. Ob sie eine tiefere Bedeutung haben, ist fraglich. Die Wahrscheinlichkeit, daß sie Menschen-gemacht sind, ist recht hoch – es sei denn, das kollektive Unterbewußtsein der Menschen hat Spaß am Spielen, was es jedoch bisher noch nicht gezeigt hat …

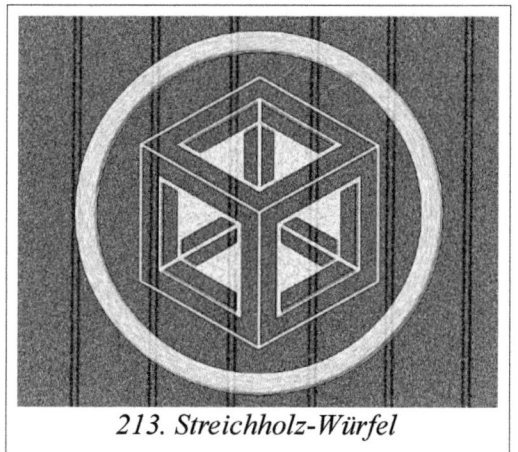

213. Streichholz-Würfel
(Cambridgeshire, England, 1999)

Hier ist der Würfel zum Fraktal geworden: Die Kanten des Würfels sind wieder Würfel.

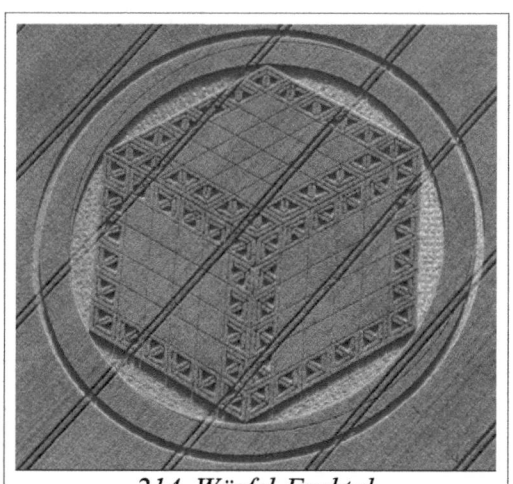

214. Würfel-Fraktal
(Wiltshire, England, 2012)

- * ☸ * -

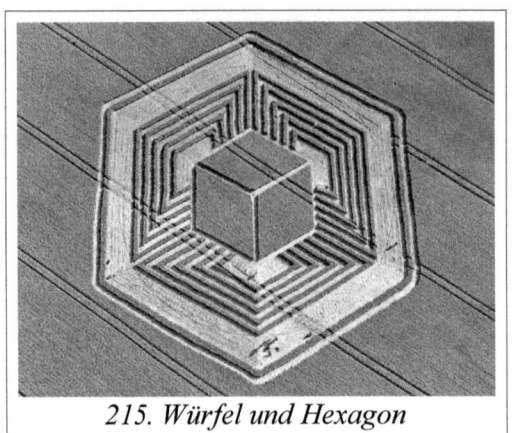

*215. Würfel und Hexagon
(Wiltshire, England, 2010)*

Hier findet sich das beliebte Spiel mit 2D und 3D: Die 2D-Außenlinien eines 3D-Würfels bilden ein Hexagon.

Zwischen den 3D-Würfel und das 2D-Hexagon sind hier als Übergang drei Gruppen von jeweils 5 konzentrischen Rauten-Linien eingefügt worden – sie sind schon 2D, aber betonen noch die drei Richtungen des 3D.

Das ist eine geschickte graphische Lösung für den Übergang von 3D zu 2D.

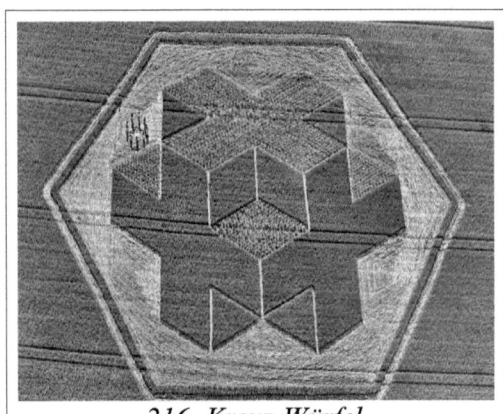

*216. Kreuz-Würfel
(Wiltshire, England, 2010)*

Auch dieser Kornkreis ist ein einfaches Fraktal: An jeder Ecke des Würfels wird ein Würfel entfernt, dessen Seitenlänge ein Drittel so lang ist wie der Ursprungswürfel.

Interessanterweise gibt es hier eine 3-Farben-Lösung, die bei den beiden Möglichkeiten „Getreide steht" und „Getreide liegt" ja zunächst einmal nicht möglich scheint. Die 3. Farbe, also der Grauton, entsteht dadurch, daß nur ein Teil des Getreides flachgelegt wird, aber Reihen von winzigen Getreide-Kreisen stehenbleiben.

Links oben ist ein Kreis von neun Menschen zu sehen.

158

III 14. Sonnen-ähnliche Formen

Die Symbolik der Sonne fand sich schon bei den Vögeln und den Insekten in recht ausgeprägter Weise. Auch den einfachen Zentralkreis kann man als eine Sonne auffassen. Die Sonne tritt jedoch auch noch in deutlich direkterer Form bei den Kornkreisen auf.

- - -

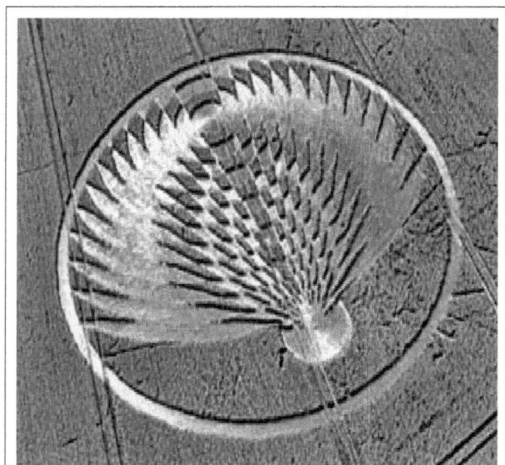

217. Sonne und Magnetfeld
(Oxfordshire, England 2006)

Hier ist eine Kreisfläche zu sehen, von der ein Mittelstreifen nach oben, sowie jeweils 12 Strahlen nach links oben und nach rechts oben ausgehen. Der Mittelteil besteht von außen nach innen hin gesehen aus 11, 9, 7, 5 und vermutlich noch 3 und 1 Strahlen.

Das könnte eine aufgehende Sonne sein, eine Explosion oder ein Chakra (dann wäre der Mittelstreifen die Sushumna). Soll das das Wurzelchakra sein, von dem aus die Sushumna sowie die Kundalini in ihr nach oben hin aufsteigt?

Die 2·12 Strahlen weisen allerdings auf die Sonne hin – oder auf das Herzchakra („Sonnenchakra"), das 12 Blütenblätter hat.

- * ❀ * -

218. dezentrale Sonne
(Ravenna, Italien, 2015)

Bei diesem Kornkreis ist das Grundmuster ein Zentralkreis mit vermutlich 52 Strahlen, von denen 46 zu sehen sind. Es wäre ein bezug zu den 52 Wochen des Jahres denkbar, aber das ist ausgesprochen unsicher.

Die Strahlen sind an ihrer Spitze schräg abgeschnitten, wodurch der Eindruck des Rotierens entsteht.

Der Mittelkreis und die Strahlen werden teilweise von einem „Deckel mit Griffloch" verdeckt, der an der Seite liegt.

Soll das die Dinge darstellen, die das Strahlen der inneren Sonne (Herzchakra) verhindern und die aufgelöst werden müßten?

- * ❀ * -

219. Sonnenstrahlen
(Wiltshire, England, 2017)

Ein Kreis, der sich ein Stückchen seitlich des Mittelpunktes des Gesamtkreises befindet, wird von einer Sichel umgeben, die einen Teil der Strahlen verdeckt.

Die insgesamt 12 Strahlen weisen auf eine Sonnen-Symbolik hin. Sie wechseln beim Übergang über die Sichel ihre Farbe (hell/dunkel). Ist die Sichel eine Art Transformator?

- * ❀ * -

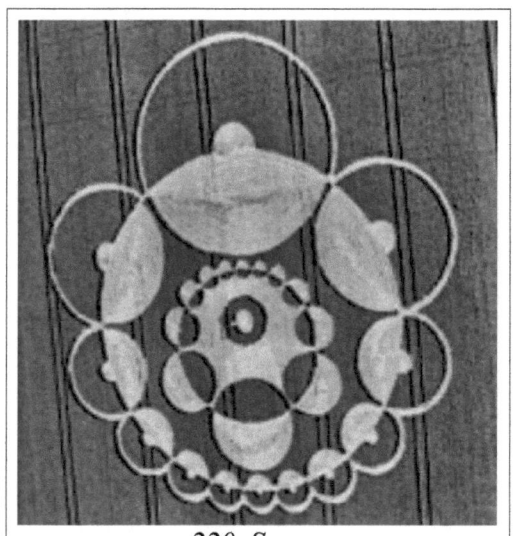

220. Sonne
(Hampshire, England, 2000)

Hier ist das „Prinzip der dezentralen Kreise" bei den Sonnen-Kornkreisen etwas verändert worden. Der Kreis im Zentrum und die beiden Ringe um ihn herum, die die Grundstruktur bilden, sind zentriert. Durch die verschieden großen, halbgefüllten Ringe auf den beiden Ringen entsteht jedoch der Eindruck einer Verschiebung aus dem Zentrum fort.

Auf dem inneren Ring sind 12 Ringe und auch auf dem äußeren Ring sind 12 Ringe. Da die größten Ringe auf diesen beiden Ringen an gegenüberliegende Seiten liegen und zudem auch noch die gefüllten Kreishälften einmal nach außen und einmal nach innen weisen, wirkt dieser Kornkreis, obwohl er so systematisch aufgebaut ist, sehr unruhig – er verwirrt beim ersten Betrachten ein wenig die geometrische Orientierung ...

- *  * -

221. Sonne und Mondsichel
(Wiltshire, England, 2019)

Hier sind ein Zentralkreis, eine Sichel und zwei kleinere Kreise in einem Ring zu sehen.

Bei diesem Kornkreis erweckt die Sichel den Eindruck eines Fundaments. Die drei Kreise könnten die Entwicklung „Impuls – Form – Kontakt" sein.

Die Fläche des Kreisringes ist sorgfältig in ca. 80 „U"-Formen gelegt, deren Fundament innen liegen und deren zwei Spitzen nach außen hin zeigen.

Insgesamt wirkt dieser Kornkreis sehr klar und präzise.

- *  * -

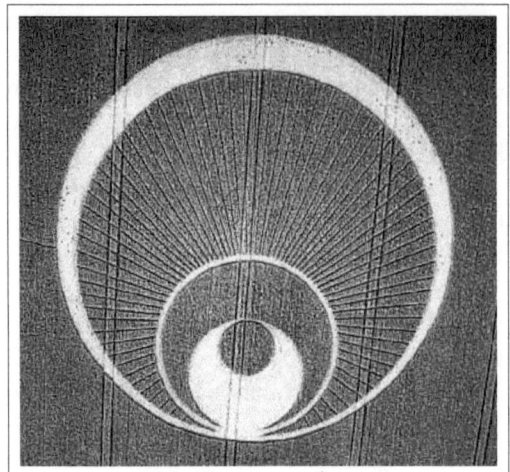

222. Sonnenaufgang

(Cambridgeshire, England, 2001)

Eine strahlende Sonne wird teilweise von einem dunklen Kreis sowie von einer Sichel verdeckt.

Der dunkle Kreis wirkt hier wie ein notwendiger Bestandteil des Arrangements und nicht wie ein zu beseitigendes Hindernis wie bei dem Kornkreis 218. Die Sichel scheint hier das Fundament der ca. 74 Strahlen zu sein. Auch der Außen-Ring ist wieder eine Sichel.

Wenn man den Kornkreis umdreht, kann man ihn auch als einen Engel ansehen: Der kleine dunkle Kreis ist dann der Kopf, die Sichel die Arme, die Strahlen der Leib und die Flügel, und die helle Sichel entweder ein Heiligenschein oder die Sonne – im zweiten Fall wäre es ein Sonnenengel, also vermutlich Raphael.

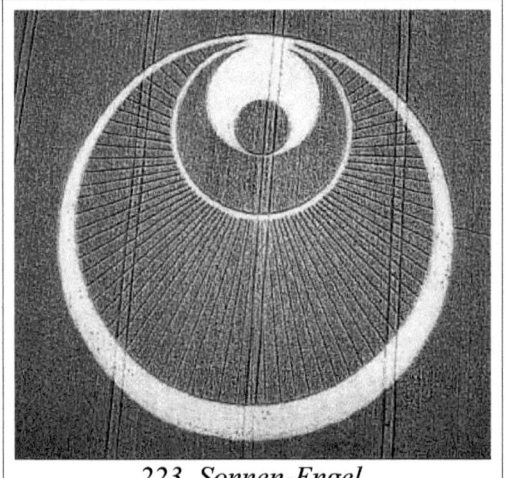

223. Sonnen-Engel

- * 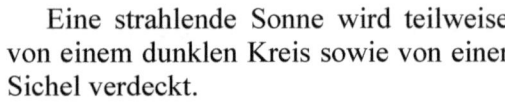 * -

162

224. Sonnengott
(Wiltshire, England, 2009)

xlxlllo	lxloloo	lxloloo	xlxlllo
xxlolo			xxlxlo
xxllo			xlxlo
xl			xllo
llo			llo
lo			lo

Sonnengott
(Federschmuck-Symbole)

Dieser Kornkreis schließt an die Darstellungen des Sonnenvogels in dem Kapitel „Vögel" an.

Es ist ein Gesicht mit 2 Augen und Schnabel zu sehen, das unten links und unten rechts von 2 Spiralen umgeben wird, der an das chinesische Glücks-Symbol erinnert.

Das Gesicht wird von einer Sichel umgeben, die hier die Halterung für die 2·7 großen Federn zu sein scheint.

Sollte man auch die beiden Kornkreise 221 und 222 als solche Sonnen-Gesichter ansehen? Das wird zumindenstens durch ihren Aufbau (Kreis, Sichel, Strahlen) nahegelegt …

Auf den 2·7 „Federn" in diesem Kornkreis finden sich Symbole, die fast symmetrisch sind. Die Leerstellen werden im Folgenden als „x" gekennzeichnet, die Striche als „l" und die Punkte als „o". Diese Zeichen-Reihen sind in der Graphik links aufgeführt – die symmetrischen Zeichen-Reihen sind dunkel hinterlegt. Die Bedeutung dieses „Codes" ist wieder unklar …

Neben den Wangen des Vogel-Gesichts befinden sich links und rechts je 7 kleine Federn – die „7" ist hier offenbar wichtig – die Chakren?

Die großen und die kleinen Federn bilden zusammen mit den beiden langen Dreiecken am unteren Ende der kleinen Federn eine Sichel. Sind die Federn hier auch die Strahlen der aufgehenden Sonne?

Unter diesem Sonnenvogel-Gesicht befindet sich eine weitere Sichel, die aus 5 Doppelspiralen in umgekehrter Richtung, also aus 5 „S" besteht, sowie aus zwei Enden, die jeweils drei Punkte enthalten: fließende Kraft („S") sowie Expansion („3 Punkte"). Diese Sichel ist von ihrer Lage her das Fundament und die Halterung des Sonnenvogel-Gesichtes und seiner „Strahlen-Federn".

Zwischen dieser Sichel und dem Außenkreis befinden sich oben 9 Zacken, die nur durch die Lage des Getreides angedeutet worden sind, sowie zwei „langgezogene

163

Tropfen". Diese Tropfen scheinen jedoch nur dem Gesamteindruck Stabilität geben zu sollen.

Das „optische Zentrum" dieses Kornkreises ist die kleine Kreisfläche auf dem oberen Teil des Schnabels. In Bezug auf den Schnabel wirken die beiden Augen-Punkt wie die Befestigungspunkt bei einigen früher betrachteten Kornkreise.

Insgesamt wirkt dieser Kornkreis kraftvoll-strahlend und dabei zugleich sehr organisch und kaum noch technisch-geometrisch. Sein Stil ist erinnert an die Kunst der Mayas, Azteken und Tolteken in Mittelamerika.

Dieses Kornkreis befand sich auf einem Feld vor dem Silbury Hill, dem größten künstlichen Hügel aus der Jungsteinzeit in Europa.

- *  * -

225. abstrakter Sonnengott
(Oxfordshire, England, 2005)

226. abstrakter Sonnengott

Bei diesem Bild ist nicht ganz klar, wie herum es gehört: Ist in der Mitte eine Sichel mit Strahlen nach unten und einem Kreis in der Mitte zu sehen, wobei die Sichel mit dem Kreis und der hellen Fläche darüber einen „Tropfen" bildet (Abbildung 225)? Oder sind die beiden Bogen-Dreiecke unten und es ist eine Sonne, die aus einem Tal aufsteigt, gemeint, die zugleich ein Gesicht mit Haaren und einem Federschmuck (=Sonnenstrahlen) ist (Abbildung 226)? Die zweite Möglichkeit scheint plausibler zu sein, da sie mit anderen Kornkreisen übereinstimmt.

Es sind 2·8=16 Strahlen – die Zahlen der Vollkommenheit.

Ganz außen sind 20 Rechtecke zu sehen, in denen durch je 6 Geraden eine Spirale angedeutet ist – Drehen und Entfaltung. Diese Spiralen drehen sich alle in dieselbe Richtung. In der Mitte der Spiralen ist jeweils ein Punkt, der die Spirale organischer wirken läßt. Ob die „20" eine Bedeutung hat, ist unklar.

Bei dem hier betrachteten Kornkreis 225/226 bestehen die 20 Spiralen aus jeweils 8 Geraden.

Bei dem Kornkreis 162 bestehen die 12 Spiralen ebenfalls aus jeweils 8 Geraden.

Bei dem Kornkreis 173 bestehen die 14 Spiralen aus jeweils 6 Geraden.

Zwischen dem Sonnengesicht in der Mitte und dem Spiralen-Außenkreis befindet sich ein weiterer Ring, der von einem Kreuz unterbrochen ist – das Symbol der vier Himmelsrichtungen, in deren Mitte sich die Sonne befindet. Dieser Ring ist zwischen den vier Kreuzstrahlen jeweils in vier Felder unterteilt, die von dem Kreuzstrahl unten aus gesehen im Uhrzeigersinn 16 „Inschriften" haben. Wenn man sie von innen nach außen liest und die dunklen Felder mit „o" und die hellen Felder mit „x" markiert, ergeben sich die folgenden Reihen:

```
O O O X    O O X O    O X O O    X O O O
X O X O    O X O X    X O X O    O X O X
O X O O    X O O O    O O O X    O O X O
X O X O    O X O X    X O X O    O X O X
O O O X    O O X O    O X O O    X O O O
```

Jedes dieser 4 Felder aus 20 Zeichen (dieselbe Zahl wie die Spiralen) hat 3 „Fehler" (helle statt dunkle Zeichen), Wenn man diese „Fehler" ändert, entsteht ein regelmäßiges Muster aus hellen und dunklen Felder. Diese Änderungen sind in der folgenden Darstellung grau hinterlegt worden.

```
O O O X    O O X O    O X O O    X O O O
X O X O    O X O X    X O X O    O X O X
O X O O    X O O O    O O O X    O O X O
X O X O    O X O X    X O X O    O X O X
O O O X    O O X O    O X O O    X O O O
```

Wie man sieht, sind die „Fehler" systematisch angeordnet und bilden jedesmal ein Dreieck.

Zwischen den vier Feldern aus 20 Zeichen befindet sich in dem Kornkreis jeweils einer der Kreuzstrahlen, die genauso breit wie die Felder sind. Wenn man sich in diesen Lücken, also „hinter den Strahlen" auch die abwechselnden hell/dunkel Felder vorstellt, wird die Symmetrie noch deutlicher:

O O O X O O O X O X O X O O O X O O O X
X O X O X O X O X O X O X O X O X O X O
O X O O O X O O O X O O O X O O O X O X
X O X O X O X O X O X O X O X O X O X O
O O O X O O O X O X O X O O O X O O O X

Die hellen und die dunklen Felder bilden also ein Netz als Hintergrund für die Strahlen. Doch was sollen die 4 „systematischen Fehler"? Sind das 4 Sicheln?

Es ist noch interessant, daß beiden Seiten links und rechts von der senkrechten Achse spiegelsymmetrisch sind. In Abbildung 225 weisen die Fehlerfeld-Sicheln mit ihrer Öffnung nach oben – in der wahrscheinlich richtigen Betrachtungsweise des Kornkreises auf Abbildung 226 zeigen die Fehlerfeld-Sicheln mit ihrer Öffnung nach unten. Sind das dann sozusagen 4 sehr stark stilisierte Berge, über denen die Sonne aufgeht?

Auch dieser Kornkreis ist stilistisch gesehen mittelamerikanisch.

- * ❀ * -

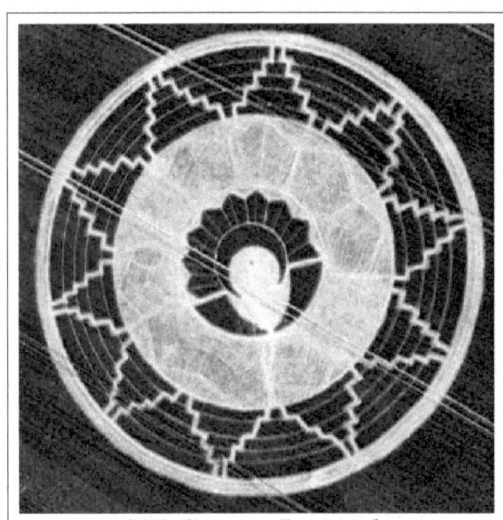

227. Sonnen-Pyramide

(Wiltshire, England, 2011)

Hier ist genau dasselbe zentrale Element wie auf dem vorigen Kornkreis zu sehen: Sonne, Sichel, zwei Bogen-Dreiecke und Federschmuck-Sonnenstrahlen. Hier sind es kurioserweise 8,5 Strahlen … Auf der rechten Seite scheint ein halber Strahl zu viel zu sein … Warum?

Auf dem breiten, hellen Ring sind durch das Legen des Getreides 10 breite Strahlen angedeutet worden.

Diese 10 Strahlen finden sich dann auf dem dunklen Ring als 10 5-stufige Pyramiden wieder. Entsprechen sie den den 4 „Bergen" bei dem vorigen Kornkreis, als die man die 4 sichelförmigen Feldergruppen deuten könnte?

Auch dieser Sonnen-Kornkreis hat wieder den Stil der Mayas, Azteken und Tolteken – einschließlich der Stufenpyramiden.

Die Tropfen-Form, die sich bei diesen „Sonnen-Gesichtern" aus dem Kreis, der Sichel und dem Bogen-Dreieck unter ihnen ergibt, taucht später noch des öfteren als

166

die Tropfen-förmigen Gesichter der „Kornkreis-Aliens" auf.

- *  * -

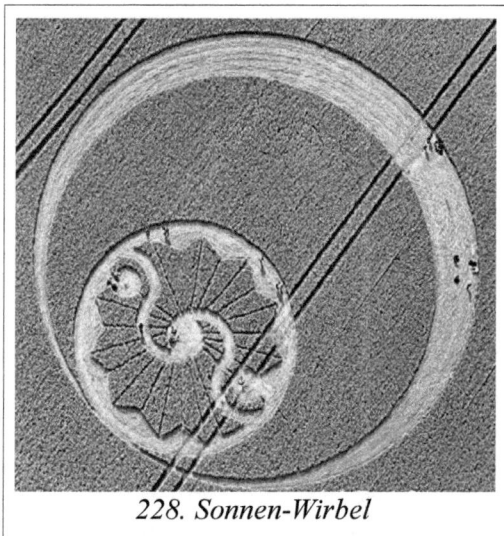

228. Sonnen-Wirbel
(Wiltshire, England, 2010)

Wieder ein Kreis mit einer Sichel – der Kreis ist hier dezentral wie bei den Kornkreisen 217, 222 und 224.

Die Kreisfläche enthält zwei merkwürdige Zeichen. Sie werden besser verständlich, wenn man die helle Linie, die sie trennt, als zwei „S" auffaßt, also als zwei Energie-Flüsse, die von der Kreisfläche in ihrer Mitte ausgehen. So betrachtet ist dieses Zeichen eine Variante des Yin/Yang-Symbols.

Von der Mitte dieses Symbols gehen 24 Linien aus, die paarweise insgesamt 12 Strahlen bilden – eine eindeutige Sonnensymbolik.

- *  * -

229. Sonnen-Flügel
(Wiltshire, England, 2004)

Das Zentrum ist eine Flügelsonne, auch wenn sie auf eine ungewöhnliche Weise dargestellt worden ist. Anstelle der Sonne als „Leib", an der sich zwei waagerechte Flügel befinden (wie bei den Flügelsonnen der Ägyptern, Persern und Griechen), bilden die beiden Flügel eine Art Wirbel – ein Sonnenfeuer-Wirbel?

Hier ist der Stil nicht mehr so deutlich mittelamerikanisch.

Die Flügel bestehen in ihrem ersten Teil aus 1 langen Feder, 1 zweigeteilten Feder und 4 dreigeteilten Federn – zusammen 15 „Feder-Teile". In ihrem zweiten Teil bestehen die Flügel aus 19 langen, dünnen Federn. Insgesamt sind das $2\cdot34=68$ Federn bzw. Federteile. Zählt man die 2 bzw. 3 Federteile jeweils nur als 1 Feder, kommt man auf 24 Federn je Seite, also auf insgesamt 48 Federn – eine gut bekannte „Sonnenzahl": 4 Richtungen · 12 Tierkreiszeichen = 48 Einheiten.

Der Außenkreis ist vollkommen identisch mit dem Außenkreis des Kornkreises 102, in dem sich ein komplexer dreipolarer Wirbel befindet – in dem hier betrachteten Kornkreis 229 ist hingegen ein zweipolarer Wirbel zu sehen. Die Struktur des äußeren Kreisrings könnte also etwas mit dem Wirbel in der Mitte zu tun haben – wobei die Polarität des Wirbels anscheinend egal ist.

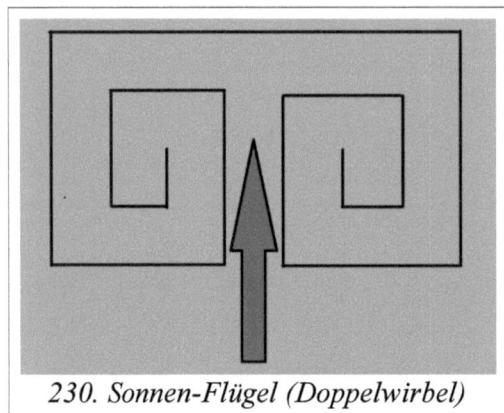

230. Sonnen-Flügel (Doppelwirbel)

Der Ring ist durch je zwei dicke Flächen in vier gleiche Bereiche unterteilt – ähnlich den vier Strahlen bei Kornkreis 225/226. Jedes Viertel enthält 2·12 Striche, 2·2 Quadrate und 4 Doppelspiralen – die komplexen Symbole befinden sich in der Mitte.

Was bedeuten diese Doppelspiralen? Sind das wirklich die chinesischen Glücks-Symbole – also einfach traditionelle Zeichen? Es gibt noch ein zweite Erklärungsmöglichkeit: Wenn das Wasser eines Baches in einen See fließt, bilden sich Doppelspiralen – dasselbe gilt überall dort, wo ein Impuls in ein ruhiges Medium gelangt. Auch der Penis und die Eierstöcke haben diese Form. Auf der Abbildung 230 ist die Doppelspirale eckig wie auf dem Kornkreis und nicht rund wie in der Natur gezeichnet.

Man kann also davon ausgehen, daß diese Doppelspirale anzeigt, daß ein Impuls von innen nach außen geht und dabei diesen Doppelwirbel erzeugt. Die Lage der Doppelspiralen auf dem Außenkreis zeigt, daß der Impuls von innen kommt und nach außen geht.

Wenn die 4 Doppelspiralen die durch den eindringenden Impuls ausgelösten Doppelwirbel sind, dann wären die 12 Striche links und rechts davon Wellen, die von ihm ausgehen, und die 2 Quadrate in den beiden Ecken Flächen, die weitgehend ruhig bleiben. Die Ornamente auf dem Außenkreis sind also ein Strömungsbild.

- *  * -

231. Spiralen-Sonne
(Wiltshire, England, 2005)

Hier sind die 12 Strahlen, die von dem Mittelkreis ausgehen, auf interessante Weise dargestellt: Auch sie sind die Doppelwirbel, die bei dem vorigen Kornkreis beschrieben worden sind – nur daß sie hier sehr langgezogen sind.

Die Stahlen der Sonne im Zentrum gelangen folglich in ein sie umgebendes und ihnen selber ähnliches Medium, in dem sie dann diese 6 Doppelwirbel erzeugen. Man kann zumindestens vermuten, daß sowohl die Strahlen der Sonne als auch das sie umgebende Medium die Lebenskraft ist.

Die Punkte in der Mitte und rechts oben auf dem Außenkreis sind Menschen.

- *  * -

169

232. Sonnen-Herz

(Wiltshire, England, 2020)

Hier ist ein Kornkreis mit einer Sonne zu sehen, die zwei Flügel mit je 9 Strahlen-Federn hat und die einen breiten Strahl nach unten sendet, der ein Herz enthält.

Dieses Herz-Symbol findet sich zwar auch schon in den altsteinzeitlichen Höhlenmalereien, wo es auf die Brust eines Mammuts aufgemalt worden ist, aber es besteht doch ein leiser Verdacht, daß dieser Kornkreis von Menschen hergestellt worden sein könnte.

Das Getreide in dem Herzen ist in zwei Kreisen flachgelegt und dann durch ein Dreieck ergänzt worden.

233. Pentagramm-Sonne

(Dorset, England, 2018)

- * ❋ * -

Hier enthält die Sonne ein Pentagramm und ruht in einer Sichel unten in einem großen Ring: das generelle Arrangement der „aufgehenden Sonne".

Das Pentagramm ist in diesem Zusammenhang jedoch ungewöhnlich. Aus den 5-polaren Kornkreis-Mandalas ergibt sich keine klare Symbolik, sodaß man nur die traditionelle Deutung als Mensch mit Leib (Pentagon), Beinen (untere Spitzen) Armen (seitliche Spitzen) und Kopf (obere Spitze) hat.

Sollte das ein Mensch in einer aufgehenden Sonne sein? Also ein Mensch, der in sich selber die Sonne aufgehen sieht, also der seine eigene Seele gefunden hat? Das würde zwar zu den übrigen Deutungen der Sonnen-Kornkreise passen, aber es fragt sich, ob man bei den Kornkreisen die hier vorgebrachte Deutung „Pentagramm = Mensch" zugrundelegen darf.

Der „Mensch in der Sonne" könnte jedoch auch einfach der Sonnengott oder davon abgeleitet der Sonnen-Engel sein.

170

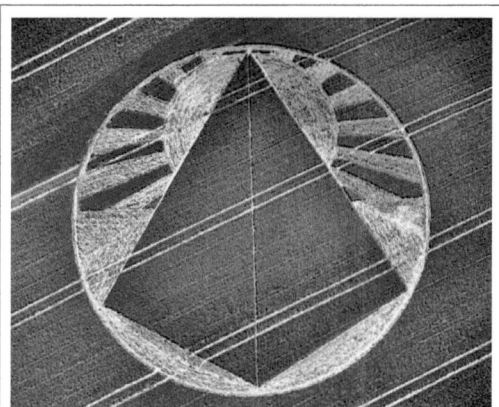

*234. Pyramide
(Wiltshire, England, 2001)*

Dieses 3D-Bild eines Sonnenaufgangs über einer Pyramide wirkt ein wenig Menschen-gemacht ...

Es sind 12 helle Strahlen zu sehen, was ja zur Sonne passen würde. Doch wenn man die Strahlen hinter der Pyramide mit-zählen würde, käme man auf ca. 16-17 Strahlen – aber das ist ja kein zwingendes Argument.

Diese Pyramide ist sehr steil – sogar noch steiler als die Pyramiden in Mittel-amerika ... Lediglich die sehr kleinen Pyramiden auf ägyptischen Gräbern, die nur ein 3-5 Meter hoch sind, sind derartig steil.

III 15. Organische Formen

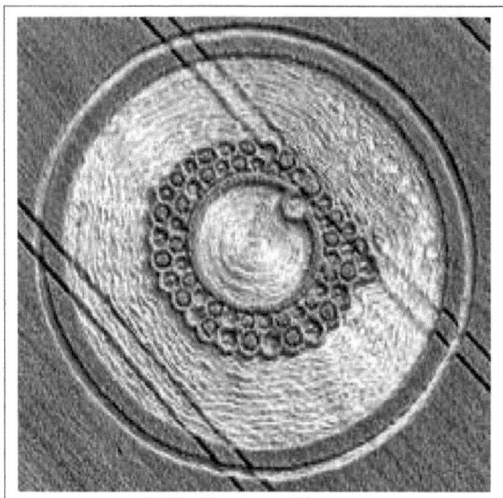

235. Kreise-Cluster
(Wiltshire, England, 2011)

Dieser Ring ist ein wenig kurios, weil er zum einen durchaus regelmäßig gestaltet ist, aber andererseits doch auch recht unregelmäßig ist.

Er hat einen inneren und einen äußeren schmalen Ring. Der innere Ring hat eine Einbuchtung, die wie ein Tor wirkt (rechts oben).

Links von dem Tor erscheinen erst halbe, dann ganze „Blasen mit Füllung", die ein bißchen wie Froschlaich wirken. Diese „Blasen" laufen gegen den Uhrzeigersinn im Kreis um den Mittelkreis herum und dann noch ein zweites mal als eine zweite, äußere „Blasen-Schicht". Sie endet kurz vor dem Tor, wo Ansätze zu einer dritten „Blasen-Schicht" zu erkennen sind – allerdings schon vor dem Tor, wo es ein wenig chaotisch aussieht. Es scheinen insgesamt 56 halbe und ganze „Blasen" zu sein.

Die „Blasen mit Füllung" scheinen aus dem Tor herauszukommen und sich dann an den Ring anzulegen. Das wirkt wie ein Mutter-Kreis mit vielen Kinder-Kreisen. Ist das das weibliche Gegenstück zu dem Kornkreis 172, in dem Spermien oder Schlangen abgebildet gewesen sind? Dann wäre das Tor entweder der Ausgang des Eierstocks oder der Schoß.

In der weißen Fläche des breiten Kreisrings ist das Getreide so gelegt worden, daß es weich wie Wellen oder Wolle wirkt – das würde zu der Deutung dieses Kreisrings als Gebärmutter passen.

- * ✿ * -

172

236. Molekül
(Wiltshire, England, 2020)

Ist das ein Pilz? Oder ein Molekül? Oder eine komplexe chemische Verbindung?

Unten ist eine Kreisfläche mit 8 kleinen Kreisen zu sehen, die wie ein Steinkreis, ein Kern oder ein Samen wirkt.

Wenn die pflanzliche Deutung zutreffen sollte, wäre die gerade Linie, die von dem Kern ausgeht, der Stengel der Pflanze.

Oben schließt sich eine Form an, in der sich 3 große Kreise, 3 mittlere Kreise und außen in 3 Ausbuchtungen 3 kleine Kreise befinden. Diese 3·3 Kreise symbolisieren den Selbstausdruck und das Wachsen (Impuls → Struktur → Kontakt). Die Entwicklung geht dabei von innen nach außen gesehen von den großen über die mittleren zu den kleinen Kreisen.

Ganz außen schließen sich dann 8 Linien mit Kreisflächen an ihrem Ende an – sie wiederholen im Großen, Ausgestalteten, was in dem Keim im Kleinen (8 Punkte) angelegt ist.

Die Formen in diesem Kornkreis gehen alle ineinander über, d.h. alle Ecken sind abgerundet worden und wirken dadurch organisch.

Diese Kornkreis-Pflanze wirkt sehr viel überzeugender und urbildhafter als der Blütenbaum in Kornkreis 80 und daher auch deutlich weniger Menschen-gemacht.

173

III 16. Strukturierte Flächen

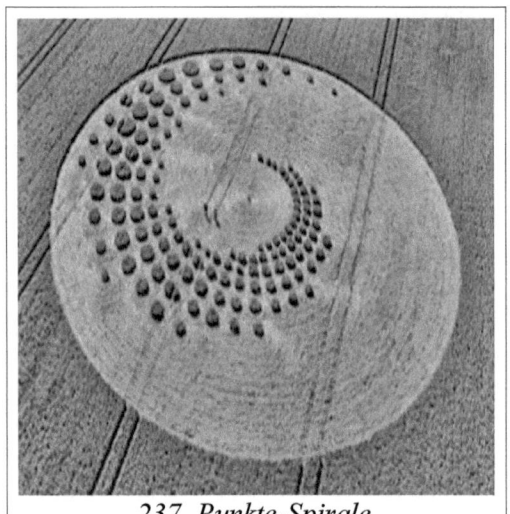

237. Punkte-Spirale
(Wiltshire, England, 2014)

Hier ist eine Spirale aus Punkten zu sehen. Sie besteht aus 9 Punkt-Reihen. Von innen nach außen hin bestehen diese Reihen aus der folgenden Anzahl von Punkten: 16, 16, 16, 15, 15, 15, 15, 14, 13 – insgesamt sind dies 145 Punkte.

Die 13-16 Punkte in den 9 Reihen sind so angeordnet, daß sie von dem Zentrum des Kreises aus gesehen hintereinander liegen und somit 36 „Strahlen des Zentrums" bilden.

Die Zahlen sind offenbar nicht zufällig gewählt: Die 3·12= 36 kombiniert die „3" der Entwicklung („Spirale) mit der „12" des Umraums (Tierkreis) – sie ist folglich die „Entwicklung in den Umraum hinein". Die „16" ist wie die „8" die Zahl der Vollkommenheit.

Die „9" ist entweder (von ihrer Struktur-Symbolik her gesehen) die 3·3=9 also die dreifache Entwicklung (wie auf dem kabbalistischen Lebensbaum) oder (von ihrer traditionellen Symbolik her gesehen) die Verwandlung oder der Tod – hier paßt die erste Möglichkeit deutlich besser.

Hier wird also die vollkommene Selbstentfaltung dargestellt. Dazu paßt es auch ausgesprochen gut, daß das Halschakra, das für den hemmungslosen und ungehinderten Selbstausdruck zuständig ist, 16 Blütenblätter hat.

- * ❀ * -

*238. Code-Streifen
(Hampshire, England, 2001)*

Dieser Kornkreis ist schwer zu deuten … Ist das ein Binär-Code? Oder ein Baum mit einem Stern über ihm? Ist der „Stern" eine Flügelsonne?

Es lassen sich leicht verschiedene Bereiche oder Abschnitte erkennen: unten drei waagerechte Streifen, darüber eine Art Tannenbaum, dann ein Quadrat unter unter einer waagerechten Linie (Sonne am Himmel?) und ganz oben die „Flügelsonne".

Der unterste der drei Streifen besteht aus 10 senkrechten Punkte-Linien, die maximal 4 Punkte enthalten, der mittlere Streifen besteht aus 5 Symbolen o.ä., und der oberste besteht aus 4 Symbolen o.ä.

Der „Tannenbaum" hat einen „Stamm", auf dem oben zwei Kreise sitzen.

Gegenüber dem dunklen Quadrat rechts unter der waagerechten Linie ist ein senkrechter Strich aus 7 Punkten mit zwei Begleiter-Punkten (?) zu sehen.

Es gibt also ein dreifaches Fundament, auf dem etwas in die Höhe wächst und sich oben entfaltet.

Das ist noch ziemlich abstrakt formuliert, aber stellt immerhin eine Grundstruktur dar.

Dieser Kornkreis gehört zu dem „Kornkreis-Photo" von einem Alien, mit dem er zusammen erschienen ist.

175

239. Code-Streifen und „Alien-Photo" | *240. „Alien-Photo"*

241. Kreis-Code

242. UFO-Besuch

Was soll man dazu sagen? Eine Spirale mit 12 Windungen – das müßte die Entfaltung eines Zentrums sein: die Sonne mit dem Tierkreis.

Die Spirale beginnt mit einem zentralen Punkt und einem etwas längeren Strich, der die Spirale beginnt. Dann folgen verschieden lange Rechtecke, zwischen denen verschieden große Lücken sind. Ganz außen wird die Spirale von einem Spiral-Ring beendet.

Der „Code" besteht aus 213 Rechtecken von 4 verschiedenen Längen. Auch die Lücken haben 5 oder 6 verschiedene Längen. Es handelt sich also nicht um einen einfachen Binär-Code, der ja nur aus den Zeichen „0" und „1" bestehen würde. Durch die variable Länge erhält jede Position noch eine weitere Qualität – dieser „Code" kann daher recht viele Informationen enthalten – falls es tatsächlich ein Code ist. Bei $2 \cdot 213 = 426$ Zeichen (Rechtecke und Lücken), die 4 bzw. 5 Eigenschaften haben können, sind dies $213 \cdot 4 + 213 \cdot 5 = 1917$ Informationen.

Dieser Kornkreis ist Teil eines größeren Arrangements „mit Photo" – der große Zweifel an der „Echtheit" dieser Kornkreis aufkommen läßt. Warum sollten Außerirdische derart menschlich aussehen?

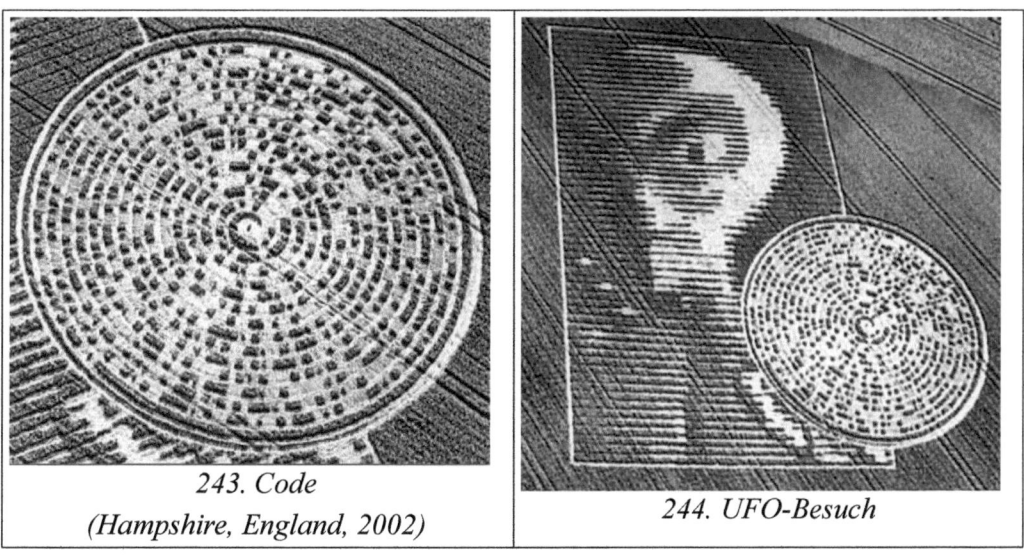

243. Code
(Hampshire, England, 2002)

244. UFO-Besuch

Hier ist noch eine Variante des vorigen Kornkreises zu sehen – der „Code" ist noch länger, aber der Außerirdische sieht genauso menschlich aus …

Alle 3 „Alien-Kornkreise" stammten aus Hampshire … einer aus 2001 und zwei, die einander sehr ähnlich sind, aus 2002. Vermutlich stammt der ziemlich menschliche Kornkreis-Künstler, der diese drei Kornkreise erschaffen hat, auf Hampshire … Die beiden Gesichter aus 2002 sind technisch wirklich gut gemacht.

245. „Schach-Code"

(Ort und Jahr unbekannt)

Dies ist ein weiterer ganz schlichter, menschengemachter binärer Code auf $12 \cdot 12 = 144$ Quadraten.

- * ✲ * -

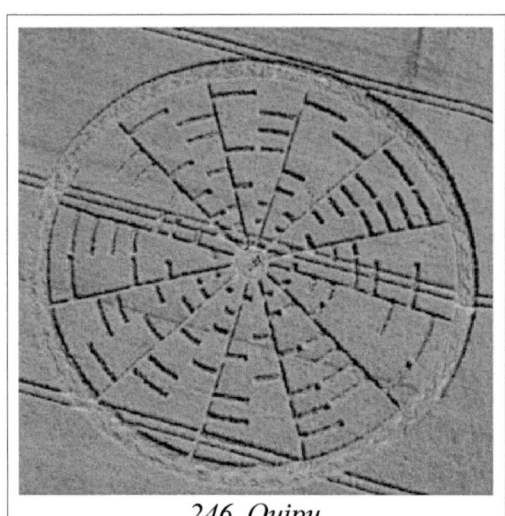

246. Quipu

(Wiltshire, England, 2010)

Dieser Code erinnert sehr stark an die Ogham-Schrift aus Großbritannien und Irland sowie ein wenig auch an die Quipu-Schrift der Quetchuas („Inkas").

Die Ähnlichkeit mit dem Ogham ist so groß, daß man davon ausgehen kann, daß dieser Kornkreis von Menschen „geschrieben" worden ist.

- * ✲ * -

178

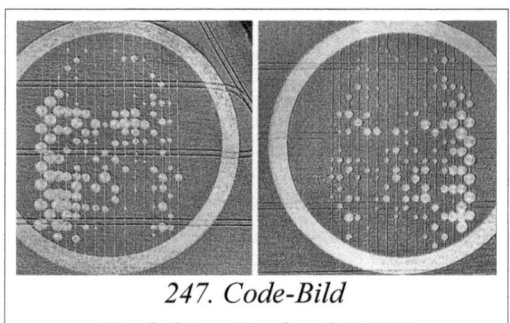

247. Code-Bild
(Berkshire, England, 2010)

Sollen das zwei Codes oder zwei stark gepixelte Bilder sein? Wie bei den übrigen Code-Kornkreisen ist die Wahrscheinlichkeit von menschlichen Urhebern ausgesprochen groß.

- * ❀ * -

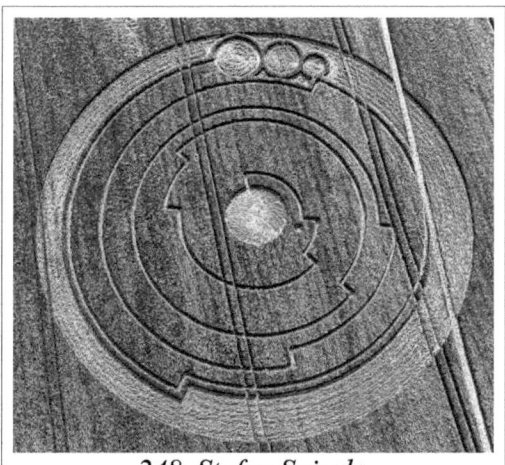

248. Stufen-Spirale
(Wiltshire, England, 2008)

Dieser Kornkreis zeigt eine „Stufen-Spirale" Sie dreht sich vom Zentralkreis in 10 Stufen nach außen und endet in einen Dreier-Kreis („Entwicklung").

Die Bögen zwischen den einzelnen Stufen sind verschieden lang: 110°, 40°, 140°, 40°, 180°, 330°, 70°, 220°, 180°, 130°. Insgesamt sind dies genau 4 Umkreisungen des Mittelpunkte, also 1440°. Eine Regelmäßigkeit ist nicht ersichtlich.

Neben der 2. Stufe ist ein kleiner Punkt zu sehen.

Vermutlich ist auch dies ein Menschengemachter Kornkreis.

179

III 17. Komplexe Formen

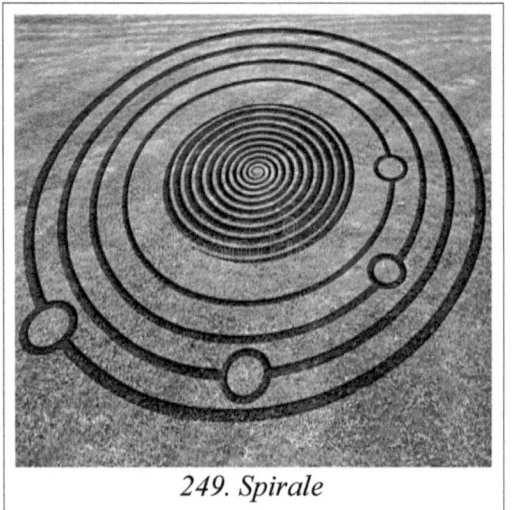

In der Mitte ist eine Spirale mit 12 Windungen zu sehen, die außen durch 4 Ringe auf 4 Kreisringen fortgesetzt wird. Hier findet sich wieder die klassische Kombination der „4" mit der „12".

249. Spirale
(Ort und Jahr unbekannt)

- * ❀ * -

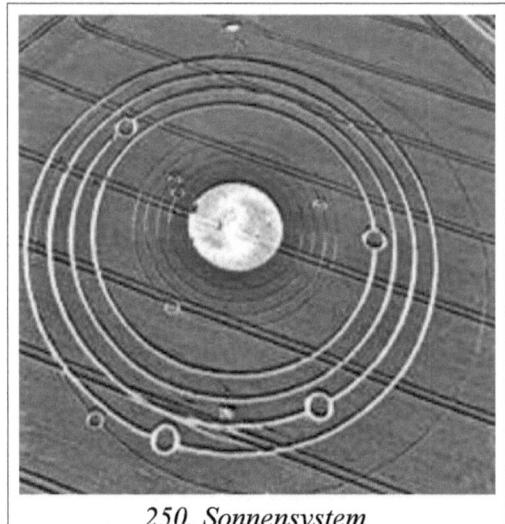

Hier ist eine Kreisfläche von eine Gruppe von 5 Kreisringen umgeben, auf die nach einer Lücke noch einmal 4 Ringe folgen. Ganz außen ist noch ein exzentrischer Ring zu sehen, der den äußeren Ring schneidet. Auf allen 10 Kreisringen befindet sich ein Kreis.

Offenbar ist hier unser Sonnensystem mit den 10 Planeten dargestellt worden – sogar die exzentrische Kreisbahn des Pluto ist dargestellt worden.

Über dem ganzen befindet sich noch ein einzelner „Beobachter-Kreis".

Menschenwerk?

250. Sonnensystem
(Wiltshire, England, 2008)

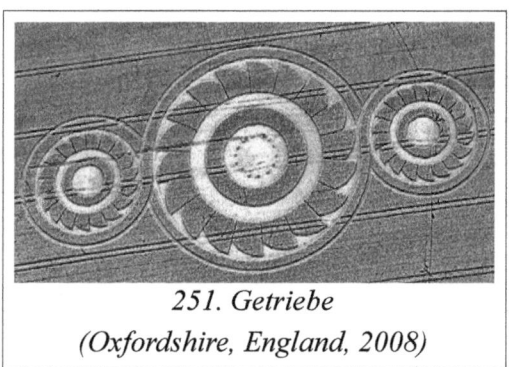

*251. Getriebe
(Oxfordshire, England, 2008)*

Dies ist eine Variante des „Polar-Motors": zwei Polkreise und ein rotierender Zentralkreis. Diese drei Kreise sind hier als drei Zahnräder oder Schaufelräder dargestellt worden.

Der Zusammenhang zwischen den drei „Rädern" wird noch durch die drei äußeren Ringe betont, die eine Endlos-Schleife sind, also gewissermaßen zwei miteinander kombinierte „S".

Die drei „Zahnräder" haben jeweils 18 „Zähne", also insgesamt 54. Der innere Ring des großen Rades hat innen 14 dunkle Punkte (stehengelassene Korngarben). Die Zahlen in diesem Kornkreis haben keine ersichtliche Symbolik.

- * ❀ * -

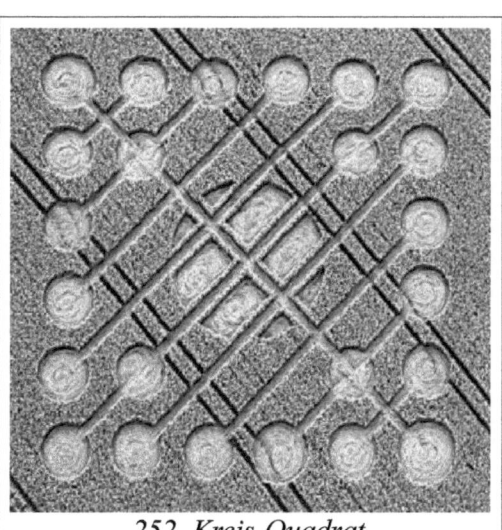

*252. Kreis-Quadrat
(Oxfordshire, England, 2012)*

Dieser Kornkreis besteht aus 24 kleinen Kreisen, die in einem Quadrat mit quadratischen Eck-Flächen angeordnet sind.

Ihre Verbindungslinien bilden ein auffälliges Muster, das den Eindruck einer Spannung vermittelt und einem Kondensator ähnelt.

Die Kreisfläche im Hintergrund wirkt verborgen. Ist sie von dem Liniensystem gefangen? Wird sie von ihm geschützt? Sind die Linien Ausdruck des Kreises?

Wenn man die Kombination von Kreis und Quadrat in dieser Kornkreis-Graphik von der Spitze links unten aus betrachtet, ergibt sich eine waagerechte Linie mit zwei 4-Kreis-Polen, die Stabilität bedeuten werden. An der senkrechten Linie befindet sich dann oben und unten jeweils ein Kreis-Paar: Polarität. Dazwischen befinden sich dann vier Gruppen zu jeweils 3 Kugeln: Entwicklung. Das wird deutlicher, wenn man das als Graphik zeichnet (siehe links).

181

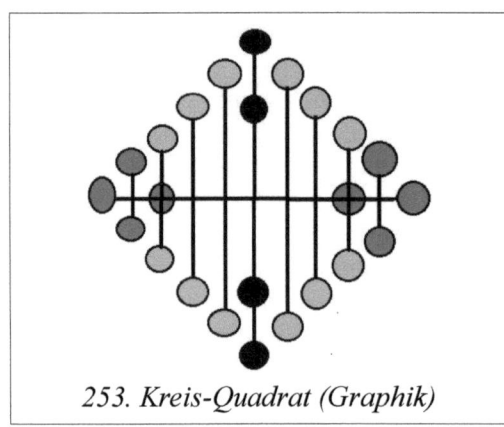

253. Kreis-Quadrat (Graphik)

Die beiden Paare von schwarzen Polar-Kreisen wären in dieser Graphik der „Motor", die beiden dunkelgrauen Gruppen von 4 Kreisen das stabilisierende „Gehäuse" und die 4 Gruppen von 3 hellgrauen Kreisen das „Getriebe", in dem die Bewegung umgesetzt wird.

Die 2·2=4 schwarzen Kreise sind zusammen mit den 2·4=8 dunkelgrauen Kreisen der Motor in seinem Gehäuse = 12 Kugeln. Die 4·3 hellgrauen Kugeln sind das Getriebe = ebenfalls 12 Kugeln.

Es hat den Anschein, als ob hier die „12" als der Umraum und die Umsetzung des Potentials der „1" im Zentrum (Kreis im Hintergrund) auf recht kreative Weise dargestellt worden wäre.

Hier ist ein spitzes Kreuz mit einer großen Sichel sowie mit zwei Kreisflächen und einer dunklen Sichel im Zentrum kombiniert worden – eine ungewöhnliche Zusammenstellung.

Das Kreuz als 4er-Struktur ist Stabilität. Die 4 Spitzen des Kreuzes geben diesem Kreuz etwas Wehrhaftes. Der Kreis in der Mitte des Kreuzes zentriert ihn – die Sonne und die vier Richtungen.

Die Sichel ruht in dem Zentralkreis, wo sie ihre breiteste Stelle hat, die genau mit dem Durchmesser des Zentralkreises übereinstimmt. Folglich sind sowohl das Spitz-Kreuz als auch die Sichel ein Ausdruck dieses zentralen Kreises.

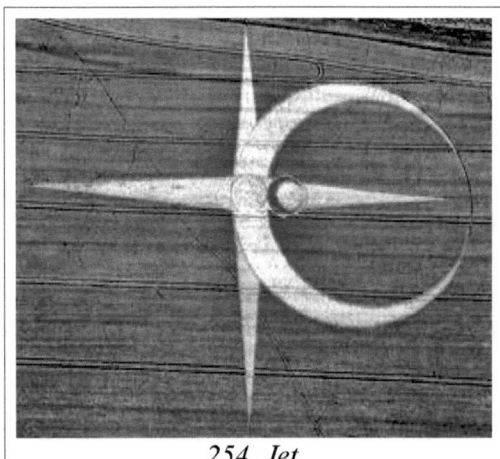

254. Jet
(Wiltshire, England, 2012)

Der zweite Kreis rechts neben dem Zentralkreis wiederholt die Sichel: Sowohl die große helle Sichel als auch die kleine, dunkle Sichel entstehen dadurch, daß in einen Kreis ein zweiter, etwas kleinerer Kreis gelegt wird, der den rechten Rand des größeren Kreises berührt. Der kleine Kreis mit der dunklen Sichel ist ein Abbild des großen Kreises mit Sichel oder sein „Same".

Es ist also eine Entwicklung nach rechts hin dargestellt worden – die auch eine

Entwicklung von „spitz" nach „rund" ist.

- * ❀ * -

255. Bogen-System
(Niederlande, 1999)

Hier ist ein seltsamer „Knoten" dargestellt worden, dessen Bögen in drei verschiedene Richtungen verlaufen. Die Bogen-Abschnitte mit den größeren Kreisen liegen jeweils vor den Bogen-Abschnitten mit den kleineren Kreisen. Die Bogen-Abschnitte mit den größeren Kreise liegen auch jeweils vor dem Ring und die Bogen-Abschnitten mit den kleineren Kreisen liegen jeweils hinter diesem Ring. Dieser Ring hat vor allem die Funktion, die räumliche Lage dieses Bogen-Systems zu erleichtern.

Derartige komplexe Bögen finden sich im Gleichgewichtsorgan im Ohr, das mit ihm die drei Richtungen unterscheiden kann.

In Waldorfschulen ist es üblich, die Schüler solche Bögen aus dünnem Kupferrohr biegen zu lassen, um das räumliche Vorstellungsvermögen zu fördern.

Ist dies nur eine anspruchsvolle 3D-Darstellung oder ist dies mehr? Die Bogenform scheint aus 3·36=108 Kreisen zu bestehen – das wären 9·12 Kreise, was vermutlich kein Zufall ist.

In Indien und bei den Germanen und folglich auch schon bei den ursprünglichen Indogermanen ist die „108" eine heilige Zahl gewesen. Sie setzt sich aus den Faktoren „2·2·3·3·3" zusammen, was sich durch eine „1" zu „1·2·2·3·3·3" ergänzen und dann elegant als Potenz-Faktoren schreiben läßt: „$1^1 \cdot 2^2 \cdot 3^3$" Die Indogermanen haben offenbar gerne mit Zahlen gespielt …

Die „108" faßt die drei Potenzen der drei wichtigsten Zahlen zusammen: 1 = Identität, 2 = Polarität, und 3 = Entwicklung/Zyklus.

Die „108" ist sowohl bei den Indern als auch bei den Germanen mit der Sonne und mit dem Sonnengott-Göttervater (Dhyaus, Tyr) verbunden gewesen. Das Bogen-System in diesem Kornkreis kann also auch als Sonnendarstellung aufgefaßt werden – auch wenn dies dann eine recht „exotische" Version einer Sonnen-Darstellung wäre.

- * ❀ * -

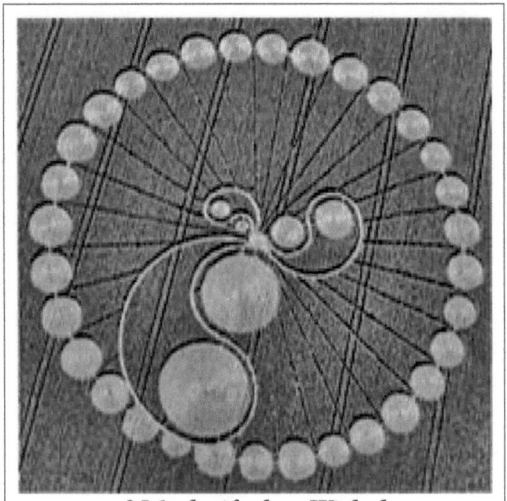

256. dreifacher Wirbel
(Wiltshire, England, 2003)

Dies ist ein Kornkreis, der zunächst einmal unübersichtlich und komplex wirkt. Bei genauerer Betrachtung ist er jedoch einfacher, aber zugleich auch noch komplexer als er auf den ersten Blick zu sein scheint.

Der Kornkreis ist einfacher, weil die Form im Zentrum aus drei gleichen Teilen besteht, die in drei verschiedenen Größen aus dem Mittelpunkt heraus entstehen.

Diese drei Formen setzen sich aus zwei Kreisen und einem „Bogen-Tropfen" zusammen. Dieser „Bogen-Tropfen" ist ein „halbes Yin/Yang-Zeichen ohne Punkt in der Mitte". Diese Form, die aus einem Halbkreis und einem „S" besteht, wird meist „Miribota" genannt (persisch: „Laub-Büschel, Strauch").

Die beiden Kreise sind die Polarität – das Miribota entsteht aus der Kombination dieser beiden Kreise und des großen rotierenden Kreises. Der rotierende Zentralkreis, das „S" und das Miribota sind somit von ihrer Symbolik her weitestgehend identisch.

Eine dreifache Polarität klingt nach der üblichen Symbolik der „3": Expansion, Entwicklung und Entfaltung.

Der äußere Ring besteht aus 32 Kreisen, zu denen vom Mittelpunkt aus 32 Strahlen führen – das bestätigt die Expansion und zeigt zugleich, daß dieser Kreis vollkommen sein soll, da die „32" wie die „16" die Symbolik der „8" teilt, von der sie das 2-fache bzw. das 2·2-fache ist.

Das größte der 3 Miribotas überlagert drei der Kreise des äußeren Kreisrings. Bedeutet das, daß das Miribota über die Grenze hinausgeht? Ist das Aggression oder einfach Entdeckerfreude?

Der Kornkreis ist auch komplexer als man auf den ersten Blick erkennen kann, weil die Kreise, aus denen der äußere Ring besteht, verschieden groß sind. Es scheinen drei Größen zu sein, die jedoch unregelmäßig verteilt sind.

- * ❀ * -

184

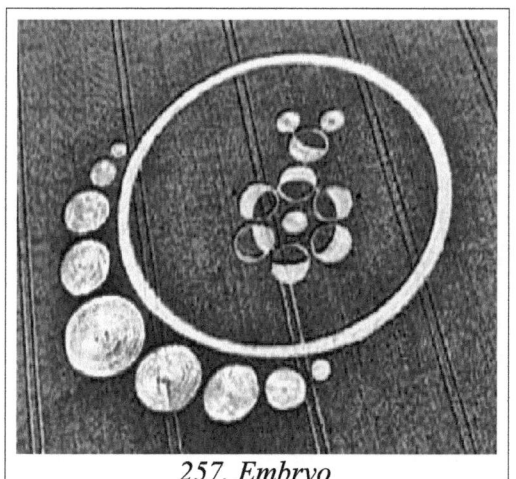

*257. Embryo
(Wiltshire, England, 2013)*

Dieser Kornkreis hat eine auffällige Struktur. Er besitzt wie viele Kornkreise einen Außen-Ring, aber in diesem Ring „schwimmt" eine Struktur, die weder einen Bezug zu dem Ring noch zu dem Zentrum dieses Kreisrings hat.

Diese Struktur besteht aus einem mittelgroßen, zentralen Ring mit einer Kreisfläche im Mittelpunkt. Auf diesem Ring liegen die Zentren von sechs halb so großen Kreisringen, die alle zur Hälfte hell und zur Hälfte dunkel sind.

Da die hellen Hälften nach außen weisen, wirken sie wie ein Strahlen, wie ein Ausdruck des Mittelpunktes des mittelgroßen Kreisringes.

Bei einem dieser Kreise ist jedoch die helle mit der dunklen Seite vertauscht worden. Dieser Kreis blickt sozusagen nach innen und nicht nach außen. Dieser Kreis weist auf den mittleren, größten der 9 Kreise, die außen an dem großen Ring anliegen. Die Wirkung geht daher von diesem großen, mittleren Kreis der 9 Kreise zu dem „verkehrten" Kreis auf dem mittelgroßen Ring.

Das macht geradezu den Eindruck wie eine Gebärmutter mit einem Fötus, der von der Mutter bzw. von dem Mutterkuchen („Plazenta") aus per Nabelschnur (die hier nicht abgebildet ist) ernährt wird. Auch die Form der 9 Kreise entspricht ausgesprochen gut der Form einer menschlichen Plazenta. Die nicht dargestellte Nabelschnur verläuft von dem größten der 9 Kreise außen (Mutter) zu dem „verkehrten Kreis" innen (Embryo).

An dem in dem großen Ring „schwimmenden" „Embryo" befindet sich noch ein Anhang. Er besteht aus einem Kreis, der polar zu dem Kreis gefärbt ist, an dem er hängt. Hier hat sich Gleich an Gleich angelagert. An diesem Kreis sitzen noch zwei weitere, kleine Kreise.

Die Linien von dem Mittelpunkt des Anhang-Kreis zu den beiden kleinen Kreisen und zu dem Kreis, an dem er anhängt, haben alle einen Abstand von 120°. Der Anhang-Kreis wirkt durch die beiden kleinen Kreise aktiv. Ist er eine Spermie, die gerade ein Ei in der Gebärmutter befruchtet? Sozusagen „Sex im Kornkreis"?

- * ✿ * -

185

258. Radioteleskop
(Moiselles, Frankreich, 2019)

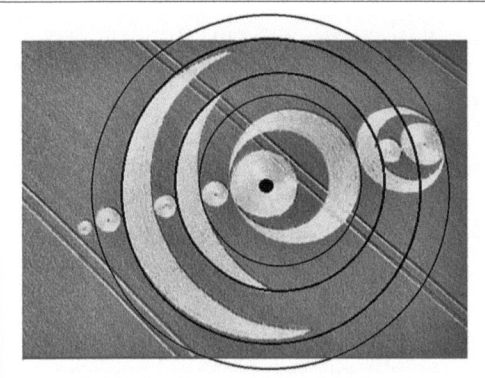

259. Radioteleskop (Aufbau)

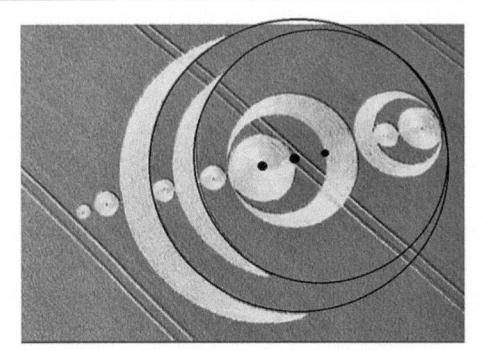

260. Radioteleskop (Aufbau)

Dieser Kornkreis erinnert an ein Radioteleskop.

Alle 13 Symbole liegen auf derselben Achse, was zeigt, daß hier eine Wirkung in der Richtung dieser Achse dargestellt worden ist.

Der große Kreis mit der Sichel und dem kleinerem Kreis in ihm ist der Brennpunkt des Systems wie die Skizze 259 zeigt – fast alle Maße beziehen sich auf diesen großen, hellen Kreis.

Die Innenbögen der beiden großen Sicheln haben ihre Mittelpunkt in regelmäßigen Abständen rechts von diesem Haupt-Mittelpunkt. Diese Formen sind systematisch und regelmäßig angelegt worden.

Die Außenbögen der Sicheln beziehen sich auf die Haupt-Mitte, während sich die Innenbögen auf Punkte rechts von dieser Mitte beziehen. Die beiden Brennpunkte (Mittelpunkte der Innenbögen) verschieben die Aufmerksamkeit in zwei gleichgroßen Schritten nach rechts hin. Es wird also eine Entwicklung von links nach rechts entlang der Achse dargestellt.

Die drei gleichgroßen Kreise, die die beiden Sicheln trennen und umgeben, sind also so etwas wie „Abstandshalter". Der kleine Punkt ganz links ist anscheinend einfach so etwas wie ein Endpunkt – ein Stöpsel, eine Schraubenmutter, ein Verschluß o.ä.

Die dunkle und die helle Sichel rechts des Hauptkreises sind folglich die Entwicklung des Hauptkreises – die Größe dieser beiden Entwicklungsschritte wird durch die beiden Brennpunkte der zwei Sicheln bestimmt.

Ganz rechts ist schließlich ein etwas kleinerer Kreis zu sehen, der einen mittelgroßen Kreis, einen kleinen Kreis und zwei Sicheln enthält. Wenn man den kleinen Kreis als Abstandhalter auffaßt, ist dieser Kreis eine genaue Spiegelung des Kreises links von ihm. Dieser rechte Kreis ist sozusagen ein Selbst-Bild, das der Hauptkreis nach rechts hin aussendet.

Dieser Kornkreis ist sehr regelmäßig aufgebaut:

4 große Ringe in den Ecken;
5 mittlere Kreise in diesen Kreisringen und in ihrem Zentrum;
jeder der fünf Ringe ist von je 4 kleinen Kreisen umgeben – da die 4 äußeren Kreise je einen kleinen Kreis mit dem mittleren Kreis teilen, sind dies 16 kleine Kreise;
die fünf Kreise sind durch 8 kurze Geraden miteinander verbunden;
die 4 äußeren Kreise sind von einem Ring umgeben, der durch die Mittelpunkte der vier kleinen Kreise um ihn herum verläuft;

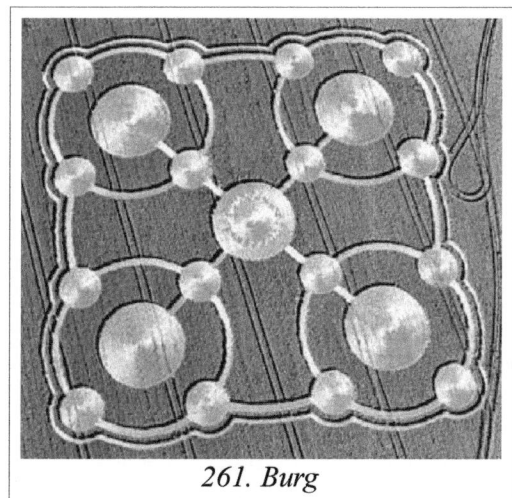

261. Burg
(Wiltshire, England, 2005)

um den mittleren Kreis verläuft ein deutlich größerer Ring, von dem nur an den Mittelstücken der vier Seiten ein kleines Stück zu sehen ist – er verläuft durch die Zentren der vier äußeren Kreise;
das Ganze wird von einem „Bogen-Quadrat", das aus 12 Abschnitten besteht, umgeben.

Dieser Kornkreis ist so regelmäßig aufgebaut, daß er ein einfaches Fraktal ist – lediglich die geraden Linien sind nicht Fraktal-mäßig vervielfältigt worden.
Dieses Kornkreis-Mandala spannt durch die Betonung der „4" einen Raum auf und hält ihn stabil. Die Geraden kennzeichnen die 4 äußeren Kreise als 2 Polar-Kreise – was dem ganzen Kraft gibt. Die gesamte Form wird durch die Außenlinie wie durch eine Haut zusammengehalten und durch den mittleren Kreis und das Kreuz zentriert.

- * ❀ * -

*262. Triskelis
(Wiltshire, England, 2008)*

Hier ist anscheinend ein Triskelis als Kornkreis dargestellt worden. Ein Triskelis ist ein „Dreibein" – das Gesicht der Sonne, das drei Beine hat und so als Himmelswanderer gekennzeichnet wird. Die „3" ist die Zahl der Entwicklung, des Zyklus und somit auch der Wanderung, der Sonne und des Sonnenlaufs. Dieses Motiv ist in ganz Eurasien von den Kelten und den Griechen über die mesopotamischen Völker bis hin zu den Japanern bekannt.

Das zentrale Bogen-Dreieck ist das Gesicht der Sonne, die Punkt in seiner Mitte das Sonnen-Auge und die drei hellen, geschwungenen Bogen-Dreiecke die drei Beine der Sonne.

Die drei Sichel-Kreise, die zwei kleine Kreise enthalten und an denen drei weiter Kreise hängen sind entweder das „Kielwasser" der „Sonnen-Beine" oder der Antrieb der Beine – die erste Variante scheint plausibler zu sein.

Im Zentrum der Innenbögen ist jeweils ein kleiner Kreis zu sehen, der durch 3 oder 4 Punkte mit dem zentralen Bogen-Dreieck verbunden ist. Bei genauerer Betrachtung ist zu sehen, daß das Triskelis dadurch zu einem 3-polaren Yin/Yang-Zeichen (3 „Tropfen") wird. In Japan wird das Triskelis, das dort „Tomoe" heißt, auf genau diese Weise dargestellt.

- * ❀ * -

188

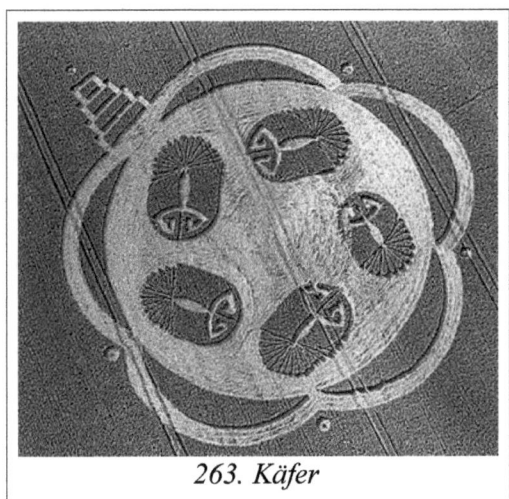

263. Käfer
(Wiltshire, England, 2011)

Die 5 merkwürdigen Formen in diesem Kornkreis sehen aus wie kriechenden Tiere. Die Doppelspirale wirkt wie Mund und Augen – der Drehung der Doppelspirale zufolge wird dort an der Spitze des Tieres etwas aufgenommen.

Die „Mandeln" in ihrer Mitte der Tiere erwecken den Eindruck von Rückenwirbeln o.ä.

Die 12-15 Strahlen an der Rückseite sehen fast wie ein Antrieb aus. Die Grundlinie der 12 Strahlen eines Tieres entspricht der Mittelachse des ihm folgenden Tieres. Von der Mittelachse eines Tieres aus gesehen, liegen ca. 5 Strahlen links und ca. 7 Strahlen rechts.

Was könnten 5 Tiere, die im Kreis einander hinterher kriechen, bedeuten?

Der Kreis wird von 5 Sicheln umgeben, die nicht genau gleich breit sind. In den Winkeln bzw. auf dem Turm befinden sich kleine Kreisflächen mit Mittelpunkt – allerdings nicht immer exakt in dem Winkel. Auch der vierstufige Turm ist ein wenig schief.

Die Ungenauigkeiten bei der Strahlen-Anzahl, die verschieden dicken Sicheln sowie der schiefe Turm lassen vermuten, daß dieser Kornkreis von Menschen angefertigt worden ist.

Dieser Kornkreis ist zudem in zwei aufeinander folgenden Nächten entstanden, was ein recht sicher Hinweis auf Menschenwerk ist. Nach der ersten Nacht war im unteren Drittel der hellen Kreisfläche das Korn noch nicht flachgelegt worden. Bei einer Entstehung durch kollektive Telekinese würde man eine symmetrische Aufteilung des Vorgangs in zwei Phasen vermuten (z.B. die Entstehung der Details der Tiere in der 2. Nacht) – wobei es allerdings völlig unklar ist, warum ein Kornkreis in zwei statt einer Phase durch kollektive Telekinese entstehen sollte.

- * ❀ * -

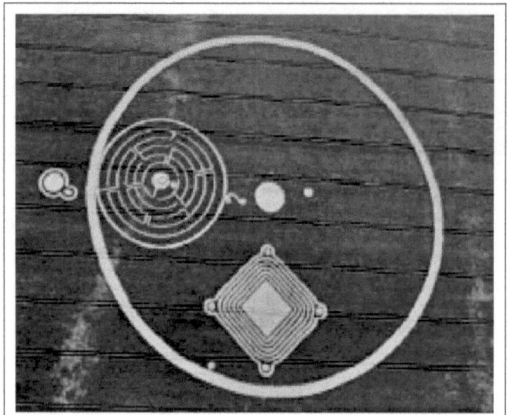

*264. Installation
(Cambridgeshire, England, 2001)*

Bei diesem Kornkreis fällt zunächst einmal auf, daß viele seiner Formen nicht ganz präzise sind – was eine Herstellung durch ungeübte Menschen vermuten läßt.

Die Grundstruktur besteht aus einem Zentralkreis, einem sehr großen Ring, einem Labyrinth-artigen Kreis, einem Quadrat im rechten Winkel zu dem Labyrinth und einigen „Anhängseln".

Das Labyrinth ist sehr unsystematisch – weder ein richtiges „Such-Labyrinth" noch ein jungsteinzeitliches, symmetrisches Labyrinth, das den Jenseitsweg darstellt.

Das Quadrat wirkt wie eine Festung mit 6 Mauern und 4 Ecktürmen.

Die verschiedenen „Anhängsel" sind nicht sonderlich schlüssig arrangiert.

Insgesamt wirkt dieser Kornkreis so, als sei es eine „Bildhauer-Installation" ohne allzuviel Konzept, Schlüssigkeit und Tiefgang – es ist also recht sicher Menschenwerk …

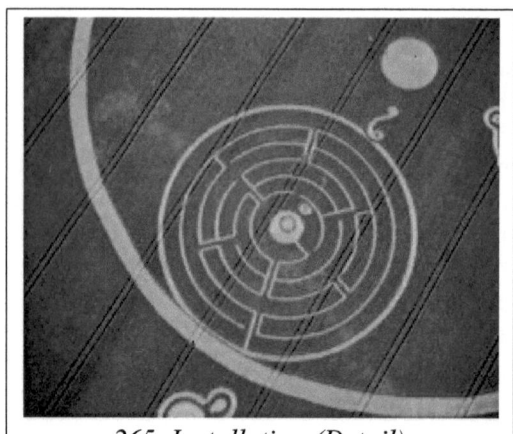

265. Installation (Detail)

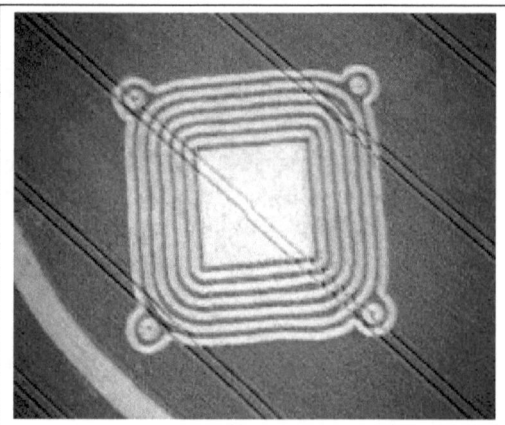

266. Installation (Detail)

- * ❀ * -

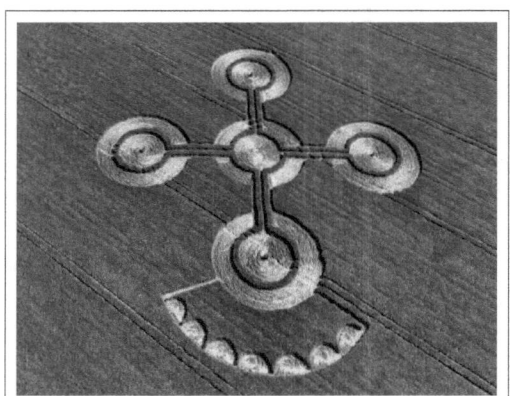

267. Kreuz mit Wurzeln
(Wiltshire, England, 2017)

Zunächst einmal ist dies ein einfaches 4-polares Mandala.

Es fällt jedoch auf, daß die vier Außenkreise ein kleines dunkles Zentrum haben, aber der Zentralkreis nicht – möglicherweise sind die 4 Elemente schon in den 4 Kreisen versammelt worden, aber die Quintessenz noch nicht in den Zentralkreis gerufen worden.

Doch warum befindet sich an einem der Kreise ein Viertelkreis, an dessen Bogen 7 Halbkreise hängen? Ist das ein Hinweis, daß man das eigene Zentrum nur finden kann, wenn man seine 7 Chakren erweckt hat? Dann wäre der Zentralkreis auch mit dem Herzchakra verbunden, was ja durchaus schlüssig wäre. Allerdings ist die Darstellung dieses Zusammenhanges durch einen Viertelkreis, der an einen Außenkreis angehängt wird, recht merkwürdig, da er eines der vier Elemente betont und nicht die Ausgewogenheit der vier Elemente o.ä.

- * 🌀 * -

268. Hantel
(Wiltshire, England, 2007)

Bei diesem Kornkreis sind zwei sehr verschiedene Kreisflächen durch ein Linie verbunden worden – also eigentlich das Polaritäts-Prinzip.

In dem rechten Kreis ist in der Mitte ein helles Oktagramm, darum herum 8 dunkle Rauten, die zusammen mit 8 hellen Dreiecken dann ein Oktagon bilden, das dann durch 8 dunkle Dreiecke (die mit den hellen Dreiecken Quadrate bilden) wieder zu einem Oktagramm ergänzt werden.

Diese Form liegt in einer Kreisfläche, wodurch 8 Bogen-Dreiecke entstehen. An diese Kreisfläche schließen 8 dunkle Kreisbögen an, die von hellen Streifen unterbrochen werden. Diese hellen Streifen beginnen an den Spitzen der dunklen Dreiecke, werden durch ein dunkles Quadrat in dem hellen Außenkreis fortgesetzt und enden dann in einem „Verteidigungs-Dreieck" außen an diesem Außenkreis.

Dieser hauptsächlich aus geraden Linien bestehende Kornkreis ist geordnet, stabil, statisch, extrovertiert und wehrhaft.

Der linke Kornkreis ist hingegen rund und durch die „3" geprägt: 1 Zentrums-Kreis, daran anschließen 3 Ringe, in denen ein weiterer Kreis liegt, der zur Mitte hingezogen wird und mit ihr durch eine kurze Achse verbunden ist, sowie 3 Kreisen zwischen den 3 Kreisringen, die nach außen an den äußeren Ring drängen.

Dieser Kornkreis ist rund, dynamisch, auf Entwicklung angelegt und sowohl introvertiert als auch extrovertiert.

Der rechte statisch-eckige Kornkreis und der linke rund-dynamische Kornkreis sind offensichtlich Gegensatz-Ergänzungen – beide sind jedoch gut zentriert. Zwischen ihnen sollte eine Verbindungs-Spannung bestehen, die auch durch die gerade Linie ausgedrückt wird.

Die beiden langen Linien neben der geraden Linie, die je einen Winkel an ihren beiden Enden haben, wirken wie eine Röhre oder ein Leitung oder ein stabilisierendes und schützendes Bauwerk. Die kurzen Geraden neben den langen Geraden scheinen eine Art Verstärkung der langen Geraden zu sein.

Ganz rechts ist noch eine Kreisfläche mit einem kleinen Punkt zu sehen, der zu dem komplexen Kornkreis hinweist. Man könnte meinen, daß der linke Kornkreis ein „Generator" ist, die Gerade eine Leitung, der rechte Kornkreis ein optische Linse und das Kreis ganz rechts das, was der Generator durch die Leitung ausgesendet und durch die Linse gebündelt hat.

Rechts unten ist schließlich noch ein kleiner Begleiter-Kreis zu sehen.

- * ✤ * -

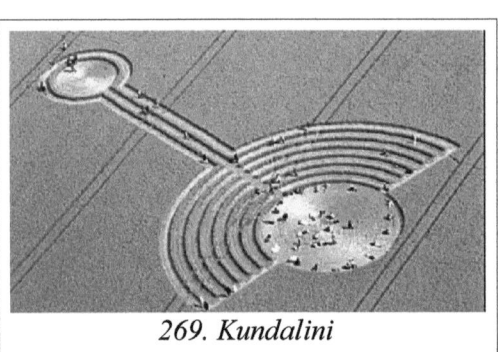

269. Kundalini
(Wiltshire, England, 2010)

Dieser Kornkreis ist schlicht, aber er hat ein ungewöhnliche Form.

Links ist eine helle Kreisfläche mit einem dunklen Ring zu sehen. Sie wirkt wie ein rundes Gefäß.

Dann folgt eine Gerade, deren heller Innenraum an die Kreisfläche angeschlossen ist. Der dunkle Ring geht nahtlos in die „Hülle" der hellen Geraden über. Diese Gerade wirkt wie eine Leitung.

Rechts ist eine große Kreisfläche, die halb offen und halb durch 7 halbe Ringe geschützt und gehalten ist. Der äußere halbe Ring ist die Fortsetzung des Kreisrings des linken Kreises und der „Hülle der Leitung". Diese Halbkreise sind eigentlich Viertelkreise, da die helle Gerade, die in der hellen Kreisfläche links entspringt, ohne Unterbrechung durch die 7 Halbkreise bis in die große helle Kreisfläche verläuft.

Man könnte den linken Kreis als Ursprung, die Leitung als Dynamik, die 7 Halb-kreise als Entfaltung und den Großen Kreis als Schöpfung oder Krönung auffassen.

Das würde der Kundalini im Wurzelchakra (linker Kreis), ihrem Aufsteigen (Lei-tung), den 7 Chakren (Halbkreise) sowie dem erwachten Scheitelchakra (rechter Kreis) entsprechen. Bei dieser Deutung wären das Wurzelchakra und das Scheitel-chakra doppelt (als Kreis und als Chakra-Halbkreis) angeführt worden – da sie zusammen mit der Leitung jedoch die Grunddynamik der Chakren-Erweckung darstellen, wäre das durchaus plausibel.

- * ❀ * -

270. „Fallschirm"
(Dorset, England, 2014)

Der Drehrichtung der beiden Spiralen in dem Halbkreis rechts nach zu urteilen, geht hier eine Bewegung von rechts nach links. Die Oberfläche eines Halbkreises als „Empfänger" ist jedoch recht unge-wöhnlich – man würde eher eine Schale (Sichel) als Empfänger vermuten. Die Drehrichtung der beiden Spiralen ist je-doch eindeutig.

Das Bogen-Dreieck rechts ist folglich das, was empfängt und aufnimmt. Ist das Bogen-Dreieck zwischen den beiden Spiralen daher so etwas wie die Linse beim Auge? Das Aufgenommene sammelt sich in dem großen Kreis im Zentrum dieses Halbkreises.

Von dort aus gibt es eine Weiterleitung zu dem Brennpunkt, der von dem Zentrum des Halbkreises aus gesehen auf der langen Geraden (Längsachse) als nächstes folgt. Dieser Punkt liegt auf dem Umfang-Kreis des Halbkreises, wenn man ihn um die fehlende Hälfte ergänzt. Die Entfernung dieses Punktes von dem Brennpunkt ist also genau so groß wie der Radius dieses Halbkreises.

Von diesem Zentralpunkt gehen zwei weitere Geraden zu den beiden Ecken des Halbkreises. Auf diesen beiden Geraden befinden sich jeweils zwei kleine und ein großer Kreis – eine Polar-Konstruktion?

Der Radius des Halbkreises tritt auf der Längachse dreimal auf:

    1. von dem Außenbogen des Bogen-Dreiecks bis zu dem Zentrum des Halbkreises,

    2. von dem Zentrum des Halbkreises bis zu dem Brennpunkt, an dem sich die drei Geraden treffen, die von dem Halbkreis ausgehen, und

    3. von dem Brennpunkt bis zu dem Kreis in der Mitte der Sichel.

Von dem Sichel-Kreis gehen zwei „Stützen" zu den beiden großen Kreisen auf den beiden Halbkreisecken-Geraden. Auf ihnen liegt jeweils ein Kreis, an dem die Spitzen der Sichel enden.

Welche Dynamik hat dieser Kornkreis?

 - Von rechts kommt etwas an und wird über das Bogen-Dreieck aufgenommen und erzeugt dabei links und rechts je einen Wirbel (Spirale).

 - Das Aufgenommene wird in dem Zentrums-Kreis konzentriert und dann zu dem Brennpunkt-Kreis weitergeleitet.

 - Zwischen den Halbkreis-Ecken und dem Brennpunkt-Kreis befindet sich jeweils eine Polar-Kreis-Konstruktion. Das bedeutet, daß zwischen dem Brennpunkt-Kreis und den Ecken des Halbkreises eine Spannung aufgebaut wird. Soll sie den Brennpunkt-Kreis und seine Lage stabilisieren?

 - Das Aufgenommene fließt nun weiter in den Sichel-Mittelkreis, wobei dieser Fluß durch zwei weitere Geraden stabilisiert wird, die von dem Zentralkreis der beiden Polar-Kreis-Konstruktionen ausgeht und folglich über Energie verfügt.

 - Auf den beiden eben genannten Linien befindet sich noch jeweils ein weiterer Kreis, der die Enden der Sichel hält und dadurch ihre Lage stabilisiert.

 - Die Sichel bildet den Raum, der das Empfangene aufnimmt.

Insgesamt wird hier also ein Empfangen und Integrieren dargestellt. Eine optische Wahrnehmung mit dem Auge? Eine Empfängnis?

- *  * -

194

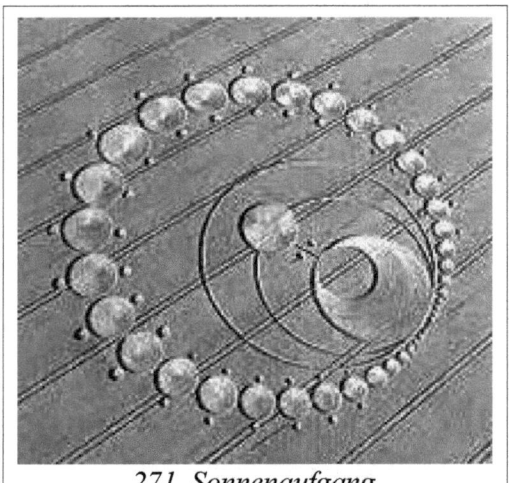

271. Sonnenaufgang
(Wiltshire, England, 2010)

Dieser Kornkreis hat eine deutliche Ähnlichkeit mit den Sonnen-Kornkreisen.

Der kleinere Ring rechts enthält eine kleine, dunkle Kreisfläche in einer hellen Sichel, die wie ein Mund wirkt; die Gerade ist die Nase und die beiden Befestigungs-Punkte daneben die Augen. Sie werden wie die Sonnen-Gesichter auf den bereits betrachteten Kornkreisen von einer „Haar"-Sichel umgeben.

Interessant ist hier die Kreisfläche oben auf dem Kopf – das Scheitelchakra?

Zugleich sind der „Mund" und das „Scheitelchakra" (die gleichgroße Kreise mit entgegengesetzter Farbe sind) zusammen mit das „Nase" ein Polaritäts-System, das die Grundspannung in diesen Kornkreis bringt. Der „Mund" und das „Scheitelchakra" sind gleichgroße Kreise, die jedoch eine gegensätzliche Farbe haben.

Der Außenkreis, der wie eine Strahlen-Aureole wirkt, besteht aus 40 Kreisen, von denen 23 zwei Begleiter-Punkte haben und 17 ohne Begleiter sind. Eine seltsame Anzahl – 24 (2·12 Tierkreiszeichen) und 16 („Vollkommenheit") wäre sehr viel plausibler gewesen …

- * ❦ * -

272. vierpolares Fraktal
(Wiltshire, England, 2009)

Dieser Kornkreis wirkt auf den ersten Blick deutlich anders als die vorigen Kreise.

Sein Ausgangspunkt ist der Ring links oben, der ein Zentrum und je einen Kreis in den vier Richtungen hat – das bereits von anderen Kornkreisen gut bekannte 4er-Mandala.

Jeder dieser vier Punkte bildet einen „Ableger": eine Linie, an deren Ende sich ein weiterer Kreis befindet.

Zwei dieser Kreise (links oben und rechts unten) bilden nun wieder das Zentrum von vier Kreisen, die durch Linien mit dem Zentralkreis verbunden sind.

Auch hier senden je zwei Kreise wieder vier Linien aus, die in Punkten enden – dieser Kornkreis ist also teilweise nach dem Fraktal-Prinzip aufgebaut worden.

Dieser recht statische Fraktal-Teil ruht in der „Delle" eines Halbkreises, der in zwei Kreisflächen mit Ring endet. In der Verlängerung der Fraktal-Achse liegt eine Gerade, die zu einer dritten, größeren Kreisfläche mit Ring führt. Diese Gerade wird von zwei Doppel-Linien begleitet, die wie eine Stabilisierung oder wie ein Kondensator wirken.

Das Fraktal wirkt dadurch, daß es nicht vollkommen 4-symmetrisch ist, sondern immer nur zwei gegenüberliegende Kreise weiterentwickelt, wie ein komplexes Polar-Kreis-Arrangement. Das Fraktal wäre dann zum einen durch die 4er-Polarität sehr stabil und würde zum anderen durch die 2er-Polarität eine Spannung erzeugen.

Das Verhältnis der Halbkreis-Konstruktion zu dem Fraktal ist nicht ganz ersichtlich. Ist es eine Halterung? Oder ein Energie-Speicher? Nach einem Energie-Verwerter sieht der Halbkreis nicht aus. Der eine der beiden Kreise an dem Ende des Halbkreises ragt weiter nach rechts als der andere – warum diese Ungenauigkeit in dem sonst so symmetrischen Kornkreis?

- * ✿ * -

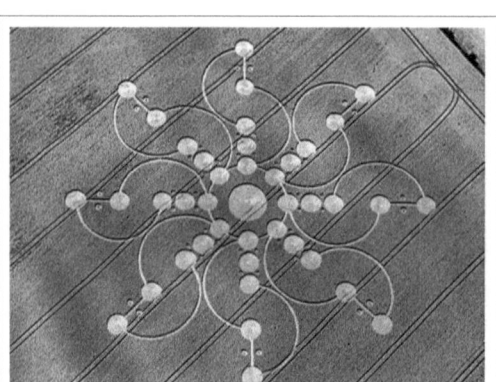

273. Wirbel
(Wiltshire, England, 2009)

Hier ist eine interessante Konstruktion zu sehen.

Im Zentrum befindet sich eine Kreisfläche und darum herum ein Ring mit 8 kleineren Kreisflächen, die jeweils der Anfang einer Dreierreihe von solchen Kreisflächen sind: Die Mitte (1) strahlt (3) in der entspannten geordneten Form (8) nach außen.

Diese Dreireihen von Kreisen sind durch zwei Paare von Befestigungs-Punkten stabilisiert worden.

Sowohl von dem jeweils 1. Kreis als auch von dem jeweils 3. Kreis geht ein halber Ring aus, der an zwei Kreisen von der selben Größe endet wie die Kreise in den Dreierreihen. Dieses Kreispaar ist genau solang wie die Kreis-Dreierreihe, aber sie sind nur durch eine Linie und nicht durch einen dritten, mittleren Kreis miteinander verbunden. Links und rechts von dieser Linie ist ein kleiner Ring zu sehen – vermutlich zwei Befestigungs-Punkte.

Innen eine Entwicklungs-Dreierreihe, außen ein Spannungs-Paar – was ergibt das? Auf jeden Fall bewirkt diese Konstruktion einen Energiefluß, der jeweils durch zwei

Halbkreise dargestellt werden, die zusammen mit den Kreis-Reihen das inzwischen gut bekannte „S" ergeben.

Wozu dient die Spannung am Außenrand? Ist dies die notwendige Unterscheidung zwischen Innen und Außen und somit die Bereitschaft zur Selbstverteidigung?

- *  * -

274. Versammlung
(Wiltshire, England, 2009)

Hier scheint eine Versammlung von 12 „Personen" abgebildet worden zu sein, die um einen runden „Tisch" sitzen.

Dieser Tisch ist recht interessant. Jedes zweite der 12 Tisch-Segmente enthält ein Dreieck mit einem Punkt in der Mitte. Die übrigen 6 Segmente enthalten abwechselnd zwei weitere Zeichen, von denen es also jeweils 3 gibt. Das ist eine ungewöhnliche Aufteilung, da sie weder den Elementen des Tierkreises noch ihrer Dynamik oder den Planeten entspricht.

Jedes Segment enthält einen Kreis – die Dreieck-Segmente enthalten in ihrer Mitte noch einen kleinen dunklen Punkt. Diese 6 Dreieck-Segmente sind also „aktiver" als die 6 anderen Segmente.

Die 6 Dreieck-Segmente wirken so, als ob das Dreieck dieses Segment lediglich füllen, aber keine weitere Eigenschaft hinzufügen würde. Sind diese 6 Segmente daher in diesem Kornkreis neutral? Wirken nur die anderen 6 Segmente?

3 dieser Segmente bestehen aus einem „T" und einem „U". Dies wirkt wie ein Podest und eine Halterung, in der sich der Kern-Punkt befindet. Das macht den Eindruck, als ob es sich um das Element „Erde" handeln würde. Von der Anordnung her müßten dann die 6 Dreiecke dann dem Elemente „Feuer" und „Luft" entsprechen – die hier möglicherweise inaktiv sind.

Die 3 anderen Segmente bestehen aus dem Punkt unten, einem Bogen-Quadrat darüber und einer waagerechten Gerade ganz oben. Da wirkt sehr passiv – das Zentrum ist an den Boden hinunter gesunken. Das könnte durchaus das Element Wasser darstellen.

Die 12 „Personen", die an dem Tisch sitzen, sind komplex aufgebaut: 2 Polarkreise, die durch eine Linie verbunden, durch zwei Kreisbögen getrennt und durch zwei kurze Geraden stabilisiert worden sind.

Der innere Kreis hat eine Kreisfläche als „Mund", der äußere Kreis hat eine „Mandel" als Mund – ansonsten sind diese beiden Kreise gleich, was für ihre Deutung als Polar-Kreise spricht. Auch die beiden Stabilisierungs-Linien sind bisher nur zwischen zwei Polar-Kreisen aufgetreten. Die Gesichter dieser „Doppel-Menschen" blicken in entgegengesetzte Richtungen.

Die Gesichter befinden sich interessanterweise nicht jeweils vor einem der 12 Segmente, sondern immer genau zwischen zwei Segmenten. Vor den Segmenten selber befindet sich jeweils ein Stabilisierungs-Punkt.

Die Gerade zwischen zwei Segmenten wird als Linie in den „Gesichtern" und als deren Verbindungslinie fortgeführt. In den Gesichtern bilden sie die „Nase". Die beiden „Augen" werden Stabilisierungspunkte sein.

Die beiden Kreisbögen könnten eine Konzentration auf das Außen darstellen, aber auch einen Schutz gegen das Außen.

Das Innen-Gesicht ist der Kontakt zu dem Inneren, der Außenkreis ist der Kontakt zu dem Außen – Innenschau und Außenwahrnehmung/Handlung.

Diese 12 „Doppel-Menschen" entsprechen offenbar den Polarkreisen in dem vorigen Kornkreis (273). Beide Kornkreise stellen anscheinend eine Person (Zentralkreis, 8er- bzw. 12er-Ring) sowie ihre Außenbeziehung (8 bzw. 12 Polar-Kreise) dar.

- * ✿ * -

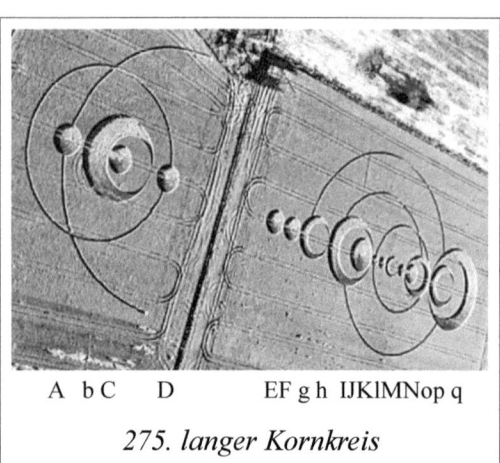

A b C   D   EF g h IJKlMNop q

275. langer Kornkreis
(St. Hippolyte, Frankreich, 2019)

Dies ist ein Kornkreis in dem Stil der „langen Kornkreise", von denen die meisten 1999 aufgetreten sind.

Es sind 10 Kreise, 2 Ringe, 6 Sicheln und 4 Halbkreise zu sehen, deren Mittelpunkte alle auf derselben Achse liegen.

Die Kreise sind unter dem Bild links mit Großbuchstaben und die Sicheln mit Kleinbuchstaben bezeichnet.

Zunächst einmal sieht es so aus, als ob es trotz der gemeinsamen Längsachse zwei Teile wären. Wenn man jedoch den großen Halbkreis auf der linken Seite vervollständigt und noch seinen Durchmesser quer zur Längsachse hinzufügt, werden zwei Dinge deutlich: Zum einen liegt der Mittelpunkt des ersten Kreises „E" auf diesem Ring, und zum anderen liegt der Mittelpunkt dieses zu einem Ring ergänzten Halbkreises genau rechts neben dem Kreis „D".

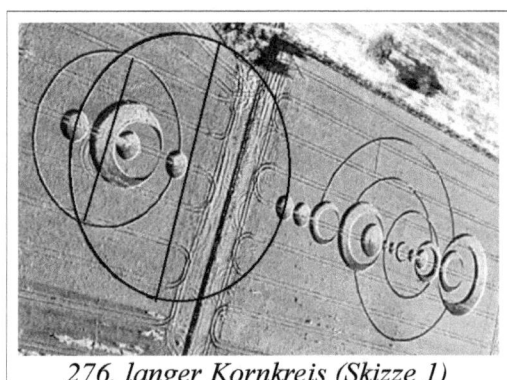

276. langer Kornkreis (Skizze 1)

Eigentlich würde man erwarten, daß der Mittelpunkt dieses großen Ringes in der Mitte des Kreises „D" liegt und nicht an seinem Rand, aber das ist nicht so. Der Halbkreis ist exakt ein halber Kreis und nicht 48% oder 53% eines Kreises – die Verbindungslinie der beiden Enden des Halbkreises schneidet die Längsachse genau neben dem Kreis „D" und nicht in dem Kreis „D".

Kreis „C" liegt genau in der Mitte von Kreis „A" und Kreis „D" – man könnte diese 3 Kreise also für ein Polar-System halten. Allerdings paßt der linke Ring nicht so recht zu dieser Annahme, da sein Mittelpunkt in der Sichel liegt und nicht in dem zentralen Kreis. Zudem sollte man Sicheln eher bei den Außenkreisen und nicht bei dem Mittelkreis erwarten.

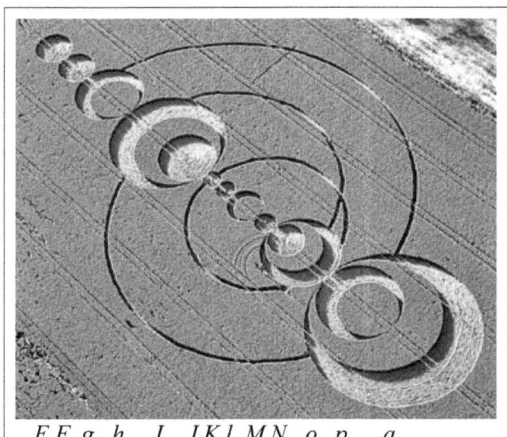

E F g h I J K l M N o p   q

277. langer Kornkreis (Detail)

Der rechte Teil dieses Kornkreises hat eine deutliche Mitte: den Kreis „M" im Zentrum des Ringes. Dieser Ring schneidet die Längsachse im Zentrum von Kreis „J" und im Zentrum von Sichel „o". Man könnte den Kreis „N" und die Sichel „l" als die beiden Pole des Kreises „M" ansehen, aber die an sie anschließenden Formen ergeben keine rechten Sinn, d.h. sie weisen keine Symmetrien auf, die mit den bisherigen Betrachtungen anderer Kornkreise übereinstimmen.

Die drei Halbkreise in dem rechten Teil des Kornkreises kann man zu einer Spirale verbinden, die ihren Mittelpunkt in etwa in Kreis „M" hätte (siehe Skizze 2). Sie geht durch den Mittelpunkt des Kreises der Sichel „p" und links neben der Sichel „h" entlang.

Die Mittelpunkte der drei Halbkreise liegen nicht in dem Zentrum von Kreisen auf der Längsachse (siehe Skizze 3). Zudem scheint der Ring mit dem Kreis „M" in seinem Zentrum nicht ganz kreisförmig zu sein.

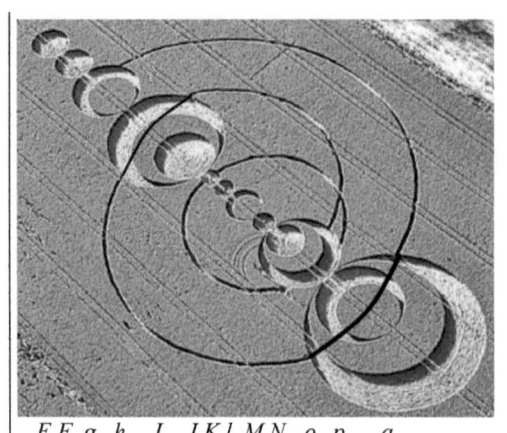

E F g h   I J K l M N o p   q

278. langer Kornkreis (Skizze 2)

E F g h   I J K l M N o p   q

279. langer Kornkreis (Skizze 3)

Es hat insgesamt den Anschein, als ob dieser Kornkreis zwar wie ein Kornkreis aussieht, aber sich nicht an die sonst üblichen Symmetrie-Regeln hält, die diesen Kornkreisen ihre besondere Ausstrahlung verleihen. Daher liegt die Vermutung nahe, daß dieser Kornkreis von Menschen gemacht worden ist, die auch nicht allzu sehr mit der „Kornkreis-Inspiration" verbunden gewesen sind.

Dieser Kornkreis stammt auch nicht aus dem „Kornkreis-Zentrum" in Wiltshire, sondern aus Südfrankreich – was aber natürlich nicht heißen soll, daß nur Wiltshire-Kornkreise „echt" sein können.

- *  * -

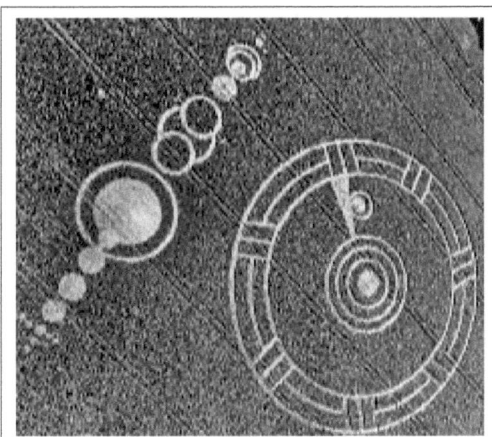

*280. Doppel-Kornkreis
(Essex, England, 2014)*

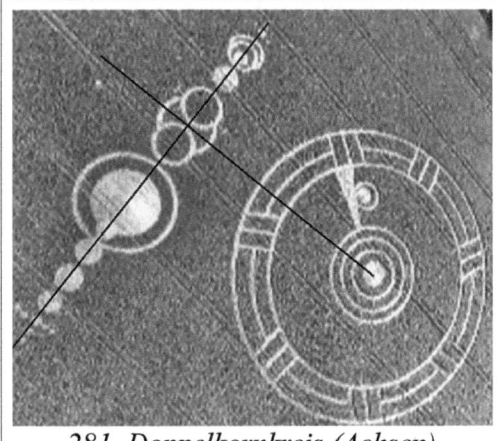

281. Doppelkornkreis (Achsen)

Zwei Kornkreise, deren Abstand weniger als ihr Durchmesser ist, sollten vermutlich zusammen betrachtet werden – hier ist der Abstand kleiner als 1/4 des Durchmesser bzw. der Länge der beiden Kornkreise.

Das Kuriose an dieser Konstellation ist, daß es bei diesen beiden Kornkreisen keine auffälligen Achsen o.ä. gibt, die sich auf Elemente in dem anderen Kornkreis beziehen.

Es gibt nur einen einzigen Bezug zwischen beiden: Rechts neben der Mitte des langen Kornkreises befindet sich ein Polaritäts-System, das aus zwei kleinen Kreisringen und einem großen Ring dazwischen besteht, wobei die Mittelpunkte der kleinen Kreise auf dem großen Ring liegen. Wenn man durch den Mittelpunkt des großen Kreisrings eine Gerade legt, die die Verbindungslinie zwischen den beiden kleinen Kreisringen im rechten Winkel schneidet, trifft diese Linie auf das Zentrum des runden Kornkreises.

Das Zentrum des langen Kornkreises ist eine Kreisfläche mit einem Ring – ein autarkes, in sich ruhendes, geschütztes Element. Auf dem Rand dieser Kreisfläche befindet sich ein kleiner Kreis, dessen Mittelpunkt genau auf dem Rand der Kreisfläche liegt – eine Art „Ableger" der großen Kreisfläche, der sich nach links hin bewegt. Dort folgen 3 gleichgroße Kreise – eine Entwicklung. Sie endet in einer sehr kleinen Kreisfläche, die in Achsenrichtung sowie nach links und rechts je 2 kleinen Punkte hat, also ein Kreuz bildet – das scheint der Endpunkt der Entwicklung in diese Richtung zu sein – ein Siegel, ein Deckel, eine Verschlußschraube o.ä.

In die andere Richtung schließt sich an den Zentralkreis das polare System an – hier wird eine Spannung erzeugt und mit ihr der große Ring zum Rotieren gebracht. Auf das polare System folgt eine kleine Kreisfläche und dann eine zweite, noch kleinere Kreisfläche mit zwei aufgesetzten Sicheln – die erste Sichel umgibt die Kreisfläche vollständig, die andere Sichel nur halb. Diese Kreisfläche erinnert an das Sonnen-

Gesicht. Den Abschluß bildet eine sehr kleine Kreisfläche mit je einem Punkt in Achsenrichtung sowie links und rechts. Sie bilden wieder den Abschluß – aber warum sind hier nur 3·1 Punkt und nicht 3·2 Punkte wie an dem anderen Ende der Achse angebracht worden?

Links und rechts des Zentralkreises befinden sich je 4 Kreise: links der Ableger und die 3 Entwicklungs-Kreise, rechts das Polar-System, der Einzelkreis und das Sonnengesicht. Wenn diese beiden Folgen von je 4 Kreisen gleichwertig sein sollten, müßte das Bilden eines Ablegers, der sich dann entwickelt, dem Aufbau einer Spannung, einem Zwischen-Kreis und dem Sonnen-Gesicht entsprechen. Man könnte also sagen, daß eine Spannung gebraucht wird, damit sich ein Ableger zu einem Sonnen-Gesicht entwickeln kann. Das Sonnen-Gesicht ist vermutlich so etwas wie die „vollständige Entfaltung eines Samens".

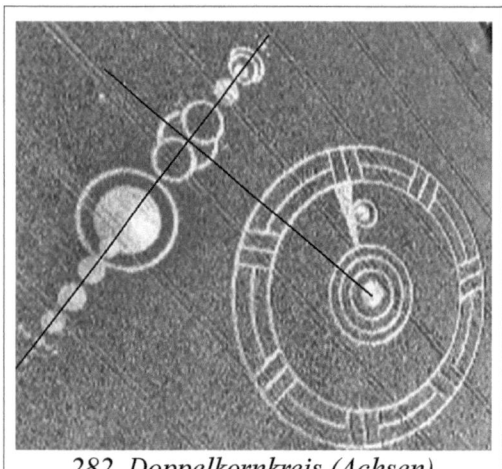

282. Doppelkornkreis (Achsen)

Nun ist da aber noch der runde Kornkreis. Er besteht im Inneren aus einer kleinen, zentralen Kreisfläche, die von 3 Kreisringen umgeben ist: ein sich entfaltendes (3) Zentrum. Er wird von ganz außen von zwei dunklen Kreisringen umgeben, aus denen an 7 Stellen schräg 2 Strahlen austreten – der runde Kornkreis scheint zu rotieren. Wenn sich die „7" auf die Chakren beziehen sollte, würde sich die zentrale Kreisfläche offenbar in allen 7 Chakren entwickeln (3 Ringe).

Auf dem breiten, dunklen Ring ist oben ein Strahl zu sehen, neben dem sich eine Kreisfläche mit umhüllender Sichel befindet. Die Achse dieses Strahls weist an dem langen Kornkreis vorbei.

Beide Kornkreise scheinen etwas auszusenden bzw. bereitzuhalten: der runde Kornkreis die kleine Kreisfläche mit Sichel und der lange Kornkreis die kleine Kreisfläche mit 2 Sicheln. Der lange Kornkreis will expandieren oder etwas aussenden und der runde Kornkreis will strahlen. Das einzige auffällige längliche Element in dem runden Kornkreis ist der breite Strahl, an dem der Sichel-Kreis hängt.

Sollte der runde Kreis eine Frau mit Vagina und Eizelle darstellen und der lange Kornkreis einen Mann mit Samenzelle? Dann würde das gezeugte Kind aus den beiden Sonnen-Gesichtern entstehen. In dem Kornkreis 270 ist vermutlich ebenfalls eine Zeugung dargestellt worden und in dem Kornkreis 257 ein Embryo.

- * ✿ * -

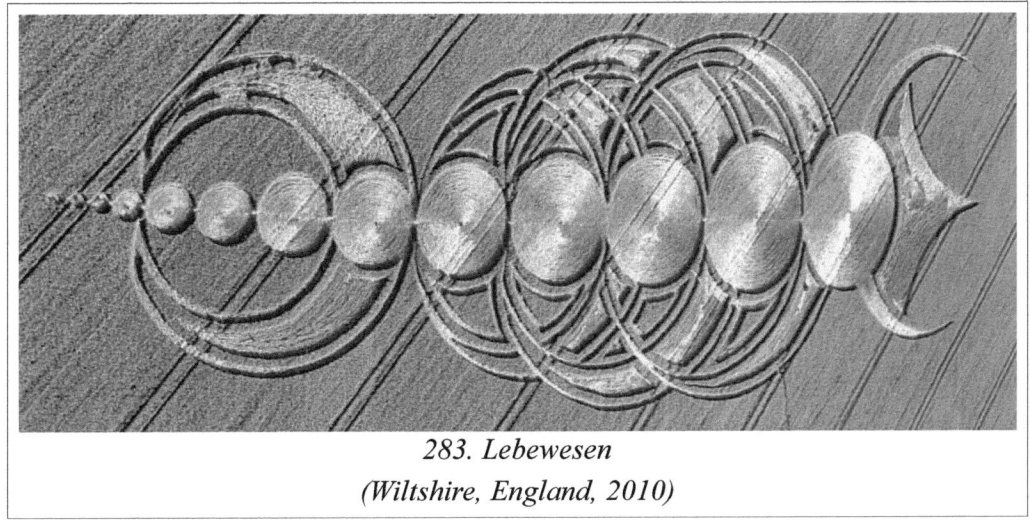

283. Lebewesen
(Wiltshire, England, 2010)

Dies ist ein recht langer Kornkreis mit vielen Elementen. Die Achse dieses Kornkreises wird von 13 Kreisflächen gebildet. 1 Kreis gehört zum „Kopf/Hals", 4 Kreise gehören zur „Brust", 4 Kreise gehören zum „Unterleib" und 4 Kreise gehören zum „Schwanz" – offenbar ein systematischer Aufbau. Diese Folge aus vom Kopf aus immer kleiner werdenden Kreisen wirkt wie die Rückenwirbel dieses Lebewesens.

Durch den Kopf verläuft eine schmale, lange Sichel, deren Außenbogen durch den Mittelpunkt des Kreises verläuft – sie wirken wie Hörner oder Greifzangen. Vor dem Kreis ist noch ein kleiner Kreis zu sehen, vor dem zwei weitere, kleinere Sicheln liegen, die zusammen wie ein Horn oder eine Schnauze wirken.

Auf den 3 ersten der 4 Brust-Kreise liegt jeweils eine schmale Sichel, deren Spitzen sich hinter dem nächsten Kreis treffen – das wirkt wie Rippen: ein abgeschlossener, geschützter Bereich.

Die 4 Bauch-Kreise werden durch eine Sichel umschlossen, die von dem ersten Bauch-Kreis ausgeht und so breit wie dieser Kreis ist – das wirkt wie der Bauchraum. Diese Sichel ist an ihrem schmalen Ende mit einer geraden Linie abgeschnitten worden – ein sehr ungewöhnliches Element.

Die 4 Schwanz-Kreise weisen keine besonderen Merkmale auf.

Diese 4 Gruppen könnten eine Entfaltung darstellen:

1. Kopf = Zentrum, Ursprung, Same
2. Brustraum = Impuls, Ausdehnung
3. Unterleib = Form, Struktur
4. Schwanz = Kontakt

So ganz passen diese Zuordnungen jedoch nicht, da der 2. Bereich am meisten Struktur aufweist und der 4. Bereich keinerlei Hinweise auf einen Kontakt besitzt.

Ist hier einfach der grundlegende Aufbau eines Lebewesens dargestellt worden?

- *  * -

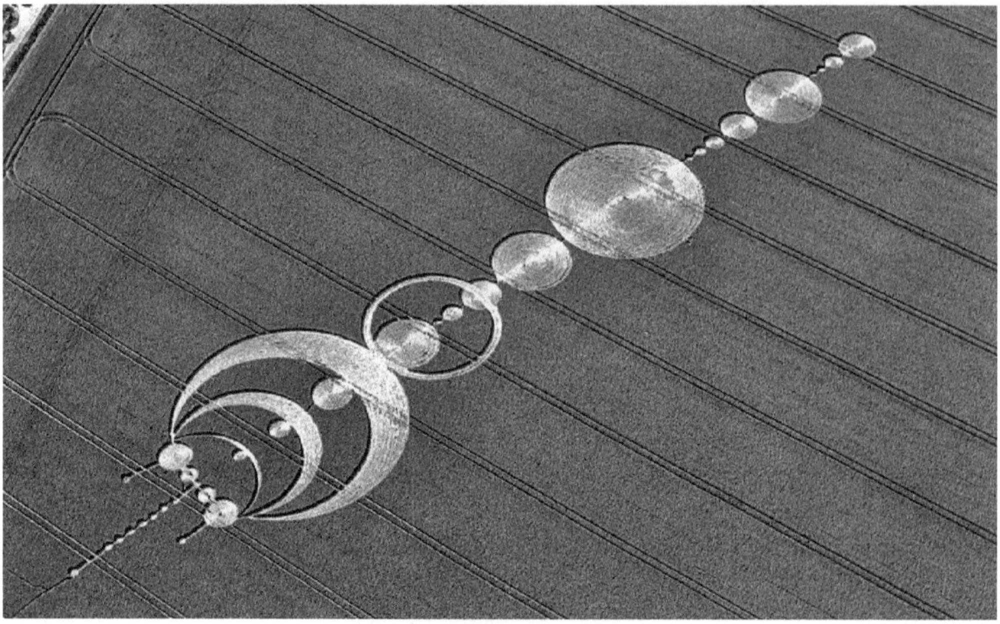

![komplexe Langform]

284. komplexe Langform
(Wiltshire, England, 2004)

Dieser lange Kornkreis ist ganz anders aufgebaut als der vorige.

Auf seiner Achse liegen 27 Kreise, 1 Ring, 3 Sicheln und 1 Querstrich. Diese Form kann man in 6 Teile zerlegen:

1. die 3 „Antennen",
2. der Kopf mit den Sicheln,
3. der Hals mit Ring und Kreis,
4. das 1. Leibsegment mit 5 Kreisen mit abnehmender Größe,
5. das 2. Leibsegment mit 5 Kreisen mit abnehmender Größe,
6. das 3. Leibsegment mit 4 Kreisen mit abnehmender Größe.

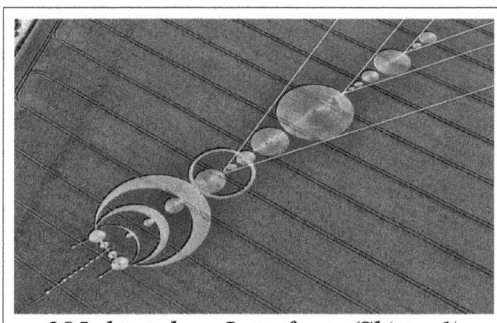

285. komplexe Langform (Skizze 1)

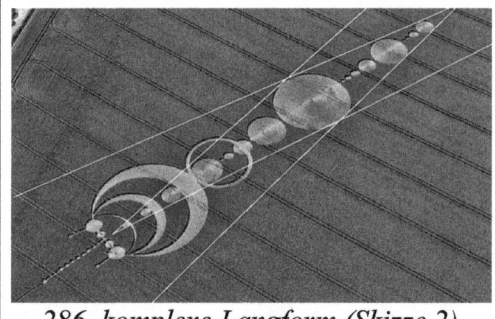

286. komplexe Langform (Skizze 2)

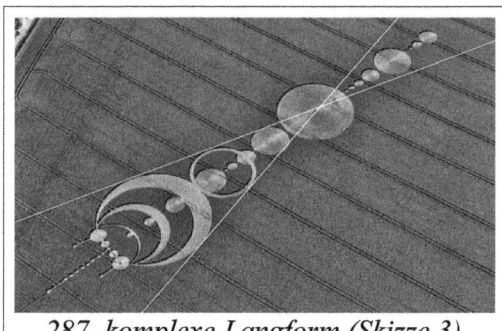

287. komplexe Langform (Skizze 3)

Über die 3 Leib-Segmente läßt sich erst einmal nicht viel sagen. Wenn man die Außenkanten der Kreise mit einer Linie („Tangente") verbindet, kann man sehen, daß die Linien der drei Segmente genau parallel verlaufen. Offenbar stärken sich diese diese 3 Segmente gegenseitig und drängen in Richtung Kopf.

Die 4 Kreise des Kopfes und des Halses haben ebenfalls 2 gemeinsame Tangenten, die jedoch nicht mit den Tangenten der Leib-Kugeln parallel verlaufen – offenbar haben sie eine eigenständige Dynamik. Allerdings beziehen sie den größten Leib-Kreis mit ein – was ja plausibel ist, da der Kopf und der Hals zwar eigenständig, aber nicht vollkommen unabhängig von dem Leib sind.

Auch die Außenkanten der 3 großen Kreise der 3 Leib-Segmente lassen sich mit einer gemeinsamen Tangente verbinden.

Die Kopf/Hals-Tangenten und die beiden Tangenten, die an den 3 größten Leib-Kreisen anliegen, schneiden sich an der größten Leib-Kugel.

Weiterhin gibt es zwei gemeinsame Tangenten an der größten Sichel, an dem Halskreis und an dem zweitgrößten Kreis des 1. Leib-Segments, die sich dann anschließend im Zentrum des größten Leib-Kreises schneiden.

Es gibt noch einige weitere Tangenten, die an mehreren Kreisen anliegen und sich dann im Zentrum eines anderen Kreises schneiden.

Der Hals-Ring mit der Sichel in ihr schient so etwas wie ein Weiterleitungs-Organ zu sein. Ähnliche Formen sind z.B. auch bei dem Libellen-Kornkreis zu finden.

Zunächst einmal zeigt das alles leider nur, wie sorgfältig dieser Kornkreis konstruiert und angelegt worden ist. Immerhin wird dadurch aber deutlich, daß er etwas Organisches darstellt, da solche Mehrfach-Verbindungen und Mehrfach-Symmetrien

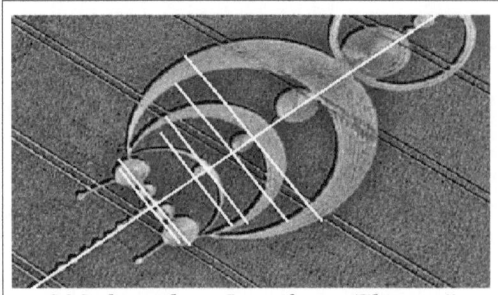

288. komplexe Langform (Skizze 4)

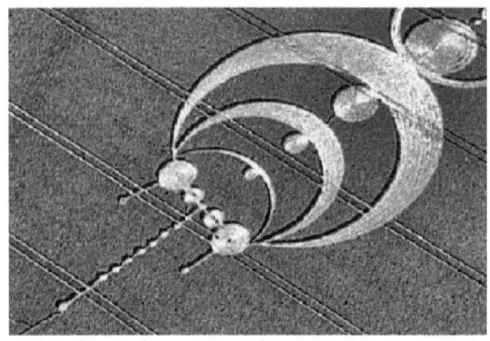

289. komplexe Langform („Antennen")

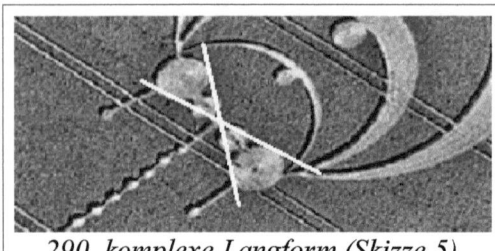

290. komplexe Langform (Skizze 5)

ein Merkmal des Lebendigen sind.

Ähnliche Strukturen finden sich auch in dem Kopf. Wenn man die Längsachse im Mittelpunkt der Sichelbögen rechtwinklig mit einer Querlinie schneidet, entspricht der Abstand zwischen der Linie, die zu dem Außenbogen gehört, und der Linie, die zu dem Innenbogen gehört, der kleinen Kreis in der nächsten Sichel.

Sowohl die 3 Leib-Segmente als auch die 3 Kopf-Sicheln sind also fraktal angelegt worden.

Die Antennen dieses „Insektes" befinden sich an einer „Querstange", die die Endpunkte der drei Kopf-Sicheln auf beiden Seiten verbindet. Offenbar wird alles, was vom Leib über die Kreis-Reihen in Richtung Kopf gesandt wird, durch die Sicheln gebündelt und dann in den „Antennen-Balken" geleitet.

Auf diesem Balken sind außen zwei große Kreisflächen, in der Mitte eine kleine Kreisfläche und dazwischen 2 mittelgroße Kreisflächen. Ist das eine Konzentration auf die Mitte? Ähnlich wie die Kreis-Folgen in den 3 Leib-Segmenten, die auch in regelmäßiger Weise immer kleiner werden?

Auch die 4 äußeren 4 Querbalken-Kreisen haben zwei gemeinsame Tangenten, die sich im Zentrum des mittleren Kreises schneiden.

Die mittlere der 3 Antennen beginnt mit dem kleinen Punkt auf dem Querbalken. Dann folgt eine Gerade, auf der 7 Punkte in gleichem Abstand folgen. Am Ende ist noch einmal eine etwas längere Gerade mit einem abschließenden Punkt zu sehen.

Die beiden äußeren Antennen bestehen schlicht aus einer Geraden mit Punkt am Ende. Sie wirken, als sollten sie lediglich helfen, die Impulse der mittleren Antenne sicher auszurichten.

Man hat den Eindruck, als ob durch den gesamten Kornkreis ein Impuls durch die Antenne ausgesandt werden sollte.

*291. Palast und Sonne
(Wiltshire, England, 2012)*

Hier sind wie bei den Kornkreisen 268 und 282 zwei verschiedene Kornkreise kombiniert worden: Unten eine Art „Palast" und oben ein runder Kornkreis. Beide enthalten ungewöhnliche Formen.

Der runde Kornkreis hat ein Karo als Zentrum, von dem vier Verbindungen ausgehen:

1. Nach links führt eine Linie zu einem Karo mit einer senkrechten Linie und weiter zu einem halben Karo, das an dem Ring endet. Die Seiten dieser Karos sind abgerundet.

2. Dasselbe findet sich auch auf der rechten Seite.

3. Oben schließt eine Kreisfläche mit zwei Sicheln an. Das könnte ein Sonnen-Gesicht sein.

4. Unten führt eine Gerade zu einer Kreisfläche mit einer Sichel. Diese Kreisfläche ist nach oben hin auf dieselbe Weise abgerundet wie die Karos, wodurch die Kreisfläche ohne Ecke in die Linie übergeht.

An dem unteren Ende des äußeren Rings befindet sich ein kleines Dreieck, das ein Gerade nach unten hin aussendet, in der sich wieder ein Bogen-Karo mit einer Querlinie befindet.

Dieses Karo sitzt wie eine Stern auf dem mittleren „Turm" des „Palastes". Jeder dieser 5 Türme besteht aus einem hohlen Rechteck mit einem in der Mitte geteilten länglichen Dreieck als „Spitzdach".

An den beiden Außenseiten gehen die Mauern des Turmes in ein halbes Bogen-Karo über, das in eine Linie mündet.

Unter den 5 Türmen hängt jeweils an einem „Faden" ein Tropfen".

Die Linien, die Tropfen und die Innenräume der Rechtecke sind ziemlich unsauber und ungenau ausgeführt worden. Zusammen mit den ungewöhnlichen Bogen-Karos und dem ebenso ungewöhnlichen „Palast" kann man vermuten, daß dieser Kornkreis von Menschen erschaffen worden ist. Es ist auch auffällig, daß der runde Kornkreis zwar zwei Kreisflächen mit Sicheln enthält, aber diese nicht wie sonst üblich eine Polarität bilden – die Köpfe blicken in dieselbe statt in entgegengesetzte Richtung.

- *  * -

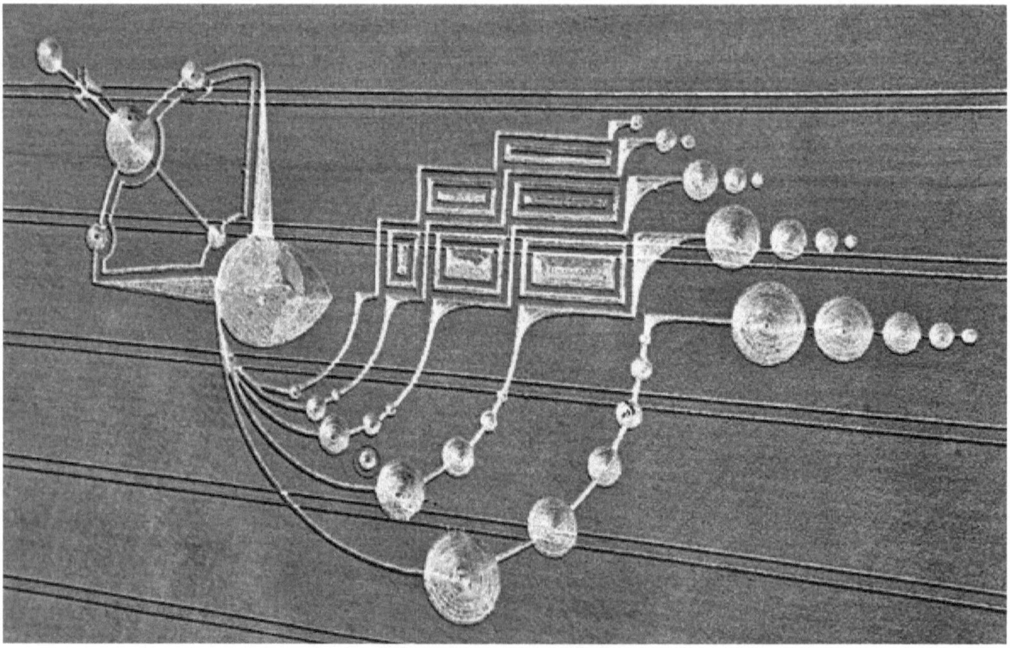

292. Radioteleskop
(Wiltshire, England, 2009)

Dies ist einer der komplexesten Kornkreise, die bisher erschienen sind. Auf den ersten Blick hat man den Eindruck, daß hier ein Radioteleskop dargestellt worden ist.

Das Arrangement aus Kreisen, Rechtecken und Linien auf der rechten Seite und unten ist schlichter als es zunächst einmal aussieht: Es sind 5 Linien, die links in der Mitte bei dem „Tropfen" beginnen.

Der obere geht durch 1 Kreisfläche, geht durch einen Bogen-Winkel, hat dann 3 Stufen und endet nach einem Bogen-Winkel in 1 Kreisfläche.

Der zweitoberste geht durch 2 Kreisflächen, geht durch einen Bogen-Winkel, hat dann 2 Stufen und endet nach einem Bogen-Winkel in 2 Kreisflächen.

208

Der mittlere geht durch 3 Kreisflächen, geht durch einen Bogen-Winkel, hat dann 1 Stufe und endet nach einem Bogen-Winkel in 3 Kreisflächen.

Der zweitunterste geht durch 4 Kreisflächen, geht durch einen Bogen-Winkel, durch noch einen Bogenwinkel und endet dann in 4 Kreisflächen.

Der unterste geht durch 5 Kreisflächen, geht durch einen Bogen-Winkel und endet in 5 Kreisflächen.

Das wird als Liste übersichtlicher:

Aufbau des rechten Teils des Kornkreises						
Bogen	*Tropfen*	*Kreise*	*Winkel*	*Stufen*	*Winkel*	*Kreise*
oberer		1	1	3	1	1
2. von oben		2	1	2	1	2
mittlere	1	3	1	1	1	3
2. von unten		4	1	-	-	4
unterster		5	1	-	-	5

Die Flächen zwischen den Stufen sind durch Rechtecke ausgefüllt worden. Die drei unteren Rechtecke sind gefüllt, die beiden mittleren haben eine Mittellinie, das obere ist leer.

Zwischen dem jeweils ersten Kreis des 3. und 4. Bogens befindet sich eine kleine Kreisfläche mit Ring. Sie macht den Eindruck einer Person, die die Vorgänge in diesem Teil des Kornkreises lenkt – eine Art Schleusenwärter?

In diesem Teil des Kornkreises werden anscheinend die Qualitäten der „1", der „2", der „3", der „4" und der „5" gemischt. Das ist ein ungewöhnlicher Vorgang – was soll damit gemeint sein?

Der „Tropfen" ist das Bindeglied zwischen den beiden Teilen dieses Kornkreises. Seine Achse liegt auf den 5 ersten Winkeln und den 5 zweiten Kreisen des äußeren Bogens. Er macht den Eindruck eines „Sammelbeckens".

Das „Gerät", das oben links an dem „Tropfen" zu sehen ist, wirkt (wie gesagt) wie ein Radioteleskop. Der Zentralkreis und die beiden Nebenkreise könnten ein polares System sein – allerdings würden die Mittelpunkte der drei Kreise nicht auf einer Achse liegen. Die zentrale Achse des Teleskops beginnt und endet mit einer kleinen Kreisfläche. Zwischen dem Hauptpunkt und dem Punkt an der Spitze befinden sich zwei kurze Geraden, die Stabilisatoren sein könnten.

Der Gesamteindruck ist deutlich: Es wird etwas in den 5 Bögen produziert, was dann ausgesendet wird.

Es gibt allerdings 6 Elemente, die vermuten lassen, daß auch dieser Kornkreis

Menschen-gemacht ist:

- Es werden 5 Qualitäten gemischt statt kombiniert.
- Der Aufbau der 5 Bögen ist zwar regelmäßig, aber er läßt kein logisches Gesamtsystem erkennen.
- Die Achse des Tropfens stimmt nicht mit der Achse des Teleskops überein, was der Fall sein sollte, wenn der Tropfen das enthält, was das Teleskop aussendet.
- Die Funktion der Stufen und der Rechtecke ist nicht ersichtlich.
- Die Mittelpunkte der 3 Kreise des Polar-Systems liegen nicht auf einer Achse.
- Die 3 Kreise auf der Teleskop-Achse sollten eigentlich eine Polarität mit Mittelkreis sein, aber die beiden Außenkreise sind nicht als solche gekennzeichnet – was allerdings hin und wieder vorkommt.

- *  * -

210

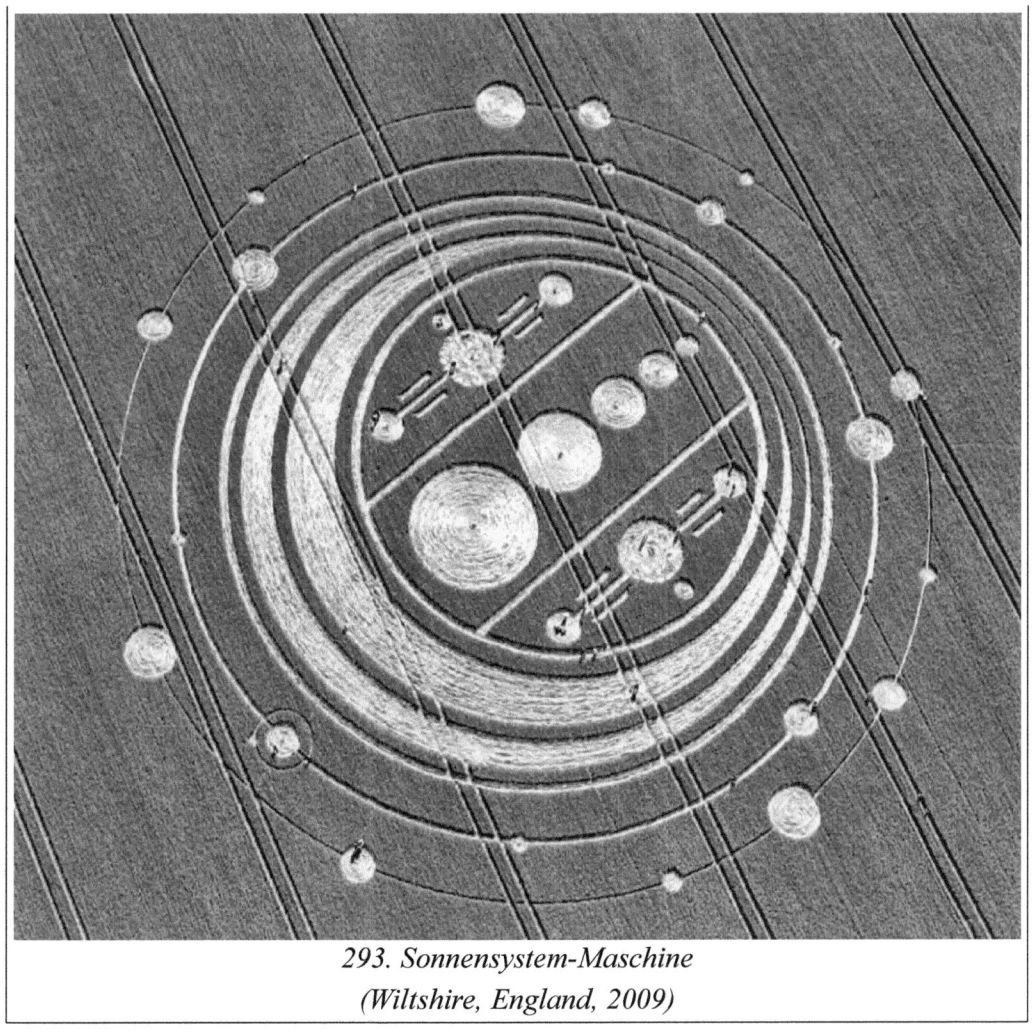

293. Sonnensystem-Maschine
(Wiltshire, England, 2009)

Hier ist offenbar ein mehr oder weniger normaler Kornkreis mit einer Art Planetensystem kombiniert worden.

Auf dem äußeren, dünnen Ring befinden sich in unterschiedlichen Abständen 12 unterschiedlich große „Planeten".

Auf dem inneren, dicken Ring befinden sich in unterschiedlichen Abständen 9 unterschiedlich große „Planeten", von denen einer auch einen „Mond" hat.

Der durch zwei Geraden dreigeteilte Kreis in der Mitte wird von zwei Sicheln umgeben, von denen die innere doppelt so dick ist wie die äußere. Das Ganze wird von einem Ring eingehüllt. Durch die Kombination von Ring und Sicheln sowie durch die

Richtung der beiden Geraden entsteht der Eindruck, daß sich der Kreis nach oben rechts hin bewegt.

Von oben rechts her betrachtet, wäre dieser Kreis eine Variante des Sonnen-Gesichts.

Die Aufteilung eines Kreises in 3 Streifen kommt ansonsten nicht vor.

Die Folge von 5 Kreisen mit gleichmäßig abnehmender Größe ist aus anderen Kornkreisen bekannt. Diese Kreis-Reihe symbolisiert einen Schub in die Richtung des kleinsten Kreises – das wäre hier allerdings entgegen der vermuteten „Flug-richtung" des Kreises.

Die beiden 3er-Kreissysteme sind Polar-Kreise, die durch ihre Spannung den mittle-ren Kreis zum Rotieren bringen. Die 4 Geraden der 2 Polar-Kreise werden durch je 2 kurze Geraden stabilisiert.

Außen an dem Mittelkreis befindet sich jeweils ein kleiner Kreis. Solch ein kleiner Einzelkreis ist ungewöhnlich – man sollte her 2 Befestigungspunkt erwarten. Lenkt dieser Kreis die Energie aus den Polar-Kreisen zur Mitte?

Dieser Kornkreis sieht zweifellos sehr ästhetisch und faszinierend aus, aber eine klare innere Logik ist nicht erkennbar. Daher wird auch dieser Kornkreis wohl Menschen-gemacht sein. Schade eigentlich …

III 18. Details

294. gebogene Halme
(Wiltshire, England, 2012)

Hier ist deutlich zu sehen, daß die Getreidehalme in manchen Kornkreise nicht mit der Wurzel ausgerissen oder abgebrochen, sondern in den Halmknoten umgebogen worden sind. Wenn man dies rein mechanisch zu machen versucht, bricht der Halm. Zudem sind die Knoten die stabilsten Stellen eines Halmes.

- *  * -

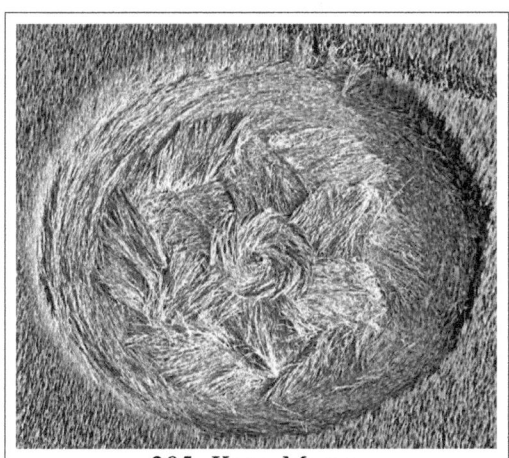

295. Korn-Muster
(Wiltshire, England, 2012)

In manchen Kornkreisen ist das Getreide zu kunstvollen Mustern gelegt. Hier ist ein Zentralkreis, ein Hexagramm, sechs Bogen-Rauten und ein Außenkreis zu sehen.

- *  * -

213

Bei diesem Kornkreis ist das Getreide sozusagen gewebt worden.

296. Webtechnik
(Italien, 2011)

- * ❁ * -

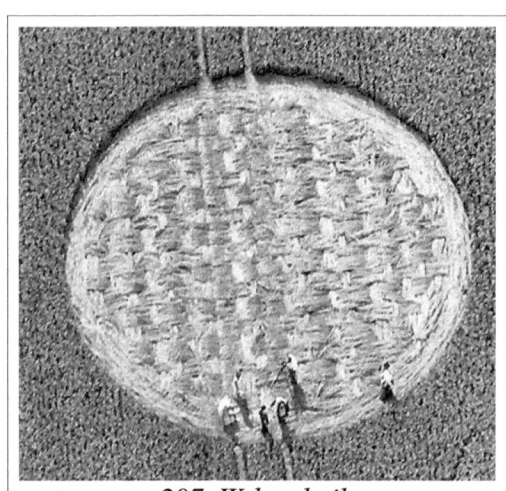

Hier ist diese Getreide-Webtechnik in großem Stil angewendet worden.

297. Webtechnik
(Ort und Jahr unbekannt)

III 19. Menschen-gemachte Formen

298. Coca Cola
(Ort und Jahr unbekannt)

Bei Kornkreisen wie diesem hier ist es offensichtlich, daß sie von Menschen angefertigt worden sind – und möglicherweise von der Coca Cola Company in Auftrag gegeben worden sind.

Die Qualität der Ausführung bei diesem Kornkreis und auch bei vielen der noch folgenden ist wirklich beachtlich.

- *  * -

Die Konkurrenz schläft nicht …

299. Afri Cola

- * * -

215

300. Bacardi-Rum
(New Jersey, USA, 2005)

Auch die Kollegen von der hochprozentigen Getränke-Fraktion haben einen „Korn"-Kreis in Auftrag gegeben.

- * ❀ * -

301. Frau

Offensichtlich hat auch Casanova Freude am Anfertigen von Kornkreisen – und viel Sachkenntnis.

- * ❀ * -

216

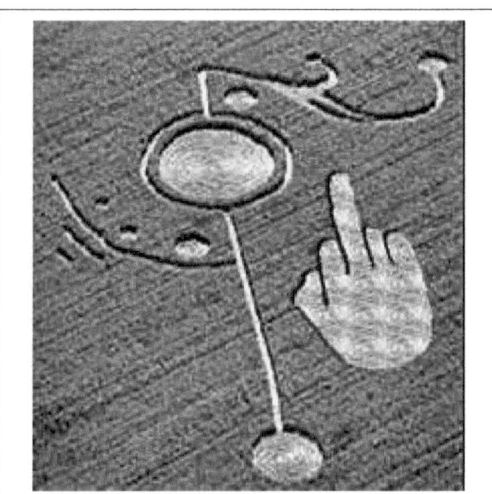

302. „Stinkefinger"
(Ort und Jahr unbekannt)

Eine sehr menschliche Geste neben einem sehr krummen Kornkreis.

- * ❀ * -

303. Fahrrad
(Frankreich, Jahr unbekannt)

Das soll ein Außerirdischer in einem UFO sein ???

- * ❀ * -

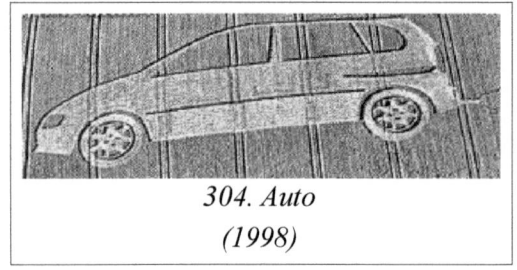

304. Auto
(1998)

Das Kornkreis-Team „Satan" hat 10 Stunden gebraucht, um diesen „Honda"-Kornkreis herzustellen. Der Wagen ist jedoch zu sehr in die Länge gezogen worden – das liegt nicht an der photographischen Perspektive oder einer Verzerrung des Bildes.

- * ❀ * -

305. Mini
(Ort unbekannt, 2010)

Dies ist ein „Mini Countryman", wie darunter geschrieben steht – ein Modell von Morris Mini.

Die Idee zu diesem Kornkreis stammt von der „Osnabrück Agentur" – sie wollten offenbar eine ökologische Auto-Werbung auf der Grundlage von Gras machen ...

- * ❀ * -

306. Audi
(Wiltshire, England, 2016)

Auch Audi hielt die Werbung per Getreide offenbar für lohnend. Oder war das nur ein Fan? Vielleicht Ironman, der schließlich oft Audi fährt?

(Der Kornkreis wurde jedoch ganz unsensationell von Julian Richardson hergestellt.)

Dieser Kornkreis, der das Logo des Firefox-Browsers darstellt, wurde von der „Linux user group" an der Oregon State University hergestellt.

307. Firefox
(Orgon, USA, 2006)

- * ❋ * -

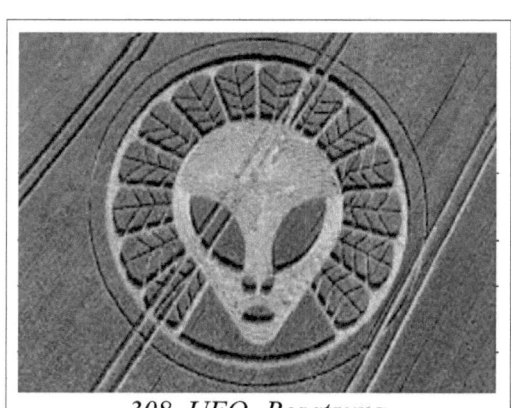

308. UFO- Besatzung
(Surrey, England, 2016)

So stellen sich Menschen also Außerirdische vor – ausgesprochen irdischmenschlich … Mit einer 14-teiligen Federkrone – was haben denn Außerirdische mit Indianern zu tun?

- * ❋ * -

219

309. UFO-Besatzung

(England, 2013)

Hier ist noch ein Kollege von dem vorigen UFO-Piloten – diesmal in einem recht stilsicher dargestellten Kornkreis.

- * 🌀 * -

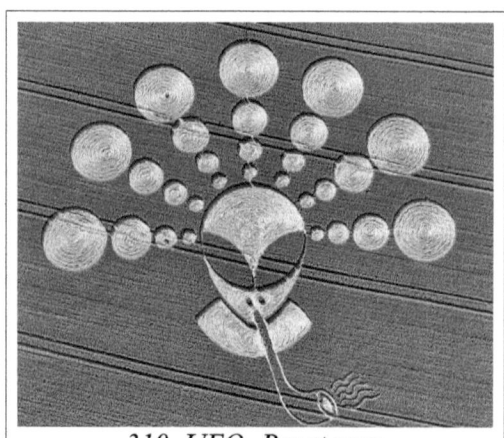

310. UFO- Besatzung
(Freizeitgestaltung)
(Wiltshire, England, 2011)

Hm – kommen die Außerirdischen vielleicht auf die Erde, um ganz bestimmte Kräuter zu importieren? Die Wirkung auf das Bewußtsein dieses UFO-Piloten ist jedenfalls beachtlich …

Wie steht es da mit der Flugtauglichkeit? Ist dieser Pilot möglicherweise für einige der nicht ganz geglückten Kornkreise verantwortlich?

- * 🌀 * -

311. Hanf-Blatt
(Ort und Jahr unbekannt)

Das ist vermutlich der Artikel, den die UFO-Piloten von der Erde importieren wollen …

- * ❀ * -

312. Raupe
(Wiltshire, England, 2012)

Hat die UFO-Besatzung Raupen von ihrem Heimatplaneten mitgebracht? Hoffentlich mögen die Raupen kein Cannabis, denn sonst bekämen die Außerirdischen ein Lieferungs-Problem (siehe Kornkreis 310 und 311).

- * ❀ * -

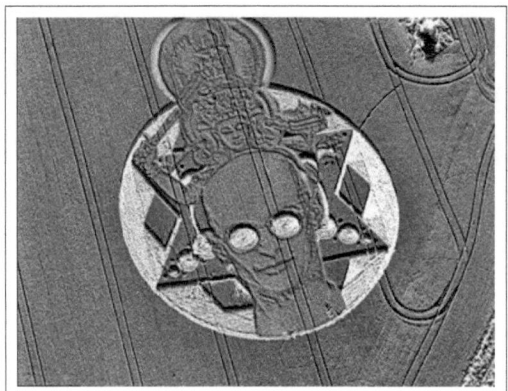

313. Mann mit Schutzgottheit
(Ort unbekannt, 2008)

Ein etwas älterer, weitgehend kahlköpfiger Mann vor Buddha Manjushri, der sein übliches Schwert und sein tibetisches Buch in seinen Händen hält. Als Ergänzung sind auch noch Teile eines Hexagramms und eines Hexagons zu sehen.

Der Männerkopf stellt Ken Wilber dar, von dem es auch ein Gemälde zusammen mit dem Buddha Manjushri, der hier dargestellt worden ist, gibt.

Die Qualität der Ausführung ist wirklich beeindruckend.

- *  * -

314. Begrüßung
(Buckinghamshire, England, 2018)

Dieser Kornkreis wurde in die Einflugschneise des Flughafens gelegt, auf dem Präsident Donald Trump in England gelandet ist.

In Anspielung an seine Rußland-Beziehungen ist das erste Wort in kyrillischer geschrieben worden. Die Inschrift lautet „Fuck Trump!"

- *  * -

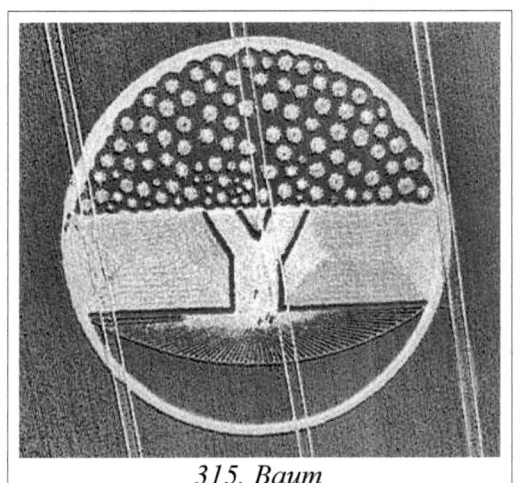

315. Baum
(Wiltshire, Englans, 2002)

Was soll man von diesem Baum halten? Er ist die einzige Darstellung einer Pflanze (abgesehen von dem Fraktal-Baum) und er enthält keines der Elemente, die von den bisher betrachteten Kornkreisen bekannt sind.

Der naiv-schlichte und zugleich füllige Stil, in dem dieser Baum ausgeführt worden ist, läßt vermuten, daß der Mensch, der ihn angefertigt hat, einen Stier-Aszendenten hat.

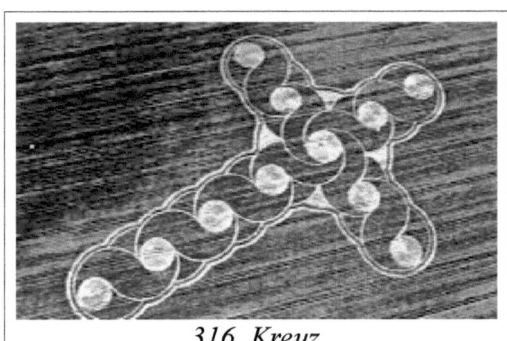

316. Kreuz
(Wiltshire, England, 2008)

Ein christliches Kreuz aus 11 Kreisen und 20 „S" … Dieser Kornkreis ist vermutlich von einem künstlerisch begabten Christen angefertigt worden. Die Qualität der technischen Ausführung ist ausgesprochen gut.

- * ❀ * -

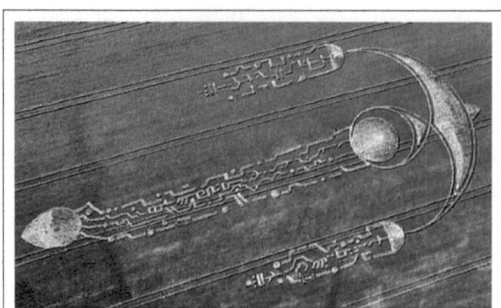

317. Schwalben-Qualle
(Wiltshire, England, 2009)

Dieser Kornkreis kombiniert Elemente der Schwalben-Kornkreise mit Elementen des Quallen-Kornkreises.

Da die Elemente jedoch schräg und unpräzise sind und zudem eine große Menge an Phantasie-Zeichen für die „Tentakeln" verwendet worden sind, wird dieser Kornkreis wohl kaum „echt" sein.

Der Tropfen findet sich auch in dem Kornkreis 292 – stammen beide von demselben Künstler?

III 20. Das Kornkreis-Alphabet

Mithilfe der bisherigen Betrachtungen lassen sich nun ca 90 Elemente beschreiben, aus denen die Kornkreise bestehen. Bei diesen Elementen lassen sich vier Kategorien unterscheiden:

- Polaritäten
- Strukturen
- Dynamiken
- komplexe Strukturen

Es ist zwar schon vieles bei den verschiedenen Kornkreisen zu diesen Kornkreis-Elementen gesagt worden, aber in der Zusammenstellungen werden die Eigenschaften dieser Elemente und ihre Unterschiede zu anderen Elementen noch einmal deutlicher.

III 20 a) Die Polaritäts-Elemente

Hier sind nur die Polaritäten in den Kornkreis-Mandalas aufgeführt, die eine erkennbare Symbolik haben, die auf Strukturen in der Natur zurückzuführen sind und somit eine strukturelle, d.h. natürliche Symbolik haben.

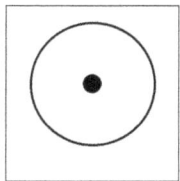
Der **Einpol** ist die einfachste Form eines Kornkreises. Bei ihr sind alle Elemente konzentrisch angeordnet und sind daher als Aspekte der Identität anzusehen. In der Astrologie entspricht sie dem Aspekt der Konjunktion (0°-Winkel; Symbol: ☌), die alle beteiligten Elemente wie in einer Ehe fest aneinander bindet. Diese Struktur entspricht in der Natur der einpolaren Gravitation, die alle Dinge zusammenzieht. Sie schafft Zusammenhalt.

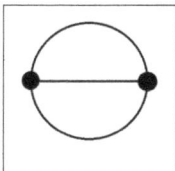
Der **Zweipol** ist ein Ergänzungs-Gegensatz. Er besteht aus zwei „Ladungen": „+" und „-" oder „Nordpol" und „Südpol". Er ist vor allem durch das Yin/Yang-Symbol (☯), aber auch durch das astro-logische Symbol des Oppositions-Aspektes (180°-Winkel; Symbol: ☍) bekannt, die beide wie eine Schaukel einen ewigen Wechsel beschreiben. Diese Struktur entspricht in der Natur der zweipolaren elektromagnetischen Kraft. Sie erschafft Anziehung und Abstoßung sowie rhyth-mische und kreisende Bewegungen.

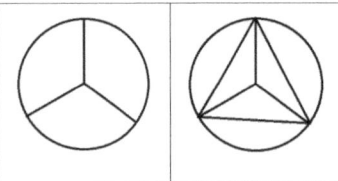

Der **Dreipol** hat drei Ladungen, die erst gemeinsam den neutralen Zustand ergeben: „rot" + „gelb" + „blau" = „weiß". In der Natur findet sie sich als dreipolare „starke Wechselwirkung", die u.a. die Vorgänge in Protonen und Neutronen prägt. Wegen des Farben-Gleichnisses für ihre Dreipolarität wird sie auch „Farbkraft" genannt. Sie entspricht dem astrologischen Aspekt des Trigons (120°-Winkel; Symbol: ▴), das alle beteiligten Elemente in einer Freundschaft verbindet. Die Dreipolarität ist auch mit dem kreisförmigen Lauf durch mehrere, ständig wiederkehrende Zyklen verbunden. In der Astrologie verbindet ein Trigon die drei Phasen desselben Elements wie z.B. das erschaffende Feuer des Widders, das ausgestaltende Feuer des Löwen und das bewegliche Feuer des Schützen.

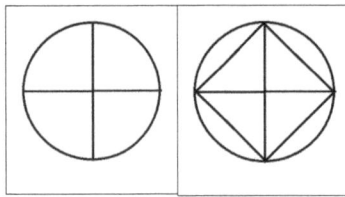

Der **Vierpol** findet sich in der Natur u.a. zwischen der elektrischen Welle und der magnetischen Welle in einem Photon – beide Wellen kreuzen sich stets im rechten Winkel. In der Astrologie ist trennt das Quadrat zwei Dinge und spannt dadurch einen Raum auf (90°-Winkel; Symbol: □). Der Vierpol entspricht auch den vier Richtungen mit der Sonne in der Mitte sowie den vier Elementen mit der Quintessenz in ihrem Zentrum. In der Astrologie verbindet das Quadrat dieselbe Phase der vier Elemente wie z.B. das erschaffende Feuer des Widders, das erschaffende Wasser des Krebses, die erschaffende Luft der Waage und die erschaffende Erde des Steinbocks.

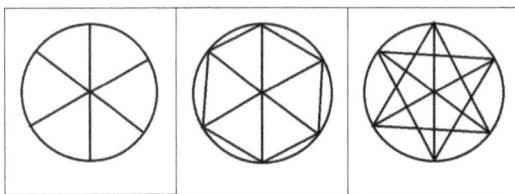

Der **Sechspol** kommt in der Natur an vielen Stellen vor: als Schneeflocke, als Wabe, als die Anordnung von gleichgroßen Kugeln, als sechs Monde auf derselben Umlaufbahn, die alle den gleichem Abstand voneinander haben usw. In der Astrologie findet sich die Sechspolarität im Sextil wieder, das gleiche Elemente zu einer Gruppe zusammenbindet (60°-Winkel; Symbol: ∗). Diese Polarität ist in letzter Zeit als „Blume des Lebens" etwas bekannter geworden. Der Sechspol, der eine Differenzierung des Dreipols und somit das Zusammenwirken von zwei Kräften ist, erscheint als das eher ruhende Hexagon („Wabe") und als das eher aktive Hexagramm („sechsstrahliger Stern"). Die beiden Kräfte, die hier zusammenwirken, sind in der Astrologie entweder die drei Phasen des Feuers und die drei Phasen der Luft oder die drei Phasen des Wassers und die drei Phasen der Erde.

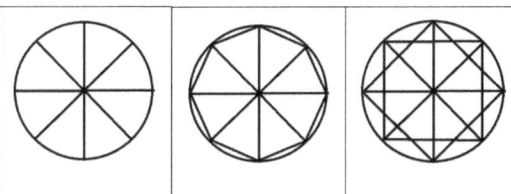

Der **Achtpol** ist eine Differenzierung des Vierpols – er stellt eine komplexe Ordnung und das Zusammenwirken von zwei Formen dar. Es gibt die eher ruhende Variante des Oktagons und die eher aktive Variante des Oktagramms. Traditionell hat die „8" die Symbolik der Vollständigkeit und der Vollkommenheit, was sich an vielen Stellen wiederfindet: Buddhas achtfacher Pfad, die acht Trigramme des I Ging, die Götter-Achtheiten der Ägypter, der acht-geteilte Kalender der Mayas usw. Die Achtpolarität ergibt sich auch rein geometrisch z.B. durch die Ergänzung der vier Himmelsrichtungen durch die vier Zwischenrichtungen.

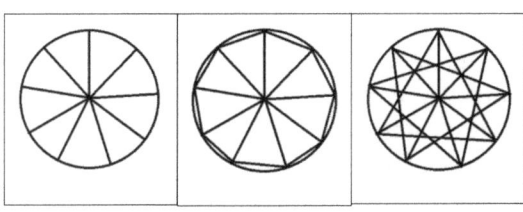

Der **Neunpol** ist eine Differenzierung des Dreipols durch eine weitere Drei-teilung. Man kann sie daher als differenzierte Betrachtung der Entwicklungs-Qualität der „3" auffassen. Diese Differenzierung findet sich z.B. im kabbalistischen Lebensbaum, der zunächst aus Einheit, Entwicklung und Vielheit besteht. Die Entwicklung wird dann dreigeteilt und jedes dieser drei Elemente wird dann noch einmal dreigeteilt, wodurch sich dann die elf Bereiche („Sephiroth") des Lebensbaumes ergeben. Bei den Kornkreisen spielt diese Polarität jedoch kaum eine Rolle. Das Nonagon ist wieder passiver als das Nonagramm.

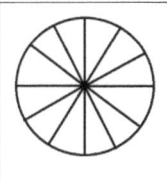

Der **Zwölfpol** ergibt sich durch die Kombination der Ein-Polarität mit der Zwei-Polarität, der Drei-Polarität und der Vier-Polarität. Sie findet sich in der Natur als die 12 grundlegenden Elementar-Teilchen, als der zwölfteilige Superstring (das Grundelement der heutigen Physik) und als der Tierkreis wieder. Der Umraum eines Zentrums ist zwölfgeteilt. Diese Polarität ist bei den Kornkreisen sehr weit verbreitet.

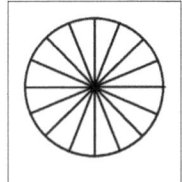

Der **Sechzehnpol** kommt nur sehr selten vor. Man kann ihn als eine weitere Differenzierung des Acht-Pols auffassen.

III 20. b)   Die Struktur-Elemente

In diesem Abschnitt werden alle Elemente aufgeführt, die vor allem eine Struktur haben wie der Kreis, das Dreieck, das Quadrat, die Linie und ähnliches, aber auch komplexere Struktur-Elemente wie z.B. die Bogen-Raute.

Der **Kreis**, der manchmal zur besseren Unterscheidung auch „Kreisfläche" genannt wird, ist ein Zentrum und somit der Bereich der Identität. Er ist ein Individuum und daher auch der Grundbaustein der Kornkreise, die anfangs lange Zeit über auch lediglich solche kreisrunden Flächen gewesen sind.

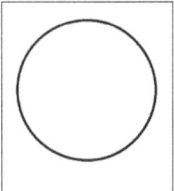

Der **Ring**, der manchmal auch „Kreisring" genannt wird, ist ein Umraum, eine Umgebung, eine Haut, eine Stadtmauer, eine Ausstrahlung usw. Sie kann statisch sein, aber auch rotieren bzw. es kann in ihr etwas wie in einer Leitung fließen. Der Ring ist oft zwölfgeteilt wie der Tierkreis oder der Superstring, in denen ebenfalls etwas im Kreis fließt. Diese Zwölfteilung wird dem Kornkreis nicht immer als Struktur eingezeichnet, aber diese Struktur ist sozusagen unausgesprochen stets in allen Ringen vorhanden.

Die Symbolik der **Geraden** ist schlicht: Entweder ist sie als Gerade die kürzeste Verbindung zwischen zwei Punkten oder sie ist ein Strahl, der von einem Punkt aus in den Umraum hinausführt.

Ein **Kreisbogen** ist ein Teil von einem Ring. Dies sind meistens Halbkreise, seltener Viertelkreise und ganz selten auch mal Dreiviertelkreise. Der Halbkreis ist eine Öffnung auf etwas anderes hin: eine Halterung, ein Sender oder ein Empfänger – er ist wie ein Parabolspiegel. Der Viertelkreis ist eher so etwas wie ein Kontaktpunkt. Der Dreiviertelkreis ist ein geöffnetes Gefäß.

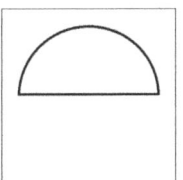

Der **geschlossene Halbkreis** ist eine recht seltene Form. Er ist die abgeschlossene Hälfte eines Ganzen und somit einer der beiden Pole einer Gegensatz-Ergänzung.

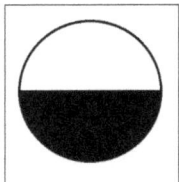

Der **farblich halbierte Kreis** zeigt hingegen beide Pole, die in einem Ganzen liegen. Diese Struktur erscheint allerdings häufig einfach aus geometrischen Gründen, wenn ein Ring einen Kreis schneidet. In diesem Fall besteht die Polarität des Kreises darin, daß eine Hälfte innerhalb des Ringes und eine Hälfte außerhalb des Ringes liegt – der farblich halbierte Kreis verbindet Innen und Außen. Solch ein Kreis ist daher wie ein Sinnesorgan, das die Außenwelt wahrnimmt, oder wie die Beine, mit denen man sich in der Welt bewegt bzw. wie die Arme und Hände, mit denen man die Außenwelt gestaltet. Diese Struktur stellt also Wahrnehmung, Anteilnahme, Beteiligung und Gestaltung dar.

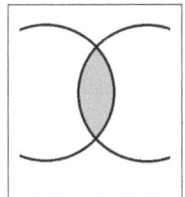

Die **Mandel** ist die Schnittmenge zweier Kreis. Ihre Längsachse liegt im rechten Winkel zu der Verbindungslinie zwischen den Mittelpunkten der beiden Kreise. Die Mandel liegt also quer zwischen zwei Individuen und wird durch sie geprägt. Sie drückt daher etwas Gemeinsames aus: den Bereich, in dem zwei Individuen (Kreise) übereinstimmen. Man kann die Mandel auch noch auf eine zweite Weise betrachten: Die Mittelpunkte beider Kreise üben Druck auf einander aus, wodurch eine flache Form entsteht, die sich zwischen diesem Druck hindurch bewegt – wie die Fische, die ja auch meist annähernd Mandelform haben und sich mithilfe dieser Form am einfachsten durch den Wasserwiderstand bewegen können. Welche der beiden Deutungen jeweils passender ist, muß man von Fall zu Fall entscheiden.

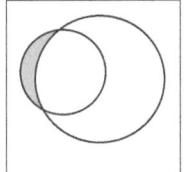

Die **Sichel** ist in gewisser Weise das Gegenstück zur Mandel: Sie ist der Teil der Fläche von zwei Kreisen, die nicht beiden gemeinsam ist. Daher ist die Sichel etwas, was an etwas anderem dranhängt, was etwas anderes trägt oder schützt. Es kann auch etwas Empfangendes sein. Die Sichel hat im Gegensatz zur Mandel auch eine klare Ausrichtung, da sie zwei verschiedene Seiten hat: Der Innenbogen empfängt und sucht Kontakt; der Außenbogen weist ab und schützt.

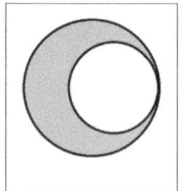

Der **Sichel-Kreis** hat eine etwas andere Bedeutung als die Sichel, da der Sichel-Kreis einen internen Vorgang beschreibt, die Sichel jedoch einen externen Vorgang. Der Sichelkreis zeigt, daß sich der innere Kreis aus dem Zentrum zum Rand hin bewegt – ein Bewegungsimpuls. Wenn mehrere Sichel-Kreise hintereinander erscheinen, bilden sie sozusagen eine Leitung für diesen Bewegungsimpuls – sie sind dann sowohl die Bewegung selber als auch die Hülle dieser Bewegung. Daher eignet sich eine Reihe von Sichelkreisen auch gut für die Darstellung von Rückenwirbeln u.ä.

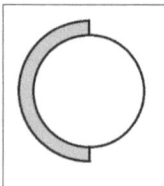

Im Gegensatz zur Sichel hat der **Halbkreis-Magnet** eine teilweise eckige Form – er ist eine Art Anbau oder Verstärkung einer Seite des Kreises. Dies kann ein Rückhalt, eine Schutzmauer oder eben auch ein angelagerter Pol sein, also gewissermaßen eine Batterie oder ein Magnet.

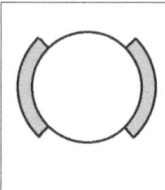

Bei dem **Viertelkreis-Magnet** sind beide Pole dargestellt worden, weshalb es hier sicherer ist, daß sie als Pole und somit als Antrieb des Kreises aufzufassen sind. Diese Struktur entspricht dem Aufbau eines Elektromotors, der im Wesentlichen ja auch eine durch zwei Pole verursachte Drehbewegung ist (siehe auch das Firmen-Logo des Elektrogeräte-Unternehmens Bosch).

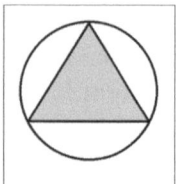

Ein **gleichseitiges Dreieck** ist ein Dreipol, d.h. die Zusammenfassung von drei Polen zu einer Einheit. Das Dreieck steht somit für eine dynamische Einheit, die sich bewegt und sich entwickelt. Bei den Kornkreisen findet sich jedoch das Bogen-Dreieck wesentlich häufiger als das Dreieck mit den geraden Seiten.

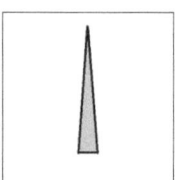

Das **spitze Dreieck** ist ein Strahl, ein Impuls, ein Angriff, eine Verteidigungs-Struktur o.ä. Seine Deutung hängt weitgehend von dem Zusammenhang ab, in dem es auftritt.

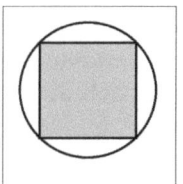 Das **Quadrat** erscheint in Kornkreisen sehr selten. Es ist sehr statisch, fest, hart und spannt einen Raum auf. Es kann daher ein Fundament oder eine Schutzmauer sein.

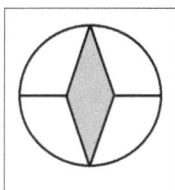 Eine **Raute** ist ein Quadrat ohne rechte Winkel bzw. mit zwei verschieden langen Diagonalen. Sie erscheint als Fläche zwischen zwei Gruppen von parallelen Linien. Wenn diese Linien Geraden sind, entsteht die klassische Raute mit geraden Seiten; wenn diese Linien jedoch Bögen sind, entsteht die Bogen-Raute, die im Folgenden noch besprochen wird. Dadurch, daß die Raute als Fläche zwischen sich überlagernden parallelen Linien entsteht, ist sie so gut wie immer ein Hinweis auf Kraftfelder, also auf das Verhältnis von zwei Impulsen, die aufeinander treffen.

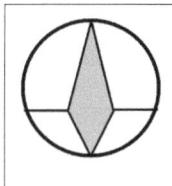 Die **Spitz-Raute** ist eine recht seltene Form, obwohl sie eigentlich recht interessant ist. Sie entsteht auf dieselbe Weise wie die normale Raute, aber hat auch die Qualität eines Strahls, d.h. sie hat eine Richtung: Sie bewegt sich in die Richtung der schmaleren Spitze.

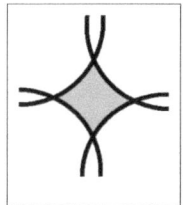 Eine Bogen-Raute mit vier nach innen gerichteten Bögen wird „**Karo**" genannt. Sie entsteht als Raum zwischen vier Kreisen, deren Mittelpunkte ein Quadrat bilden. Das Karo ist also der Raum im Zentrum, der von vier gleichgroßen (= gleichstarken) Individuen (Kreisen) in ihrer Mitte übriggelassen wird, wenn sie einen Raum aufspannen. Ein Karo ist somit eine Form, die von allen vier Seiten her unter Druck steht. Sie neigt dazu, zu implodieren, d.h. in sich zusammenzufallen.

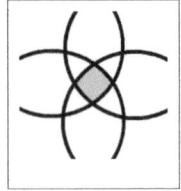

Die **Bogen-Raute** mit vier nach außen gerichteten Bögen ist die gemeinsame Schnittfläche von vier Kreisen, deren Mittelpunkte die Ecken eines Quadrates bilden. Ein Karo ist der Raum, der sich bildet, wenn die Außenlinien dieser vier Kreise nicht bis zu der Mitte zwischen ihnen reichen. Die Bogen-Raute entsteht hingegen, wenn die Außenlinien der vier Kreise über ihre gemeinsame Mitte hinausragen. Während das Karo von vier Seiten her, also von außen her unter Druck steht, enthält die Bogen-Raute in ihrem Inneren den kombinierten Druck von vier Kreisen, da sie die Schnittfläche von vier Kreisen ist. Die Bogen-Raute ist also ein extrem expansives Element – sie ist das „Anti-Karo". Sie eignet sich gut als Mittelpunkt einer komplexen Form.

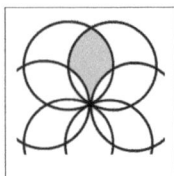

Die Bogen-Raute, die zwei nach innen gerichtete Bögen und zwei nach außen gerichtete Bögen hat, könnte man „**Knospe**" nennen. Die beiden Innen-Bögen (in der Skizze unten) machen Druck auf die Knospe, die wiederum mit ihren beiden Außen-Bögen (in der Skizze oben) Druck nach außen macht. Diese Bogen-Raute ist also etwas, das sich bewegen will, das weiterkommen, wachsen, aus etwas herauskommen will – eben eine Knospe, ein Keim, ein Penis, ein ungeborenes Kind, ein neuer Gedanke, ein starker Impuls usw.

Es sind auch Bogenrauten mit 3 Innen-Bögen und 1 Außen-Bogen oder mit 1 Außen-Bogen und 3 Innenbögen denkbar, aber sie scheinen in den Kornkreisen nicht vorzukommen.

Ebenso scheint es auch keine asymmetrischen Bogen-Rauten mit verschieden lange Seiten zu geben.

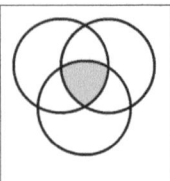

Das **Bogen-Dreieck mit 3 Außenbögen** ist wie die Bogen-Raute eine expansive Fläche, da sie die gemeinsame Schnittmenge von drei Kreisen ist, die in dieser Schnittmenge zusammenwirken. Dieses Bogen-Dreieck eignet sich daher wie die Bogen-Raute gut als Mittelpunkt einer komplexen Form.

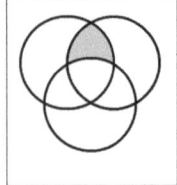

Das **Bogen-Dreieck mit 2 Außenbögen** entspricht in etwa der „Knospe". Sie ist jedoch etwas schwächer, da sie nur die Kraft eines Kreises und nicht von zwei Kreisen zur Verfügung hat – es ragt nur ein Bogen in diese Form hinein und nicht zwei wie bei der „Knospe". Die Form, die dieses Bogen-Dreieck im Außen annehmen will (zwei Außen-Bögen), ist doppelt so groß wie die Kraft, die sie zur Verfügung hat (ein Innen-Bogen) – die Expansion ist also schwach.

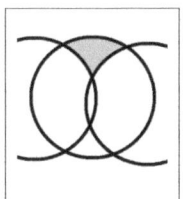

Bei dem **Bogen-Dreieck mit 1 Außenbogen** ist es umgekehrt wie bei dem vorigen Bogen-Dreieck: Es wird von zwei Innenbögen geradezu nach außen hin „gequetscht". Hier besteht ein starker Expansions-Druck.

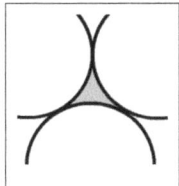

Das **Bogendreieck mit 0 Außenbögen** ist sozusagen das „dreieckige Karo". Diese Fläche bleibt zwischen drei Kreisen übrig, die sich gar nicht oder nur wenig überschneiden. Diese Form ist wie das Karo eine passive Fläche, die dazu neigt, durch die Expansion der drei Kreise rings um sie herum ausgelöscht zu werden.

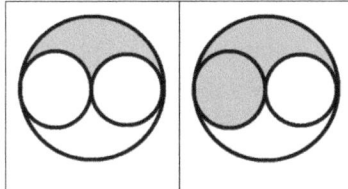

Die **Dreispitz-Sichel** ist eine recht spezielle Form. Sie entsteht, wenn sich in einem Kreis zwei kleine Kreise nebeneinander befinden, deren Radius halb so groß ist wie der Radius des großen Kreises. In der Dreispitz-Sichel verbinden sich die Kräfte der beiden kleinen Kreise zu der Form und der Kraft des großen Kreises. Diese Form ist also die gemeinsame Gestalt von zwei Verbündeten. Diese Form kommt in der Regel nur zusammen mit einem der beiden Kreise vor, mit der sie dann den „gebogenen Tropfen" bildet, der aus dem Yin/Yang-Zeichen bekannt ist und meist „Miribota" genannt wird. Diese kombinierte Form wird unter den dynamischen Formen näher betrachtet.

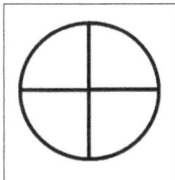

Das **Kreuz** tritt in den Kornkreisen relativ selten auf. Es entsteht, wenn sich zwei Linien im rechten Winkel kreuzen. Solche Linien sind in der Regel die Verbindung zwischen zwei Polen – es muß bei einem Kreuz also zweimal zwei Pole geben.

Dies ist z.B. bei einem Photon der Fall, das physikalisch gesehen eine elektromagnetische Welle ist. Wenn man von vorne auf eine solche Welle blickt, wenn das Licht also auf einen zuflogen kommt und man in der Lage wäre, dieses Licht in seiner Struktur zu erkennen, würde man das folgende Bild sehen: Die elektrische Welle könnte z.B. die waagerechte Linie sein – da sie eine Welle ist, würde sie ständig von dem „+" auf der einen Seite zu dem „-" auf der anderen Seite hin- und herwechseln. Die magnetische Welle wäre dann die senkrechte Linie und würde dort ständig zwischen dem „Nord" an dem einen Ende und dem „Süd" an dem anderen Ende von oben nach unten und zurück wechseln. Das Verhältnis zwischen diesen beiden Wellen ist immer ein rechter Winkel (90°). Dieser

Winkel ist der maximale Abstand zwischen den vier beteiligten Polen. Solch ein Kreuz ist also ein sehr stabiles Verhältnis.

Auch in der Astrologie ist der 90°-Aspekt („Quadrat") ein sehr stabiler Winkel, der einen Raum aufspannt. Ein Kreuz ist also starr, fest, stabil und läßt Formen entstehen, die zwei Längsachsen haben.

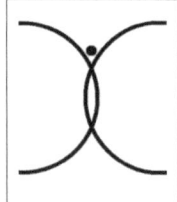

Der **Befestigungs-Punkt** in dem Winkel zwischen zwei Formen scheint zum einen den „leeren Winkel" zu füllen, aber er gibt dieser Stelle auch eine größere Stabilität.

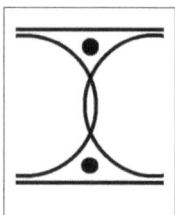

Bei dem Befestigungs-Punkte-Paar ist sowohl der Aspekt der Raumfüllung als auch der Aspekt der Stabilisierung noch deutlicher als bei dem einzelnen Punkt. Manchmal hat man geradezu den Eindruck, daß diese Punkte-Paare so etwas wie die Bandscheiben zwischen zwei Wirbeln sind. Diese Punkte-Paare lassen die meisten der Kornkreise, in denen sie auftreten, deutlich „runder" erscheinen als sie ohne diese Punkte wären.

Das **Begleiter-Linien-Paar** scheint so etwas wie eine Hülle zu sein, also eine Leitung. Diese Linien treten fast immer paarweise auf – meines Wissen nur neben Geraden, aber nicht neben Bögen. Das läßt vermuten, daß sie auch die Funktion haben, die Gerade zwischen ihnen auszurichten. Sie sind sozusagen das, was einen normalen Lichtstrahl zu einem Laserstrahl werden läßt.

Das **doppelte Begleiter-Linien-Paar** ist seltener als das einzelne Begleiter-Linien-Paar. Die Funktion scheint dieselbe zu sein – vermutlich lediglich etwas stärker.

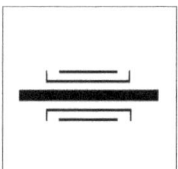 Die **Doppel-„L"-Begleiterlinie mit Zusatz-Linie** erscheint nur ein einziges Mal. Vermutlich soll sie ein besonders wirksamer Stabilisator sein.

 Das **Begleiter-Linie/Ring/Punkt-Paar** hat, soweit sich das ersehen läßt, dieselbe Funktion wie die drei zuvor beschrieben Begleiter-Formen. Die Punkte lassen vermuten, daß hier die Linie durch die Punkte befestigt worden sind, da die Punkte Stabilisatoren sind. Auch diese Form ist nur einmal vorgekommen.

Es ist kein Kornkreis-Merkmal erkennbar, aus dem heraus ersichtlich wäre, welche Form der Linien-Paare wo verwendet wird.

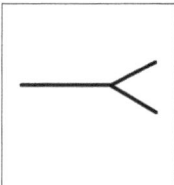 Die **Linien-Weiche** ist extrem selten und taucht anscheinend nur bei zwei Kornkreisen auf, die zudem so ungenau angefertigt sind, daß man vermuten könnte, daß sie von Menschen erschaffen worden sind. Wenn diese Gabelung den Winkel von 90° oder 120° hat, könnte sie eine Bedeutung haben – eben das Raumschaffen (90°) bzw. das Verbinden zu einer Einheit (120°).

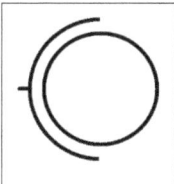 Die **einfache Halbkreis-Halterung** ist offenbar genau das: die Halterung des Kreises, der sich in diesem Halbkreis befindet. Diese Halterung ist zudem auch eine Kontaktstelle zwischen der Linie, die in dem Halbkreis endet, und dem Kreis.

 Vermutlich gibt es keinen Unterschied zwischen der einfach und der **doppelte Halbkreis-Halterung**. Die doppelte Halterung ist lediglich stärker betont und daher vermutlich innerhalb des Gesamt-Gefüges des Kornkreises wichtiger.

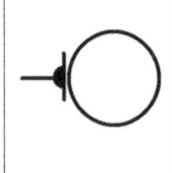

Das „T" und ähnliche Formen sind manchmal ein Sockel o.ä. für Kreise. Es scheint keinen großen Unterschied zu der Halbkreis-Halterung zu geben – außer dem, daß der Halbkreis dem Kreis mehr Halt gibt, während das „T" sich auf den Kontakt beschränkt. Dieses Element ist sehr selten.

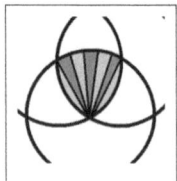

Die **Federn** sind oft nicht von Strahlen unterscheidbar – was mit diesen länglichen Formen gemeint ist, kann man oft nur aus dem Zusammenhang heraus erkennen. Aber da sie entweder die Dar-stellung einer Bewegung sind (Strahl) oder das, was eine Bewegung verursacht (Federn), ist diese Unterscheidung auch nicht so wichtig, da diese Form in beiden Fällen auf eine Bewegung hinweist.

Der **kleine Kreis mit Mittelpunkt** ist ein auffälliges Element, das vor allem bei einigen Befestigungs-Punkten auftritt. Vermutlich soll es die Stabilität dieser Punkte betonen. Es scheint bei eher statischen Formen wie z.B. 4-polaren Mandalas aufzutreten, aber nicht bei beweglichen Formen wie z.B. Schlangen, wo eher einfache Punkte als Begleiter auftreten.

Das „U" erscheint nur ein einziges Mal und ist daher in seiner Funktion nicht nicht ganz klar. Es tritt in einem dreipolaren Mandala auf, in dem drei „U" mit ihren offenen Enden an dem zentralen Kreis anliegen. Bedeutet das, daß die Ausdehnung von drei Strahlen, die von dem Kreis ausgehen, wieder auf den Kreis zurückgeführt werden? Dann wäre das „U" ein Innehalten oder eine Betrachtung. Es wäre jedoch auch die Analogie zu einem Hufeisen-Magnet denkbar – aber auch dann wäre die Deutung eine Selbstbezogenheit und eine Selbstbesinnung, da dann beide Pole des Magneten auf das Zentrum hinweisen würden.

Das „L" erscheint nur als „Anhängsel" an komplexen Kornkreisen. Der rechte Winkel läßt auf einen Strahl schließen, der an diesem Winkel endet und sich verändert. Manchmal wirkt dieses „L" auch wie eine Antenne oder eine Unterschrift.

Dasselbe gilt auch für das „**F**", das in derselben Position auftritt. Durch die zwei Querstriche ist der Einruck einer Transformation an dem Ende einer Linie jedoch noch stärker. Wird dort etwas ausgesendet?

Das „**3-Strich-F**" ist noch einmal eine Steigerung. Es wirkt geradezu wie eine Apparatur mit einem ganz spezifischen Zweck. Falls die Anzahl der Querstriche mit der Symbolik ihrer Anzahl zusammenhängt, würde das „L" das Aussenden einer einfachen, unveränderten Botschaft hinweisen, daß „F" auf das Aussenden einer Botschaft, die eine Polarität enthält, und das „3-Strich-F" auf das Aussenden einer dynamischen, sich entwickelnden, zyklischen Botschaft. Diese Deutung ist jedoch unsicher.

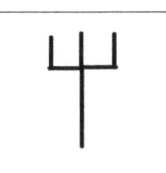

Der **Dreizack** ist eine Variante des „3-Strich-F", bei dem die drei parallelen Striche nicht zur Seite, sondern in die Richtung des ursprünglichen Strahls weisen. Hier könnte die Botschaft weniger stark umgeformt worden sein. Aber auch hier ist die Deutung unsicher.

Das „**F**"-Paar scheint dieselbe Bedeutung wie der Halterungs-Halbkreis zu haben: Er hält einen Kreis, hat Kontakt zu ihm und übermittelt ihm die Qualität des Systems, von dem das „F" ausgeht. Bei dem „F"-Paar fällt der Aspekt der Halterung weitgehend weg, während das Übermitteln einer Information betont wird.

III 20. c) Die Dynamik-Elemente

Die Abgrenzung zwischen Struktur-Elementen und Dynamik-Elementen ist nicht immer ganz einfach. Ein Kreis ist ein Struktur-Element und ein „S" ist ein Dynamik-Element, aber was ist ein Tropfen, der sowohl ein Zentrum als auch eine Richtung hat?

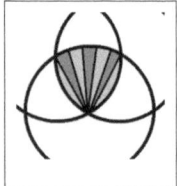

Solch ein unklarer Fall sind auch die **Strahlen**, die oft nicht von Federn unterscheidbar sind. Da sie jedoch entweder die Darstellung einer Bewegung sind (Strahl) oder das, was eine Bewegung verursacht (Federn), ist diese Unterscheidung auch nicht so wichtig, da diese Form in beiden Fällen auf eine Bewegung hinweist.

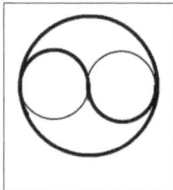

Das „**S**" bildet sich an der Außenkante von zwei polaren Kreisen und ist auch ein Element, daß sich in dem Yin/Yang-Zeichen findet. Es stellt eine Spannung und eine Bewegung dar. Es ist eine direktere und eigenständigere Variante des rotierenden und pulsierenden großen Rings zwischen zwei kleineren polaren Kreisen.

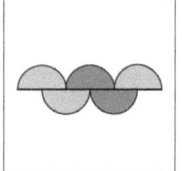

Die **Halbkreis-Reihe**, also eine Gerade, an der sich auf beiden Seite Halbkreise befinden, deren Ende jeweils auf den Mittelpunkt des Halbkreises auf der anderen Seite trifft, ist eine zweite Möglichkeit, ein „S" zu konstruieren (die einzelne dunkelgraue Form). Hier wird eine längere Bewegung dargestellt als bei einem einfachen „S". Man kann die Halbkreis-Reihe daher auch als eine Folge von mehreren „S" auffassen.

Die **Schlangenlinie** ist nichts anderes als eine Halbkreis-Reihe, bei der die Innenwinkel zwischen den Halbkreisen abgerundet worden sind. Auch sie stellt eine längere Bewegung dar.

238

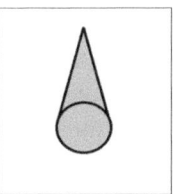 Der **gerade Tropfen** ist die Bewegung eines Kreises in eine bestimmte, gerade Richtung – also das „Fallen" oder „Hingezogenwerden" zu etwas anderem hin.

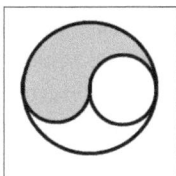 Der **gebogene Tropfen**, der auch „Miribota" genannt wird, ist ebenfalls eine Bewegung, die jedoch im Kreis verläuft. Solch eine Bewegung entsteht, wenn zu dem Impuls des Tropfens (der ihn in eine gerade Richtung bewegen würde) noch eine Anziehung von der Seite her hinzukommt. Dieses Prinzip findet sich z.B. bei den kreisförmigen Umlaufbahnen der Planeten um die Sonne oder der Elektronen um einen Atomkern. Auch das Yin/Yang-Zeichen stellt dieses Prinzip dar. Das Miribota weist also auf die Bewegung einer Einheit (Kreis) innerhalb eines Systems hin. In den meisten Fällen besteht dieses System aus zwei Einheiten: den beiden polaren Kreisen, die „+" und „-", „Nord" und „Süd", Yin und Yang usw. darstellen. Diese beiden Pole kreisen umeinander und lassen so die Bewegung des gebogenen Tropfens entstehen.

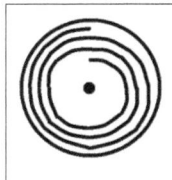 Die **Spirale** ist entweder eine Entwicklung von innen nach außen oder eine Entwicklung von außen nach innen. Hier wird das Strahlen mit einer Kreisbewegung überlagert. Man kann also aus einer Spirale schließen, daß das betreffende System strahlt, d.h. expandiert oder leuchtet, und daß das betreffende System rotiert, d.h. in sich selber ruht. Die Spirale ist sozusagen die Pirouette eines Tänzers, der ganz in sich ruht und dadurch eine große Ausstrahlung hat.

 Die **symmetrische Doppelspirale**, die auch als das chinesische Glücks-Symbol bekannt ist, entsteht, wenn ein Impuls in ein System eindringt. Dies ist z.B. der Fall, wenn ein Bach in einen Teich fließt. In rechten Skizze kommt der Impuls von unten. Diese Form findet man an vielen Stellen wie z.B. auch bei den Eierstöcken der Frau (linke Skizze). Die symmetrische Doppelspirale entsteht in dem System, in das ein Impuls eindringt – der Impuls selber nimmt dabei die Form der „Knospe" an, die sich u.a. beim Penis des Mannes (mittlere Skizze) findet. Die Knospe und die symmetrische Doppelspirale gehören also zusammen und sind die beiden Formen, die entstehen, wenn sich zwei Systeme miteinander verbinden.

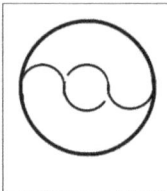

Das **asymmetrisches Doppel-„S"** kann man auch als eine kurze asymmetrische Doppelspirale auffassen. Hier fließt entweder eine Bewegnung nach zwei Richtung hin von innen nach außen oder von zwei Richtungen her von außen nach innen. Entweder sammelt sich etwas in der Mitte oder es strömt etwas von der Mitte her aus.

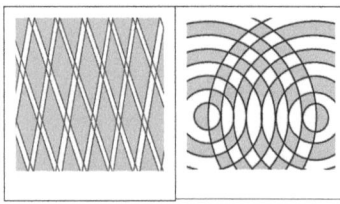

Das **Kraftfeld aus Rauten** entsteht aus der Überlagerung von parallelen Geraden oder Bögen, die wiederum Wellen sind, die von einem aktiven Zentrum ausgehen. Diese Zentren sind meistens Kreise (rechte Skizze). Durch das Überlagern der konzentrischen Kreise, die von zwei verschiedenen Punkten ausgehen bzw. der Reihen von Geraden, die von zwei geraden Flächen ausgehen (linke Skizze), entsteht ein Muster, in dem sich diese Linien kreuzen. Dadurch entstehen entweder Rauten mit geraden Kanten oder eben Bogen-Rauten.

Das Rauten-Muster stellt somit ein Kraftfeld dar, in die Einflüsse beider „Sender" zusammengefaßt und graphisch dargestellt werden. Die Form der Rauten hängt von vier Einflüssen ab:

     1. von der Anzahl der „Sender",
     2. von der Form der Sender,
     3. von ihrem Abstand zueinander, und
     4. von dem betrachteten Ausschnitt des gemeinsamen Kraftfeldes.

III 20. d) Die komplexen Elemente

Es gibt einige komplexere Formen, die Einheiten bilden, die in den Kornkreisen häufig vorkommen. Sie sind sozusagen keine Zellen, sondern Organe – oder wenn man es lieber technisch betrachtet, keine einzelnen Schrauben u.ä., sondern Maschinenteile wie z.B. ein Elektromotor.

Zu diesen komplexen Elementen gehören auch zwei Strukturen, die keine geometrischen Formen sind:

Die eine von ihnen ist die Multiplikation von Zahlen. Wenn man z.B. die Polarität der „2" mit der Dynamik der „3" kombiniert, erhält man die „2·3=6" der kreativen Gruppe. Wenn man die Polarität der „2" hingegen mit dem Raum der „4" kombiniert, erhält man die „2·4=8" der differenzierten Raumaufteilung. Am bekanntesten ist sicherlich die Kombination der Dynamik der „3" mit dem Raum der „4", die die „3·4=12" des Umraumes, d.h. Tierkreises und des Superstrings ergibt, die aufgrund der „3" ein rotierender Kreis sind.
Die Multiplikation ist die mathematische Form der Kombination von zwei Größen – so ergibt z.B. die Multiplikation der Länge eines Feldes mit der Breite eines Feldes die Fläche dieses Feldes.

Die zweite dieser nicht-geometrischen Strukturen ist die Selbstähnlichkeit und das mit ihr zusammenhängende Fraktal.
Bei allen Lebewesen finden sich ihre grundlegenden Eigenschaften in allen Bestandteilen wieder. Ein Lebewesen entsteht durch einen „Bauplan", der für alle ähnlichen Stellen stets dasselbe Verfahren anwendet, wodurch sich alle Stellen, die eine ähnliche Funktion haben, bei diesem Lebewesen auch ein ähnliches Aussehen haben. Dieses Prinzip findet sich auch bei den Kornkreisen und trägt zu ihrem schlüssigen, harmonischen Aussehen bei. In der Kunst würde man diese Selbstähnlichkeit als „Stilsicherheit" bezeichnen.
Das Fraktal ist eine einfache Form der Selbstähnlichkeit. Von einem Ausgangspunkt aus wird immer wieder derselbe Entwicklungsschritt angewendet, wodurch auch immer wieder dieselben Formen auftreten. Auch dieses Element ist bei den Kornkreisen des öfteren zu finden.

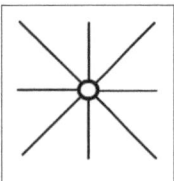

Die **Linien, die von einem Mittelpunkt ausgehen**, stellen ein strahlendes, expandierendes und seinen Umraum prägendes System dar.

Die **Kreisfläche mit Ring** ist ein Individuum, daß sich gut geschützt hat. Der Eindruck dieser Struktur ist jedoch sehr stark von der Größe des Kreises, der Dicke des Ringes und dem Abstand zwischen beiden abhängig.

Die **kleine zentrale Kreisfläche in einer großer Kreisfläche** zentriert diese Fläche und vermittelt den Eindruck von Bewußtheit und Entschiedenheit.

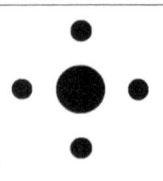

Der **Zentralkreis mit 4 Kreisen** ist ein Zentrum mit einem organischen Umraum: die Sonne mit den vier Richtungen, die Quintessenz mit den vier Elementen u.ä. Es handelt sich bei dieser Form also um einen strukturierten Organismus.

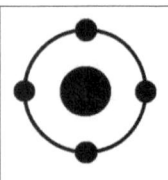

Der **Zentralkreis mit Ring und 4 Kreisen** entspricht der vorigen Form. Sie ist jedoch durch den Ring stabiler und nach außen hin abgegrenzt. Daher kommt auch fast nur diese Form vor – die vorige, Ring-lose Form ist ausgesprochen selten.

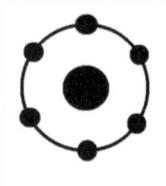

Der **Zentralkreis mit Kreisring und 6 Kreisen** ist noch organischer als die beiden vorigen Formen, da die „6" eine organische Gruppe und nicht nur einen Raum wie die „4" darstellt.

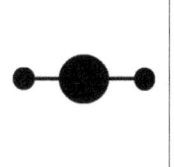

Der Mittelkreis mit zwei Polkreisen ist sozusagen der Motor bzw. das Herz sehr vieler Kornkreise. Die beiden Pole verursachen das Pulsieren bzw. Rotieren des Zentralkreises – wie bei einem Elektromotor bzw. bei einem Herz. Man kann diese Form auch als Magnet oder als Batterie auffassen.

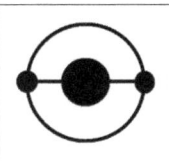

Der Mittelkreis mit zwei Polkreisen und Ring betont durch den Ring die Einheit des Systems. Der Ring stellt zudem das Rotieren und Pulsieren der Energie in dem System dar.

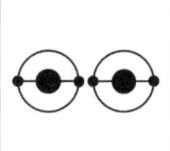

Die **Reihen von Polar-Kreisen**, die manchmal auftreten, sind sozusagen hintereinander geschaltete Magnete, Batterien oder Elektromotoren, die gemeinsam eine größere Kraft haben als ein einzelnes Polar-Element. Dies Struktur kommt fast nur bei den langen Kornkreisen vor.

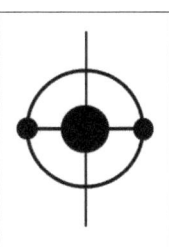

Erstaunlicherweise sind die **Jets an Polar-Kreisen** bei den Kornkreisen ein recht seltenes Element, obwohl diese Jets in der Natur eine große Rolle spielen. Der Jet ist z.B. die Achse des Magnetfeldes, das durch eine rotierende elektrische Ladung entsteht. Auch das Magnetfeld der Erde hat zwei solche Jets: den Nordpol und den Südpol.

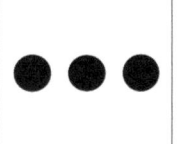

Dreifache Formen gleicher Größe sind ein Hinweis auf die Symbolik der „3": Entfaltung, Entwicklung, Rhythmus und Zyklus. In der Regel sind es Kreise, die dreifach dargestellt werden – andere dreifache Formen sind sehr selten. Ihre Symbolik entspricht der Symbolik der dreieckigen Formen wie dem Dreieck und dem Bogen-Dreieck.

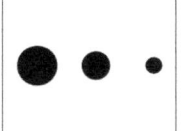

Bei **dreifachen Formen mit abnehmender oder zunehmender Größe** wird zusätzlich zu dem Zyklus noch eine Richtung betont, in die sich dieser Zyklus hin entwickelt. Auch hier werden meistens Kreise verwendet.

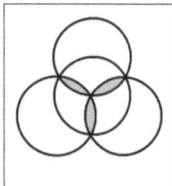

Der **Mandel-Dreistern** ist wie die beiden vorigen Formen ein Hinweis auf eine Entfaltung, eine Entwicklung oder einen Zyklus. dieser Dreistern entsteht durch die Schnittflächen von drei Kreisen, deren Mittelpunkte auf einem vierten Kreis liegen. Diese Struktur betont das Strahlen des zyklischen Systems.

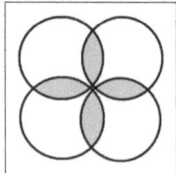

Das **Mandel-Kreuz** betont hingegen entsprechend der Symbolok der „4" das Einnehmen, Erobern und Gestalten eines Raumes.

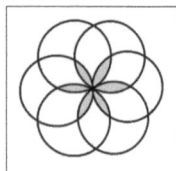

Der **Mandel-Sechsstern** legt den Schwerpunkt auf die organische Gestaltung und die Koordination aller Elemente miteinander in diesem strahlenden System.

Der **Mandel-Sechsstern mit Zentralkreis** unterscheidet das Zentrum von dem Umraum dieser Struktur. Diese Form wird auch „Blüte des Lebens" genannt. Sie ist zudem die Darstellung des astrologischen Sextil-Aspektes (60°-Winkel), der eine organische Gruppenbildung beschreibt.

Der **Kreis mit 4 Dreieck-Einbuchtungen** ist eine recht seltene Struktur. Sie stellt eine Einheit dar, die von allen vier Seiten her Impulse aufnimmt. Man kann diese Struktur daher als den Weg zur Mitte auffassen – die 4 Elemente werden zur Quintessenz vereint. Diese Struktur scheint es nur mit 4 Dreiecken, aber nicht mit einer anderen Anzahl von Dreiecken zu geben.

Der **Kreis mit 4 Dreieck-Ausbuchtungen** ist ebenfalls recht selten. Diese Struktur stellt den Selbstausdruck der Quintessenz im Zentrum mithilfe der 4 Elemente dar. Sie tritt auch mit anderen Anzahlen von Dreiecken auf.

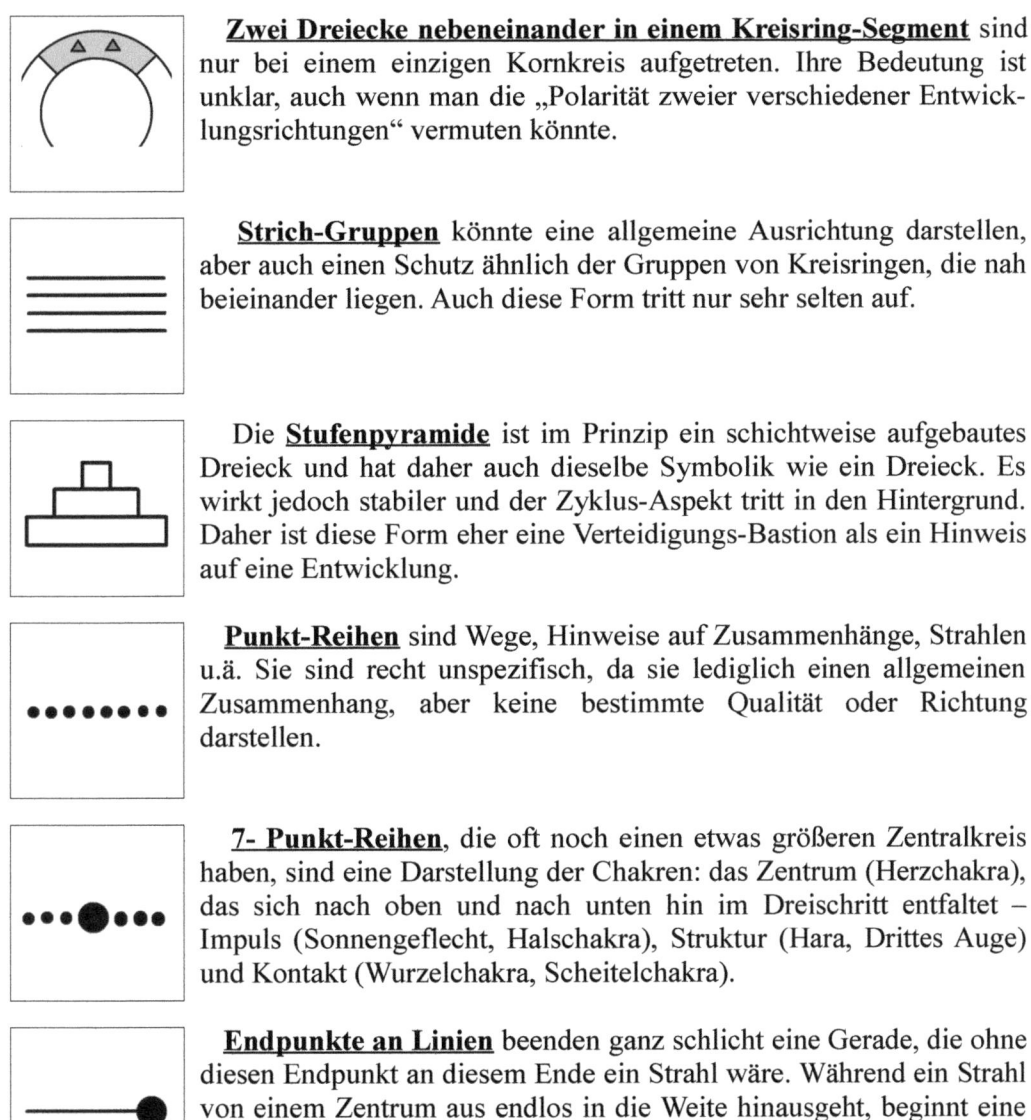

Zwei Dreiecke nebeneinander in einem Kreisring-Segment sind nur bei einem einzigen Kornkreis aufgetreten. Ihre Bedeutung ist unklar, auch wenn man die „Polarität zweier verschiedener Entwicklungsrichtungen" vermuten könnte.

Strich-Gruppen könnte eine allgemeine Ausrichtung darstellen, aber auch einen Schutz ähnlich der Gruppen von Kreisringen, die nah beieinander liegen. Auch diese Form tritt nur sehr selten auf.

Die **Stufenpyramide** ist im Prinzip ein schichtweise aufgebautes Dreieck und hat daher auch dieselbe Symbolik wie ein Dreieck. Es wirkt jedoch stabiler und der Zyklus-Aspekt tritt in den Hintergrund. Daher ist diese Form eher eine Verteidigungs-Bastion als ein Hinweis auf eine Entwicklung.

Punkt-Reihen sind Wege, Hinweise auf Zusammenhänge, Strahlen u.ä. Sie sind recht unspezifisch, da sie lediglich einen allgemeinen Zusammenhang, aber keine bestimmte Qualität oder Richtung darstellen.

7- Punkt-Reihen, die oft noch einen etwas größeren Zentralkreis haben, sind eine Darstellung der Chakren: das Zentrum (Herzchakra), das sich nach oben und nach unten hin im Dreischritt entfaltet – Impuls (Sonnengeflecht, Halschakra), Struktur (Hara, Drittes Auge) und Kontakt (Wurzelchakra, Scheitelchakra).

Endpunkte an Linien beenden ganz schlicht eine Gerade, die ohne diesen Endpunkt an diesem Ende ein Strahl wäre. Während ein Strahl von einem Zentrum aus endlos in die Weite hinausgeht, beginnt eine Gerade an einem Zentrum (Kreis) und endet an einem anderen Zentrum.

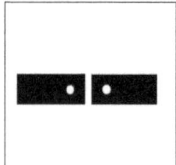

Zwei Punkte auf dem Ende von zwei Linien sind vermutlich eine **Kontaktstelle**, die diese beiden Linien verbindet. An einer solchen Stelle beginnt etwas Neues, das jedoch fest mit dem Vorigen verbunden ist – ein Staffel-Lauf, ein Stecker, ein Weitergeben, ein Senden usw.

Reihen von Kreisen mit Sicheln in Kreisen sind fast immer die Rückenwirbel eines Lebewesens. Man kann diese Struktur jedoch auch allgemeiner als eine bewegliche, flexible Leitung, in der Energie und Informationen übertragen werden, auffassen. Diese Struktur hat oft einen Stabilisierungs-Punkt in jedem Winkel zwischen zwei Kreisen, also jeweils ein Punkte-Paar zwischen zwei Kreisen (ein Punkt oben und ein Punkt unten). In der Skizze bewegt sich der Impuls in dieser Leitung von links nach rechts hin.

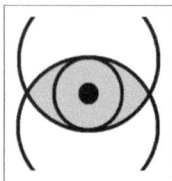

Das **Auge** ist geometrisch gesehen ein Kreis mit Ring in einer Mandel. Der Kreis gibt der Mandel Eigenständigkeit und der Ring gibt dieser Eigenständigkeit Schutz und Festigkeit. Die Assoziation zu einem Auge macht diese Form natürlich wesentlich eindrücklicher als sie es ohne diese Assoziation wäre.

Das **Gesicht** erscheint in mehreren Formen. Ob das mehr ist als eine menschliche Assoziation ist, ist fraglich, da diese Formen keine überzeugenden Strukturen aufweisen.

Eine **einzelne, kleine Kreisfläche neben einem Kornkreis** zählt zu den „Anhängseln", deren Funktion nicht ganz klar ist. Ist das ein Begleiter? Oder ein Beobachter? Oder ein Passagier? Oder eine Art „Unterschrift"?

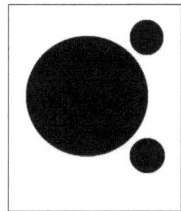 Die gelegentlich auftretenden **zwei kleineren angelagerten Kreise** mit oder ohne Kontakt zu dem Hauptkreis lassen sich nur im Einzelfall deuten. Ihre Bedeutung hängt vor allem von dem Winkel ab, der durch die Verbindungslinien, zwischen den drei Mittelpunkten dieser Kreise gebildet wird.

Wenn dieser Winkel 180° beträgt und sich die kleinen Kreise mit dem großen Kreis zwischen ihnen genau gegenüber stehen, ist dies ein einfaches polares System.

Wenn es sich um drei Winkel von 120° handelt, wäre es ein 3-polares System, also die Darstellung einer Entwicklung oder eines Zyklus – wobei es dann allerdings die Frage wäre, warum diese Zyklen nicht durch gleichgroße Kreise dargestellt werden. Diese in sich widersprüchliche Form ist meines Wissens nirgendwo aufgetreten.

Wenn es sich (wie in der Skizze oben) um einen 90°-Winkel handelt, würden die beiden kleinen Kreise sozusagen für den großen Kreis Raum schaffen. Sie wären dann Boten, Scouts, Fühler, Sinnesorgane, Augen, Ohren, Greifzangen, Hände u.ä., also paarweise Strukturen, mit denen das Individuum den Raum vor sich erfassen und in den Raum vor sich greifen kann.

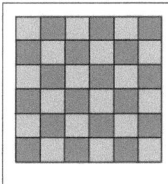 Bei den **Mustern im Getreide** gibt es viel verschiedene Formen, die auf unterschiedliche Weise die betreffende Fläche von flachgelegtem Getreide noch einmal strukturieren. Am häufigsten sind dabei große Kreisflächen, die sehr wahrscheinlich Chakren darstellen. Es gibt jedoch auch andere Hervorhebungen und auch das Flechten oder Verweben von Getreide, wodurch der Eindruck der festen Struktur der betreffenden Getreidefläche entsteht. Diese Muster muß man immer im Einzelfall betrachten.

IV   Betrachtung

IV 1.   Die Sprache der Kornkreise

Die bisherige Betrachtung der Kornkreise, der Elemente, aus der sie bestehen, und der Art der Kombination dieser Elemente zeigt, daß die Kornkreise eine ausgeprägte innere Logik besitzen und eine „geometrische Sprache" sind. Diese innere Logik und Schlüssigkeit findet sich sowohl in den „Worten" dieser Sprache (die Bedeutung der einzelnen Elemente) als auch in der „Grammatik" dieser Sprache (die Kombination dieser Elemente).

Diese „geometrische Sprache" enthält Elemente verschiedener anderer Bereiche und ist mit einigen anderen Bereichen eng verwandt. Durch die genauere Betrachtung der Kornkreise wird eine einfache Art der Logik sichtbar, nach der sich Formen entwickeln.

IV 1. a)   Die Musik

Die Musik ist eine universell verständliche Sprache, weil sie auf einer einfachen inneren Logik beruht, die sich in allen ihren Elementen findet.

Diese Logik beruht auf einem einfachen Grundprinzip: Elemente, die eine Form wiederholen oder in einem leicht erfaßbaren Verhältnis zu einer anderen Form stehen, werden als harmonisch erlebt – die beiden Formen schwingen miteinander. Dieses „miteinander Schwingen" wird nicht nur als Wiedererkennen, sondern auch als Freude erlebt.

Zunächst einmal gibt es den einzelnen Ton. Seine Höhe läßt sich durch seine Frequenz angeben, also durch die Schwingungen pro Sekunde, die diesen Ton erzeugen. Diese Schwingung wird in „Hz" angegeben (Schwingungen pro Sekunde).

Daraus ergibt sich, daß es bestimmte Töne gibt, die harmonisch zusammenschwingen. Ein Ton mit 400Hz paßt gut zu einem Ton mit 800Hz, da zwei Schwingungen des höheren Tones (800Hz) genau in eine Schwingung des niedrigeren Tones (400Hz) passen. Diese beiden Töne ergänzen sich folglich ohne sich gegenseitig zu stören. Diese Verdopplung der Frequenz nennt man „Oktave". Dies ist die einfachste Harmonie. Nun lassen sich auch andere Harmonien finden wie „2 Wellen des einen Tones = 3 Wellen des anderen Tones" – das ist eine Quinte. Eine weitere Harmonie ist „3 Wellen des einen Tones = 4 Wellen des anderen Tones" – das ist eine Quarte.

Die Oktave ist am harmonischsten, weil sie sich am häufigsten zusammen mit dem Grundton an der Grundlinie kreuzt (bei der Skizze unten 5mal). Dann folgt die Quinte als die zweitharmonischste Tonfolge (bei der Skizze 3 Kreuzungen an der Gundlinie) und als drittes die Quarte (bei der Skizze 2 Kreuzungen an der Gundlinie).

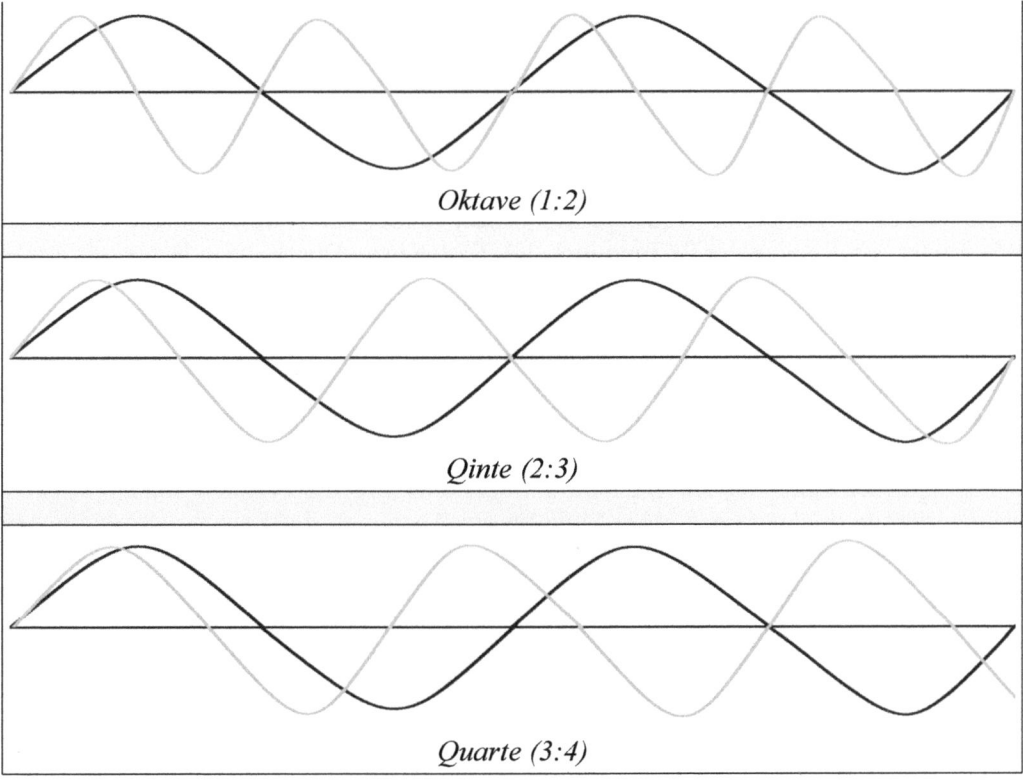

Oktave (1:2)

Qinte (2:3)

Quarte (3:4)

Diese einfachen Zahlenverhältnisse kann man ohne jegliche Vorkenntnisse hören und empfindet sie als angenehm.

Akkorde bestehen aus drei Tönen, die so zusammengestellt worden sind, daß sie einfache Zahlenverhältnisse zueinander haben. Bei Moll-Akkorden ist dies „4 Wellen + 5 Wellen + 6 Wellen" innerhalb eines bestimmten Zeitabschnitts, bei Dur-Akkorden ist dies „10 Wellen + 12 Wellen + 15 Wellen" innerhalb eines bestimmten Zeitabschnitts. Das klingt möglicherweise nach zwei komplizierten Zahlenverhältnissen, aber das Ohr ist in der Lage, diese Verhältnisse zu erkennen – und empfindet sie als harmonisch.

Dasselbe Prinzip gibt es auch bei der Tonlänge: Töne, die gleich lang sind, wiederholen die Tonlänge und klingen daher „passend". Auch Töne, die halb so lang oder doppelt so lang sind, klingen auf diese Weise „passend". Bei Tönen, die dreimal so lang oder nur ein Drittel so lang sind, ist diese Harmonie zwar noch erkennbar, aber nicht mehr so einfach erfaßbar.

Auch bei Tongruppen kann es solche Wiederholungen geben. Wenn z.B. nach 4 Vierteltönen stets ein neuer Ton beginnt, ist dies ein 4/4 Takt – man kann dann ohne die Melodie zu kennen, mitklatschen. Der 4/4-Takt ist der einfachste Takt, der 3/4-Takt der zweiteinfachste.

Nun kann in einem Takt immer derselbe Ton betont sein. In der Klassik ist dies der erste Ton eines Taktes, in der Rock-Musik fast immer der erste und dritte Ton eines 4/4-Taktes, im Reggae der 2. Ton eines 4/4-Taktes usw. Durch diese Betonung ergibt sich der Rhythmus, den ein Taktes hat.

Die Musik baut sich somit aus Elementen auf, die man ohne jede Vorkenntnis hören und empfinden kann. Aus der Folge der Töne mit ihrer jeweiligen Tonhöhe und Tonlänge sowie ihrer evtl. Betonung ergibt sich dann die Melodie, der man wie einem Energiefluß folgen kann.
Durch diesen einfachen Aufbau ist die Musik eine allgemeinverständliche Sprache – jeder erlebt beim Ansteigen einer Melodie ein Ansteigen der Energie und beim Absteigen einer Melodie ein Nachlassen der Energie. Die Melodie erzählt die Geschichte eines Energieniveaus.

Die Kornkreise benutzen ein ganz ähnliches Prinzip. So werden z.B. oft gleiche Größen (Kreisdurchmesser, Kreisabstände) wiederholt – dies entspricht gleichen Tonlängen. Die Wiederholung von ganzen Einheiten wie dem Polar-System entspricht dem Takt. Die Verdopplung der Größe eines Kreises entspricht der Oktave, die eine doppelt so hohe Frequenz hat. Der Gesamt-Entwurf eines Kornkreises entspricht der Komposition, d.h. vor allem der Melodie.
Man kann daher die Kornkreise als die „Musik der Geometrie" bezeichnen.

IV 1. b) Die Astrologie

In der Astrologie fällt vor allem der 12-teilige Tierkreis auf, der sich in den Kornkreisen sehr oft als der 12-teilige Umraum um einen Kreis zeigt – als 12 Strahlen, 12 Federn o.ä. In der Musik sind dies die 12 Töne einer Tonleiter.
Doch auch die astrologischen Aspekte finden ihre Entsprechung in der Musik und in

den Kornkreisen:

Astrologie, Musik und Kornkreise					
Winkel	*Brüche*	*Qualität*	*astrologische Aspekte*	*musikalische Intervalle*	*Kornkreis-Formen*
0°	1/1	Einheit	Konjunktion	Prime	Kreis
30°	1/12	Schritt	Halbsextil	Sekunde	-
60°	1/12 = 1/6	Gruppe	Sextil	Terz	6 Kreise auf 1 Ring
90°	3/12 = 1/4	Trennung	Quadrat	Quarte	4 Kreise auf 1 Ring
120°	4/12 = 1/3	Verbindung	Trigon	Quinte	3-Pol
150°	5/12	Verwandlung	Quincunx	Sexte	-
180°	6/12 = 1/2	Gegensatz	Opposition	Oktave	2-Pol

Die verschiedenen Möglichkeiten, eine Größe zu verändern, haben in jedem Bereich stets dieselbe Qualität: die Verdopplung ist immer harmonisch, die Halbierung schafft einen Gegensatz, die Viertelung trennt und spannt einen Raum auf, die Drittelung schafft eine Entwicklungs-Zyklus usw.

Die Kornkreise sind also nicht nur eine „Musik der Geometrie", sondern auch eine „geometrische Darstellung astrologischer Aspekte", also eine „astrologische Geometrie".

IV 1. c) Die Physik

Auch in der Physik finden sich dieselben Qualitäten der Zahlen und Brüche wieder: die „12" der Anzahl der Elementarteilchen, die „12" der Schwingungen der Superstrings, die „1" der alles zusammenziehenden Gravitation, die „2" der zweipolaren elektromagnetischen Kraft, die „3" der dreipolaren Farbkraft, die „4" des rechten Winkels zwischen elektrischer und magnetischer Welle usw.

Ein weiteres wichtiges Element der Physik sind die Erhaltungssätze, die dazu führen, das nirgendwo etwas aus dem Nichts hinzukommt oder ins Nichts hinein verlorengeht. Bei den Kornkreisen findet sich dieses Element in der Schlüssigkeit der Struktur eines Kornkreises wieder: Jedes Element hat idealerweise einen sinnvollen Bezug zu allen anderen Elementen – kein Impuls eines Kornkreis-Elementes geht verloren. Dieser Zusammenhang ist jedoch nicht so offensichtlich wie die Zahlen-Analogien.

251

IV 1. d)   Der Dreischritt

Der Dreischritt ist ein Prinzip, das sich überall dort beobachten läßt, wo ein Impuls von einem Zentrum aus in ein Medium, das dieses Zentrum umgibt, hinauswirkt. Solch ein Zentrum ist z.B. die Sonne – das dazugehörige Medium ist der Sternenstaub im Weltall, der aus feinstem Staub und Gasen besteht.

Die Sonne strahlt nicht nur Licht, sondern auch Ionen, also elektrisch geladene Teilchen ab. Diese Teilchen fliegen nach allen Richtungen von der Sonne fort und stoßen gegen den Sternenstaub, der dadurch von der Sonne fortgestoßen wird. Auf diese Weise hat sich nach und nach eine Hohlkugel gebildet, die aus Sternenstaub und Sonnen-Ionen besteht und die durch die ständig von der Sonne aus auf sie aufprallenden Ionen immer weiter ausgedehnt wird. Diese Hohlkugel, die „Stoßfront" genannt wird, besteht zwar nur aus „dichtem Sternenstaub", aber sie hat insgesamt doch eine genauso große Masse wie die Erde.

Es gibt also die Sonne im Zentrum.

Darum herum befindet sich der Bereich, der vollständig durch die Sonnen-Ionen leergefegt worden ist, sodaß die Ionen ungehindert bis zu der Stoßfront fliegen können. Dieser Bereich wird „Sonnenwind-Bereich" genannt.

Als nächstes folgt dann die „Stoßfront" – die Sternenstaub-Hohlkugel.

Ganz außen kommt dann die „Bugwelle", die dadurch entsteht, daß sich die Stoßfront aufgrund ihrer ständigen Ausdehnung durch den Sternenstaub bewegt – das hat denselben Effekt wie ein Schiff, das durch Wasser fährt.

Um ein strahlendes Zentrum in einem Medium herum befinden sich also drei Bereiche mit markanten Merkmalen, die die Ausstrahlung dieses Zentrums beschreiben:

1. Sonnenwind: die ungehinderte Ausdehnung
2. Stoßfront: die Form, die durch die Begegnung mit der Welt entsteht
3. Bugwelle: die Bewegung, die durch den Kontakt mit der Welt entsteht

Diese drei Schritte, also Impuls, Form und Kontakt, sind die Dynamik, die in jeder Ausdehnung zu finden sind.

IV 1. e)   Die Chakren

Die Chakren sind die Kombination eines polaren Systems mit der Entwicklungs-Dynamik des Dreischritts.

Das Zentrum ist das Herzchakra und die beiden Pole sind der eigene Körper (Chakren unter dem Herzchakra) und die restliche Welt (Chakren über dem Herzchakra).

Die drei Entwicklungsschritte sind unten das Sonnengeflecht (hemmungsloser körperlicher Selbstausdruck), das Hara (körperliche Haltung) und das Wurzelchakra (körperlicher Kontakt). Oben sind dies das Halschakra (hemmungsloser sozialer Selbstausdruck), das Dritte Auge (Orientierung und Haltung in der Welt) und das Scheitelchakra (sozialer und geistiger Kontakt).

IV 1. f) Die Polarität

Das Prinzip der Polarität, also die Betrachtung des Zusammenwirkens von zwei Gegensatz-Ergänzungen, findet sich in vielen Systemen: im Yin/Yang-System, in der Hegel'schen Dialektik (These – Antithese – Synthese), in Steiners Dreigliederung (Expansion – Kontraktion – Rhythmus) usw.

IV 1. g) Die Polarisierung

Die Polarisierung ist das Auseinanderfallen eines heilen Zustandes in zwei leidvolle Extreme. Es gibt drei Grundformen dieser Polarisierung:

1. die Polarisierung des Kontakts: Sie kann in Freuds „oraler Phase" (Alter: 0-1 Jahr) geschehen. Dabei spaltet sich die Geborgenheit in einen verzichtenden Asketen und in einen gierigen Süchtigen auf.

2. die Polarisierung der Form: Sie kann in Freuds „analer Phase" (Alter: 1-3 Jahre) geschehen. Dabei spaltet sich die Kraft in einen dominanten Täter und in ein unterwürfiges Opfer auf.

3. die Polarisierung des Impulses: Die kann in Freuds „phallischer Phase" (Alter: 3-12 Jahre) geschehen. Dabei spaltet sich die Selbstliebe in einen Fan mit Minderwertigkeitskomplex und einen Star mit Größenwahn auf.

Die Polarisierung hat für die Kornkreise jedoch keine Bedeutung, da durch die Kornkreise nur heile Zustände dargestellt werden.

IV 1. h) Der kabbalistische Lebensbaum

Der kabbalistische Lebensbaum ist eine Struktur, die sich in allen Dingen finden läßt – angefangen vom Aufbau eines Staubsaugers oder einer Zelle über die deutsche Verfassung und die Organisation eines Bienenvolkes bis hin zu der Evolution der Lebewesen auf der Erde und den Erlebnismöglichkeiten in der Meditation.

Diese Struktur ist so universell, weil sie auf einem einfachen Prinzip beruht, das schrittweise entwickelt wird:

1. Die Welt ist ein einheitliches Ganzes. Man kann sie daher durch einen Kreis darstellen:

o

2. Die Welt ist sowohl eine Einheit als auch eine Vielheit. Zwischen beiden gibt es die Entfaltung der Einheit zur Vielheit bzw. die Rückkehr der Vielheit zur Einheit. Die Einheit drückt sich ganz schlicht schon in den einheitlichen Naturgesetzen im ganzen Weltall aus. Diese drei Schritte kann man durch drei Kreise darstellen, wobei der obere die Einheit, der untere die Vielheit und der mittlere die Differenzierung darstellt:

o
|
|
|
o
|
|
|
o

3. Diese Entwicklung, also der Kreis in der Mitte, läßt sich als Dreischritt darstellen, also als Impuls, Form und Kontakt:

o
|
o
|
o
|
o
|
o

4. Jeden dieser drei Entwicklungsschritte (die drei mittleren Kreise) kann man noch einmal in drei Entwicklungsschritte gliedern:

```
        o
      o | o
      | o |
      o | o
      | o |
      o | o
        o
        |
        o
```

5. Die klassische Darstellung dieser Struktur sieht wie folgt aus:

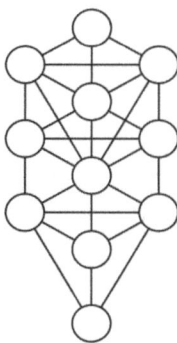

Diese Struktur erscheint in den Kornkreisen 1. als Lebensbaum-Graphik, 2. als 9-Polarität und 3. als Dreischritt-Entwicklung.

(Eine ausführliche Darstellung findet sich in meinem Buch „Blüten des Lebensbaumes I, II und III".)

IV 1. i) Die Entwicklungsdynamik

Es gibt sowohl in der Biographie als auch in der Geschichte sieben Entwicklungsphasen. Sie beruhen auf drei Dreischritten, wobei der letzte Schritt eines Dreischritts zugleich der erste Schritt des folgenden Dreischritts ist.

Die Entwicklungsphasen						
Phase	drei Dreischritte		Biographie	Geschichte	Qualität	Essenz
1. Phase	1. Drei-schritt, 1. Teil		Säugling (orale Phase)	Altsteinzeit	als Teil des Ganzen im Ganzen leben	„Ja"
2. Phase	1. Drei-schritt, 2. Teil		Kleinkind (anale Phase)	Jungstein-zeit	angenehm und unangenehm unterscheiden	„Nein!"
3. Phase	1. Drei-schritt, 3. Teil	2. Drei-schritt, 1. Teil	Kind (phallische Phase)	Königtum	alles vom Zen-trum her denken, sehen und tun	„Ja" + „Nein!" = „Ich!!!"
4. Phase		2. Drei-schritt, 2. Teil	Jugendlicher (genitale Phase)	Materialis-mus	die Außenwelt erforschen und nutzen	„Du?"
5. Phase	3. Drei-schritt, 1. Teil	2. Drei-schritt, 3. Teil	Erwachsener (adulte Phase)	Globalisie-rung	ein stabiles Sys-tem erschaffen (Familie)	„Ich!!!" + „Du?" = „Wir"
6. Phase	3. Drei-schritt, 2. Teil		Alter (turotale Phase)	Zukunft I	Neues erkunden und Bekanntes lehren	„Anderes …"
7. Phase	3. Drei-schritt, 3. Teil		Greis (geronte Phase)	Zukunft II	Weisheit des hohen Alters	„Wir" + „Anderes …" = „Alles"

In den Kornkreisen findet sich fast nur der einzelne Dreischritt, aber nicht diese 7er-Folge. Möglicherweise besteht ein Zusammenhang zu den vereinzelt auftretenden 7 Kreisen, aber das ist unsicher.

(Eine ausführliche Darstellung findet sich in meinem Buch „Die sieben Schritte des Lebens".)

IV 1. j) Selbstähnlichkeit und Fraktale

Alle lebendigen Systeme sind von der Selbstähnlichkeit geprägt – alle Teile eines Systems werden nach denselben Grundprinzipien gestalten (sie haben u.a. alle dasselbe Horoskop). Das gilt auch für Kornkreise und auch für jedes überzeugende Kunstwerk.

Das Fraktal ist sozusagen die Herstellungs-Anleitung für die Selbstähnlichkeit: Es wird an allen Orten und auf jeder Differenzierungsstufe dasselbe Prinzip angewendet.

IV 1. k) Der goldene Schnitt

Der goldene Schnitt ist ein mathematisches Verhältnis zwischen zwei Längen. Der goldener Schnitt ist auf die folgende Weise definiert: „a:b = b:c" und „a+b=c". Das Größenverhältnis, für das diese beiden Formeln zutreffen, ist „b:a=c:b=1,618".
Graphisch sieht der goldene Schnitt wie folgt aus:

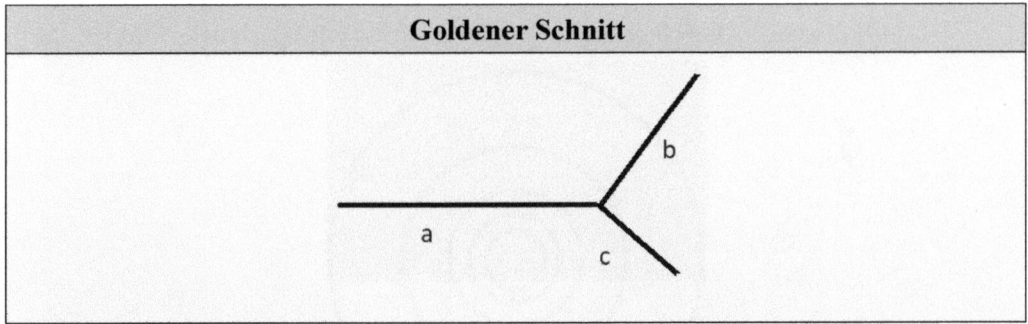

Wenn man die Länge der Geraden „c" mit der Länge der Geraden „b" addiert, kommt man auf die Länge „c". Wenn man die Länge „b" durch die Länge „c" teilt, kommt man auf „1,618". Wenn man die Länge „a" durch die Länge „b" teilt, kommt man ebenfalls auf „1,618".
Bei dem Goldenen Schnitt gibt es also eine Reihe von Größen, deren Verhältnis zueinander immer gleich bleibt, was den harmonischen Effekt verursacht, den dieses Verhältnis hat.
Man kann sich wie folgt an den Goldenen Schnitt annähern:

```
1+ 1= 2     =>    2: 1=  2,000
1+ 2= 3     =>    3: 2=  1,500
2+ 3= 5     =>    5: 3=  1,667
3+ 5= 8     =>    8: 5=  1,600
5+ 8=13     =>   13: 8=  1,625
8+13=21     =>   21:13=  1,615
13+21=34    =>   34:21=  1,619
21+34=55    =>   55:34=  1,617
34+55=89    =>   89:55=  1,618
```

Zunächst einmal klingt es son als ob es recht einfach sei, das Vorhandensein des Goldenen Schnitts in den Kornkreisen zu überprüfen – man braucht ja nur danach zu schauen, ob zwei Größen in dem Kornkreis das Verhältnis „1:1,618" haben. Aufgrund der vielen Größen, die normalerweise in einem Kornkreis vorkommen, ist das jedoch nicht so einfach wie es zunächst zu sein scheint.

Mir ist kein Kornkreis bekannt, der z.B aus einer Reihe von 5 Kreisen besteht, deren Größen alle im Goldenen Schnitt abnehmen, die also z.B. die Durchmesser 10,00m, 6,18m, 3,82m, 2,36m und 1,46m haben. Bei einem solchen Kornkreis wäre der Goldene Schnitt eindeutig beabsichtigt.

Dieser Kornkreis sähe, wenn er aus konzentrischen Kreisen bestehen würde, wie folgt aus:

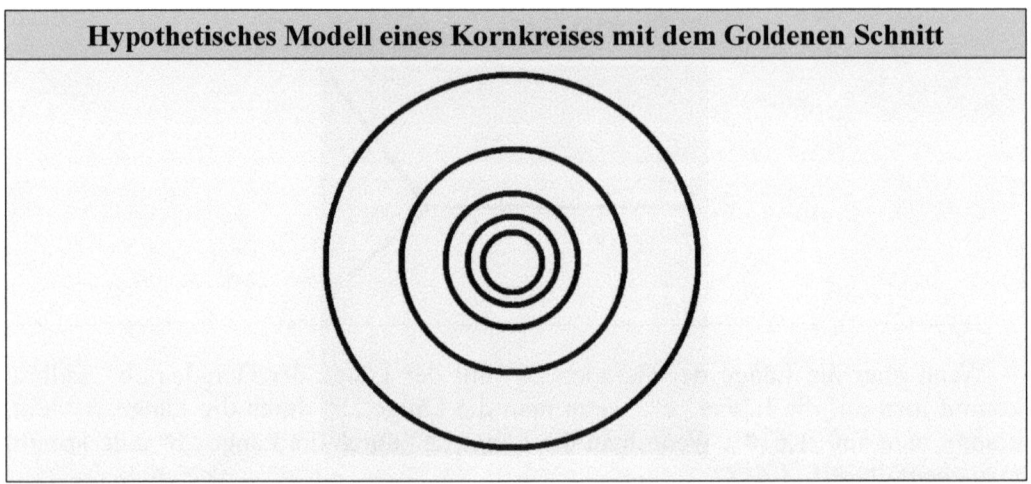

Hypothetisches Modell eines Kornkreises mit dem Goldenen Schnitt

Ein solcher Kornkreis ist bisher nicht bekannt. Man findet in den Büchern und Artikeln über die Kornkreise nur immer wieder den Hinweis „Der Kornkreis scheint den Goldenen Schnitt zu enthalten." o.ä.

Man kann den Goldenen Schnitt als ein einfaches Fraktal auffassen – er entsteht dadurch, daß man eine Länge immer wieder mit „1,618" multipliziert oder eine Länge immer wieder durch „1,618" dividiert.

IV 1. l)   Das Feng-Shui

Auch das Feng-Shui beschäftigt sich u.a. mit der Wirkung von Formen. Einige einfache Regeln für die Wirkungen von Formen aus dem Feng-Shui sind:

1. Gerade Linien bündeln den Fluß der Lebenskraft und lassen einen harten Strahl entstehen („Laserstrahl").

2. Gebogene Linien, Kreise, Wellenlinien u.ä. lockern den Fluß der Lebenskraft auf und lassen einen weichen Fluß entstehen.

3. Die Wiederholung von gleichen Elementen läßt einen Rhythmus entstehen.

4. Eine Kurve saugt von ihrer Innenseite her (Gleithang eines Flusses in der Kurve) und strahlt nach ihrer Außenseite hin (Prallhang eines Flusses in der Kurve).

5. Ein Berg zentriert.

6. Ein Tal sammelt.

7. Ein Graben trennt.

usw.

Alle diese Regeln stimmen mit der Wirkung der Formen der Kornkreise überein – es sind letztlich genau dieselben Form-Regeln.

IV 1. m) Das Ba-Gua

Ein spezielles Element des Feng-Shui ist das Ba-Gua. Mit seiner Hilfe kann man die Kräfteverhältnisse an einem Ort erkennen.

Das chinesische Ba-Gua, das in Indien auch als „Vastu Purusha" bekannt ist, beruht auf einem sehr einfachen Prinzip: einer zweimaligen Teilung einer Fläche in einen Dreischritt.

Die Fläche wird von unten nach oben hin in drei Streifen geteilt: unten ist wenig Energie („Tal"), in der Mitte ist mittelmäßig viel Energie („Ebene") und oben ist viel Energie („Berg").

Die Fläche wird zudem von links nach rechts hin in drei Streifen unterteilt. Da die Sonne, der Mond und die Sterne für einen Beobachter auf der Nordhalbkugel der Erde (vo wo dieses System stammt), stets von links nach rechts wandern, ergibt sich die folgende Aufteilung: links die Vergangenheit, in der Mitte die Gegenwart und rechts die Zukunft.

Dadurch ergibt sich eine Fläche, die auf eine einfache Weise in $3 \cdot 3 = 9$ Felder aufgeteilt ist. Wenn jeweils die beiden Qualitäten kombiniert, ergeben sich markante Qualitäten:

Das Ba-Gua		
viel Energie in der Vergangenheit: Sponsor, Spende, Hilfe, Gott, Engel, Segen, Vorratskammer, Versammlungsraum	viel Energie in der Gegenwart: Ruhm, Krone, Ansehen, Büro, Residenz, Kronsaal	viel Energie in der Zukunft: Ziele, Ideale, Hoffnung, Beziehungen, Schlafzimmer (Beziehungszimmer), Turm (weite Aussicht)
mittelmäßig viel Energie in der Vergangenheit: Herkunftsfamilie, Eltern, Wohnzimmer	nittelmäßig viel Energie in der Gegenwart: Zentrum, Selbstbild, derzeitiges Hauptthema, eigene Seele	nittelmäßig viel Energie in der Zukunft: eigene Familie, Kinder, Kinderzimmer
wenig Energie in der Vergangenheit: Studium, Arbeit, Unwissenheit, Neugier, Aufbruch, Herkunft, Arbeitszimmer	wenig Energie in der Gegenwart: Beruf, Fundament, Tätigkeit, Arbeitsplatz, Werkstatt	wenig Energie in der Zukunft: Ausruhen, Erschöpfung, Scheitern, WC, Sauna, Kompost

Diese Struktur läßt sich auf alle Dinge anwenden. So kann man z.B. mithilfe dieser Struktur erkennen, in welcher Verfassung ein Maler ein Bild gemalt hat.

Man findet z.B. auch auf mittelalterlichen Bildern die verschiedenen Themen an den entsprechenden Stellen:

- links unten: Ausgangspunkt,
- links Mitte: helfender Engel, Altar
- links oben: Gott (hilft, segnet)
- Mitte unten: Bibel, Kirche
- Mitte Mitte: Christus, zentrales Thema
- Mitte oben: das Ideal
- rechts unten: der Verzweifelte, der Strebende, der Betende, die Hölle
- rechts Mitte: ein Heiliger als Vorbild
- rechts oben: Himmel, Paradies

260

Da die Kornkreise in aller Regel sozusagen frei im Raum stehen und kein klares Unten und Oben haben, läßt sich das Ba-Gua nur sehr selten auf die Kornkreise anwenden.

IV 1. n) Tribal Tattoos

Wenn man sich die neuere Tradition der „Tribal Tattoos" genauer anschaut, wird man feststellen, daß viele der dabei verwendeten Formen eine große Dynamik besitzen. Die Spannung und Dynamik dieser Tätowierungen beruht wie die Ästhetik und Faszination der Kornkreise auf der Beachtung von einfachen geometrischen Formen, von Zahlen-Verhältnissen und ähnlichem. Allerdings scheint es zu diesen Tattoos keine solche Systematik wie bei den Kornkreisen zu geben – wenn man einmal von dem allgemeinen „Durchspannen der Linien" absieht.

Ein gut gelungenes Tribal-Tattoo hat jedoch oft eine ähnliche Ausstrahlung wie ein Kornkreis – sie sind lediglich deutlich dynamischer und aggressiver als Kornkreise.

IV 1. o) Kraftorte und Leylines

Es hat den Anschein, als ob die Kornkreise vermehrt an Kraftorten und auf Leylines, also auf den Verbindungslinien zwischen zwei Kraftorten, auftreten. Es ist allerdings ein wenig schwierig, dazu etwas genaueres zu sagen.

So ist z.B. das große Feld in Alton Barnes neben dem White Horse in Wiltshire der Ort, an dem vermutlich am regelmäßigsten und zudem die meisten Kornkreise auftreten. Liegt das am White Horse? Ist das ein Kraftplatz? Das ist schwer zu sagen.

Wiltshire hat insgesamt viele Orte, die man als Kraftplätze ansehen könnte wie White Horse, Stonehenge, Woodhenge, Silbury Hill, Avebury, Hügelgräber usw. Man kann also zumindestens sagen, daß der Ort, an dem der weitaus größte Teil aller Kornkreise auftritt, voll mit prähistorisch bedeutsamen Plätzen ist.

Ob diese Plätze Kraftorte sind und ob zwischen diesen Plätzen und den Kornkreisen ein direkter Zusammenhang besteht, läßt sich nur schwer feststellen.

IV 1. p) Zusammenfassung

Insgesamt ergibt sich das Bild, daß es eine schlichte Formensprache gibt, die sich aus Größenverhältnissen, Entwicklungsdynamiken, Form-Entstehungen u.ä. ergibt. Sie prägt nicht nur die Kornkreise, sondern auch die Musik und Teile der Geometrie. Auch die Zahlen an sich haben in den verschiedensten Bereichen dieselben Qualitäten.

Die Kornkreise sind ein geometrischer Ausdruck dieser grundlegenden Qualitäten und Zusammenhänge. Daher kann man die Kornkreise als eine „Musik der Geometrie" auffassen.

IV 2. Lebenskraft und Kornkreise

Die bisherigen Betrachtungen der Kornkreise zeigen, daß sie grundlegende Formen und Strukturen abbilden. Sie entsprechen daher dem Chakren-System, dem Tierkreis, dem kabbalistischen Lebensbaum, dem Harmonie-System in der Musik, dem Feng-Shui, dem Ba-Gua und ähnlichen Systemen, die ebenfalls grundlegende Zusammenhänge darstellen.

Wenn man diese Systeme betrachtet, fällt auf, daß sie alle keine physikalischen Vorgänge beschreiben, sondern eher so etwas wie grundlegende Ordnungen, die ihrerseits dann die physikalischen Vorgänge prägen. Sie sind sozusagen so etwas wie die Regeln, nach denen die Naturgesetze konstruiert sind – sozusagen die Regeln hinter den Regeln.

Des weiteren fällt auf, daß alle diese Systeme sowohl symmetrisch als auch schlicht sind.

Schließlich ist es auch noch bemerkenswert, daß die Strukturen, die sich an diese Regeln halten, schön aussehen und eine Faszination auf fast alle Betrachter ausüben. Offenbar erinnern solche Strukturen die Menschen an etwas, was sie in sich tragen und wiedererkennen.

Man kann sich daher fragen, was das im Menschen ist, was da wiedererkannt wird und was da eine solch große Wirkung hat.

Wenn man sich das Chakren-System anschaut, wird deutlich, daß es zwischen dem Bewußtsein und der Materie steht – es ist eine Struktur an der Grenze zwischen beidem. Die „Substanz" dieser Grenze wird oft als „Lebenskraft" bezeichnet.

Auch bei den anderen Systemen, die eben aufgezählt worden sind, kann man sagen, daß sie keine physikalischen Zusammenhänge (außer vielleicht die Musik) darstellen und auch keine reinen Bewußtseinsvorgänge, sondern eben am ehesten so etwas wie Strukturen am Übergang von Bewußtsein zu Materie, d.h. „Lebenskraft-Strukturen".

Die Lebenskraft hat anscheinend ihre eigenen Regeln, die den Prinzipien der Musik und den grundlegenden Gesetzen der Physik ähnlich sind. Die Lebenskraft-Regeln sind einfache Symmetrie-Prinzipien, Form-Qualitäten, Entwicklungs-Dynamiken, Erhaltungssätze und ähnliches. Man könnte sagen, daß man beim Betrachten dieser Strukturen Gott bei der Konstruktion dieser Welt zusehen kann – man sieht nicht das einzelne Naturgesetz, sondern die Harmonie, die den Naturgesetzen zugrunde liegt.

Wenn die Kornkreise offenbar diese Harmonie-Erhaltung, diese Symmetrie-Prinzipien, Form-Qualitäten und Entwicklungs-Dynamiken eine Gestalt geben, fragt man sich, wie das überhaupt zustande kommen kann.

Erschafft das kollektive Unterbewußtsein die Kornkreise durch kollektive Telekinese? Dann kennt das kollektive Unterbewußtsein der Menschen offenbar diese

Lebenskraft-Strukturen.

Die Telepathie und die Telekinese sind das Auge und die Hand sowohl des persönlichen Unterbewußtseins als auch des kollektiven Unterbewußtseins – und sowohl das Unterbewußtsein als auch die Telepathie und die Telekinese in ihm gehören zu der Lebenskraft. Das bedeutet, daß Telepathie und Telekinese in dem Bereich stattfinden, in dem auch die Strukturen beheimatet sind, die u.a. in den Kornkreisen Gestalt annehmen können.

Nun fragt es sich, ob wirklich alle Kornkreise, die diese Strukturen ausdrücken, wirklich durch kollektive Telekinese entstanden sind. Diese Frage ist nicht so wichtig, wie sie zunächst einmal erscheinen mag, denn wenn ein einzelner Mensch oder eine Gruppe von Menschen in der Lage ist, Kornkreise herzustellen, die diesen Strukturen Ausdruck geben, dann müssen diese Menschen einen Zugang zu ihrem Unterbewußtsein oder zu dem kollektiven Unterbewußtsein gehabt haben – sie waren also inspiriert, d.h. sie haben etwas innerlich wahrgenommen und das dann dargestellt.

Es ist natürlich interessant zu wissen, daß es beide Entstehungsmöglichkeiten gibt – bei einigen Kornkreisen weiß man, daß sie des nachts innerhalb von einer Stunde entstanden sind (was nicht von Menschen geschafft werden kann), während man von anderen weiß, daß sie von Menschen gemacht worden sind. Da jedoch nur von einem winzigen Teil der 10.000 Kornkreise eindeutig bekannt ist, wie sie entstanden sind, läßt sich leider nicht die Qualität der telekinetisch entstandenen Kornkreisen mit der Qualität der handwerklich entstandenen Kornkreise vergleichen – man weiß eben in der Regel nicht, wie ein Kornkreis entstanden ist.

Letztlich reicht es jedoch zu wissen, daß es zwei mögliche Entstehungs-Wege für Kornkreise gibt – wenn man einmal die Werbungs-Kornkreise u.ä. fortläßt:

1. Kollektive Telekinese:
      a) Strukturen der Lebenskraft
  => b) Auswahl eines Motivs
  => c) kollektive Telekinese
  => d) Kornkreis

2. Menschen-Werk:
      a) Strukturen der Lebenskraft
  => b) Inspiration eines Menschen
  => c) handwerkliche Gestaltung
  => d) Kornkreis

Die Kornkreise haben dann eine Ausstrahlung, wenn sie ein Ausdruck der Strukturen und Dynamiken der Lebenskraft sind. Dann sind sie die „Musik der Geometrie".

Die Kornkreise können also wie die Astrologie, der kabbalistische Lebensbaum, das Ba-Gua usw. die grundlegenden Regeln anschaulich werden lassen, nach der unsere Welt konstruiert ist.

Sie zeigen die Strukturen in der Lebenskraft und ermöglichen somit eine leichtere Orientierung in der Welt.

Sie ermöglichen es, den Übergang und den Zusammenhang zwischen Bewußtsein und Materie besser zu verstehen.

Sie zeigen einen Weg, die Regeln zu verstehen, nach denen die Strukturen der Welt aufgebaut sind und nach denen die Dynamiken in der Welt ablaufen. Das macht es einfacher, sich in der Welt sinnvoll und effektiv zu verhalten.

Sie sind sowohl eine Hilfe auf dem Weg von außen nach innen, also bei der Selbsterkenntnis, als auch bei dem Weg von innen nach außen, also bei Selbstverwirklichung. Wenn man diese Strukturen und Dynamiken kennt, wird sowohl die Meditation auf dem Weg von außen nach innen als auch die Magie auf dem Weg von innen nach außen einfacher und wirksamer.

Es lohnt sich offensichtlich, diese „Sprache der Lebenskraft" zu erlernen und sie bei allem Betrachten und bei allem Handeln im Bewußtsein zu behalten.

Diese Strukturen und Dynamiken der Lebenskraft sind in den magisch-mythologisch geprägten Kulturen das zentrale Element. Sie werden in ihnen „Richtigkeit", „Schönheit" u.ä. genannt. Diese Qualität wird in diesen Kulturen als der richtige Zustand angesehen, aus dem heraus die Erkenntnis, die Kraft, die Liebe und das Gedeihen entstehen.

Diese Qualität wird auch als die Geborgenheit bei der Muttergöttin aufgefaßt. Sie wird durch die Rundheit des Rades oder durch das richtige Gestimmtheit einer Harfe symbolisiert. Der persönliche Anteil an dieser Richtigkeit ist die eigene Seele.

Wenn man im Einklang mit dieser Richtigkeit handelt, ist man erfolgreich, wenn man im Widerspruch zu dieser Richtigkeit handelt, erntet man Mißerfolge. Dabei geht es zwar auch um die allgemeine Richtigkeit, also um die Urbilder im kollektiven Unterbewußtsein, aber in erster Linie doch um die persönliche Richtigkeit, also um die Bilder in dem persönlichen Unterbewußtsein. Die allgemeine Richtigkeit zeigt sich in jedem einzelnen Menschen durch das Geburts-Horoskop dieses Menschen – für jeden Menschen stehen andere Aspekte der allgemeinen Richtigkeit im Vordergrund.

Das Prinzip der Richtigkeit findet sich in fast allen alten Sprachen:

Germanen:	*sidr*	(„althergebrachte Weise")
Kelten:	*fhirinne*	(„Wahrheit")
Römer:	*ritus*	(„Rad")
Slawen:	*prawda*	(„Wahrheit")
Hethiter:	*aya*	(„Rad")
Inder (alt):	*rita*	(„Rad")
Inder (neu):	*dharma*	(„Versmaß")
Perser:	*asha*	(„Rad")
Griechen:	*dikaios*	(„Gerechtigkeit")
Ägypter:	*ma'at*	(„Mutter")
Sumerer:	*me*	(„Mutter")
Tibeter:	*tashi*	(„glückliches Schicksal")
Chinesen:	*tao*	(„Weg")
Navahos:	*ho'zhong*	(„Schönheit")
usw.		

Die „Regeln der Lebenskraft" sind die „Wurzeln der Wahrheit".

Sie sind die Richtigkeit, auf die sich das Verhalten auf die bewährte, althergebrachte Weise bezieht und die die Gerechtigkeit erschafft.

Sie ist das rechte Maß und auch das Versmaß, das die Schönheit entstehen läßt. Sie ist vollkommen rund und ausgewogen wie ein Rad.

Sie ist das Geschenk der Muttergöttin, die hilft, den eigenen Weg zu gehen und ein glückliches Schicksal zu finden.

Dies sind die Qualitäten, die den Kornkreisen ihre Faszination verleiht.

IV 3. Traumreisen zu den Kornkreisen

Bisher sind in diesem Buch nur betrachtende, analysierende, vergleichende und schlußfolgernde Methoden benutzt worden. Man steht in der Welt, betrachtet ihre Phänomene und fragt sich, wie das wohl alles zustande gekommen ist …

Man kann jedoch auch auf die Ebene gehen, in der diese Phänomene entstehen, d.h. ins eigene Unterbewußtsein, in das kollektive Unterbewußtsein, in die Lebenskraft – was letztlich alles derselbe Beireich ist: der Übergang zwischen Bewußtsein und Materie. Diesen Bereich kann man durch Traumreisen direkt wahrnehmen.

Eine Traumreise ist nichts Exotisches: Man koordiniert lediglich das Wachbewußtsein mit dem Traumbewußtsein. Das ist etwas, was man recht schnell erlernen kann, wenn man es einmal zusammen mit jemandem, der das bereits kann, macht.

Dieser Bewußtseinszustand tritt auch spontan auf: zum einen morgens beim Aufwachen aus einem Traum, wenn der Traum noch fünf Sekunden in seiner Eigendynamik weiterläuft, obwohl man schon wach ist, und zum anderen bei einem Tagtraum, bei dem man z.B. noch einmal eine Urlaubsszene ausgesprochen realistisch nacherlebt.

Solche Traumreisen kann man auch dazu benutzen, um die Kornkreise zu erforschen. Man kann sich dazu vorstellen, durch einen Kornkreis wie durch eine Tür hindurch zu gehen, und dann zu schauen, was man auf der anderen Seite der Tür erlebt. Man kann sich in seiner Vorstellung auch in einen Kornkreis setzen, in dem man einmal gewesen ist, und dann schauen, was geschieht. Man kann einen Kornkreis auch einfach innerlich ansprechen und ihm Fragen stellen. Der Kreativität sind hier keine Grenzen gesetzt.

Das Gute an solchen Traumreisen ist, daß man nie weiß, was kommen wird, und daß man immer Dinge findet, die man nicht erwartet hat. Auf diese Weise kann das Bild, das man von der Sache hat, zu der man eine Traumreisen unternimmt, vollständiger werden.

Ein großer Vorteil der Traumreisen ist es, daß die Telepathie sozusagen das Sinnesorgan des Unterbewußtseins ist und man daher auf einer Traumreise viel einfacher als im normalen Wachzustand telepathisch wahrnehmen kann. Daher kann man mithilfe von Traumreisen auch Dinge über Kornkreise heruasfinden, die man nur mithilfe seines Verstandes nur sehr mühsam (wenn überhaupt) entdecken würde.

Eine Traumreise zu unternehmen heißt natürlich nicht, seinen Verstand aufzugeben. Während der Traumreise selber sollte man einfach aufmerksam schauen, was man wahrnimmt und erst einmal nichts bewerten oder ablehnen. Anschließend kann man dann betrachten, was man erlebt hat und was das wohl bedeutet und welchen Nutzen das für einen selber hat.

Eine Traumreise ist ein Experiment: Man plant sie, man führt sie durch und beobachtet aufmerksam, man analysiert anschließend die Beobachtungen, man schaut, welchen Nutzen die Ergebnisse haben, und man plant evtl. aufgrund der Ergebnisse ein weiteres Experiment.

Bei Traumreisen ist die Haltung eins Forschers am sinnvollsten …

1. Traumreise

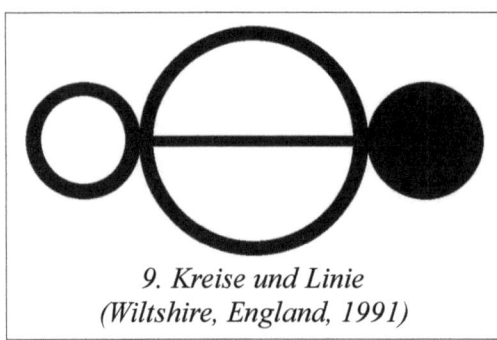

9. Kreise und Linie
(Wiltshire, England, 1991)

Für diese Traumreise benutze ich den links abgebildeten Kornkreis, in dem ich das erste mal die Polaritäts-Spannung erlebt und verstanden habe. Ich werde in meiner Vorstellung zu diesem Kornkreis gehen und mich mit ihm unterhalten.

„Hallo Kornkreis. Durch Dich habe ich vor mittlerweile 29 Jahren das erste mal die innere Spannung und Dynamik eines Kornkreises gesehen. Magst Du mir etwas über Dich erzählen oder mir sonst etwas sagen, was für mich oder die Leser dieses Buches nützlich sein könnte?“

„Was willst Du denn wissen?“

„Ich möchte wissen, was Kornkreise sind.“

„Muster im Getreide.“

„Hm – sollte ich mit Dir möglichst präzise sprechen?“

„Das wäre mir lieb.“

„Also: Wie entstehen Kornkreise?“

„Indem die Halme niedergedrückt werden.“

„Was drückt die Halme nieder?“

„Die Kraft.“

„Welche Kraft? Oder wessen Kraft?“

„Die Kraft der Menschen.“

„Physische Kraft oder telekinetische Kraft?“

„Beides.“

„Mal dieses und mal jenes?“

„Ja.“

„Was war es bei Dir?“

„Die telekinetische Kraft einiger Menschen in der Nähe dieses Ortes.“

„Haben die das bewußt gemacht?“

„Nein, unbewußt.“

„Habe ich die Bedeutung des Kornkreises richtig erkannt?"

„Ja."

„Habe ich sie auch vollständig erkannt?"

„Nein."

„Was habe ich nicht erkannt?"

„Die Harmonie und das Leben im Fluß."

„Hm ... die Harmonie liegt in dem Kornkreis als Ganzes und der Lebensfluß in der Spannung zwischen den Außenkreise sowie in dem Fließen, Rotieren und Pulsieren in dem Zentralkreis?"

„Ja."

„Und das habe ich noch nicht ganz erfaßt?"

„So ist es."

„Warum?"

„Du fürchtest noch immer den Lebensfluß."

„Hm, ja ... das mag sein. ... Sag, Kornkreis, ich habe schon Traumreise zu meiner Seele, zu Gottheiten, zu Krafttiere, zu Heilpflanzen und vielem mehr gemacht, aber ich hatte noch nie eine Traumreise, auf der ich sozusagen mathematisch genau fragen mußte und auch mathematisch genaue Antworten erhalte. Warum ist das so?"

„Du fragst eine geometrische Form. Mein Wesen ist Präzision. Meine Antworten sind genau. Meine Antworten sind formal. Meine Antworten sind Symmetrie. Wenn Du Traumreisen zu Heilsteinen machen wirst, wirst Du etwas Ähnliches finden."

„Ja, das finde ich plausibel – Tiere haben eine Dynamik, Pflanzen eine Haltung und Mineralien eine Struktur. ... Heißt das, daß Kornkreise zwar im Getreide auftreten, aber von ihrem Wesen her eigentlich mineralisch sind?"

„Geometrisch – ja, und dem Mineralischen nah verwandt. Beides ist Struktur-bezogen."

„Warum entstehen eigentlich Kornkreise? Ich meine, was ist der Impuls, der dazu führt, das die kollektive Telekinese des kollektiven Unterbewußtseins der Menschen eine solch komplexe Telekinese in Gang setzt?"

„Sehnsucht."

„Ehm – die kollektive Sehnsucht danach, sich wieder dieser grundlegenden Strukturen und Dynamiken bewußt zu werden?"

„Die Wahrnehmung des Zustandes der Nicht-Richtigkeit erzeugt die Sehnsucht nach dem Zustand der Richtigkeit."

„Die Wahrnehmung des Zustandes der Nicht-Richtigkeit ... ja, das ist als Ursache plausibel ... die Hopis nennen einen solchen Zustand 'Koyaanisqatsi' – ein Zustand, der geändert werden muß' ... die Ägypter hatten eine Göttin der Richtigkeit – sie hieß 'Ma'at' ... und sie hatten eine Göttin der Nicht-Richtigkeit – sie hieß 'Isfet' ...

Du meinst also, daß die Menschen so ungefähr ab 1975 vermehrt eine Sehnsucht nach der Richtigkeit in einer Welt der Nicht-Richtigkeit gehabt haben? Das paßt ja *durchaus zu den anderen Strömungen aus dieser Zeit: Spät-Hippies, Umweltschutz, erste Globalisierungs-Ansätze, die 'Grenzen des Wachstums', religiös-spirituelle Offenheit, Abrüstungs-Demonstrationen usw. Und diese kollektive Sehnsucht hat sich dann durch kollektive Telekinese materialisiert?"*

"Ja."

"Das ist schlüssig. Das erklärt auch, warum das zu dieser Zeit geschehen ist. Zu dieser Zeit sind die ersten Menschen, die das Pluto/Neptun-Sextil in ihrem Horoskop haben, ungefähr 30 Jahre alt geworden. Dieser Aspekt begann um ca. 1945 und hält bis heute an. Damals stand der Pluto im Löwen und der Neptun in der Waage, d.h. diese Menschen suchten nach der Harmonie der Individuen – sowohl in dem Einzelnen als auch in der Gemeinschaft. Diese Harmonie in individuellen und kollektiven Selbstausdruck ist den Menschen mit diesem Aspekt das Wichtigste. Da paßt die Sehnsucht nach einem Bild für diese Harmonie gut dazu – und die Kornkreise sind das Bild für diese Sehnsucht nach einer harmonischen Richtigkeit?"

"Ja."

"Hm – das finde ich sehr einleuchtend. Bisher hat ja in meinen Betrachtungen der Grund dafür gefehlt, warum die Kornkreise ausgerechnet ab ca. 1975 vermehrt aufgetreten sind.

Die ersten Menschen mit dem Pluto/Neptun-Sextil in ihrem Horoskop sind um 1975 ca. 30 Jahre alt gewesen, d.h. sie hatten ihre Saturn-Phase gerade hinter sich, die ja ungefähr im Alter von 28-29 Jahren stattfindet. In diesem Alter steht bei jedem Menschen der Saturn wieder an der Stelle, an der er auch im Geburts-Horoskop steht. Das bedeutet, daß die Menschen im Alter von 28-29 Jahren mit dem konfrontiert werden, was sie bisher geworden sind und was sie bisher aus ihrem Leben gemacht haben – das kann dann schon eine Krise sein. Man kann das sehr anschaulich bei Fußballern beobachten, die fast alle in diesem Alter eine Krise haben, nur auf der Reservebank sitzen müssen, keine Tore mehr schießen – Fußballer sind in dem passenden Alter für diese Beobachtungen und ihre Leistungen werden öffentlich dargestellt.

Das heißt also, daß die ersten Menschen mit diesem Pluto/Neptun-Sextil um 1975 ihre Saturn-Phase hinter sich hatten und dabei gemerkt haben, was sie alles unerträglich finden. Wie nach der Saturn-Phase üblich, entstand dann eine Neu-Orientierung und eine Sehnsucht nach dem richtigen Zustand. Und das hat sich dann in der kollektiven Kornkreis-Telekinese gezeigt ..."

"Pluto ist die große Kraft und Neptun ist die Grenzauflösung ... das ergibt zusammen die große Kraft im kollektiven Unterbwußtsein. Diese Kraft, diese Sehnsucht nach dem richtigen Zustand hat sich dann u.a. als die Kornkreise materialisiert."

"So ist das alles sehr viel schlüssiger als es bisher ausgesehen hat ... ich bin überrascht, wie schlüssig die Astrologie hier dazu paßt ... naja, eigentlich tut sie das ja immer, aber man sieht es nicht immer – und wenn man's dann entdeckt, wundert

man sich, daß man nicht schon früher drauf gekommen ist ... ... gibt es da noch mehr, was Du mir erzählen könntest, Kornkreis?"

"Ich habe nur so viele Antworten wie Du Fragen hast."

"Ja ... das liegt wohl im Wesen geometrischer Formen und mathematischer Strukturen ..."

"Ja."

"Danke, Kornkreis! Das war wirklich sehr hilfreich!"

"Bitte."

"Ho!"

Mir ist noch aufgefallen, daß 1975 alle Menschen die 30 Jahre alt oder jünger waren, das Pluto/Neptun-Sextil in ihrem Horoskop gehabt haben. Das müssen damals bereits ungefähr 40% der Menschheit gewesen sein. Die Sehnsucht nach Richtigkeit der ältesten von ihnen, die gerade ihre Saturn-Phase hinter sich gehabt haben, hat also bei 40% der Menschen eine Resonanz gefunden. Diese 40% der Menschen scheinen so etwas wie eine „kritische Masse" gewesen zu sein, die notwendig war, um die Entstehung der Kornkreise in Gang zu setzen.

2. Traumreise

19. Bogen-Dreiecke
(Wiltshire, England, 1996)

Ich benutze das Bild dieses Kornkreises als Tür und gehe durch diese Tür hindurch.

Ich sehe Feuer und Wasser – rote, wabernde und eher senkrechte Flächen von Flammen und blaue, waagerechte Flächen von Wasser. Das ganze ist keine Landschaft o.ä., sondern eher so etwas wie ein 'Qualitäten-Bild' – aber es ist sehr schön und ansprechend ...

Ich begrüße Feuer und Wasser mit einem „Hallo." Da ist noch etwas – ein gelbes Licht im Zentrum hinter dem Wasser und dem Feuer ... so etwas wie eine goldgelbe Sonne ... strahlend ... das Bild gefällt mir immer besser ... das ist – ja, fast hätte ich 'saftig' gesagt ... es ist gehaltvoll, lebendig ... hm, ich finde nicht das rechte Wort ... es ist auch wesentlich ... es ist noch mehr ... es ist wie das Leben selber ... mitten im Leben sein ... das ist vollkommener, reiner Genuß – das ist wirklich genial! Das sind satte Farben, ein erfüllendes Leuchten – oh Mann!

In dem Ganzen liegt auch ein Lächeln – das ist ein bißchen wie dieses Buddha-Lächeln oder wie das Lächeln der meisten altägyptischen Statuen, aber es ist fröhlicher, lebendiger, tanzender, freudiger ... das ist einfach genial! Was ist das für ein Ort hier?! Leben ...

Das Feuer und das Wasser sind vollkommen gegensätzlich, aber sie sind zugleich Freunde und tanzen miteinander und durch ihren Tanz leuchtet diese strahlende gelbe Sonne ...

Die beiden Kreise des Kornkreises sind das Feuer und das Wasser, die beiden Sicheln sind ihr gemeinsamer Tanz, der große Kreis ist die Sonne ... die beiden Knospen sind so etwas wie die Sicherheit, die das Feuer und das Wasser in ihrem Tanz haben ... sie sind auch die Freude, die durch diesen Tanz entsteht ... die beiden Knospen sind die beiden Spitzen einer Mandel und somit die Schnittmenge zwischen dem Feuer-Kreis und dem Wasser-Kreis – da paßt es ja gut, daß sie die Freude des gemeinsamen Tanzes ist ...

„Könnt ihr auch in mir fließen?"

Das geht ganz langsam ... es ist wie ein Tasten durch meinen Körper ... ein allmähliches Zurechtschieben von Dingen und Energien ... aber dann beginnt dieses breite 'Honigkuchenpferd-Grinsen' ... das tut gut!

Die Sonne ist jetzt in meinem Herzchakra und ich vermute, daß sie auch in meiner Sushumna ist, Feuer und Wasser sind links und rechts, wobei sie miteinander tanzen und vermischt sind – also nicht Wasser links und Feuer rechts oder so ... es ist eine gemeinsame Bewegung – ein gemeinsames Wabern und Fließen ... Das fühlt sich gut an! So ist es richtig! Da hören ganz viele Sorgen und Ängste einfach auf ... Erstaunlich!

Ich weiß nicht, ob dieser Zustand ab jetzt dauerhaft in mir ist, aber ihn jetzt so zu fühlen, tut einfach nur gut!

„Danke!"

Es kommt ein Lächeln als Antwort ...

„Ho!"

3. Traumreise

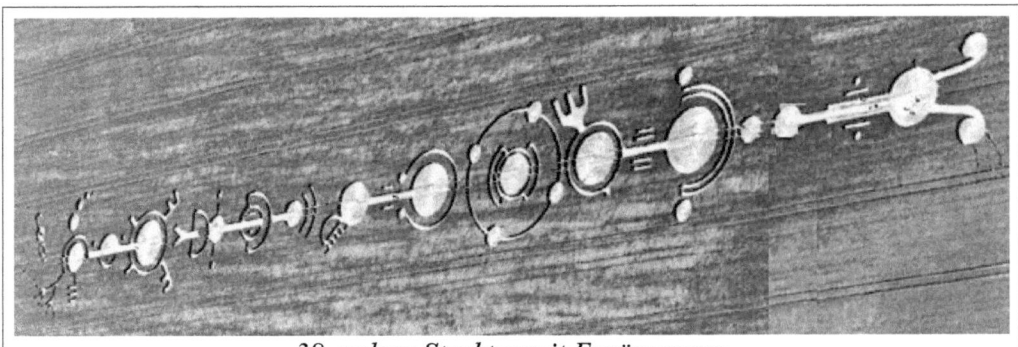

38. polare Struktur mit Ergänzungen
(Wiltshire, England, 1999)

Wie soll man bei so einem Kornkreis am besten vorgehen? Mir scheint Fragen am sinnvollsten zu sein …

„Hallo Kornkreis – kannst Du mir etwas zu Dir erzählen? Oder mir etwas zu Dir zeigen? Ich bin mir nicht so sicher, ob ich Dich richtig verstanden habe."
„Hast Du auch nicht."
„Hm – gar nicht oder Irrtümer im Detail?"
„Irrtümer im Detail."
„Kannst Du mir Deine grundlegende Bedeutung sagen? Sozusagen Dein Kern-Prinzip?"
„Evolution."
„Hm … ah ja … kannst Du das ein bißchen detaillierter formulieren?"
„Das Grundprinzip entfaltet sich, vermehrt sich, wächst, wird größer und effektiver."
„Ja … das klingt nach Leben und nach Evolution … Mir ist nur nicht so ganz klar, was bei einem Kornkreis eigentlich eine Evolution durchmachen kann."
„Die Form."
„Hm, ja … das ist ja das, was einen Kornkreis zunächst mal ausmacht. Aber wohin entwickelt sich denn ein Kornkreis?"
„Vielfalt."
„Hm – auf fraktale Weise? Oder einfach komplexer? Oder größer?"
„Vielfältiger."
„Also, die mathematisch-geometrische Art zu sprechen ist ja ein bißchen mühsam."
„Formuliere präzise."

„Also gut – ich versuch's mal. Ich wüßte gerne, was Du als Ganzes ausdrückst."

„Freude."

„Hm ... also ... mir fällt das nicht ganz leicht, das als Essenz dieses Kornkreises zu sehen – es paßt schon irgendwie zu der Größe und zu dem Spielerischen, das dieser Kornkreis ja auch hat ..."

„Warum sprichst Du von mir in der dritten Person?"

„Oh, sorry – das liegt daran, daß es für mich ein wenig ungewohnt ist, mich mit einem Kornkreis zu unterhalten. Also Freude ..."

„Ja."

„Gilt das nur für Dich oder für alle Kornkreise?"

„Für alle Kornkreise."

„Nur Freude?"

„Nein, es kann noch etwas anderes dazugemischt sein."

„Was ist denn bei Dir dazugemischt worden?"

„Komplexität und Verspieltheit."

„Ja, das ist zu sehen. ... Kann man sagen, daß das kollektive Unterbewußtsein mit Formen der Freude spielt?"

„Wenn ihr Sehnsucht nach der Richtigkeit habt – ja."

„Hm – Freude zeigen als Antwort auf die Suche nach der Richtigkeit ist einleuchtend, auch wenn ich da selber nicht drauf gekommen wäre. ... Und warum so komplex?"

„Das löst Staunen aus."

„Ja, das tut es ... und was bewirkt das Staunen?"

„Wach werden, innehalten."

„Und das hilft vermutlich, wieder die Richtigkeit zu erkennen."

„Es öffnet die Augen."

„O.k. – das ist präziser."

„Danke."

„Oh – bitte! ... Gibt es so etwas wie eine Gesamt-Geste in Deinen Formen?"

„Spiel."

„Hm ... wie funktioniert denn Dein Spiel?"

„Das ist jetzt endlich mal eine gute Frage! Tanzen, in sich ruhen, sich ausdrücken, Neues erproben, lachen, sich freuen, schmunzeln ... das ist das Spiel."

„Das ist das Spiel?"

„Das ist das Spiel."

„Also kein Spiel mit Regeln?"

„Nein – Ausdruck der Freude."

„Hm ... Du klingst wie so ein weiser, lachender, chinesischer Buddha ..."

„Hast Du mal mit einem gesprochen?"

„Äh, nein ... hey! Du hast ja Humor!"

„Das ist das Spiel. "

„Also, Du bringst mich zu Aussagen und Zusammenhängen, mit denen ich so gar nicht gerechnet habe. ... Aber ich suche nebenher noch immer nach der Gesamt-Aussage Deiner Formen-Vielfalt ... "

„Freude. "

„Du erschaffst aus Freude heraus all diese Formen? "

„Ihr erschafft diese Formen – euer kollektives Unterbewußtsein. "

„Hm ... ja ... das will sich also freuen? "

„Das freut sich immer – da gibt es kein 'sich freuen wollen'. "

„Sag mal – ist das das, was ich bei der zweiten Kornkreis-Traumreise gefunden habe? Diese Freude, diese Ergriffenheit, dieses Honigkuchenpferd-Grinsen? "

„Ja – das ist das, was das Wesen der Kornkreise ist. "

„Ich glaube, so allmählich fange ich an zu verstehen. Die Freude ist die Frucht am Baum der Richtigkeit ... "

„Ja. "

„Das haben doch schon die alten Ägypter gesagt: Es gibt die Richtigkeit: 'Ma'at. Der eigene Anteil an ihr ist die Seele: Ba. Dieser Anteil ist mit einer Gottheit verwandt: 'Netjer em ib·i' – die Gottheit im eigenen Herzen. Wenn man ihr treu ist, entsteht der Seelenfrieden: 'Hotep'. Und daraus entsteht die Freude: 'Reshut'. "

„Mach's nicht so kompliziert. "

„Meinst Du, das sei zu kompliziert? "

„Ja. "

„Und dies sumerische Sprichwort 'Ohne das eigene Me (Richtigkeit, Seele) gelingt einem nichts – mit dem eigenen Me gelingt einem alles.' – ist das auch zu kompliziert? "

„Erzähle nicht immer alles, was Du weißt. "

„Ähm ... hm ... na gut – wenn Du meinst ... Was ist denn Deiner Meinung nach wesentlich? "

„Freude. "

„Hm ... ja gut ... dann bleibe ich mal dabei ... "

„Es ist gut, daß Du wieder angefangen hast zu tanzen. "

„Du weißt auch alles, oder? "

„Ich bin ein Ausdruck des kollektiven Unterbewußtsein, in dem alles ist – und außerdem weiß ich alles, was Du weißt, da ich durch Dich spreche. "

„Hm, ja, gut ... ... war's das dann erst mal? "

„Wenn Du keine Fragen mehr hast, habe ich auch keine Antworten mehr. "

„Das habe ich doch schon mal gehört ... Danke, Kornkreis! "

„Bitte. "

„Ho! "

4. Traumreise

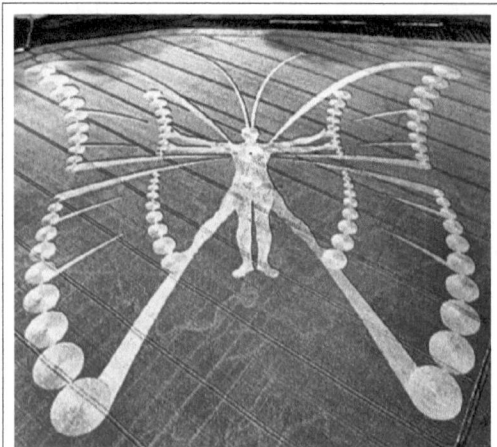

47. Schmetterlings-Mensch
(Niederlande, 2009)

Dieser Schmetterlingsmensch-Kornkreis lädt dazu ein, sich mit ihm zu unterhalten …

„Hallo, Schmetterlingsmensch – ist es Dir recht, wenn ich Dich so anspreche?"
„Das ist das Bild, das ihr seht."
„Wie meinst Du das? Siehst Du in Dir etwas anderes?"
„Gibt es Schmetterlingsmenschen?"
„Also 'in echt' nicht – nur in Mythen."
„Und sind diese Mythen in Holland gut bekannt – da wo ich gewesen bin?"
„Wahrscheinlich nicht – eher in Mittelamerika."
„Was schließt Du daraus?"
„Hm … das Du Menschenwerk bist?"
„Das bin ich ja sowieso – entweder als Handwerksarbeit eines konkreten Menschen oder als telekinetisches Werk eures kollektiven Unterbewußtseins."
„Ja gut – das ist dann wohl kein Unterscheidungskriterium … Was bist Du denn?"
„Das Ideal der Richtigkeit – wie Du an meinen vier 'da Vinci'-Armen sehen kannst; und das Ideal der Leichtigkeit – wie Du an meinen Flügeln sehen kannst."
„Hast Du etwas mit den Kraftfeldern zu tun, die in manchen Kornkreisen dargestellt werden und zwei Flügeln ähneln?"
„Ich habe vier Flügel."
„Also ist das nur eine Assoziation?"
„Ja."
„Kannst Du mir noch etwas zu Dir sagen?"
„Freude ist leicht. Freude ist beweglich. Freude tanzt."
„Hm – Loslassen für Fortgeschrittene?"
„Präsenz für Fortgeschrittene."
„Hm … ja … das scheint mir letztlich sehr ähnlich zu sein."
„Loslassen ist das Heilmittel – Präsenz ist der heile Zustand."
„Also ihr Kornkreise habt eine beeindruckend klare Logik."
„Wir sind ja auch symmetrisch-logisch-geometrische Formen."
„Ja … da ist eigentlich eine klare Logik zu erwarten … Sag mal – ist das die Klarheit, die man auch als Mensch finden kann, wenn man seine Lebenskraft frei fließen läßt, wenn die Kundalini erwacht ist, wenn man aus seiner Seele heraus lebt,

276

wenn man mit den Göttern verbunden ist?"
„Ja."
„Mir werden gerade bei jeder Traumreise neue Dinge klar ..."
„Schön."
„Ja ... ... Danke, Schmetterlingsmensch!"
„Bitte."
„Ho!"

5. Traumreise

52. Skarabäus
(Wiltshire, England, 2005)

Dieser Skarabäus wirkt auch wie ein Lebewesen und kaum wie eine geometrische Struktur. Daher scheint mir auch hier ein Gespräch am passendsten.

„Hallo Kornkreis – bist Du ein Skarabäus?"
„Ja – das Bild bin ich."
„Du bist das Bild eines Skarabäus?"
„Ist das nicht offensichtlich?"
„Naja ... schon – aber was lebt in diesem Bild?"
„Ich."
„Und was ist das?"
„Das Gleichnis zwischen der Sonne, die über den Himmel rollt, und dem Mistkäfer, der eine Mistkugel vor sich herrollt."
„Also das ägyptische Bild."
„Ja."
„Und die Flügel der Flügelsonne ..."
„Ja – das ist ein nah verwandtes Motiv."
„Hm – warum bist Du als Kornkreis erschienen?"
„Weil der Pluto im Löwen sich nach den Leuchten der Seele sehnt."
„Dieses Leuchten ist die Sonne? Im Herzchakra, das man ja auch Sonnenchakra nennen kann?"
„Ja – der Skarabäus war das Herzchakra-Amulett."
„Gibt es etwas, was Du mir sagen kannst, was mir über Dich noch nicht klar ist?"
„Ja."
„Was denn?"

„Du traust Dich noch nicht ein Skarabäus zu sein, eine Flügelsonne zu sein."

„Das ist jetzt aber etwas über mich gesagt und nicht über Dich."

„Wenn Du Dich nicht traust, wie ich zu leuchten, fürchtest Du etwas in Dir – und in mir."

„Ah – ich sehe: Das, was ich in Dir und in mir fürchte, ist das, was für mich am wertvollsten wäre, wenn ich es klar sehen könnte."

„Ja."

„Was ist das denn?"

„Leuchten."

„Leuchten?"

„Leuchten."

„Hm … klingt nach dem Probolem des eingeschränkten sozialen Selbstausdrucks – Halschakra-Blockade … das kenne ich schon … Und da kannst Du mir helfen?"

„Ich bin auch der hemmungslose Selbstausdruck: die aufgehende Sonne."

„Ich sollte Strahlen wie die aufgehende Sonne?"

„Ja."

„Hm – wie geht das?"

„Fang einfach an."

„Hm … … … ich ahne, wie Du das meinst … einfach tun … ja gut … Hast Du da noch einen Rat?"

„Das war der beste Rat, den es dazu gibt."

„Ja … das scheint mir auch so … ja dann … Vielen Dank, Skarabäus!"

„Bitte,"

„Ho!"

6. Traumreise

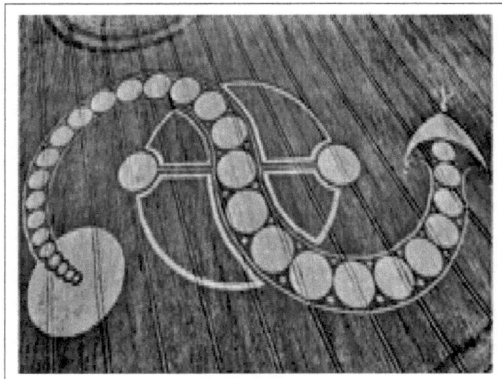

67. Schlange
(Wiltshire, England, 2011)

Das sieht wie ein Kornkreis-Motiv aus, in das ich auch mal hineingehen könnte.

Ich wechsle mit meinem Bewußtsein in die Schlange. Ich bin kraftvoll, gelenkig, habe eine hohe Körperspannung, bin sehr wach, ganz klar, bin einsgerichtet – ich tue genau das, was ich will.

Ich habe einen Ursprung, ich habe ein Zentrum, ich habe ein Ziel – der weiße Kreis, der Mittelkreis, mein Kopf.

Ich bin unbeirrbar in meinem Wesen, in bin rücksichtslos in meiner Richtigkeit, ich bin vollkommen entschieden – ich tue, was ich will. Ich bin geradlinig, direkt, präsent.

Ich bin ganz mein Körper, ich bin ganz meine Lebenskraft, ich bin ich. Das Zentrum strahlt in Wärme, das Zentrum verwandelt die Spannung der Polarität in Bewegung, ich bin im Zentrum und das Zentrum ist in mir.

Ich bin das Lebensfeuer.
Ich bin die Kundalini.
Ich bin der Caduceus.

Ich bin Apophis.
Ich bin Uräus.
Ich bin Quetzalcoatl.

Ich bin die Hörnerschlange des Marduk.
Ich bin die Hörnerschlange des Cernunnos.
Ich bin die Hörnerschlange des chinesischen Kaisers.

Ich bin das Bewußtsein in Ida.
Ich bin das Bewußtsein in Pingala.
Ich bin das Bewußtsein in Sushumna.

Ich bin das Leben.
Ich bin der Tanz.
Ich bin der Atem.

Ich bin die, die Du ersehnst.
Ich bin die, die Du fürchtest.
Ich bin die, die Du bist.

Öffne Dich!
Lebe Dich!
Sei Du selber!

Ho!

Ich weiß nicht, ob das, was ich da als Kornkreis-Schlange spontan geschrieben habe, das Gefühl vermitteln kann, das sich dabei gehabt habe … diese Kraft und diese Körperspannung und diese Richtigkeit, Direktheit, Lebensintensität, dieses Handeln …
Aber ich weiß keine anderen Worte dafür …

7. Traumreise

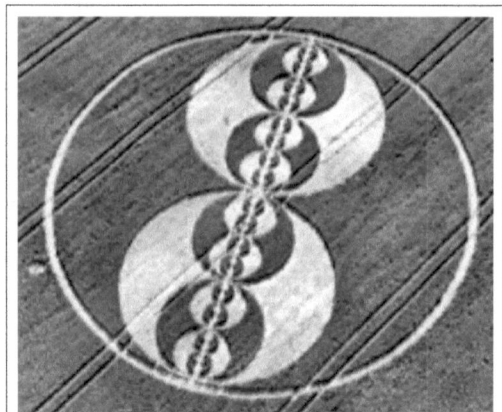

77. zweipolares Fraktal
(Wiltshire, England, 2001)

Welche Form der Traumreise ist für diesen Kornkreis am geeignetsten? Ich glaube, das Umhergehen in diesem sehr regelmäßig aufgebauten Kornkreis ist am passendsten.

Ich gehe innerlich zu diesem Kornkreis und stelle mich als erstes einmal auf den kleinen Punkt auf der linken Seite des Kreises. An diesem Punkt spüre ich etwas Festes, er hat eine verbindliche Qualität – wie ein Beobachter, Lenker, Verantwortlicher u.ä.
Ich gehe zu der dunkle Fläche in dem großen Kreis.
Beim Übertreten des Außenringes ist ein deutlicher Widerstand zu spüren – als würde man durch eine Hülle gehen, durch ein Gefäß, durch einen Schutz-Bereich ... ein bißchen kommt mir dieser Außenkreis vor die der Kessel einer alten Dampflok, in dem das Wasser erhitzt wird und der einen großen Druck aushalten muß.

Die dunkle Fläche in dem großen Kreis ist erstaunlich ruhig – kein Druck, keine Bewegung, nichts ...

Ich gehe in die helle Fläche des nächstkleineren Kreises. Hier ist mehr Wärme, mehr Spannung. Das fühlt sich an, als würde ich durch mehrere Türen in einen Hochsicherheitsbereich gehen – das war jetzt der zweite Raum, den ich durch diese Türen erreiche.

Ich gehe in die dunkle Fläche des nächstkleineren Kreises. Komisch – hier ist wieder kaum Wärme und Druck – sind die nur in den hellen Bereichen?

Ich gehe in die helle Fläche des nächstkleineren Kreises. Kaum Wärme und Druck – nur wenig mehr als in dem vorigen Bereich und deutlich weniger als in dem vorigen hellen Bereich. Liegt das daran, daß dieser Bereich nur halb so groß wie der vorige ist?

Ich gehe in die dunkle Fläche des nächstkleineren Kreises. Stille ...

Ich gehe in die helle Fläche des nächstkleineren Kreises – das sind nur noch die Halbkreis-Ausbuchtungen an der hellen Mittelachse. Ein leichtes Prickeln ...

Und die Mittelachse selber? Da ist ein sehr starker Druck und eine Bewegung – von rechts oben nach links unten. Es ist, als ob dieser Kornkreis entlang seiner Achse einen Strahl erzeugen würde – was ja gut zu der Analogie der hintereinander geschalteten Batterien, Magnete oder Elektromotore passen würde.

Welche Qualität hat der Strahl? Und was tut er? Er ist wie ein Laserstrahl – eins-gerichtet, von einheitlicher Qualität, die Wellen in ihm verlaufen synchron. Er räumt den Weg vor diesem Strahl frei. Das erinnert mich an eine Feng-Shui-Regel: „Das Chi (Lebenskraft) wird durch lange, gerade Linien zu einem harten Strahl, der das zerstört, worauf er trifft." Wenn dieser Strahl dann noch zusätzlich durch eine Reihe von Polar-Kreisen gespeist und gestärkt wird, ist er besonders intensiv.

„Hallo Kornkreis – was machst Du da?"

„Zeigen, was ihr macht."

„Maschinen? Häuser mit geraden Kanten? Rechtwinkliges Denken?"

„Die beiden ersten Punkte – gegen rechte Winkel im Denken ist nichts einzuwenden – wenn ihr gerade rechte Winkel betrachtet."

„Und diese Reihe von Polar-Kreisen?"

„Gibt dem Strahl Intensität."

„Gibt es da etwas, was ich noch nicht erkannt habe?"

„Nein – diese einfache Form hast Du begriffen."

„Hm, Danke. ... Ho!"

8. Traumreise

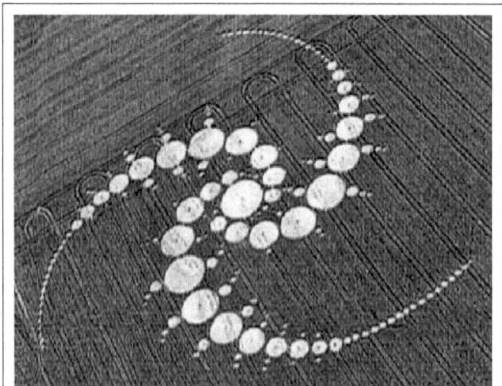

85. dreipolare Julia-Menge
(Wiltshire, England, 1996)

Was passiert, wenn man in eine Julia-Menge hineinspringt? Ausprobieren …

Ich springe innerlich durch das Bild wie durch eine Tür-Öffnung hindurch.

Oha! Ein heftiger Wirbel – ich weiß nicht, ob er nach außen drängt oder zur Mitte hin saugt … und ich bin mitten drin …

Komisch – erst habe ich Blau, Rot und Gelb gesehen, aber das ist schnell verblaßt und jetzt sehe ich nur noch Ocker und habe die Empfindung von Erde … auch die Bewegung hat aufgehört … komisch … Was ist das hier?

„*Wachstum.*"
„*Wer spricht da?*"
„*Ich.*"
„*Wer ist 'Ich'?*"
„*Der Kornkreis.*"
„*Was ist Deine Qualität?*"
„*Erde.*"
„*Die Erde ist ein Wirbel?*"
„*Nein – die Erde ist Wachstum, Gedeihen und Vergehen und Neuentstehen.*"
„*Und was hat das mit der Julia-Menge zu tun?*"
„*Sie ist ein Symbol der Erde – Wachstum, Entfaltung. Schau Dir Blätter an, Farnkraut, die Muster des Wassers im Sand …*"
„*Die Ähnlichkeit mit den Pflanzen kann ich erkennen, aber die mit den Mustern im Sand nicht.*"
„*Priele im Schlick, die von dünnen Fäden über Bäche zu kleinen Flüssen werden.*"
„*Hm, ja gut – wenn Du einfach das Wachsen der Arme der Julia-Menge meinst … o.k. … Magst Du mir noch etwas sagen?*"
„*Ich bin etwas anderes als der Wirbel, den Du in einem Polar-Kreis sehen kannst – ich bin Wachstum.*"
„*Ja, das habe ich anfangs nicht unterschieden. Danke, Kornkreis.*"
„*Da fehlt noch was.*"
„*Was?*"
„*Du brauchst selber etwas von dieser Qualität.*"

282

„Wie bekomme ich die?"

„Stelle Dich bewußt in mich und öffne Dich."

„O.k. – mach ich. ... ... Das löst die Spannungen in meinem Körper auf ... das bringt mich wieder zu meinem Herzchakra ... das gestaltet alles vom Herzchakra aus neu ... Das erinnert mich daran, daß es im tibetischen Buddhismus heißt, daß das innerste Wesen des erschaffenen Menschen ein dreifacher Knoten im Herzchakra ist – der entsteht bei der Inkarnation und löst sich beim Tod wieder auf. Hast Du was mit diesem Knoten zu tun, Kornkreis?"

„Nein – nicht direkt. Ich bin das Wachstum. Der Knoten ist etwas anderes."

„Was?"

„Frage den Knoten."

„Ja, gut – ein andermal ... Dann bist Du vermutlich auch nicht mit dem Triskelis, also mit der dreibeinigen Sonne verwandt?"

„Nein, bin ich nicht. Das ist mir beides von der Form her ähnlich, aber ich bin einfach das Wachstum."

„Ja, Danke, Kornkreis."

„Bitte."

„Ho!"

9. Traumreise

*87. Mandelbrot-Menge
(Oxfordshire, England, 1991)*

Das ist einer der berühmtesten Kornkreise überhaupt. Welche Methode? Ich glaube, mir scheint das Gespräch am passendsten zu sein.

„Hallo Kornkreis – magst Du mir etwas zu Dir sagen?"

„Ich bin nicht so wichtig, wie Du denkst – ich bin nur ein auffälliger Teil von etwas viel Größerem."

„Hm ... ja ... ich habe mir mal einen Film angeschaut, in dem das Fraktal dargestellt worden ist, von dem Du ein Teil bist. Da wurde immer wieder ein Ausschnitt des Bildes vergrößert und fast endlos ins mikroskopisch Kleine hineingezoomt ... Daß Du nur ein markanter Teil von etwas viel Größerem bist, verstehe ich. Doch was bedeutet Deine markante

283

Form? Kannst Du dazu etwas sagen?"

„Konzentration auf den nächsten Schritt."

„Hm – ist es das, was Dich für uns so faszinierend macht?"

„Ja, das können die meisten spüren, auch wenn sie es nicht in Worte fassen könnten."

„Ja, das hätte ich auch nicht gekonnt. ... Und warum bist Du erschienen?"

„Weil der nächste Schritt wichtig ist."

„Hm – ist er das nicht immer?"

„Ich bin Teil der Antwort auf eure Sehnsucht nach Richtigkeit."

„O.k. ... und warum gerade in einem Kornfeld außerhalb von Oxford? Weil dort der Mathematiker Mandelbrot lebt, der Dich entdeckt hat?"

„Das kollektive Unterbewußtsein hat Humor – und es nimmt auch gerne Assoziationen als Kristallisationspunkt für seine Handlungen auf."

„Das mit dem Kristallisationspunkt finde ich interessant ... der allgemeine Druck, eine Mandelbrot-Menge als Kornkreis zu erschaffen ist also in der Nähe von Oxford konkret geworden, weil das da durch die Assoziation zu dem Mathematiker Mandelbrot in Oxford ein winziges bißchen leichter war?"

„Ja – auch Lebenskraft ist wie Wasser: Sie fließt den einfachsten Weg."

„Hm ... ja ... das ist mal wieder sehr schlicht und schlüssig ... das scheint für euch geometrische Formen ja typisch zu sein."

„Du kennst das auch von Traumreisen zu Gottheiten."

„Ja ... ja, stimmt wohl ... das gibt es auch diese Qualität. ... ... Möchtest Du noch etwas sagen?"

„Nein."

„Danke."

„Bitte."

„Ho!"

10. Traumreise

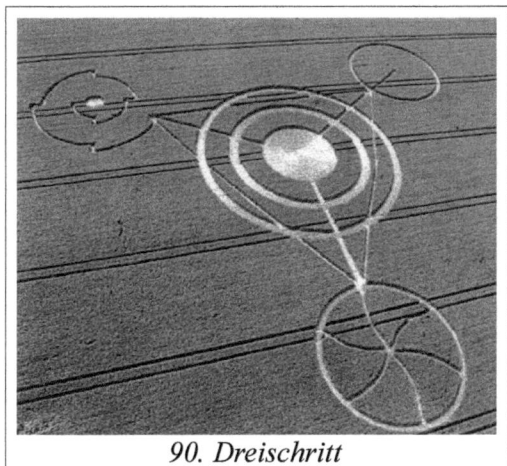

90. Dreischritt
(Wiltshire, England, 1991)

Als dieser Kornkreis entstanden ist, bin ich ganz in der Nähe gewesen. Ich habe morgens von ihm erfahren, weil ein Geschäft in Glastonbury die Titelseite einer Zeitung mit diesem Photo als große Kopie in das Schaufenster gehängt hatte. Auf der Zeitung stand über dem Photo die Überschrift: „Now explain this!" Ich bin damals erst einmal sprachlos gewesen, weil ich sofort die drei oberen Sephiroth des kabbalistischen Lebensbaumes wiedererkannt habe.

Ich bin also bei diesem Kornkreis alles andere als neutral.

„Kornkreis – habe ich Deinen Charakter richtig erkannt?"

„Ja – und viele andere, die etwas assoziiert haben, haben mich auch richtig erkannt."

„Weil das Grundprinzip, das Du ausdrückst, schon auf viele Weisen und in vielen Systemen formuliert worden ist?"

„Das ist das Wesen von Urbildern, nicht wahr?"

„Das kommt darauf an, wie man 'Urbild' definiert."

„..."

„Ja, gut ... Magst Du mir etwas zu Dir sagen, was ich noch nicht gesehen habe? Ich nehme mal an, daß es da noch das eine oder andere gibt ..."

„Nein, mag ich nicht."

„Ehm – das klingt jetzt wie eine emotionale Reaktion ... das habe ich ja bisher mit euch Kornkreisen noch nicht erlebt. Ihr klingt sonst immer eher wie Mr. Spock aus 'Enterprise'."

„Schau genau hin."

„Wohin?"

„Auf Dich."

„Äh ... könntest Du dazu noch ein paar Worte sagen?"

„Warum hast Du mich gefragt? Du glaubst doch, daß Du diese Kornkreis-Form verstanden hast!"

„Ehm ... ... ja ... ich glaube, da hast Du recht ..."

„Und warum hast Du gefragt?"

„Hm ... In der Hoffnung, daß da noch was kommt? Nein, das war es nicht. ... Ich wollte nicht überheblich klingen ... das kommt ihm näher."

„Du hast eine Frage gestellt, die Du nicht wirklich gefragt hast. Du hast geglaubt, daß Du alles weißt. Auf eine solche Frage wirst Du keine Antwort erhalten."

„Hm ... ja ... das verstehe ich. ... Da war ich nicht ganz aufmerksam und aufrichtig. ... Gibt es denn noch etwas, was gut wäre, wenn es hier an dieser Stelle in diesem Buch stehen würde? Diese Frage ist jetzt ganz aufrichtig gemeint."

„Ich weiß. Wenn ihr einen Kornkreis verstehen wollt, dann setzt euch in ihm hin, geht in ihm umher, spürt in ihn hinein. Und vertraut dann dem, was ihr erlebt."

„Ja ... das scheint mir auch die solideste Grundlage zu sein. ... Und möchtest Du noch was zu Dir sagen?"

„Stelle Dich nacheinander an die Mittelpunkte der drei äußeren Kreise und dann in den Mittelpunkt des mittleren Kreises."

„Ja, gut ...

Ich fange mit dem Kreis links oben an – mit der 'Form': ... Entspannung, Höhle, hinlegen, Mutter, die Sephirah Binah auf dem Lebensbaum, Heimat, Gemeinschaft, Mühelosigkeit, Form, Loslassen, Empfangenwerden, Geborgenheit, Entstehung der Naturgesetze ... ...

Der Kreis unten – mit der 'Ausdehnung': ... Tanz, Licht-Sturm, die Sephirah Chokmah auf dem Lebensbaum, Ausdehnung, Expansion, Licht, Ekstase, Hemmungslosigkeit, Freiheit, ungehinderter Selbstausdruck, das inflationäre Universum gleich nach dem Urknall, Lachen, Shiva ...

Der Kreis rechts oben – mit dem 'Ursprungs-Punkt': ... eins, alles, undifferenziert, Potential, die Sephirah Kether auf dem Lebensbaum, das einzige, Einheit, Gott ...

Der Kreis in der Mitte – da bin ich bei meinen Lebensbaum-Traumreisen noch nie gewesen: ... Salbei ... auf der Traumreise zum Salbei habe ich diese drei Bereiche oben auf dem Lebensbaum erlebt ... Salbei scheint damit verbunden zu sein ... Schöpfung, Gelassenheit und völlige Sicherheit im Tun ... gedeihender Garten ... die Wiese mit den Apfelbäumen weit oben über den Wolken, zu der ich als Kind in meiner Vorstellung immer hinaufgeflogen bin ... Frieden, alles ist richtig so wie es ist ...

Hm ... möchtest Du dazu etwas sagen, Kornkreis?"

„Das ist schon gut so ... und diese Struktur muß jeder für sich selber mit seinen eigenen Bildern füllen, damit sie für ihn lebendig wird."

„Urbilder werden lebendig, wenn man sie mit den eigenen Bildern verknüpfen kann?"

„Nein, Urbilder sind immer lebendig – jeder versteht eine Gottheit, wenn er sie sieht. Aber geometrische Formen müssen mit den eigenen Bildern verknüpft werden, damit sie lebendig werden können – und Kornkreise sind zunächst einmal geometrische Formen."

„Geometrische Formen, die allgemeine Zusammenhänge ausdrücken."

„Ja. "
„Ich vermute, daß wir dann am Ende angekommen sind? "
„Wenn Du keine Fragen mehr hast ... "
„Nein, gerade nicht ... Danke. "
„Bitte. "
„Ho! "

12. Traumreise

97. drei Strahlen
(Hampshire, England, 2016)

Bei diesem Kornkreis bin ich wirklich gespannt – diese drei Tabakblätter und diese 20 Schriftzeichen … und dann noch dieses Hintergrundmuster aus Bogen-Dreiecken …

„Hallo Kornkreis, ich würde Dich gerne ein paar Sachen fragen. "
„Dann frag. "
„Sind das wirklich Tabakblätter? "
„Ja. "
„Warum? "
„Weil das in Mittelamerika früher das war, was in Europa der Weihrauch ist. "
„Drückt dieser Kornkreis etwas Heiliges aus? "
„Wenn Du mit 'Heiligkeit' 'Richtigkeit' meinst, dann ja. "
„Warum drei Blätter und drei Knospenblätter, die dann weiter außen zu angedeuteten Blättern werden? "
„Die '3' ist die Zahl der Schöpfung. Und die Schöpfung ist Atem und der Tabakrauch ist das Symbol des Atems und der Lebenskraft. "
„Also ist das ein Lebenskraft-Kornkreis? "
„Alle Kornkreise sind Lebenskraft-Kornkreise – sie stellen Strukturen und Dynamiken der Lebenskraft dar. "
„Warum dann die Tabakblätter in diesem Kornkreis. "
„Um daran zu erinnern, was Tabak eigentlich ist. "
„Ein 'Anti-Raucher-Kornkreis'??? "
„Nein – ihr habt aus Sehnsucht nach Richtigkeit gefragt und erhaltet in vielen

287

Details Antworten, die die Richtigkeit zeigen.“

„Hm, ja ... das ist zwar letztlich dieselbe Aussage, aber sie klingt ganz anders. ... Was hat das mit der Schrift auf sich? Sind diese 20 Zeichen eine Schrift?“

„Lies sie.“

„Ehm ... das fällt mir ein bißchen schwer, weil ich nicht einmal weiß, ob das Buchstaben sind ... oder Wortzeichen, oder welche Sprache ... oder was auch immer ...“

„Wie beginnst Du etwas zu lesen, was Du nicht kennst?“

„Ich schaue es mir genau an.“

„Dann tu das.“

„O.k.“

... ...

„Was siehst Du?“

„Nun – 20 verschiedene Zeichen ... sie bestehen aus Bogen und Punkten, keine Geraden ... zwei Zeichen sind doch gleich und sie sind auch die beiden einzigen symmetrischen Zeichen – sie sind ziemlich genau links unten und genau gegenüber rechts oben. Die Inschrift ist also zweigeteilt: 2 Trennungs-Zeichen und dazwischen jeweils 9 Zeichen.“

„Was siehst Du noch?“

„Da sind noch mehr Regelmäßigkeiten ... hm, ich glaube, ich muß mal diese Buchstaben einzeln aufführen und nummerieren – dann läßt sich leichter darüber sprechen. ... bis gleich.“

„Bis gleich.“

Ich kopiere die Zeichen in die folgende Liste – von dem doppelten Zeichen unten links ausgehend im Uhrzeigersinn. Die Zeichen sind so gedreht, daß sich die Seite, die zum Zentrum des Kornkreises zeigt, unten ist.

Die Zeichenfolge

„Hallo Kornkreis, ich bin wieder da."

„Ich weiß – ich habe zugeschaut."

„So ganz habe ich mich immer noch nicht daran gewöhnt, daß man mit euch reden kann ... Der Stil der Buchstaben erinnert mich ein wenig an mittelalterliche Schrift.

Jetzt mit dieser Liste sehe ich noch ein paar Dinge, die mir vorher nicht aufgefallen sind. Nicht nur Zeichen 1 und 10 sind gleich, sondern auch Zeichen 6 und 16. Dadurch entstehen zwischen ihnen 4 Gruppen zu je 4 Zeichen – das sieht nicht nach Zufall aus.

Einige Zeichen haben 4 Punkte an ihrem rechten Rand. Das sind die Zeichen 6, 10, 16 und 20. Auch sie sind wieder symmetrisch angeordnet.

Die Zeichen 8 und 18 sowie die Zeichen 9 und 19 sind ebenfalls dieselben. Die Zeichen 5 und 15 könnten auch identisch sein. Bei den Zeichen 4 und 14 ist der Unterschied sehr klein.

Die Zeichen 3 und 13 sehen aus wie spiegelverkehrt zueinander – oder irritiert hier einfach nur der unterschiedliche Schatten an den Zeichen?

Die Zeichen 2 und 12 haben denselben Aufbau, aber ihre Proportionen sind unterschiedlich.

Bleiben also noch die Zeichen 7 und 17. Sie könnten auch gleich sein – beides hat die Grundform eines 'H' mit angehängten Bögen.

Es sieht also so aus, als ob hier dieselbe 'Inschrift' zweimal geschrieben worden sei.

Es ist natürlich nicht klar, wo der Anfang dieser Inschrift ist. Das Zeichen 1/11 ist das einzige symmetrische Zeichen und könnte daher der Anfang oder das Ende des 'Satzes' sein.

Die Zeichen 6/16 und 9/19 haben an ihrer rechten Seiten 4 Punkte und sind dadurch ebenfalls hervorgehoben. Diese 4 Zeichen sind zudem identisch. Sie sind die einzigen Zeichen, die sich innerhalb einer Zeile wiederholen.

Man könnte diese Zeichen mithilfe des Ba-Gua deuten. Das ergäbe ungefähr die folgenden Qualitäten:

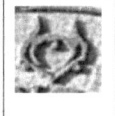

- 1/11: Von dem Zentrum aus nach unten gehen, sich inkarnieren, auf den Boden kommen, etwas erden.

- 2/12: Kraft, die von außen kommt (links oben), nach unten bringen und zur Ruhe bringen (Öffnung nach rechts unten).

- 3/13: *Aufbruch nach oben hin, Unruhe, Abzweigung von der „links-oben"/„rechts-unten"-Achse nach rechts oben hin = Streben nach einem Ziel.*

- 4/14: *Eine Bewegung nach links oben zum „Spender" hin, die dann jedoch im Bogen zur Mitte zurückkehrt; eine Wurzel nach links unten zur eigenen Arbeit; schwungvoller Absturz nach rechts unten zum Ausruhen hin; ein kleiner Ableger zum Ziel oben rechts hin; ist das insgesamt der Versuch eines Unabhängigwerdens?*

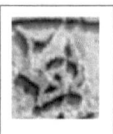

- 5/15: *Oben links, links Mitte und unten links verankert – also in allen drei Vergangenheits-Bereichen; Kreisbewegung zur Mitte hin und senkrechte Bewegung nach oben oder auch zum Ziel (rechts oben); ist das Versuch, eigenständig zu werden?*

- 6/16 und 10/20: *Durch eigene Arbeit (links unten) aufsteigen und dann Hilfe (links oben) erhalten; dann erkennen, was man in der Welt sein will (oben) und daraus eine eigene Mitte schaffen (Zentrum), in der eine Linie nach rechts unten zur Entspannung geht; dort erscheinen dann die vier Punkte, die von dem Kreis aus gesehen nach unten, nach unten rechts und nach rechts zeigen, also zum Fundament, zum ausruhen und zur Zukunft; will hier jemand sein Leben verbessern?*

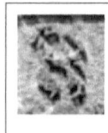

- 7/17: *Die eigene Mitte (Querstrich des „H") zwischen Vergangenheit und Zukunft (senkrechte Striche des „H") suchen?*

- 8/18: *Aufsteigen von unten und von unten rechts – also sich erheben und etwas anfangen, sich aufraffen; Hilfe von links oben holen und sich dann auf das Ziel (Kreis rechts oben) konzentrieren.*

- 9/19: *Aufstieg von unten nach oben – sowohl in der Vergangenheit (links) als auch in der Zukunft (rechts); über der eigenen Mitte (untere Querlinie) wird etwas aufgebaut (obere Querlinie) – ist das ein Streben nach Ruhm? Nach oben offen – Beifall suchen?*

Man könnte das insgesamt als die Suche nach Hilfe ansehen, um sich selber zu finden. Evtl. ist das eine Invokation, also die Anrufung einer Gottheit. Das würde auch zu den Tabakblättern passen, die ja in Ritualen verwendet wurden – der Tabakrauch symbolisierte den Atem, der den einzelnen Menschen mit den Göttern verbindet.

Mir sind inzwischen noch ein paar Dinge aufgefallen:

> *- Die 3 naturalistischen Blätter haben sechs Blattquerachsen.*
> *- In den 3 Blättern, die nur angedeutet und in Umrissenen dargestellt worden sind, befinden sich sechseckige Formen.*
> *- Die Bogen-Dreiecke im Hintergrund sind gar nicht so ohne Bezug zu dem restlichen Kornkreis, wie ich gedacht habe: Sie sind so angeordnet,daß sie von allen sechs Seiten her mit einer ihrer drei Spitzen zur Mitte zeigen.*

In diesem Kornkreis wird also die '3' und die '6' betont: 'Entfaltung' und 'Gruppe'. Ist damit die 'Entfaltung in einer Gruppe und mithilfe der Gruppe' gemeint? Das würde zu der Deutung der Schriftzeichen passen und auch zu der Symbolik des Tabaks.
Sind auch die 33 Abschnitte des äußersten Kreisrings eine Betonung der '3'? Also eine '3·11=33'? Aber was sollte dann die '11' bedeuten?

So – jetzt habe ich das Kornkreis-Mandala noch mal genauer angesehen. Was hältst Du von dem, was ich mir da so überlegt habe?"
„Nicht übel."
„Also richtig?"
„Nein."
„Hm ... kannst Du mir etwas zu der Bedeutung dieses Kornkreises sagen?"
„Invokation."
„Der Teil meiner Deutung stimmt also?"
„Das ergibt sich schon aus der Tabak-Symbolik."
„Bei so einem komplexen Kornkreis kannst Du doch vermutlich noch mehr sagen, oder?"
„Visionssuche."
„Also die eigene Mitte erkennen? Das entspräche ja auch der Symbolik der '3' und der '6'."
„Ja."
„Und die Schrift? Ist das eine Schrift?"
„Die Zeichen regen Dich an, Dich zu fragen, wie Du Deine Mitte erkennen kannst und wie Du dann aus ihr heraus leben kannst."

„Hm ... ja ... so kann man das zusammenfassen ... Und auch, wie ich dabei Hilfe erhalten kann."

„Von Deiner Schutzgottheit."

„Von Osiris, ja."

„Ich habe den Verdacht, daß jeder diese Zeichen anders interpretieren wird? Aber daß trotzdem jeder, der das versucht, letztlich zu demselben Ergebnis kommt?"

„Ja – das ist der Wert von Urbildern."

„Jeder versucht sie auf seine eigene Weise zu verstehen, aber kommt letztlich zu demselben Ergebnis?"

„Ja – ein Goldschmied kennt sich mit anderen Dingen gut aus als ein Bauer oder ein Stoff-Händler. Aber alle drei finden dieselben Grundstrukturen, wenn sie das Leben genau anschauen."

„Und ich habe eben meine Erfahrungen benutzt, um diesen Kornkreis für mich lebendig werden zu lassen?"

„Ja – so hast Du verstanden, was ich sagen will."

„Dann bist Du so etwas wie ein Spiegel, der zum einen den Betrachter widerspiegelt, aber gleichzeitig die Aufmerksamkeit des Betrachters auf bestimmte Zusammenhänge lenkt?"

„Ja."

„Das ist eine interessante Art, Kornkreise anzusehen – die Art ist mir sehr sympathisch."

„Sie gehört ja auch zu Deiner Sicht auf die Welt."

„Also ist selbst diese Art, Kornkreise zu sehen – also als Spiegel für alle – ein Teil meiner Sicht? Also ein Teil von dem, wie ich die Kornkreise erlebe?"

„Ja."

„Das gibt dem ganzen sozusagen eine fundamental-subjektive Deutung ..."

„Ja – Du bist der, der Dein Leben erlebt."

„Das ist schon logisch, aber was ist dann der Wert solch eines Buches wie das, das ich hier gerade schreibe, für andere?"

„Inspiration. Und daß jeder seine eigene Sicht der Welt hat, heißt ja nicht, daß es keine Übereinstimmungen gibt. Schau Dir die Astrologie an: Jeder hat dieselben 10 Planeten in seinem Horoskop, aber sie stehen bei jedem in einem anderen Verhältnis zueinander."

„Ja ... o.k. ... die Betrachtung von Kornkreisen hat also eine sehr subjektive Seite, aber diese subjektiven Ansichten können mit denen von anderen Menschen übereinstimmen ..."

„Ja."

„O.k. ... ich glaube, das reicht mir erst einmal ... Danke, Kornkreis!"

„Bitte."

„Ho!"

13. Traumreise

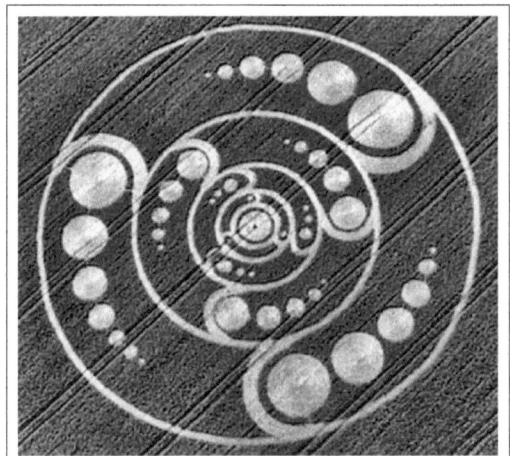

100. vier dreifache Wirbel
(Wiltshire, England, 2001)

Ich gehe durch diesen Kornkreis wie durch eine Tür und schaue, was dann kommt.

Nebelschwaden, Wolken, Landschaft, leicht sonnig ... nicht das, was ich erwartet habe ...

Da steht auf einem Hügel eine dreieckige Burg mit schwarzen Mauern und einem Turm an jeder Ecke – das erinnert mich an den Kornkreis ...

Ich fliege zu der Burg hin – ich habe die ganze Szenerie von oben aus gesehen. Die Mauern und die Türme sind ziemlich hoch. Was ist dort innen? Nur ein Burghof und in der Mitte ein Feuer. Ich fliege hinunter und stehe nun vor dem Feuer.

Das Feuer lodert kräftig – gut 1,5m hoch. Ich kann nicht so recht erkennen, welche Form es hat – ist es rund oder dreieckig? Irgendwie ist seine Grundfläche beides ...

„Hallo Feuer – wer oder was bist Du?"

„Leben."

„Warum bist Du hier in so einer Burg?"

„Schutz."

„Hm – Schutz?"

„Ja – so bleibe ich konzentriert."

„Ach so – nicht 'Schutz vor Feinden', sondern 'Schutz vor Ablenkung'."

„Schutz vor Verzettelung."

„Hm ... und die Burg? Hat die eine Wirkung nach außen hin?"

„Sie wärmt und belebt das Land."

„Das klingt doch ziemlich stark nach einem Herzchakra-Mandala ..."

„Ja."

„Und die Konzentration auf das Wesentliche ist auch eine Eigenschaft des Herzchakras."

„Ja – und das Handeln aus dem Wesentlichen heraus."

„Deshalb diese dreifachen Wirbel?"

„Es sind vier dreifache Wirbel – das ist die 12 der Entfaltung."

„Hm ... ja ... Warum sind da '5, 4, 3, 1' Punkte in den Wirbeln und nicht '5, 4, 3, 2' Punkte in den Wirbeln? Das wäre doch zusammen mit dem Mittelpunkt eine schöne

Symmetrie.“

„Addieren.“

„Hm – das sind 3 mal 15, also 45 Punkte. Da sehe ich keine Symbolik.“

„Falsch.“

„??? ... Ach so – es sind ja auch '6, 5, 3, 1' Punkte und nicht '5, 4, 3, 1' Punkte. Das habe ich mir falsch gemerkt ... O.k.: Das wären dann zusammen 15 bzw. 3·15=45 Punkte. Hm ... gibt immer noch keinen Sinn ...“

„1 – Zentrierung; 3 – Expansion; 5 – Aufrichten; 6 – Bildung einer organischen Form.“

„Das Aufrichten ist die Symbolik der '5'?“

„Ja.“

„O.k. ... So wie Du die Bedeutung der Zahlen beschreibst, ergeben sie einen Sinn. Die '4' statt der '5' hätte aber auch Sinn ergeben.“

„Ja – aber dann wäre es ein anderer Kornkreis gewesen.“

„Es gibt also immer viele Möglichkeiten?“

„Du wählst ja auch verschiedene Worte, je nachdem, was Du sagen willst.“

„Ja ... gibt es da noch mehr?“

„Wenn Du noch mehr Fragen hast.“

„Das mit dem 'Fragen-Antworten'-Prinzip gilt anscheinend für alle Kornkreise – ist das so?“

„Du wirst es schon sehen.“

„Ja, gut ... Dann vielen Dank, Kornkreis!“

„Bitte.“

„Ho!“

14. Traumreise

102. dreifacher Wirbel
(Wiltshire 2016)

Ich gehe in diesen Kornkreis, indem ich mir sein Bild vorstelle und es dann als Tür benutze und hindurchgehe.

Wald, Dornen, Gestrüpp, durch die Bäu-me kann ich auch freie Flächen sehen – Wiesen oder Weiden, Hügel ...

„Wo ist hier das Wesentliche?"

Ah – links hinter mir.

Da steht jemand ... ein Mann? ein Faun? So was ähnliches ... ein Wald-wesen?

„Wer bist Du?"

„Schön, daß Du mich besuchen kommst."

„Danke. Wer bist Du? Was bist Du?"

„Du lebst noch nicht ganz, was Du bist."

„Ehm – Du antwortest ja gar nicht auf meine Fragen ..."

„Mut täte Dir gut. Mehr im Wald sein auch. Mehr Sex auch. Mehr Menschen auch. Mehr soziale Standfestigkeit auch. Mehr Kämpfen auch. Dein Mars ist nicht entfaltet."

„Äh ... ja, da kann ich Dir schon zustimmen ... und es ist ja auch nett, daß Du mir das alles sagst – aber eigentlich wollte ich Dich kennenlernen."

„Wer das nicht sieht, was gerade da ist, sieht nichts."

„Ehm – ja, das ist logisch, aber was meinst Du damit? Daß Du mir das Wesentliche sagst und zeigst und ich Dir nicht so richtig zuhöre?"

„Sinn statt Worte."

Ich versuche ihn klarer zu sehen ... er trägt keine Kleidung, sondern hat ein Fell – oder trägt er da doch etwas? Da sind auch Blätter oder Ranken auf ihm – ist das Kleidung oder gehört das zu seinem Leib? Er wirkt braun-grün, auch wenn da noch andere Farben sind ... Ein Hirschgeweih auf seinem Kopf? Mal ja, mal nein ... Er scheint keine ganz feste Form zu haben ...

„Wer bist Du? Was bist Du?"

„Der Drang des Lebens zu leben."

„Hm ... die Lebenskraft?"

„Wenn Du es so nennen willst – aber Du weißt nur wenig über sie."

„Dann sag mir mehr."

„Das kann man nicht sagen, sondern nur leben und erleben."

„Und an Dir kann ich sehen, wie das dann wäre?"

„Ja – Du fängst an, bessere Fragen zu stellen."

„Hm ... dieser komische dreifache Wirbel in dem Zentrum des Kornkreises – was ist das?"

„Wakan tanka."

„Das Große Geheimnis? Das Leben selber? Sieht das so aus, weil das Leben immer ein Geheimnis bleibt?"

„Ja."

„Hm ..."

„Wenn es kein Geheimnis wäre, würdet ihr es nicht erleben wollen."

„So habe ich das noch nie betrachtet ... aber das leuchtet ein ... Und die Ordnung in dem Kreisring außen?"

„Ist die Welt nicht voller Ordnung und Symmetrien ... und voller Kornkreise?"

„Ja ... und zugleich ein Geheimnis?"

„Hast Du denn alle Formen verstanden?"

„Nein."

„Also sind die Formen der Ausdruck eines Großen Geheimnisses."

„Du hast die überzeugende Logik aller Kornkreise ... Vermutlich kann ich das Geheimnis auch dann noch nicht verstehen, wenn ich alle Formen verstanden habe, oder?"

„Du machst Fortschritte."

„Um das Geheimnis zu verstehen, muß ich in das Geheimnis hineingehen und zu dem Geheimnis werden, nicht wahr?"

„Ja."

„Darf ich mit meinem Bewußtsein in Dich hinüberwechseln?"

„Ja."

Ich tue das ... ... Entspannung und zugleich Lebendigkeit ... Präsenz ... Neugier ... Lust, Freude ... und auch Glück ... aber vor allem Lust ... Lust zu leben, zu erleben, einfach da zu sein ... den Augenblick trinken ...

„Da ist so etwas, als wenn Du der ganze Wald werden könntest und auch alle Wiesen und Tiere und Pflanzen und der Wind und der Regen und der Sonnenschein ... Ist das so?"

„Ja – aber bleib in mir."

„O.k." ...

Das fühlt sich an, als wenn Erde durch mich hindurch fließen würde ... eine ungewohnte Empfindung ... tun, wozu ich gerade Lust habe ...

„Noch mehr?"

„Das war das Wesentliche."

„Dann Danke, Kornkreis, vielen Dank!"

„M-m-m ..."
Er geht pfeifend tiefer in den Wald hinein ...
„Ho!"

Dieses Wesen erinnert mich an Pan …

15. Traumreise

135. Fünf Gesichter
(Wiltshire, England, 2010)

„Hallo Kornkreis – ich frage mich, ob das beabsichtigt ist, daß die fünf Sicheln wie fünf Gesichter wirken."
„Aha."
„Ist das so?"
„Ja."
„Warum?"
„Dann seid ihr aufmerksamer."
„Hm ... worauf?"
„Auf den Kornkreis."
„Ja – das habe ich schon verstanden. Ich meine, was sollen die Betrachter denn finden, wenn sie auf den Kornkreis aufmerksam sind?"
„Es ist immer dasselbe: sich selber."
„Könnte man auch sagen 'ihren Anteil an der Richtigkeit'?"
„Ja."
„Wodurch kann denn ein Betrachter von Dir, also von diesem Kornkreis, sich selber finden?"
„Indem er anfängt nachzudenken und in dieses Muster hineinzuspüren – so wie Du das auch getan hast."
„Hm ... mir ist das noch nicht wirklich klar ... was ist denn Deine Botschaft an den Betrachter?"
„Erkenne Dich selbst."
„Ja – das stand über dem Eingang des Tempels des Orakels von Delphi ... zusammen mit 'Nichts im Übermaß.' ... aber wie funktioniert das, daß jemand, der Dich betrachtet, sich erkennt?"
„Er sieht sich."
„Ich glaube, ich muß anders fragen: Was wäre die Frage an Dich, die mir am

297

meisten hilft, Dich zu verstehen?"

„Was will ich?"

„Ähm – Meinst Du, daß ich Dich frage, was Du willst?"

„Nein – daß Du Dich fragst, was Du willst."

„Und dadurch verstehe ich Dich?"

„Ich bin ein Spiegel."

„Ach so ... das hat mir doch auch schon ein anderer Kornkreis gesagt ... Also: Was will ich? ... Hm ... ich will ganz heil werden und in die Richtigkeit gelangen. ... Gut – jetzt habe ich mich gefragt und mir geantwortet. Und was hast Du nun damit zu tun?"

„Ich habe Dir gesagt, daß Du Dich das fragen sollst."

„Sag mal – ist es vielleicht ein Aspekt der Symbolik der '5', daß alles ein wenig sperrig wird?"

„Man könnte es so nennen."

„Die '5' ist also nicht kooperativ wie die '6' und auch kein Raumaufspannen wie bei der '4', sondern ein 'kreatives, entwicklungsförderndes im-Weg-Stehen'?"

„Schön formuliert."

„Der Provokateur unter den Zahlen?"

„Ja."

„Hm ... na dann ... ... Ich glaube, daß mir das jetzt erst mal genügt ... Danke."

„Bitte."

„Ho!"

16. Traumreise

145. hexagonales Kreis-Fraktal
(Wiltshire, England, 2010)

„Hallo Kornkreis ... Deinem Aussehen nach müßtest Du eigentlich recht gesellig und kooperativ sein – wegen der 6er-Symmetrie. Stimmt das?"

„Ja."

„Magst Du mir etwas über Dich sagen?"

„Tu das, woran Du gerade gedacht hast: Stell Dich innerlich auf den kleinen Punkt über dem obersten Kreis."

„O.k. ... mach ich ... Ich fühle mich sofort zu dem Kornkreis hingezogen und will in ihn hinein und ein Teil der Gruppe werden."

„Dann gehe hinein."

„O.k. ... es fühlt sich gediegen, organisch, bewegt, atmend, lebendig an ... sehr angenehm ... es zieht mich zum Zentrum ... er ist keine Essenz und auch kein Anführer o.ä., sondern ein gleichberechtigter Kreis ... die Kreise in diesem Kornkreis bilden sozusagen eine Kooperative ... Magst Du mir einen Tipp geben, Kornkreis?"

„Geh nach rechts."

„Ehm ... ja, o.k. ... Ich stehe auf einem der kleinen Kreise ... das fühlt sich anders an als auf den großen Kreisen ... sie sind eher so etwas wie Füllmaterial, Dämmstoffe oder so etwas in der Art ... ... Und die ganz kleinen Punkte? ... Die fließen, sind beweglich, aktiv, verbinden ... ... Und die Bogen-Dreiecke? ... Die bauen eine Spannung auf und halten eine Ordnung aufrecht ...

Hm ... und nun?"

„Das war's."

„Das ist das, was Du bist?"

„Ich bin die Gruppe, ja."

„Die Kornkreise haben eine sehr verschiedenen Charakter, nicht wahr?"

„Ja."

„Auch wenn sie andererseits sehr ähnlich sind – der Ausdruck der Richtigkeit und dieses mathematisch-logische Sprechen ..."

„Ja."

„Danke, Kornkreis."

„Bitte."

„Ho!"

17. Traumreise

158. Blüte
(Italien, 2010)

Ich benutzte das Bild dieses Kornkreises als Traumreise-Tür.

Leichter Wind, warme Luft, Blumen, eine friedliche Stimmung, Leichtigkeit ...

Gibt es hier etwas Wichtiges zu sehen? Wo ist hier das Wesentliche? Hm – das Wesentliche scheint hier überall zu sein, in allem zu sein ...

„Kann das Wesentliche mal vor mir in einer mir verständlichen Gestalt erscheinen?"

Da ist eine Frau ... ihr Alter ist unbestimmbar – sie wirkt jung und zugleich alt ... komisch: sie trägt keine Kleidung, aber ist nicht nackt – das erinnert mich an ein altes indogermanisches Rätsel über die Sonne, das von den Kelten, den Germanen und den Indern überliefert worden ist und dessen Lösung darin besteht, daß die Sonne ein Netz als Kleidung trägt ... aber was ist das hier?

Sie hat langes Haar ... sie wirkt zugleich zart und sehr stark ... seltsam ... sie scheint auch zugleich sanft und unberechenbar zu sein ...

„Hallo Kornkreis-Frau – wer bist Du?"

„Ich bin der Kornkreis."

„Hm – welche Eigenschaften hast Du?"

„Die hast Du eben schon beschrieben."

„Kannst Du das noch um das eine oder andere ergänzen?"

„Ich bin ... Du bist ... alles ist ... und alles ist Bewegung, Duft, Farbe, Wandel, Klang ... und die Wanderung ist ein Genießen, Entfalten, Auflösen, Keimen ... das ist das, was alles ist ..."

„Man könnte fast denken, daß Du ein Schmetterling seist ..."

„Schmetterlinge verstehen mich gut."

„Gibt es etwas, was Du mir sagen kannst – also was für mich persönlich von Bedeutung ist?"

„Das, was Du eben schon gemerkt hast: Betrachte Begegnungen mit Menschen als etwas, was der Wind Dir bringt und was der Wind Dir wieder nimmt ..."

„Ist das alles?"

„Nein – betrachte den Wind als das Lied, das das Leben singt."

„Hm ... mir scheint, das es gut wäre, die Melodie dieses Liedes zu kennen."

„Das ist einfach: tanze, wie es Dir gerade in den Sinn kommt – spiele auf Deiner Harfe, wie es Dir gerade aus dem Herzen fließt – singe, wie es Deine Seele gerade möchte ... dann siehst Du den Wind des Lebens wehen ..."

„Ja ... ich kenne diese Seite von mir ... Gibt es etwas, was Du denen sagen möchtest, die diese Seiten lesen werden?"

„Kommt zu mir und schaut selber."

„Hm, ja ... das hätte ich mir fast denken können ... ... Danke, Wind-Kornkreis!"

„Bitte."

„Ho!"

18. Traumreise

159. Vier, Sechs und Zwölf
(Oxfordshire, England, 2013)

„Hallo Kornkreis, magst Du mir etwas über Dein Wesen sagen?"

„Ich bin der ich bin."

„Hm – geht das auch etwas differenzierter?"

„Das genügt."

„Hm ... wäre es für mich nicht evtl. hilfreich, Deine Struktur zu verstehen, wenn ich noch nicht bei dem 'Ich bin wer ich bin' angekommen bin?"

„Ja, das ist es. Organische Konzentration in fester Form, die Ausdruck der Essenz ist."

„Aha ... organisch – Rauten; Konzentration – Mitte; feste Form – Quadrat; Ausdruck – Kreis und Strahlen; Essenz – Mitte. ... O.k., verstanden ... aber geht das nicht auch etwas anschaulicher? Das würde mich freuen."

„Liebe Dich selber, dann liebt Dich die Welt."

„Ehm ... ja ... also ... o.k. – das ist allerdings ein gut greifbare und einleuchtende Aussage. Und das ist das, was Du darstellst?"

„Ja."

„Hm ..."

„Strahle und es wird hell werden rings um Dich her."

„Du klingst wie ein Prophet.“

„Öffne Dein Herz, damit Du wirst, was Du bist – und die Welt wird Dich widerspiegeln und ein vollkommener Ort werden.“

„Hm – gibt's davon noch mehr?“

„Das genügt – wer diese drei Sätze nicht versteht, wird auch die anderen möglichen Sätze nicht verstehen.“

„Klingt sehe ökonomisch gedacht.“

„Kornkreise sind eine ökonomische Darstellung des Wesentlichen.“

„O.k. ... ja, ihr stellt das Wesentlich auf eine möglichst einfache Weise dar ... ... Danke, Kornkreis – Deine drei Sätze gefallen mir!“

„Und ich selber gefalle Dir nicht?“

„Hey – Du hast ja Humor und kennst Ironie!“

„Natürlich – wenn man man selber ist, kann man tanzen ... und mit den Dingen und Worten spielen.“

„Das ist Freiheit, nicht wahr?“

„Ja.“

„Danke!“

„Bitte.“

„Ho!“

19. Traumreise

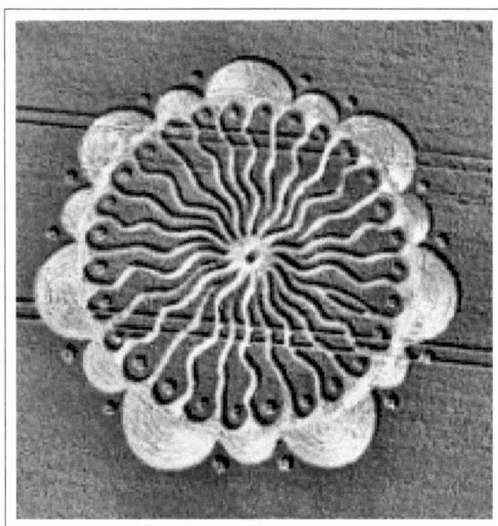

169. Kreis-Heptagramm
(Wiltshire, England, 2009)

„Hallo Kornkreis – was sind diese 28 Würmer?“

„Die Kraft, die als Paar jeweils ein Blatt erschafft.“

„Die 14 äußeren Kreise?“

„Ja.“

„Mir war noch gar nicht aufgefallen, daß die paarweise unterwegs sind. ... Was ist das Ziel dieser Kraft?“

„Schöpfung.“

„Und was wollen sie erschaffen?“

„Liebe.“

„Hm – sind das Spermien?“

„Wenn Du willst, ja ... aber das ist sehr eng gefaßt.“

„Was sind sie denn, wenn man das

302

weiter faßt?"

*„Schöpfung, Aufstieg, Entstehen, Ausweiten, Kundalini, Rückkehr aus der Unter-
welt, Seelen-Schlangen ... was immer Du willst ..."*

„Und warum gerade ein 7-Eck?"

„Weil das gut paßt."

*„Ich habe keine strukturelle Symbolik der '7' finden können – also eine Symbolik,
die nicht auf einer recht willkürlichen Tradition beruht wie z.B. die Zuordnung der '7'
zur Venus. Was ist denn die Symbolik der '7'?"*

„Entfaltung."

„Das, was nach der '6' der Sonne kommt?"

„Das, was aus der organischen Form der '6' entsteht."

*„So ganz schlüssig finde ich das noch nicht ... das klingt eher wie die traditionellen
Zahlen-Symboliken wie die Ansicht, daß die '13' die Harmonie der '12' zerstört und
daher eine Unglückszahl ist."*

„Schau es an wie Du willst."

„Hm – stelle ich gerade die falschen Fragen?"

*„Es gibt keine falschen fragen. Höchstens Fragen, deren Antworten nicht weit füh-
ren."*

„Ist die Frage nach der Symbolik der '7' eine solche Frage?"

„Das kommt darauf an, wie Du sie beantwortest."

„Und was wäre eine kreative und fruchtreiche Art des Antwortens?"

„Nimm den Kornkreis als Tür."

*„O.k., mach ich." ... ...
Erde, Höhle, Schlange in der Höhle, eine große Schlange ... dunkel ...*

„Wer bist Du, Schlange?"

„Die Seele des Kornkreises."

„Hm ... und was willst Du?"

„Das sein, was ich bin."

*„Ihr Kornkreise habt wirklich alle eine sehr charakteristische Art zu sprechen und
Gespräche zu führen ..."*

„Wir sind Kornkreise. Das ist unser Wesen."

*„Ja, gut ... was geschieht denn, wenn Du da bist, wenn Du tätig bist, wenn Du Dich
selber ausdrückst?"*

„Ich bewege mich."

„Meinst Du damit, daß Du durch die Gegend kriechst?"

„Ja."

„Und diese 'Gegend' könnte auch mein Körper sein?"

„Dann wäre ich Deine Kundalini."

„Bist Du der Fluß der Lebenskraft?"

„Ja – ich bin der Fluß des Lebens und das Fließen der Lebenskraft – was letztlich

dasselbe ist."

„*Warum sind in dem Kornkreis so viel Schlangen zu sehen? Und warum kriechen die alle nach außen hin?*"

„*Weil die Lebenskraft vielfältig ist. Weil die Lebenskraft ein Gesamt-Lied singt, einen Gesamt-Tanz tanzt.*"

„*Und aus diesem Gemeinsamen ergeben sich dann die schönen geometrischen Muster?*"

„*Nein – die sind Ausdruck eines Aspektes des Fließens der Lebenskraft. Das Gemeinsame ist da, weil die Vielheit Ausdruck der Einheit ist – das Wesen der Einheit ist in der Vielheit zu sehen. Und die Formen der Kornkreise sind Worte in dem Lied, das die Einheit singt, Schritte in dem Tanz, den die Einheit tanzt.*"

„*Das klingt so, als ob die Kornkreise dem kabbalistischen Lebensbaum sehr eng verwandt wären.*"

„*Das sind sie auch – nur daß der Lebensbaum eine Form für alles ist und die Kornkreise viele Formen für das Eine sind.*"

„*Ich mag diese 'geometrische Poesie' ... die mag ich schon sehr lange ... Danke, Kornkreis, vielen Dank!*"

„*Bitte.*"

„*Ho!*"

20. Traumreise

172. komplexes Heptagramm
(Wiltshire, England, 2008)

„*Hallo Kornkreis – ich bin mir nicht sicher, ob ich Deine Bedeutung richtig erfaßt habe. Kannst Du mir etwas dazu sagen?*"

„*Ja, gerne. Ich bin der Himmel.*"

„*Ehm ... ich kann nicht behaupten, daß ich das verstehen würde ...*"

„*Ich bin das, was oben ist, was aufgestiegen ist, was erwacht ist, was bewußt geworden ist.*"

„*Klingt gut und klingt nach Kundalini – aber wirklich verstehen tu ich das noch immer nicht. Ist die Schlange oben in der Spitze des Heptagramms die Kundalini?*"

„*Ja.*"

„*Was meinst Du mit 'Himmel'?*"

„Nun, das, was ihr auch damit meint – den ersehnten Zustand. "

„Ach so ... ihr zeigt uns die Richtigkeit, den von uns ersehnten Zustand. Das ist der 'Himmel'. Kannst Du den Himmel ein bißchen beschreiben? Oder mir sagen, auf welche Weise dieser Kornkreis, also Du, einen bestimmten Aspekt des Himmels beschreibt? "

„Sieh hin. "

„Hm ... ein siebenstrahliger Wirbel ... ein Auge und eine Schlange ... und das Auge ist ungewöhnlicher Weise in einem umgedrehten Dreieck ... und zwischen dem Auge und der Schlange ist ein 'U'. ... Aber was bedeutet das alles? "

„Streben. "

„Hm ... die Schlange strebt nach oben – das sehe ich. Aber das Auge schaut nach unten – warum? "

„Verhaftung am Detail. Mangelnder Blick auf das Ganze. "

„Oben ist die Einheit und unten die Vielheit? "

„Ja – und oben ist das Scheitelchakra und unten die Kundalini im Wurzelchakra. "

„Um zur Richtigkeit zu gelangen, rätst Du also, die Kundalini zu erwecken? "

„In der Richtigkeit fließt die Lebenskraft ungehindert. Wenn die Kundalini aufsteigt, löst sie alle Blocken in der Lebenskraft auf. "

„O.k., das ist logisch. ... Ist das alles, was dazu zu sagen ist? Und warum die '7'? Bei dem vorigen Kornkreis ist die Schlange ebenfalls mit der '7' verknüpft gewesen – die '7' soll 'Entfaltung' bedeuten. "

„Ja. "

„Ja gut ... ... Danke. "

„Bitte. "

„Ho! "

21. Traumreise

179. Krallen
(Wiltshrie, England, 2008)

Ich benutze das Bild als Traumreise-Tor und gehe hindurch.

Eckige Felsen ... ein Gefühl von Feuer irgendwo in der Nähe ... Gefahr ... da ist etwas, was ich nicht sehe ...

„Wer oder was ist da?"

„Ich."

„Wer bist Du?"

„Der vollkommene Krieger."

„Magst Du Dich mir zeigen?"

„Wenn Du das aushältst."

„Versuch es."

Da kommt etwas um ein paar Bäume und Felsen herum, das sich wie ein Tiger anfühlt, aber kein Tiger ist. Was ist das? ... männlich ... naja, das ist nicht sicher – eher männlich und weiblich gleichzeitig ...

„Warum kann ich Dich nicht klar sehen?"

„Weil Du Dich fürchtest. Ich verberge mich nicht – Du schaust nicht hin."

„Hm ... bist Du der Mars?"

„Etwas, was dem ähnlich ist."

„Wie kann ich Dich sehen?"

„Indem Du hinschaust."

„O.k. ... ich versuch's noch mal ... ... ich spüre Feuer, aber ich sehe nichts Klares ..."

„Du mußt mit dem Herzen schauen."

„Das hat auch der 'kleine Prinz' gesagt ... aber gut, ihr habt ja beide recht ... ich versuch's ... ... Zentrierung, Kraft, mein eigener roter Faden sein, ich bin der Erlebende, unabhängig von anderen sein ... Ist das das Loslassen, was ich endlich mal lernen möchte?"

„Dieses Feuer ist die Grundlage – wenn Du es hast, läßt Du los, wo es für Dich förderlich ist."

„Hm ... ich mach noch mal weiter ... ... die Qualität wird tiefer, aber ich spüre nichts neues ... Habe ich die acht seltsamen Formen in dem Kornkreis eigentlich richtig als 'Krallen' erkannt?"

„Krallen, Messer, Waffen – das ist egal ..."

„Das ist das, womit ich mich verteidige?"

306

„Das ist die Form des Feuers.“

„Flammen?“

„Zum Beispiel.“

„Der Kreis innen rotiert gegen den Uhrzeigersinn – die Flammen außen im Uhrzeigersinn. Warum?“

„Feuer ist in Bewegung. Ein Krieger ist in Bewegung. Es ist ein ständiger Wechsel der Bewegung.“

„Hm, ja gut ... Danke, Kornkreis.“

„Bitte.“

„Ho!“

22. Traumreise

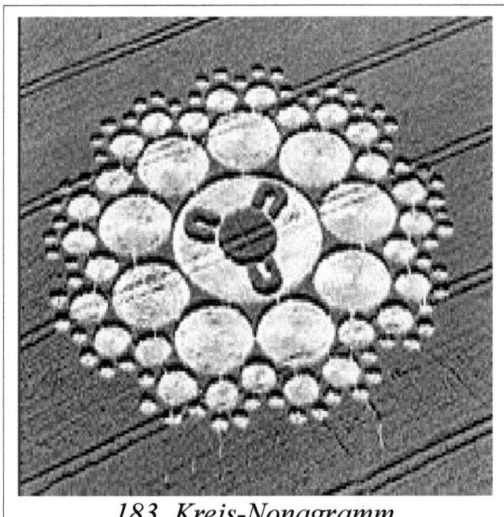

183. Kreis-Nonagramm
(Wiltshire, England, 1998)

„Hallo Kornkreis – kannst Du mir etwas zu Dir sagen?“

„Wenn Du etwas fragst, ja.“

„Warum sind eigentlich die drei 'U' in Deinem Zentral-Kreis nicht symmetrisch? Der untere zeigt genau auf die Mitte des Kreises vor ihm; die beiden oberen nicht – der rechte ist 10° zu weit gegen den Uhrzeigersinn gedreht, der linke 10° zu weit im Uhrzeigersinn. Warum?“

„Schön, daß Du das doch noch bemerkt hast.“

„Das gibt doch eigentlich keinen Sinn, oder?“

„Nein, tut es auch nicht.“

„Und warum ist es diese Ungenauigkeit dann da?“

„Ungeübte Anfänger.“

„Du meinst, der Kreis ist von Menschen gemacht worden?“

„Ja.“

„Deshalb ist er auch der einzige Kornkreis, in dem solche 'U' vorkommen?“

„Ja.“

„Aber die Anordnung der Kreise ist doch plausibel und präzise gemacht worden.“

„Ja.“

„Ein Kornkreis ist nicht 'falsch', nur weil ihn Menschen angefertigt haben, oder?“

307

„Wenn Du mit 'richtig' meinst, daß der Kornkreis die Richtigkeit ausdrückt, ist ein Menschen-gemachter Kornkreis nicht notwendigerweise falsch, nein."

„Dann ist dieser Kornkreis lediglich ungenau, aber ansonsten ein Ausdruck der Richtigkeit?"

„Im Prinzip ja, aber die Ungenauigkeit zerstört die Richtigkeit – er drückt daher das Streben nach Richtigkeit aus."

„Ich würde gerne sehen, wie sich das auswirkt, wenn man den Kornkreis als Traumreise-Tür benutzt. Ich gehe jetzt mal in Dich hinein, o.k.?"

„O.k."

... ...

„Hm ... ein flacher Geröllhang ... viel Steine von 20cm bis 50cm Durchmesser ... sie könnten sich loslösen und eine Lawine bilden ... hm – was würde denn geschehen, wenn die Lawine tatsächlich losrollen würde? Mal schauen ... hm – es kommt etwas anderes zum Vorschein ... die Spitze eines Gebäudes aus Felsen? ... ein steinernes Raumschiff? ... Was ist das? ... Ich stelle mir mal vor, daß die restlichen Steine auch fortrollen. ... Das sieht jetzt eher aus wie die Hagia Sophia ... ein Tempel mit Kuppel-dach, das in der Mitte spitz ist ... komischer Baustil – den kenn ich noch nicht ... der wirkt kraftvoll, irgendwie mächtig und auch ein bißchen dominant ... das fühlt sich nach Herrschaft an ... ist das auch ein Palast?

Ich geh mal hinein ... hm, der hat keine Türen oder Fenster ... ist er denn hohl? ... Es gibt einen kugelförmigen Hohlraum in der Mitte ... was ist da drin? ... Ich wünsche mich da hinein ... leer, hell, eine Art ruhiges Feuer-Licht, warm ... das ist Potential, aber nicht aktiv ...

Ich wünsche mich wieder nach außen. Ich möchte diesen Tempel so sehen, wie er aussehen würde, wenn die drei 'U' an der richtigen Stelle wären. Das Gebäude fängt an zu leuchten, formt sich weiter, es entstehen viel mehr Details – Türme, Dächer, Ornamente, Fenster, Tore. Farben ... nun sieht es wirklich wie ein Tempel aus ... Ist er 3-symmetrisch? ... er hat mehrere Symmetrien – 3, 4 und 6 – eine 9er-Symmetrie kann ich gerade nicht sehen, aber vielleicht ist das Bild auch noch nicht ganz fertig ...

Was ist jetzt innen? ... ein großer Raum mit flachem Boden, auf dem Boden ist ein Mandala – ein 9-polares Mandala, ein Zentral-Kreis ... das ähnelt dem Kornkreis ... das Mandala leuchtet und erhellt den Raum ...

Ich beginne zu schwitzen, aber ich weiß nicht ob das an dem Kornkreis liegt, weil mir heute schon den ganzen Tag heiß ist – von innen her. Obwohl Feuer ja durchaus zu einem 3-polaren Kornkreis-Mandala passen würde.

Ich stelle mich in die Mitte des Mandalas. ... Hitze, Leuchten, große Intensität, Expansion, Selbstausdruck, Strahlen, von innen her leben ... das scheint eine Sonnengeflecht- und Halschakra-Qualität zu sein, die im Herzchakra ihren Ursprung hat ... Davon könnte ich gut noch ein bißchen mehr brauchen als ich habe ... ich *lasse dieses Strahlen in mich hinein ... ... hm – da tut sich nicht viel ... ich glaube, die Hitze eben und mein Schwitzen war schon diese Energie, die durch mich geflossen ist ...*

Danke, Tempel!"

Ich gehe wieder aus dieser 'Traumreise in einer Traumreise' heraus in die ursprüngliche Traumreise, in der ich mit dem Kornkreis gesprochen habe.

„Was meinst Du zu dem, was ich gesehen habe, Kornkreis?"

„Gut."

„Wie meinst Du das?"

„Es ist gut, wie Du das gemacht hast. Es tut Dir gut. Und es ist gut zu sehen, wie ich wäre, wenn ich heil wäre."

„Mit 'heil' meinst Du, wenn die beiden 'U' an ihrem richtigen Platz wären?"

„Ja."

„Danke, Kornkreis."

„Bitte, Harry."

„Oh – Du nennst mich bei meinem Namen? Das haben die anderen Kornkreise nicht getan ..."

„Du hast etwas für mich getan."

„Ah ... ja, gut ... Danke."

„Bitte."

„Ho!"

23. Traumreise

186. Nonagramm-Festung
(Wiltshire, England, 2007)

(richtig gedrehte Version)

„Hallo Kornkreis. Kannst Du mir etwas über Dich erzählen? Mich würde vor allem die Bedeutung der Sichel interessieren. Ansonsten ist die Symbolik der '3' und der '9' ja recht deutlich."

„Die Sichel ist die Gelassenheit und der Schutz und das In-sich-ruhen."

„Ich nehme an, daß die Stelle rechts oben die Grundlinie dieses Kornkreises ist?"

„Ja – dreh den Kornkreis mal richtig herum und betrachte ihn dann erneut."

„O.k., mach ich – ich komme dann gleich wieder."

Ich fertige eine gedrehte Version dieses Kornkreises an und füge sie auf dieser Seite ein.

„War'n bißchen mühsam herzustellen, aber ich sehe nun, was Du meinst. Die Gelassenheit ist nicht zu übersehen. Ohne die Sichel würde er ganz anders wirken. Ich fertige noch mal eine Version ohne die Sichel an, o.k.?"

„Mach mal – das ist wahrscheinlich die einfachste Möglichkeit, die Bedeutung der Sichel zu erkennen."

Ich stelle also meine erste Kornkreis-Fälschung her … nicht perfekt, aber sie erfüllt ihren Zweck.

„Dieser Kornkreis ohne die Sichel wirkt leer, langweilig, gradlinig und ohne Spannung. Die Sichel macht eindeutig mehr als nur die Gelassenheit hinzuzufügen. Die Sichel macht den Kornkreis auch lebendig, sie fügt ein zweites Element hinzu, das anders ist als die übrigen, die alle die 3-Polarität oder die 9-Polarität haben.

Durch dieses zweite Element erhält der Kornkreis eine Spannung und wird Korn-kreis lebendig. Ohne die Sichel strahlt der Kornkreis nicht. Das ist beeindruckend – einen so großen Effekt hätte ich nicht erwartet ...

(ohne Sichel)

(ohne Sichel, geschlossene „Kästen")

Mit Sichel hat er auch etwas von 'Sonnen-Geburt' oder 'Isis und Horus' oder 'Maria und Jesus' ... das ist mir vorher gar nicht aufgefallen ...

Was machen eigentlich diese 9 'Kästen' in dem Außenring? "

„Stabilität. "

„Hm – eigentlich sind das immer zwei 'L' ... Warum? "

„Stell sie Dir mal geschlossen vor. "

„Noch eine 'Fälschung? "

„Wenn Du willst – es ist die effektivste Methode, das zu erkennen. "

„Na gut. "

Diesmal mache ich es mit aber etwas einfacher mit dem 'Fälschen'.

„Hm ... man spürt den Unterschied, aber man sieht nicht direkt, woran es eigentlich liegt ... jetzt wirkt der Korn-kreis lasch – wie Suppe ohne Salz ... Was machen diese Lücken in den Kästen eigentlich? "

„Drehen. "

„Hm ... stimmt – sie erwecken den Ein-druck, als ob der Kornkreis gegen den Uhrzeigersinn rotieren würde. Das hat sich wirklich gelohnt, diese Drehung des Kornkreises und die beiden Fälschungen anzufertigen. So habe ich viel besser erkannt, welche Elemente des Kornkrei-ses welche Wirkung haben.

Danke, Kornkreis! "

„Bitte. "

„Ho! "

24. Traumreise

203. Sechzehn (Detail)

„Kornkreis – was machen diese Drei-ecks-Paare in den Ring-Segmenten?"

„Geh vom Gesamten zum Detail – das ist einfacher."

„O.k. ... Das Ganze ist eine Art 'Son-nenblume mit Inschrift'. Die '16' weist auf die Vollkommenheit hin – evtl. ist sie auch ein Hinweis auf das Halschakra, das tra-ditionell mit sechzehn Blütenblättern dar-gestellt wird. Es sind drei Ringe zu sehen, von denen die beiden mittleren 'beschrif-tet' sind. Der äußere Ring leitet die 'Schriftkästen' zu den Strahlen im außen, die ebenfalls durch die Punkte in ihnen 'beschriftet' sind. Da fällt mir auf, daß ich die Schriften in den beiden Ringen und in den Strahlen noch gar nicht miteinander verglichen habe. Lohnt sich das?"

„Überprüfe es."

„Ja, gut. ... In der folgenden Übersicht bedeutet '-' kein Zeichen, 'o' ein helles Drei-eck bzw. einen hellen Kreis und '•' ein dunkles Dreiecke bzw. einen dunklen Kreis. Der Anfang ist unten in der Mitte des Kornkreises und verläuft im Uhrzeigersinn.

Die „Inschrift"															
oo	-•	--	--	••	••	oo	•o	oo	oo	•o	oo	••	oo	oo	•o
oo	oo	oo	oo	--	--	--	•o	o•	o•	••	•o	••	oo	oo	•o
•	•	•	•	•	•	•	•	•	•	•	•	•	•	•	•
o	o	o	o	o	o	o	o	o	•	o	o	o	o	o	o
•	o	o	o	o	o	o	o	o	o	o	o	o	o	o	•
o	•	•	o	•	•	o	•	o	o	o	•	•	•	•	•
•	o	o	•	•	o	•	•	•	o	•	o	o	•	o	•
o	o	o	•	o	o	o	o	•	o	o	•	o	o	o	o
•	o	o	o	•	o	•	•	o	•	o	•	•	•	o	•
•	•	o	•	o	•	•	o	o	o	•	o	o	o	o	o
Summe der Zeichen in einem Strahl															
5 •	4 •	3 •	4 •	6 •	5 •	4 •	6 •	4 •	4 •	6 •	5 •	7 •	4 •	2 •	7 •
7 o	7 o	7 o	6 o	4 o	5 o	6 o	6 o	8 o	8 o	6 o	7 o	5 o	8 o	10 o	5 o
0 -	1 -	2 -	2 -	2 -	2 -	2 -	0 -	0 -	0 -	0 -	0 -	0 -	0 -	0 -	0 -

Was könnte das bedeuten? Auf dem Innen-Ring weisen die Dreiecke mit ihrer Spitze nach innen, auf dem mittleren Ring nach außen. Zusammen mit hell/dunkel ergibt das 4 verschiedene Dreiecke – die 4 Elemente? Hm ... sie wären dann unregelmäßig verteilt: 10 innen/dunkel, 17 innen/hell, 9 außen/dunkel und 17 außen/hell. Und was sollten dann die Lücken bedeuten? Man kann mit ihnen auch nicht die fehlenden Dreiecke gleichmäßig auffüllen, da die Hälfte von 32 Dreiecken pro Ring 16 sind, aber von zwei Sorten schon jeweils 17 Dreiecke da sind. Also wohl keine Element-Symbolik.

Es sind in jedem Strahl insgesamt 12 Zeichen, aber ob das was mit dem Tierkreis zu tun hat, ist auch sehr fraglich.

Insgesamt gibt es 76 dunkle Zeichen, 105 helle Zeichen und 11 Lücken – das hat auch keine Systematik.

Die einzige erkennbare Regelmäßigkeit ist, daß alle Strahlen mit einem dunklen Kreis beginnen.

Helf mir mal weiter, Kornkreis. "

„Du hast jetzt erkannt, daß es kein Muster gibt. "

„Ja. "

„Was schließt Du daraus? "

„Hm – für eine Schrift sind das eigentlich zu wenig Zeichen – zumindestens zu wenige, um irgendetwas entschlüsseln zu können. Die Spalten in der Tabelle müßten auch als Ganzes gelesen werden, da es in den beiden Ringen insgesamt nur 4 verschiedene Zeichen gibt, was für eine Schrift zu wenig ist. In den 16 Spalten gibt es

313

keine einzige, die mit einer anderen übereinstimmt, was für Buchstaben auch untypisch wäre. Heißt das, daß die Verteilung der Punkte rein dekorativ ist?"

„Was könnte sie denn sonst sein?"

„Hm – ich habe hier nichts rein Dekoratives erwartet ..."

„Welche Wirkung hat denn diese Verteilung?"

„Sie lockert den Eindruck auf und macht neugierig."

„Und welchem Element entspricht das?"

„Luft."

„Richtigkeit muß nicht streng sein."

„Hm ... das ist ein interessanter Aspekt ... Richtigkeit kann also mal regellos sein? Einfach nur bunt?"

„Warum nicht?"

„So habe ich das noch nie gesehen ... ich dachte immer, daß Richtigkeit stets präzise festgelegt sei – so wie beim Stimmen meiner Harfe: Es gibt bei jeder Saite immer nur eine richtige Tonhöhe. ... Es gibt also auch Freiheit in der Richtigkeit? Ist diese Freiheit Beliebigkeit?"

„Richtigkeit ist nicht in allen Einzelteilen festgelegt. Sie kann in mancherlei Hinsicht gestaltet werden – und das schließt auch fröhliche Buntheit mit ein."

„Hm – Du bringst mich da zu einer ganz neuen Blickweise ... das muß ich mir erst einmal eine Weile auf der Zunge zergehen lassen. ... Die Verteilung der hellen und dunklen Zeichen sowie der Lücken in dem Kornkreis ist also einfach spielerische Buntheit?"

„Ja."

„So was ... ja gut ... Vielen Dank, Kornkreis! ... Ich lerne mal wieder ausgesprochen viel auf diesen Traumreisen – wie eigentlich auf allen Traumreisen ... Danke."

„Bitte."

„Ho!"

25. Traumreise

213. Kreuz-Würfel
(Wiltshire, England, 2010)

„*Tja, Kornkreis ... so wie Du aussiehst, würde ich vermuten, daß Dich ein Geometrie-begeisterter Mensch angefertigt hat. Stimmt das?*"

„*Ja.*"

„*Die Herstellung von Grautönen in Kornkreisen ist ja auch etwas ausgesprochen Kreatives ...*

Und auch der Umriß, der genau sechseckig ist, ist schon geschickt gemacht worden. ... Hm, ich fertige mal eine Version mit Hilfslinien an. Bis gleich!"

... ...

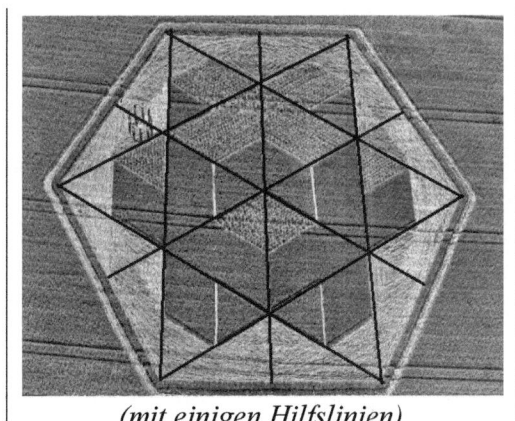

(mit einigen Hilfslinien)

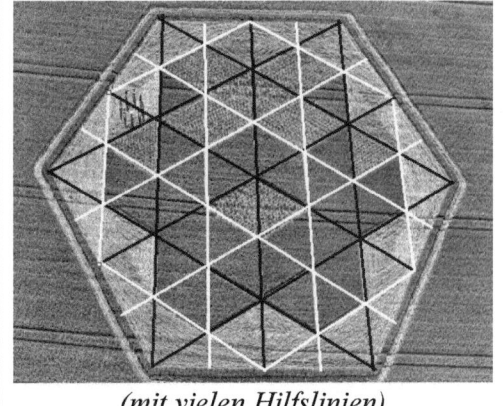

(mit vielen Hilfslinien)

„*Man kann also den 'Kreuz-Würfel' vollständig aus Rauten herstellen ... Kannst Du mir irgendetwas zu Dir sagen, Kornkreis?*"

„*Du hast es schon gesagt: eine geometrische Spielerei.*"

„*Also ohne tieferen Sinn?*"

„*Ja – aber mit viel Spaß.*"

„*Hm – das klingt eigentlich auch wie eine ausgesprochen gute Motivation ...*"

„*Ist es auch – was sonst könnte eine so gute Motivation sein?*"

„*Hm ... durch die Gespräche mit euch Kornkreisen bekomme ich allmählich eine deutlich erweiterte Vorstellung von dem, was ihr seid, und was euer Wert für uns sein*

315

kann. Das ist deutlich vielfältiger und fröhlicher, als ich zunächst einmal gedacht habe."

„Die Richtigkeit zu tanzen kann großen Spaß machen."

„Hm, ja ... das ist wohl auch der beste Grund dafür, die Richtigkeit zu suchen und zu leben ..."

„Ja."

„Danke, Kornkreis!"

„Bitte. Und viel Spaß noch!"

„Danke. ... Ho!"

26. Traumreise

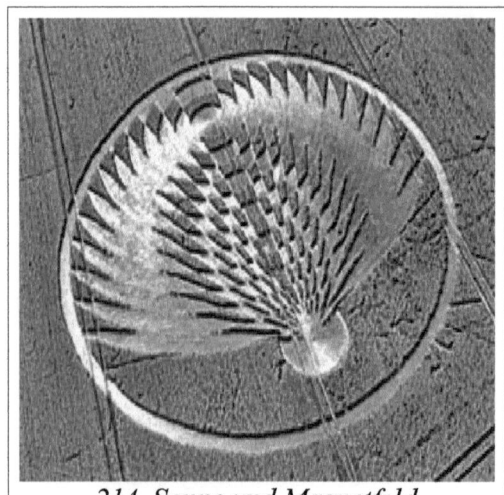

214. Sonne und Magnetfeld (Oxfordshire, England 2006)

„Was bist Du, Kornkreis? Ein Sonnen-aufgang oder eine Explosion?"

„Das Licht beim Sonnenaufgang."

„Ich schau mir das mal von innen her an, o.k.?"

„Na klar."

„Gut ... ... Ich stehe auf einem hohen Hügel, vor mir ist eine Ebene, in der Ferne eine Gebirgskette, über ihr geht die Sonne auf und färbt den Himmel und die Wolken in verschiedenen Farben – vor allem Rot und Rosa, aber auch blau und türkis ... ein wohltuender Anblick ... und sehr kraftvoll ... ... jetzt kommt die Sonne über den Horizont herauf und leuchtet intensiv goldgelb ... sie ist deut-lich größer als in echt, also mehr als 1° im Durchmesser ... Ich warte darauf, daß es in mir ein Echo zu diesem Sonnenaufgang gibt, also ein Strahlen meines Herz-chakras o.ä., aber da tut sich gerade nicht viel ... aber der Anblick ist sehr schön ...

Ich kehre aus der 'Traumreise in der Traumreise' in die Traumreise zurück.

„Gibt es noch etwas, was Du mir sagen könntest, Kornkreis?"

„Nein – Du hast das Wesentliche gesehen."

„Ja, gut ... Danke."

„Bitte."

„Ho!"

316

27. Traumreise

215. dezentrale Sonne
(Ravenna, Italien, 2015)

„Kornkreis – was ist dieser 'Deckel' auf den Strahlen der Sonne?"

„Ein Deckel."

„Hm – das macht mich jetzt aber nicht klüger als zuvor."

„Es ist ein Deckel."

„Aber was macht der da? Und warum hat er ein Loch?"

„Er verdeckt die Sonne – aber nie ganz."

„Ist der Deckel etwas Schlechtes? und ist das Loch dafür da, daß der Deckel die Sonne nie vollständig verdecken kann?"

„Der Deckel kann auch der Schlaf sein. Aber auch ein Trauma. Und das Loch ist die Möglichkeit, die innere Sonne wiederzufinden."

„So schlicht ist die Aussage dieses Kornkreises?"

„Ja."

„Gut ... Danke!"

„Bitte."

„Ho!"

28. Traumreise

221. Sonnengott
(Wiltshire, England, 2009)

„Hallo Kornkreis – Dein Bild steht schon viele Jahre auf dem Regal über meinen Schreibtisch ... Magst Du mir etwas über Dich sagen?"

„Ho mitakuye oyassin!"

„Hm – das ist der Dakota-Gruß, den man bei den Schwitzhütten benutzt: 'Ich grüße alle meine Verwandten!' ... Das ist das, was Du sagen willst?"

„Ho."

„Hm ... machst Du Dir gerade einen Spaß mit mir oder ist das so gemeint?"

„Das ist das, was es ist."

„Hm ... dann frage ich mal anders: Soll das ein Gesicht sein?"

„Ja."

„Ist das die Sonne?"

„Ja – Großvater Sonne ... Tunkashila."

„Warum haben die Federn kein symmetrisches Muster?"

„Weil Federn nie genau gleich sind."

„Hm – könnte man das 'spielerischen Realismus' nennen?"

„Ja."

„Warum drehen sich die Spiralen alle in dieselbe Richtung, aber beginnen abwechselnd oben und unten?"

„Das ist der Lauf der Sonne. Und wenn die Spiralen alle gleich wären, würde es lasch und langweilig aussehen."

„Hm ... an diese Argumentation muß ich mich erst noch gewöhnen ... und warum Doppelspiralen? Also immer zwei miteinander verbunden?"

„Sonst würden sie auseinanderfallen."

„Ja – den Eindruck, den das machen würde, kann ich mir vorstellen. ... Ist das das Gesicht eines Menschen oder eines Vogels?"

„Tunkashila und Wambli."

„Also Großvater Sonne und der Adler des Ostens. Ist das dann der Sonnenadler, die Flügelsonne?"

„Ja."

„Hm – dieser Kornkreis ist gleichzeitig sehr komplex und voller Details, aber auch sehr schlicht und übersichtlich. Manche gute indischen oder tibetischen Götterbilder haben auch diese Qualität, die an manche Arten von Traumreisen-Bildern und

Visionen erinnern, die auch diese Qualität haben."

„Das zeichnet ein gutes 'heiliges Bild' aus."

„Und die Darstellung der Richtigkeit ist ein 'heiliges Bild'?"

„Was ist richtig anderes als heil? Und was ist heilig anderes als heil?"

„Ja ... o.k. ... überzeugt ... Gibt es noch etwas, was Du sagen möchtest?"

„Komm in mich hinein."

„Soll ich Dein Bild als Traumreisen-Tür benutzen oder soll ich mit meinem Bewußtsein in Dich als Gestalt hinüberwechseln?"

„Mit Deinem Bewußtsein herüberwech-seln."

„O.k. ... ... oh, das ist gut! ... ich fühle mich weit oben, groß, standfest, sicher – also mir meiner selber vollkommen gewiß, strahlend ... das ist wirklich gut! ... das ist frei ... die Feder-Strahlen sind etwas ganz Natürliches ... da ist auch Spiel und Lachen ... Unbeschwertheit ... von sich selber und von dem Leben erfüllt sein ... im Augenblick sein ... das ist mühelos ... einfach fließen ... ja, so will ich leben! ... das ist gut! ... Danke, Tunkashila-Wambli, daß mir diesen Rat gegeben hast! Danke!"

„Bitte. ... Und komm oft hierher – das wird Dir gut tun."

„Ja, gewiß! Danke! ... Ho!"

29. Traumreise

222. abstrakter Sonnengott
(Oxfordshire, England, 2005)

„Bist Du im Wesentlichen derselbe Kornkreis wie zuvor?"

„Dreh mich erst einmal richtig herum und betrachte mich dann noch einmal."

„O.k. – also noch mal ein bißchen Basteln ..."

... ...

„Jetzt sind wieder der Kopf und der Schnabel zu erkennen – also wieder Tunkashila und Wambli in einem, Sonnengott und Adler ... Auch die Spiralen sind wie beim vorigen Bild da und auch die spielerisch-systemlose Verteilung der hellen und dunklen Streifen auf den 'Federn', aus denen hier ein Ring geworden ist. Möchtest Du mir noch etwas dazu sagen, Kornkreis?"

„Wechsle mit Deinem Bewußtsein in

(richtig herum gedrehte Version)

mich hinein."

„O.k. ... das ist ruhiger, wärmer, schlichter, heller als bei dem vorigen Kornkreis ... es ist grundlegend dasselbe, aber sozusagen die Sonne an einem anderen Tag ...

Mir fällt noch auf, daß dieses Sonnen-Mensch/Adler-Gesicht nach unten hin spitz ist und daß das ein bißchen wie die Gesichter der Außerirdischen in den Menschen-gemachten Kornkreisen aussieht. Hat die Gesichtsform der 'Außerirdischen' hier ihren Ursprung?"

„Ja."

„Danke, Kornkreis."

„Bitte."

„Ho!"

30. Traumreise

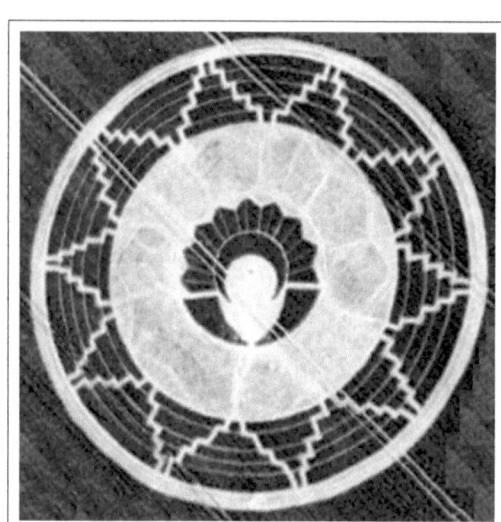

224. Sonnen-Pyramide
(Wiltshire, England, 2011)

„Hallo Kornkreis – wie unterscheidest Du Dich von den beiden vorigen Kornkreisen? Hier ist wieder das Schnabel-Gesicht mit der Federkrone zu sehen aber kein unregelmäßiges Muster und statt den Spiralen sind hier Berge abgebildet – oder Stufen-Pyrmiden."

„Schau's Dir an."

„Mit meinem Bewußtsein in Dich hinüberwechseln?"

„Ja."

„O.k. ... es ist eher ein Gefühl als ein Bild ... hell, luftig, in der Höhe, Weite, Ruhe Gewißheit, Klarheit ... und ich sehe immer wieder, wie Dein Gesicht zu dem nach unten hin spitzen Gesicht der 'Außerirdischen' hinüberwechseln und dann wieder zurück ... Alle drei Korn-

kreise sind die Sonne, aber sie fühlen sich jedesmal anders an.

Gibt es noch mehr zu sehen, Kornkreis?"

„Geh mal die 10 Berge entlang."

„O.k. ... Sie sind die Tageszeiten – jeder Berg entspricht 2,4 Stunden, also 144 Minuten ... hm – schöne Zahl ... 12² ... aber das liegt ja nur an unserem Zeit-System ...

Hm ... Kornkreis – warum ist Dein Gesicht nicht ganz regelmäßig? Es sind acht und eine halbe Feder – und die beiden Halb-Sicheln unter Deinem Gesicht sind verschieden lang ... Ist dieser Kornkreis von Menschen gemacht worden?"

„Ja."

„Von Menschen, die von dem kollektiven Unterbewußtsein inspiriert worden sind?"

„Ja – auch inspiriert, aber vor allem von den beiden älteren Kornkreisen und nur zum Teil direkt aus dem kollektiven Unterbewußtsein."

„Die direkte Inspiration sind die die zehn Stufen-Pyramiden?"

„Ja."

„Danke, Kornkreis."

„Bitte."

„Ho!"

31. Traumreise

226. Sonnen-Flügel
(Wiltshire, England, 2004)

Dieser Kornkreis ist älter als die drei vorigen. Ich stelle sie auf der nächsten Seite mal nebeneinander in ihrer richtigen zeitlichen Reihenfolge dar.

„Kornkreis, sehe ich das richtig, daß Du eine Flügelsonne darstellst? Mit gebogenen statt mit den üblichen geraden Flügeln?"

„Ja."

„Was bedeuten die Doppelspiralen, Quadrate und Striche?"

„Bewegungen im Wasser, Strömungen, Strahlen am Himmel."

„Das heißt, daß es eigentlich um die Doppelspiralen geht – die Quadrate und die Striche deuten nur das Wasser und den Himmel an?"

Die vier Vogel/Flügel-Sonnengesichter			
 Wiltshire, 2004	 Wiltshire, 2005	 Wiltshire, 2009	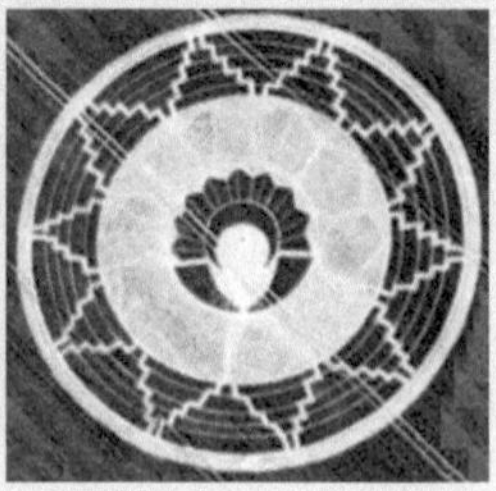 Wiltshire, 2011

„Ja."

„Hm – gibt es noch mehr dazu zu sagen oder zu sehen? Dieser Kornkreis ist ja letztlich doch recht schlicht."

„Schau ihn Dir von innen her an."

„Mit meinem Bewußtsein in Dich hinüberwechseln?"

„Ja."

„O.k. ... Es ist Feuer, große Intensität, von der Mitte aus glühen und flammen, das ist wirklich sehr intensiv, das ist mitten in der Sonne ... das ist erhaben, das ist hoch oben, das ist fliegen, das ist wirklich die Flügelsonne, der Sonnen-Adler ... ...

Danke, Kornkreis!"

„Bitte."

„Ho!"

Der Vergleich des direkten Erlebnisses dieser vier recht ähnlichen Kornkreise war ausgesprochen interessant – die Übereinstimmungen und die Unterschiede waren beide sehr deutlich.

32. Traumreise

232. Molekül
(Wiltshire, England, 2020)

„Hallo Kornkreis ... eigentlich kann man Dich gar nicht mehr 'Kreis' nennen, da Du eine völlig andere Form hast. Du bist meines Wissens auch der einzige Kornkreis dieser Art. Kannst Du mir etwas über Dich sagen?"

„Woran erinnere ich Dich?"

„An das neue Logo des Merck-Konzerns – das hat eine Schrift, die Deiner Form sehr ähnlich ist."

„Daran hast Du jedesmal gedacht, wenn Du mich gesehen hast."

„Ja – das Logo soll vermutlich Biotechnik darstellen, also das Herstellen von neuen, komplexen chemischen und biologischen Verbindungen, u.a. auch mithilfe von Gentechnik. Soll dieser Kornkreis derartige Assoziation wecken?"

„Nein."

„Was soll er denn in den Betrachtern wecken?"

„Was weckt er denn in Dir, wenn Du das Logo des Pharma-Konzerns Merck mal beiseite läßt?"

„Hm ... Same und Pflanze ... aber auch Biochemie ... der Kreis aus acht Punkten unten wirkt wie ein Samenkorn. Soll es das sein?"

„Ja."

„Dieser Kornkreis besteht nicht aus symmetrischen oder wenigstens einfachen geometrischen Formen, sondern aus gebogenen Formen, die sich als Umgebung von Punkten ergeben. Was soll das?"

„Wachstum. Kern und Hülle. Impuls und Entfaltung."

„Ist dieses Modell aus dem Jahr 2020, also aus diesem Sommer, der Prototyp einer neuen Art von Kornkreisen mit biochemischen Formen?"

„Das könnte sein."

„Hm ... kannst Du mir nicht noch etwas dazu sagen?"

„Ich habe Dir gesagt, was dazu zu sagen ist."

„O.k. ... Danke."

„Bitte."

„Ho!"

33. Traumreise

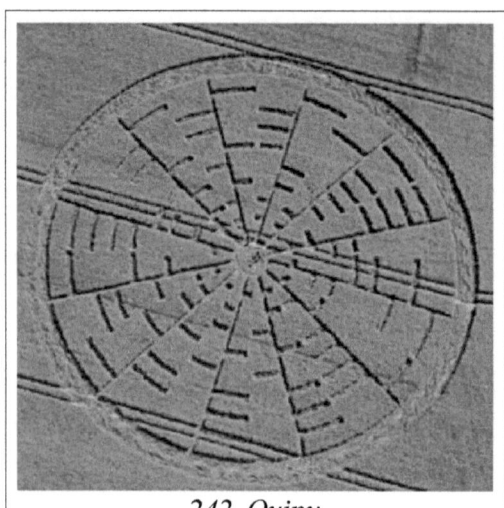

242. Quipu
(Wiltshire, England, 2010)

„Hallo Kornkreis – hat dieser Kornkreis eine Bedeutung? Ich meine, sind die Querstriche an den 12 Strahlen so etwas wie Buchstaben oder Zahlen oder sind sie einfach Ornamente?"

„Ornamente."

„Hm ... viel Aufwand für ein Ornament ... und zudem fast nur Ornament und ansonsten nur ein Zentralkreis, 12 Strahlen und ein Außenring."

„Ja."

„Hm – ich könnte ja mal prüfen, ob es Regelmäßigkeiten gibt. Es sind 12 Strahlen, an denen sich links und rechts jeweils Querstriche befinden. Es sind immer 8 Striche – stets links oder rechts, aber niemals zwei oder keiner. Das ergibt 12 Folgen von 'o' für 'rechts' oder 'l' für 'links'. Insgesamt also 96 Zeichen – das ist ja noch übersichtlich. Unten in der Tabelle stehen die Striche bei dem Zentrum des Kornkreises.

Die Striche an den Strahlen											
1.	2.	3.	4.	5.	6.	7.	8.	9.	10.	11.	12.
l	o	o	l	o	o	o	o	l	l	l	l
l	l	l	l	l	l	l	l	l	o	o	l
l	l	l	l	l	l	l	o	l	l	o	l
o	o	o	l	o	o	l	o	l	o	o	o
l	l	l	o	l	l	o	o	o	o	o	l
o	o	o	o	o	o	o	o	o	l	l	o
o	o	l	o	o	l	l	l	l	l	o	l
l	l	l	l	o	l	l	l	l	o	l	l

Summe											
5 l	4 l	5 l	5 l	3 l	5 l	5 l	3 l	6 l	4 l	3 l	6 l
3 o	4 o	3 o	3 o	5 o	3 o	3 o	5 o	2 o	4 o	5 o	2 o

Insgesamt finden sich 54 'l' und 42 'o' – also keine gleichmäßige Verteilung.

Spalte 3 und 6 sind gleich. Ansonsten lassen sich weder senkrecht noch quer gleiche Zeichenfolgen finden. Viel ist das nicht an Ergebnissen ... Es scheint also wirklich eine Zufalls-Verteilung zu sein.

Kornkreis – bist Du wirklich solch eine 'Zufalls-Darstellung'? "

„Ja. "

„Also ein wenig inspirierter Kornkreis, der von Menschen angefertigt worden ist? "

„Ja – eine ziemlich freie Gestaltung. "

„Hm ... na gut ... Danke. "

„Bitte. "

„Ho! "

34. Traumreise

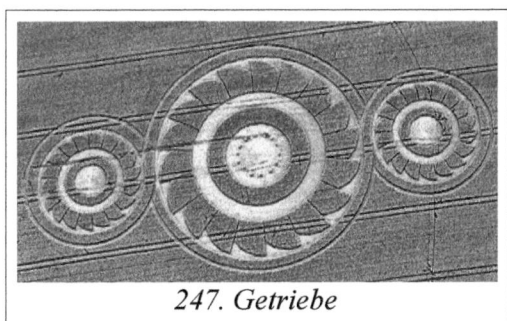

247. Getriebe
(Oxfordshire, England, 2008)

„Was ist das, was durch Dich darge-stellt worden ist, Kornkreis? Drei gleich aufgebaute Kreise mit jeweils 18 Schau-felrädern – der mittlere Kreis hat in der Mitte lediglich noch zusätzliche 14 Punk-te im Kreis ... "

„Polarität, Bewegung – und es ist noch der gemeinsame Außenring als durchlau-fendes 'S' da. "

„Hm, ja ... das ist also ein einfacher Polaritäts-Kreis? "

„Ja – die Schaufelräder zeigen die Drehrichtung an. "

„Warum 18 Schaufeln? Und warum 14 Punkte? "

„Das hat keine tiefere Bedeutung ... das hätten auch andere Zahlen sein können. Aber die '18' hat eine ungewohnte Ästhetik – so etwas sieht man nur sehr selten. "

„Hm – die Kornkreise wollen auch auffallen? "

„Warum nicht mal etwas Besonderes erschaffen? "

„Hm – auch diesen Aspekt habe ich bisher nicht gesehen. Widerspricht das nicht dem Prinzip der Richtigkeit? "

„Die Richtigkeit kann eine verschiedene Tiefe haben. "

„Die '12' hätte dem Kornkreis mehr Tiefe gegeben? "

„Ja. "

„Und so ist nur das Polaritäts-Prinzip dargestellt worden, aber nicht der Tierkreis bzw. der Superstring? "

„Ja."

„Hm ... Kornkreise haben also eine verschiedene Tiefe und sind sozusagen auf verschieden vielen Ebenen 'richtig'?"

„Ja."

„Ich mag die tiefen Kornkreise lieber."

„Ja."

„Danke, Kornkreis."

„Bitte."

„Ho!"

35. Traumreise

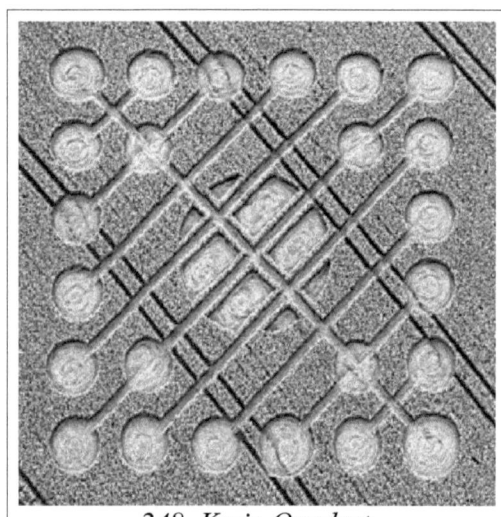

248. Kreis-Quadrat
(Oxfordshire, England, 2012)

Ich benutze diesen Kornkreis als Traumreisen-Tür.

... ...

Gold in Felsen ... Sonne in einer Höhle ... Kreis im Quadrat ... ... das fühlt sich stabil und warm und gediegen an ... und wertvoll ... ein bißchen wie ein Schatz ... auch wie ein Same in der Erde ... ...

Ich komme zurück aus dem Kornkreis.

„Kornkreis, gibt es da noch etwas zu sehen?"

„Nein – es das, was Du gerade gesagt hast."

„O.k. ... Danke."

„Bitte."

„Ho!"

36. Traumreise

250. Jet

(Wiltshire, England, 2012)

„Kornkreis – was bist Du? Oder: Wer bist Du?"

„Ich."

„Was ist Deine Qualität, was sind Deine Eigenschaften?"

„Liebe, Strebsamkeit, Zentrierung."

„Das ist jetzt unerwartet ... Die Zentrierung ist ja zu sehen und die Strebsamkeit könnte die Ausrichtung nach links hin sein ... ist das so?"

„Die Zentrierung ja, die Strebsamkeit nicht. Ich strebe zu dem kleinen rechten Kreis – ich bin dort schon angekommen ... bei dem Kind."

„Der kleine rechte Kreis mit der dunklen Sichel ist ein Kornkreis-Kind?"

„Ja."

„Hm ... ist die große Sichel dann die Mutter – oder die Gebärmutter?"

„Sie ist der Bauch der Mutter."

„Ja ... das ist schlüssig ... Und das spitze Kreuz ist die Mutter?"

„Ja."

„Und ich habe das im ersten Moment für Pfeil und Bogen gehalten ... aber so ist es viel plausibler. ... Das ist vermutlich das, was man dazu sagen kann, oder?"

„Geh mal hinein."

„Ja, gut ... ... Geborgenheit, Halbdunkel ... die Mutter ist stark, sie ruht in sich selber, das Kind gedeiht, sie sind miteinander verbunden und zugleich beide eigenständig – und das schon in diesem Alter des Kindes ... da ist vor allem Kraft ... und Raum für das Kind ... das Kreuz gibt Stärke und Kraft und Raum und Schutz ...

Danke, Kornkreis!

„Bitte."

„Ho!"

37. Traumreise

258. Triskelis
(Wiltshire, England, 2008)

Ich gehe in den Kornkreis hinein, d.h. ich benutze ihn als Traumreisen-Tür.

... ...

Ich schaue aus der Perspektive der Son-ne auf die Erde ... nun, eigentlich schaue ich aus den Wolken herunter auf die Erde, aber ich bin in der Sonne ... das ist das kindliche Bild der 'Sonne am Himmel' ... das ist leicht und unbeschwert ...

„Willst Du dazu noch etwas sagen, Kornkreis?"

„Nein."

„Das ist ein Triskelis, nicht wahr? Ein Sonnen-Gesicht mit drei Beinen?"

„Ja – der Sonnen-Wanderer."

„Danke, Kornkreis."

„Bitte."

„Ho!"

38. Traumreise

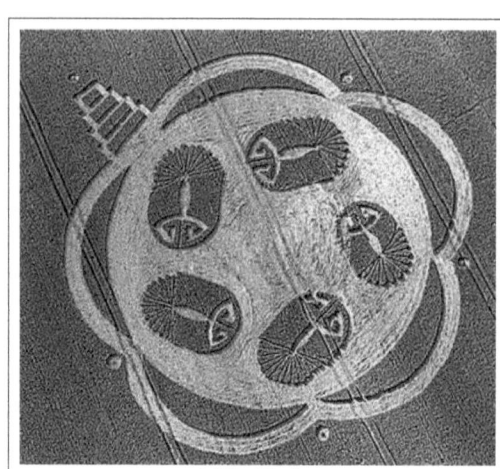

259. Käfer
(Wiltshire, England, 2011)

„Hallo, ihr Kornkreis-Käfer – sehe ich das richtig, daß ihr Käfer seid?"

„So ungefähr."

„Was seid ihr denn? Trilobiten?"

„So ungefähr."

„Und was seid ihr genau?"

„Lebende, individualisierte Bewe-gung."

„Also keine konkreten Wesen, sondern eher Lebewesen-Urbilder?"

„Ja."

„Warum fünf?"

„Weil es ein Fünfeck ist."

„Und warum ist es ein Fünfeck?"

„Einfach so ..."

„Ist das hier wieder die 'künstlerische Freiheit', die manchmal auch Formen ohne tiefere Symbolik erschafft?"

„Ja."

„Tendenziell von Menschen ohne tiefere Inspiration?"

„Ja."

„Gilt das auch für den etwas schiefen, viergeschossigen Turm bzw. diese leicht krumme Stufenpyramide?"

„Ja."

„Na gut ... Danke, Kornkreis!"

„Bitte."

„Ho!"

39. Traumreise

192. ornamentaler Kreis
(Oxfordshire, England, 2009)

Ich benutze diesen Kornkreis als Traumreisen-Tür.

Erde, Gedeihen, Felder, Alleen mit Obstbäumen, Weiden, Gärten, kleine Wälder, Bäche und Flüsse, Sonnenschein ... geradezu idyllisch ...

„Was ist hier das Wesentliche?"

Da liegt ein leuchtender Stein in der Erde ... er ist ziemlich groß ... mindestens 1,5m im Durchmesser ... er ist fast durchsichtig, das Licht in ihm ist bläulich, hell, teilweise auch weißlich – es ist ein stilles Leuchten aber kein Strahlen ... er wirkt komischerweise trotz dieser Farben gar nicht kalt ...

„Wer bist Du, Licht-Stein?"

„Das Gedeihen, der Segen, die Sonne in der Erde."

„Die Sonne in der Erde?"

„Die Sonne, die die Pflanzen gedeihen läßt; die Sonne in der nächtlichen Unterwelt; der Sonnengott in seinem winterlichen Hügelgrab; die Wärme in der Erde; die Samen in der Erde; das Gedeihen der Erde; der Urriese Ymir; der Erd-Urgott Atum, Yama, Yima, Pan Gu ..."

... ...

„Ja ... das kann ich spüren ... ich bin diesen Gottheiten auf meinen Traumreisen schon begegnet ... ja, der Kornkreis fühlt sich so an ... das stimmt ... ... Sollte ich etwas Bestimmtes tun?"

„Nein – genieße einfache diese Qualität."

„Ja, das tue ich. ... Vielen, vielen Dank! Das kam jetzt ja wirklich unverhofft! Danke!"

„Bitte."

„Ho!"

40. Traumreise

264. Hantel
(Wiltshire, England, 2007)

„Wer oder was bist Du, Kornkreis?"

„Die Polarität – nur hier etwas differenzierter dargestellt: rund und eckig, '3' und '8', nach innen gerichtet und nach außen gerichtet, Entwicklung und differenzierte Form ... und in der Mitte auf der geraden Linie wird die Spannung gehalten."

„Und der Kreis mit dem Punkt ganz rechts?"

„Das ist der Betrachter: die Psyche mit der Erinnerung an die Seele, an die Richtigkeit."

„Ist der kleine Punkt in diesem Kreis die Erinnerung an die Richtigkeit?"

„Ja."

„Ist das derselbe 'Kreis mit Loch' wie bei dem Kornkreis 215?"

„Ja."

„Danke."

„Bitte."

„Ho!"

330

41. Traumreise

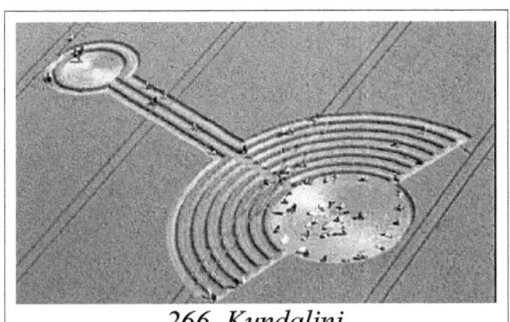

266. Kundalini
(Wiltshire, England, 2010)

„Was bist Du, Kornkreis? Sind die beiden Kreise eine Polarität? Aber was sind dann die sieben Halbkreise?"

„Es ist die Polarität, ja. Die Halbkreise sind die Chakren – sie entstehen durch die Polarität und durch die Entfaltung."

„Warum sind die sieben Halbkreise nur an einem der beiden Kreise?"

„Links ist das Wurzelchakra, rechts ist das Scheitelchakra, die gerade Linie ist die Sushumna, die Halbkreise sind die siebenfache aufgestiegene Kundalini."

„Ist das so wie auf manchen Buddha-Darstellungen gemeint? Keine sieben Kundalinis, sondern die sieben durch die Kundalini geheilten Chakren?"

„Ja – und die in den sieben Chakren erlebte Kundalini. Sie wird auch siebenfach dargestellt, weil sie in jedem Chakra anderes erlebt wird."

„Ja, diese Verschiedenheit kann ich bestätigen. ... Gibt es da noch etwas? ... Ist die dreifache gerade Linie auch die Sushumna zusammen mit Ida und Pingala?"

„Das ist nicht primär so gemeint, aber Du kannst es so sehen – das ist eine zutreffende Analogie."

„Danke, Kornkreis."

„Bitte."

„Ho!"

42. Traumreise

267. „Fallschirm"
(Dorset, England, 2014)

„Was bist Du Kornkreis? oder: Wer bist Du? Ist das wieder eine Polarität?"

„Ja – aber keine erschaffende Polarität, sondern eine strukturelle Polarität."

„Kannst Du mir das näher erklären?"

„Die Sichel links sammelt und konzentriert – der Halbkreis rechts sendet - die Linie dazwischen leitet die gesammelte Kraft aus der Sichel in den Sender."

„Die Form der beiden Spiralen in dem Halbkreis zeigt, daß dieser Halbkreis

auch ein Empfänger ist. "

„Ja. "

„Wann empfängt und wann sendet er? "

„Zeugung und Geburt. "

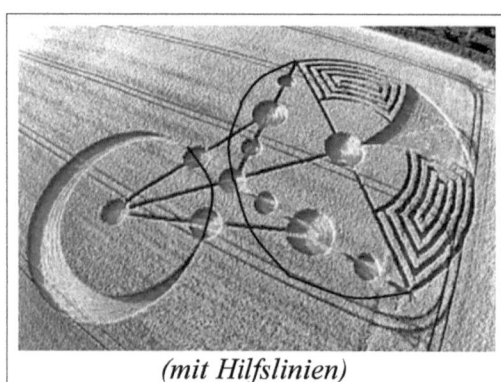

(mit Hilfslinien)

„Hm ... ich glaube, ich zeichne mal die beiden Kreise ein, von denen die Sichel und der Halbkreis ein Teil sind – ich möchte wissen, wie die verlaufen. "

„Das ist eine gute Idee. "

„Danke.

... ...

Also: Der Außenkreis der Sichel geht durch die Mittelpunkte der beiden Kreise an ihren Spitzen. Der Außenkreis des Halbkreises geht genau durch den Mittelpunkt des Kreises, an dem sich die drei geraden Linien treffen. Es steht also keine der Kugeln zwischen beiden Systemen.

Wenn Du das mit 'Zeugung und Geburt' beschreibst, müßte das System rechts der Schoß einer Mutter sein und das System links die Gebärmutter einer Mutter. "

„Ja. "

„Hm ... ziemlich abstrakt ... "

„Aber präzise und verständlich. "

„Ja – jetzt beim zweiten Anlauf. "

„Das macht nichts. "

„Ja, gut ... Danke. "

„Bitte. "

„Ho! "

43. Traumreise

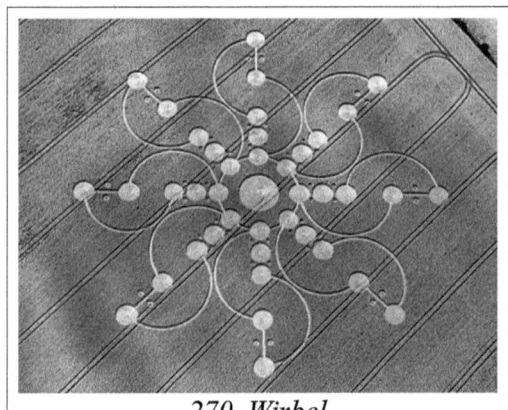

270. Wirbel
(Wiltshire, England, 2009)

„Bei diesem Kornkreis bin ich gespannt – was bedeutet das Arrangement der drei Kreise und des Polar-Systems? Kannst Du mir das sagen, Kornkreis?"

„Von innen her Entfaltung, nach außen hin Schutz."

„Das ist ja ganz einfach, wenn man's so formuliert."

„Und insgesamt? Was bedeutet der gesamte Kornkreis?"

„Entspannte Selbstverwirklichung."

„Hm, ja ... so rein vom Eindruck her kann ich da ja zustimmen ... die recht luftigen 'Flammen der Kraft' ... das Zentrum in der Mitte der Vollkommenheit der acht Kreise ... die Stabilisierungspunkte ... ja, o.k., ich kann sehen, daß 'entspannte Selbstverwirklichung' diesen Kornkreis gut beschreibt."

„Geh hinein."

„O.k. ... ... da ist vor allem ein Lebensgefühl: Strahlen und Unabhängigkeit, aber trotzdem in Kontakt mit allem ... aber vor allem dieses Strahlen und die Unabhängigkeit ... da ist eine sehr klare Unterscheidung zwischen Innen und Außen – das liegt an den acht Polar-Systemen ...

Danke für den Rat, mir das von innen her anzusehen, Kornkreis! Es tut gut, diese Haltung und dieses Lebensgefühl zu kennen. ... Danke!"

„Bitte."

„Ho!"

44. Traumreise

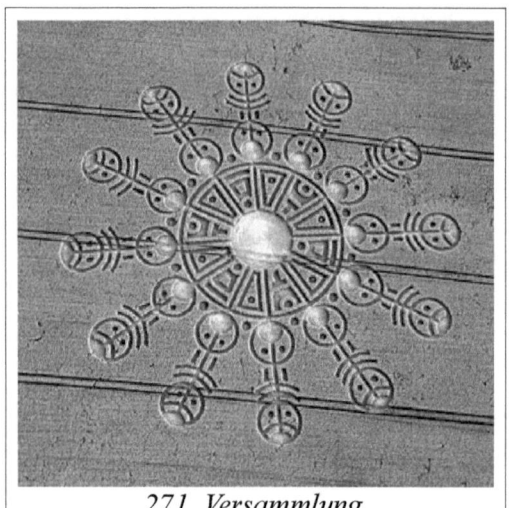

271. Versammlung
(Wiltshire, England, 2009)

„Hallo, Kornkreis, was stellst Du dar? Eine Versammlung?"

„Die Gemeinschaft der Verschiedenen."

„Hm – klingt interessant. Meinst Du die 12 Tierkreiszeichen?"

„Die sind ein gutes Bild dafür."

„Warum muß ich eigentlich euch Kornkreise immer jede Frage ganz konkret stellen, um eine Antwort zu erhalten? Warum könnt ihr nicht einfach über euch erzählen? Das ist bei Traumreisen zu Gottheiten, Krafttieren oder Pflanzen ganz anders."

„Wir sind, was wir sind: geometrische Formen mit einer inneren Logik. Das ist das, wo heraus wir auch sprechen."

„O.k. ... also geometrisch-mathematische Gespräche ... na gut ... Sollen die 12 Strahlen Menschen sein?"

„Doppel-Menschen."

„Was ist ein Doppel-Mensch?"

„Sie haben zwei Gesichter."

„Ja, das kann ich sehen – soll das eine Polarität darstellen? Wurzelchakra und Scheitelchakra?"

„Ja – das innere Gesicht blickt nach innen, das äußere Gesicht nach außen."

„Also innen das Wurzelchakra und außen das Scheitelchakra?"

„Jeweils die drei inneren bzw. äußeren Chakren."

„Ja, logisch ... die gerade Linie ist dann die Sushumna?"

„Das kann man so sehen – mit Ida und Pingala neben ihr."

„Wieso sind die Dreiecke nicht 3·4 Formen, sondern 6+3+3 Formen? Das paßt doch eigentlich gar nicht zu dem Tierkreis?"

„Das stimmt."

„Heißt das, daß man das hätte besser machen können?"

„Ja."

„Ehm ... kann ich daraus folgern, daß dieser Kornkreis von Menschen gemacht worden ist? Es kommt mir ein bißchen komisch vor, wenn ich alles, was ich nicht verstehe und was ihr Kornkreise mir nicht erklären könnt, für 'Menschenwerk' halte – ist das nicht ein bißchen überheblich von mir?"

„Du kannst erkennen, was Du erkennen kannst – und das hat seine Grenzen."

„Ja, das sehe ich auch so. Aber was heißt das nun? Daß es o.k. ist, wenn ich davon ausgehen, daß dieser Kornkreis von Menschen gemacht worden ist und sie einen Aspekt dieses Kornkreises nicht so gut gemacht haben, wie es möglich gewesen wäre?"

„Ja."

„Aber ich kann doch irgendwann vielleicht feststellen, daß ich mich geirrt habe und daß die '6+3+3'-Aufteilung sinnvoll ist."

„Dann siehe Deine Erkenntnisse als vorläufig an."

„Ja, das mache ich schon so – ich freue mich über das, was ich sehe, und weiß dabei aber, daß ich vieles (noch?) nicht sehe. ... Was bedeuten die zwei Bögen auf den Doppel-Menschen?"

„Den Schutz beim Blick nach außen und den Halt von innen her beim Blick nach außen."

„Das wäre dann ein Aspekt der aufsteigenden Kundalini, oder?"

„Ja, das ist es – sie stellt die Selbstkenntnis, die Selbstsicherheit und den Innen-druck her, den man braucht, um sicher in der Welt zustehen."

„Dann sind diese beiden Bögen dieselben Symbole wie die sieben Bögen bei dem Kornkreis 266?"

„Ja."

„Hm ... war's das erst mal, was Du mir über diesen Kornkreis erzählen kannst?"

„Nein."

„Was gibt's denn noch?"

„Gehe hinein."

„O.k., ich benutze den Kornkreis als Traumreise-Tür ... ... ein Schloß oder eine Burg auf einem flachen Hügel, ein Wassergraben, innen eine große Halle, ein Licht in der Mitte, ein Mandala auf dem Fußboden ... drumherum stehen viele Menschen – in zwölf Gruppen? ... anscheinend nach ihrem Tierkreiszeichen sortiert ... in der Mitte ist die Quelle, das Leben, der Bereich der Seelen – von dort aus strahlt alles aus, dorthin sind alle Menschen ausgerichtet ... ich gehe mal in diese Mitte ... ja, da ist meine Seele als goldenes Licht, diese Mitte ist wie die Sonne ... auch alle anderen können hier hingehen ... und dann kann man mit diesem Licht in sich wieder nach draußen in die Welt gehen ... dieses Schloß bzw. diese Burg ist eigentlich ein Tempel ...

Ja, das Licht der eigenen Mitte ungehindert durch die eigene Psyche nach außen strahlen zu lassen – das ist das, was einen Sinn ergibt ..."

Ich komme zurück aus der 'Traumreise in der Traumreise'.

„Danke, Kornkreis!"

„Bitte."

„Ho!"

45. Traumreise

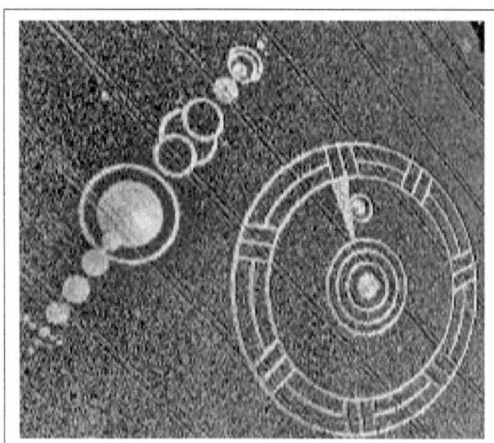

277. Doppel-Kornkreis
(Essex, England, 2014)

„Tja ... diesen Kornkreis habe ich als 'Mann und Frau' gedeutet. Ist das so zutreffend, Kornkreis?"

„Ja, das kann man so auffassen."

„Und wie noch?"

„Allgemeiner als das Zusammenwirken von zwei Prinzipien."

„Heißt das, daß dieser Kornkreis eine Variante des Yin/Yang-Symbols und der Polar-Systeme ist?"

„Ja."

„Und die beiden so unterschiedlichen Strukturen stellen lediglich die Verschiedenheit der beiden Pole dar?"

„Ja."

„Hm ... ja gut ... Kannst Du mir noch etwas dazu sagen?"

„Du wirst etwas dazu in Deinem Leben erleben."

„Hm ... demnächst?"

„Du wirst es sehen."

„Na gut ... Danke, Kornkreis."

„Bitte."

„Ho!"

336

46. Traumreise

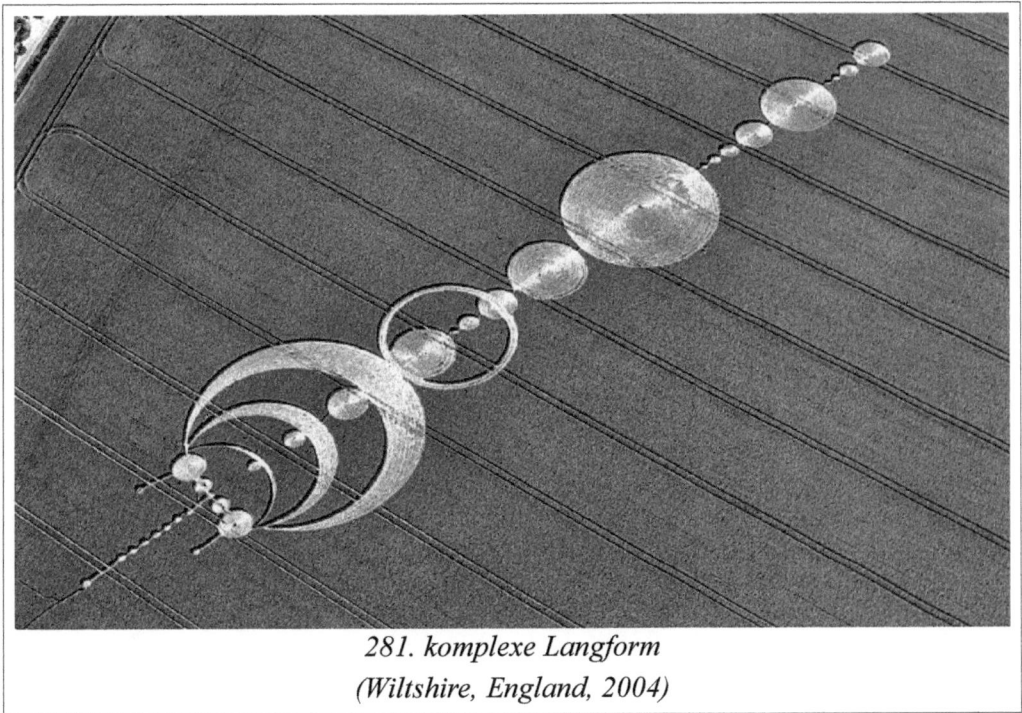

281. komplexe Langform
(Wiltshire, England, 2004)

„Hallo Kornkreis ..."

„Hallo Harry."

„Du siehst ein bißchen wie ein Zauberstab aus und von Deiner Ausstrahlung her erinnerst Du mich an den Caduceus-Stab des griechischen Gottes Hermes."

„Das trifft zu."

„Ich nehme an, daß ich diesen Stab noch nicht ganz verstanden habe?"

„Das trifft ebenfalls zu."

„Kannst Du mir sagen, was ich da noch nicht verstanden habe?"

„Was er für Dich bedeutet."

„Hm – was bedeutet er denn für mich?"

„Eigenständigkeit."

„Kannst Du dazu noch ein paar Worte mehr sagen?"

„Du bist Dein eigener roter Faden. Dein Leben besteht daraus, daß Du ausdrückst, wer Du bist, und nicht darin, daß Du etwas erreichst. Die Sonne strahlt – und sie fragt nicht, was mit dem Licht geschieht, das sie ausstrahlt."

„Hm – das ist ein schönes Bild ... das Bild mit der Sonne. Das verstehe ich, ja. ...
... ... Gibt es denn noch etwas an den Details dieses Kornkreises zu verstehen?"
„Das ist nicht so wichtig – bleib bei dem Bild der Sonne und ihrer Strahlen."
„Ja, das werde ich tun. Danke Kornkreis!"
„Bitte."
„Ho!"

47. Traumreise

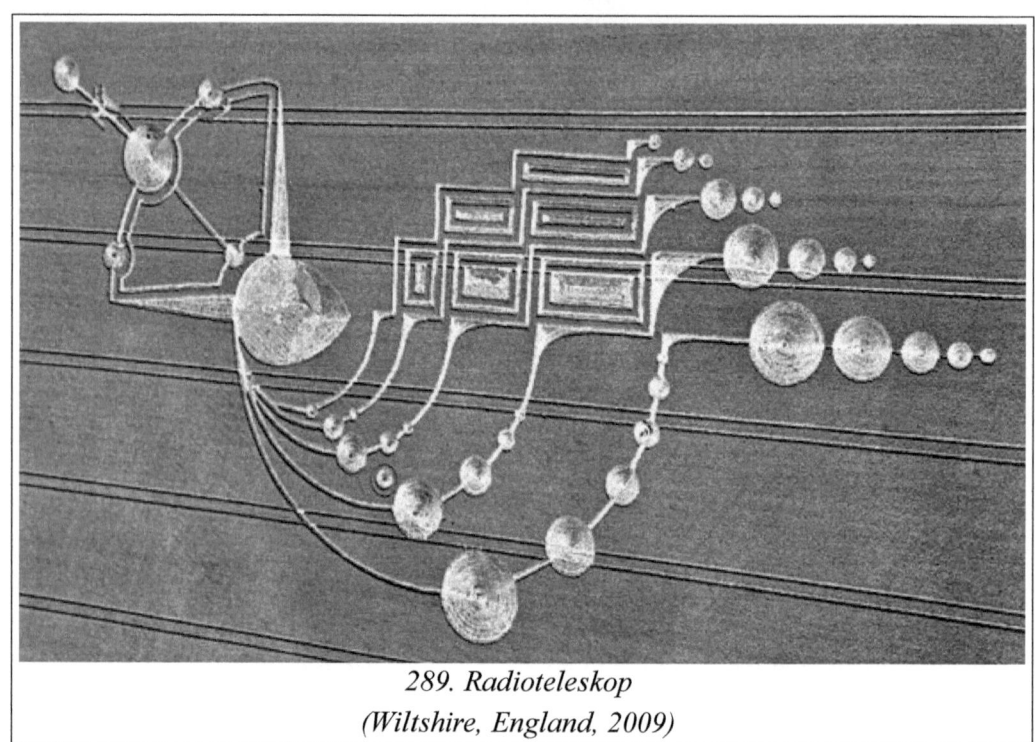

289. Radioteleskop
(Wiltshire, England, 2009)

„Hallo Kornkreis – bist Du ein Techniker, ein Maschinist, ein Ingenieur?"
„Aus Deiner Sicht sicherlich."
„Und aus Deiner Sicht?"
„Nicht."
„Als was würdest Du denn diesen Kornkreis bezeichnen?"
„Als ein Herz."

338

„Ich muß zugeben, daß mir das erst mal so ganz spontan nicht einleuchtet. Kannst Du mir ein bißchen was dazu erzählen?"

„Das Herz ist mit allem verbunden und es strahlt."

„Ich nehme an, daß Du vom Herzchakra sprichst?"

„Ja. Der Tropfen ist das Herz, das Teleskop ist das Strahlen und die fünf Linien sind die Wurzeln."

„Ist das Strahlen der Selbstausdruck?"

„Ja."

„Aber was sind die fünf Wurzeln? Hat es einen Grund, daß es fünf sind? Oder ist das mal wieder 'künstlerische Freiheit'?"

„Es könnten auch andere Zahlen sein."

„Und was sind diese Wurzeln?"

... ...

„Warum sagst Du nichts, Kornkreis?"

„Du hast eigene Gedanken mit Deiner Traumreisen-Wahrnehmung vermischt. Daher hast Du Dich verlaufen."

„Dann hilf mir bitte wieder auf den richtigen Weg zurück."

„Nimm den Kornkreis als Traumreise-Tür."

„O.k. ... ich sehe das System der Akupunktur-Meridiane und in der Mitte das Herzchakra ... ... das Bild bleibt so, da geschieht nichts ..."

Ich komme aus der 'Traumreise in der Traumreise' zurück.

„O.k. ... so verstehe ich das Bild des Kornkreises ... Was sind die Rechtecke?"

„Dein Körper."

„Und was sind diese Bögen in den Winkeln, die zu den Kreisreihen auf der rechten Seite führen?"

„Die Übergänge der Meridiane zu den übrigen Chakren."

„Hm ... und die Kreise auf den Bögen?"

„Die Akupunkturpunkte."

„Die Zahlen sind hier wohl nicht wörtlich zu nehmen, oder? – Die Zahlen der Strahlen, Bögen, Kreise, Rechtecke usw."

„Nein, das sind einfach 'viele'."

„Hm ... ich glaube, dann habe ich keine Fragen mehr."

„Dann habe ich auch keine Antworten mehr."

„Danke."

„Bitte."

„Ho!"

48. Traumreise

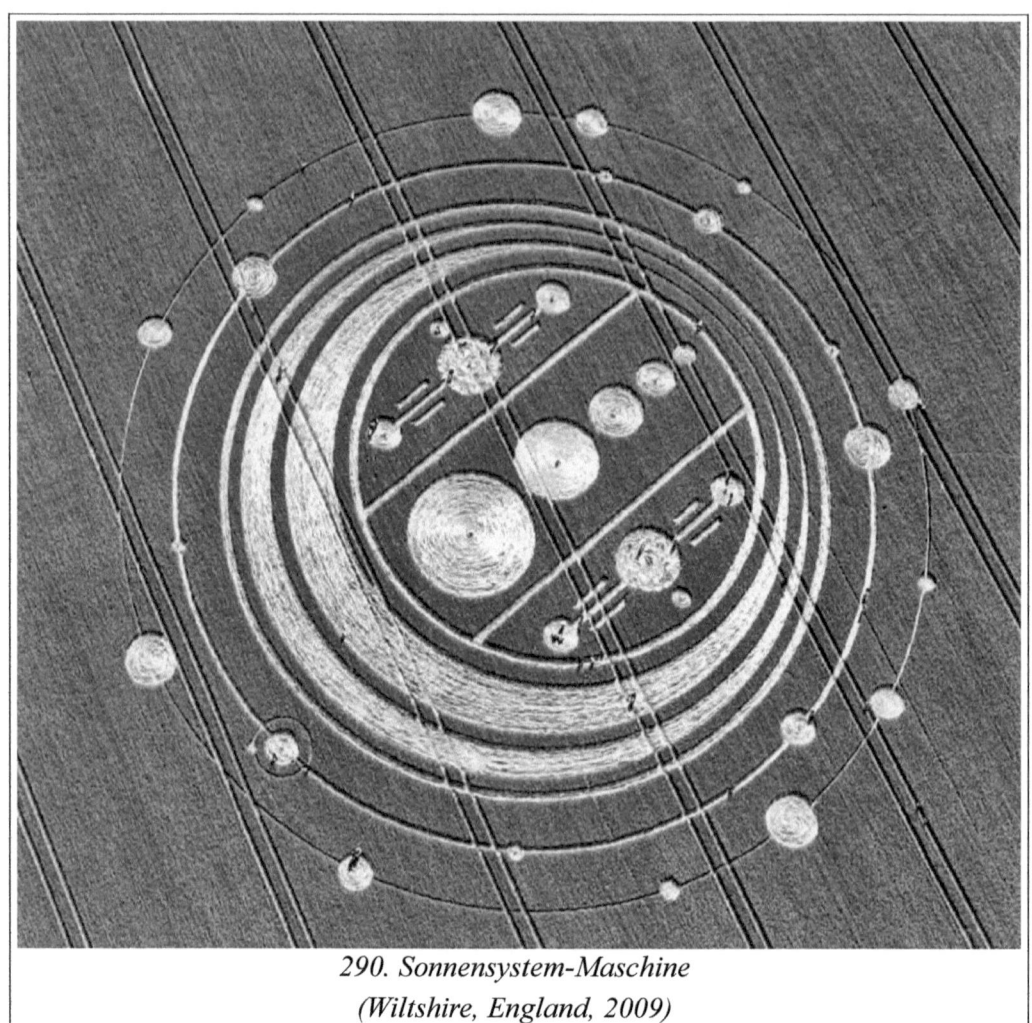

290. Sonnensystem-Maschine
(Wiltshire, England, 2009)

„Hallo Kornkreis ... was bist Du? Oder: Wer bist Du?"
„Ich."
„Und welche Qualitäten hast Du?"
„Bewegung."
„Welche Bewegung?
„Ausdehnung, Ausdruck, Wanderung."

„Hm … sind die beiden Polarsysteme links und rechts von Deiner Mitte sozusagen Deine 'Antriebs-Maschinen'?"

„Ja."

„Welche Bedeutung hat eigentlich die '5', also die fünf Kreise in Deiner Mitte?"

„Bewegung."

„Die '5' ist Bewegung?"

„Allgemeiner ist sie Handlung und Haltung."

„12 Punkte auf dem äußeren Ring und 9 Punkte plus 1 Mond auf dem inneren Ring – sollen das die 12 Tierkreiszeichen und die 10 Planeten sein?"

„Ja."

„Das sieht arg nach einer 'fliegenden Untertasse' im Weltraum aus …"

„Das ist Humor …"

„Ehm … soll das heißen, daß das kollektive Unterbewußtsein weiß, daß es keine fliegenden Untertassen gibt, aber daß es sich den Spaß macht, trotzdem dieses Bild, das die Menschen kollektiv in sich tragen und das durch die Bilder von den Galaxien inspiriert worden ist, in einem Getreidefeld abzubilden?"

„Du kommst der Sache näher. Der Kreis ist auch eine Galaxie: Sie bewegt sich durchs Weltall – die fünf Kreise; sie zieht alles zusammen und drängt nach außen – die Gravitation als Zentripetalkraft und der Bewegungsimpuls als Zentrifugalkraft."

„O.k. – aus diesen beiden Kräften entsteht die Form der Galaxie: die Kugel in der Mitte und die Scheibe in der Rotations-Ebene … Aber warum zwei Polar-Systeme?"

„Das ist nur eine symmetrische Darstellung, keine inhaltliche Differenzierung."

„Also, an diese 'künstlerische Freiheit' bei den Kornkreisen habe ich mich noch immer nicht gewöhnt – ich sehe sie noch immer vor allem als geometrische Zusammenhänge, mathematische Formeln oder als Konstruktionspläne …"

„Das sind sie ja im Wesentlichen auch."

„Sag mal – sind die beiden Sicheln und der Kreisring um sie herum der Sonnenwind, die Stoßfront und die Bugwelle im Umraum der Sonne?"

„Du kannst sie so ansehen – der dreifache Umraum ist ein Prinzip, das man an vielen Orten findet."

„Ja … so wie die drei Chakren-Paare um das Herzchakra herum."

„Ja."

„Hm … war's das dann?"

„Wenn Du keine Fragen mehr hast …"

„Nein, habe ich nicht … Danke, Kornkreis!"

„Bitte."

„Ho!"

V Nutzung

Spätestens nach all diesen Betrachtungen, Analysen und Traumreisen stellt sich auch die Frage, wozu diese Kornkreise gut sind.

1. Zunächst einmal kann man ganz einfach ihr Aussehen genießen, sofern man sich von dieser Art von Ästhetik angesprochen fühlt – was ja bei vielen Menschen der Fall zu sein scheint.

2. Man kann auch genauer schauen, welche Wirkung das Betrachtung von Kornkreis-Bildern auf einen selber hat. Das kann mit dem Betrachten eines Sonnenuntergangs, eines Meeresstrandes oder einer anderen Natur-Szenerie vergleichbar sein.

Man sieht sozusagen auch in den Kornkreisen die Kräfte der Natur am Werk, die die Erdoberfläche formen. Man kann sowohl in Natur-Szenen als auch in den Kornkreisen den Charakter der sie gestaltenden Kräften spüren, ahnen und ansatzweise auch erkennen.

3. Etwas aufwendiger ist es, zu einem Kornkreis zu fahren und sich in in ihn hinein zu stellen und nachzuspüren, wie sich seine verschiedenen Teile anfühlen. Die Folgen eines solchen Erlebnisses können sehr verschieden sein, da zum einen verschiedene Dinge erlebt werden können und die Menschen diese Erlebnisse entsprechend ihrem Charakter auch auf verschiedene Weisen in ihr Weltbild einbauen.

4. Durch die genauere Betrachtung der Kornkreise kann man ihre Symmetrien, Strukturen und inneren Dynamiken genauer kennenlernen. Das kann einen dazu bringen, allgemeinere Prinzipien zu entdecken wie z.B. den ewigen Wandel, der durch den Yin/Yang-Gegensatz verursacht wird.

Diese Betrachtungen der Kornkreise können auch dazu führen, daß man die Formen in den Kornkreisen mit verschiedenen Systemen wie der Astrologie, dem kabbalistischen Lebensbaum oder der Symbolik einiger Zahlen verbindet – so wie das in dem vorliegenden Buch geschehen ist.

Durch diese Vergleiche können die Grundprinzipien, nach denen diese Welt sich entfaltet, genauer erkannt werden: die Integration der '1', die Polarität der '2', der Zusammenhalt und die Entfaltung der '3', der Raum der '4', die Gruppe der '6', der Umraum der '12', die Erhaltungssätze, die Entfaltung in der Form der Chakren usw.

Durch all diese Vergleiche erhält man schließlich ein Gespür für die innere Dynamik der Welt. Dieses Gespür ermöglicht es schließlich, die Regeln dieser Dynamik für das eigene Handeln zu nutzen – man bekommt eine Gespür für den richtigen, d.h. den effektiven Weg zu einem Ziel.

5. Eine der wertvollsten Methoden sind die Traumreisen, da man durch sie die Qualität eines Kornkreises auf direkte Weise kennenlernen kann. Man kann sie spüren, sie sehen, sie sich erklären lassen …

Diese Art von Kontakt kann man ausbauen und sich mit der Qualität eines Kornkreises verbinden. Man kann sie durch optische Imagination aufnehmen oder indem man sich vorstellt, sie zu trinken – da gibt es viele Möglichkeiten. Das ist im Grunde dasselbe wie das Einnehmen eines homöopathischen Kügelchens oder wie die Invokation (Anrufung) einer Gottheit.

Dabei sollte man schauen, auf welche Weise man sich am intensivsten mit der Qualität eines Kornkreises verbinden kann:

- durch häufige Traumreisen zu ihm;
- dadurch daß man dem Kornkreis einen Namen gibt und den Namen dann als Mantra benutzt;
- indem man ihn sich wie ein kleines Tattoo auf den Arm zeichnet;
- indem man ihn selber oder eine der Visionen auf der Traumreise zu ihm als Bild malt und im eigenen Zimmer aufhängt;
- indem man ihn auf ein Blatt Papier malt, dieses Papier in ein Glas Wasser steckt und dann das Wasser trinkt;
usw.

Auch hier gibt es viele Möglichkeiten …

6. Schließlich kann man die Kornkreise auch als Symbole in der Magie benutzen. Es ist allerdings ratsam, das betreffende Symbol vor der Verwendung als Symbol, als Talisman, als Sigille, in Evokationen usw. gründlich zu erforschen, damit man weiß, was man da mit Nachdruck in das eigene Leben hineinruft.

7. Es wäre denkbar, aus den Kornkreisen und aus verwandten Bereichen wie Astrologie, Feng-Shui, Kabbala u.ä. sowie der Physik den grundlegenden Aufbau der Welt abzuleiten und ihn graphisch darzustellen. Vermutlich würden sich daraus verschiedene Arten von Nutzen ergeben, die jetzt noch nicht absehbar sind.

8. Es könnte auch möglich sein, mithilfe der Kornkreis-Symbolik Unterhaltungen mit dem kollektiven Unterbewußtsein zu führen. Möglicherweise wären für diesen Zweck Traumreisen jedoch einfacher und effektiver. Das müßte man jedoch auch erst einmal erforschen.

Bücher von Harry Eilenstein

„Magie für Anfänger"	Magie

„Magie für Anfänger"

- Telepathie für Anfänger (60 S.)
- Telepathie für Fortgeschrittene (52 S.)
- Telekinese für Anfänger (52 S.)
- Lebenskraft für Anfänger (60 S.)
- Meditation für Anfänger (56 S.)
- Hypnose für Anfänger (56 S.)
- Auto-Movement für Anfänger (56 S.)
- Chakra-Magie für Anfänger (148 S.)
- Astralreisen für Anfänger (56 S.)
- Ritual-Magie für Anfänger (56 S.)
- Mandalas für Anfänger (68 S.)
- Geldzauber für Anfänger (56 S.)
- Liebeszauber für Anfänger (52 S.)
- Invokationen für Anfänger (52 S.)
- Evokationen für Anfänger (60 S.)
- Elfen für Anfänger (56 S.)
- Magie-Forschung für Anfänger (140 S.)
- Selbsterkenntnis für Anfänger (52 S.)
- Zahlensymbolik für Anfänger (60 S.)
- Die Sprache des Mondes – für Anfänger (116 S.)
- Zaubergesänge für Anfänger (100 S.)
- Zukunftschau für Anfänger (60 S.)
- Schamanismus für Anfänger (52 S.)
- Magische Gegenstände für Anfänger (68 S.)
- Astralreisen für Anfänger (56 S.)
- Da'ath-Magie für Anfänger (64 S.)
- Magie für Anfänger – Sammelband I (696 S.)
- Magie für Anfänger – Sammelband II (664 S.)

Magie

- Handbuch für Zauberlehrlinge (408 S.)
- Tarot (104 S.)
- Physik und Magie (184 S.)
- Die Magie-Formel (156 S.)
- Krafttiere – Tiergöttinnen – Tiertänze (112 S.)
- Schwitzhütten (524 S.)

Meditation

- Der Lebenskraftkörper (230 S.)
- Die Chakren (100 S.)
- Das Chakren-System mit den Nebenchakren (296 S.)
- Organe und Chakren (64 S.)
- Meditation (140 S.)
- Drachenfeuer (124 S.)
- Reinkarnation (156 S.)
- einsgerichtet (140 S.)

Astrologie

- Astrologie (496 S.)
- Photo-Astrologie (428 S.)
- Die astrologischen Aspekte (88 S.)
- Horoskop und Seele (120 S.)

Kabbala

- Kursus der praktischen Kabbala (150 S.)
- Eltern der Erde (450 S.)
- Blüten des Lebensbaumes:
  - Die Struktur des kabbalistischen Lebensbaumes (370 S.)
  - Der kabbalistische Lebensbaum als Forschungshilfsmittel (580 S.)
  - Der kabbalistische Lebensbaum als spirituelle Landkarte (520 S.)

Bücher von Harry Eilenstein

Religion allgemein

- Die sieben Schritte des Lebens (428 S.)
- Muttergöttin und Schamanen (168 S.)
- Göbekli Tepe (472 S.)
- Die Göttin von Göbekli Tepe (144 S.)
- Totempfähle (440 S.)
- Christus (60 S.)
- Dakini (80 S.)
- Vajra (76 S.)

Ägypten

- Hathor und Re 1: Götter und Mythen im
  Alten Ägypten (432 S.)
- Hathor und Re 2: Die altägyptische Religion –
  Ursprünge, Kult und Magie (396 S.)
- Isis (508 S.)

Indogermanen

- Die Entwicklung der indogermanischen
  Religionen (700 S.)
- Wurzeln und Zweige der indogermanischen
  Religion (224 S.)

Germanen

- Die Götter der Germanen (87 Bände)
- Odin (300 S.)

Kelten

- Cernunnos (690 S.)
- Der Kessel von Gundestrup (220 S.)
- Der Chiemsee-Kessel (76)

Psychologie

- Über die Freude (100 S.)
- Das Geheimnis des inneren Friedens (252 S.)
- Das Beziehungsmandala (52 S.)
- Gefühle und ihre Verwandlungen (404 S.)
- einsgerichtet (140 S.)
- Liebe und Eigenständigkeit (216 S.)
- Von innerer Fülle zu äußerem Gedeihen (52 S.)

Heilung

- Die Symbolik der Krankheiten (76 S.)

Kunst

- Herz des Tanzes – Tanz des Herzens (160 S.)

Drama

- König Athelstan (104 S.)

Die Themen der 87 Bände der Reihe „Die Götter der Germanen"